ZHONGMENGE JINGJIZOULANG
XUESHU LUNCONG

中蒙俄经济走廊
学术论丛

主　编：侯淑霞　孙国辉
副主编：崔新健　柴国君
王生辉　冯利伟

经济管理出版社
ECONOMY & MANAGEMENT PUBLISHING HOUSE

图书在版编目（CIP）数据

“中蒙俄经济走廊”学术论丛/侯淑霞，孙国辉主编. —北京：经济管理出版社，2016.5
ISBN 978-7-5096-4334-1

Ⅰ. ①中… Ⅱ. ①侯… ②孙… Ⅲ. ①对外经济合作—中国、蒙古—文集 ②对外经济合作—中国、俄罗斯—文集 Ⅳ. ①F125.531.1-53 ②F125.551.2-53

中国版本图书馆 CIP 数据核字（2016）第 069762 号

组稿编辑：王光艳
责任编辑：许 兵
责任印制：黄章平
责任校对：超 凡

出版发行：经济管理出版社
（北京市海淀区北蜂窝 8 号中雅大厦 A 座 11 层 100038）
网 址：www. E-mp. com. cn
电 话：(010) 51915602
印 刷：北京易丰印捷科技股份有限公司
经 销：新华书店
开 本：720mm×1000mm/16
印 张：29.25
字 数：541 千字
版 次：2016 年 4 月第 1 版 2016 年 5 月第 1 次印刷
书 号：ISBN 978-7-5096-4334-1
定 价：158.00 元

凡购本社图书，如有印装错误，由本社读者服务部负责调换。
联系地址：北京阜外月坛北小街 2 号
电话：(010) 68022974 邮编：100836

序

海上丝路牵星过洋，沙漠丝路驼铃浅唱。在“一带一路”倡议稳步推进之际，由中央财经大学商学院主办，内蒙古财经大学科研处、中蒙俄经贸合作与草原丝绸之路经济带构建研究协同创新中心、内蒙古社会科学界联合会北疆论坛组委会承办的“第二届跨国经营与管理学术论坛暨‘一带一路’国家战略高层论坛”，于2015年盛夏之际在美丽的青城呼和浩特市举办，来自清华大学、南开大学、武汉大学、中央财经大学、对外经济贸易大学、北京第二外国语学院、新疆财经大学、内蒙古财经大学等高校，内蒙古社会科学界联合会等机关单位的相关领域专家学者群贤毕至、各抒睿思灼见，为与会人员呈上一场高水准的思想盛宴。

会议重点围绕“一带一路”战略下的地区、行业承接与推进，加强内蒙古“中蒙俄经济走廊”建设，强化沿线各国政府及企业务实合作，推动中国企业的国际化发展等问题进行了交流和探讨。为让更多的同行与朋友倾听专家学者的智慧之声，共享会议成果，我们围绕“一带一路”国家战略，特别是聚焦于内蒙古自治区经济社会发展休戚相关的“中蒙俄经济走廊”建设这一主题，开展了征文活动并结集出版本书，内容涵盖了经济、社会、文化、法律等多个主题，其中不乏真知灼见，读后有豁然贯通之感，如清华大学胡左浩教授对全球化环境下中国企业国际营销研究的若干议题进行了解读；对外经贸大学张岚教授、范黎波教授对美国在华制造业回撤战略及中国的应对策略进行了探讨；中央财经大学童伟教授、雷婕教授对俄罗斯医疗保障制度的发展与现实矛盾进行了深入研究；北京语言大学张京红博士对国际代工企业自主创新的内涵、特征与维度进行了界定；新疆财经大学周燕华教授、王海芳教授、张海霞教授等就新疆企业跨国经营的若干问题进行了思考；内蒙古财经大学徐慧贤教授、斯琴图雅教授等对跨境金融合作的路径与方式进行了研判，祁小伟教授、红花博士等对中蒙俄能源合作的相关议题进行了梳理和分析……希望这本饱含学者深刻思想和敏锐洞察力的集刊能给予更多的理论、实务工作者以启发和帮助。

尽管编者力求完美，但限于视野和水平，纰漏之处在所难免，还望广大读者对本书中出现的不当和错误之处给予原谅，并不吝赐教。更希望本书能够起到抛砖引玉的作用，让更多的专家、学者在未来对“一带一路”战略，特别是对“中蒙俄经济走廊”建设有更多的关注和研究。当然，本书之学术观点为个人观点，文责亦由论文作者承担，不代表出版单位的官方立场和观点。

编　者

目录

战略与政策

贸易与营销

支持与保障

创新与转型

产业与行业

货币与投资

战略与政策

内蒙古自治区参与“中蒙俄经济走廊”建设的SWOT分析及战略思考

陈玉和[①] 韩 鹏[②]

[摘 要]“一带一路”、“中蒙俄经济走廊”是党和国家领导人在审视国内外经济政治情势的背景下提出的具有重要的战略价值的策略。内蒙古自治区作为地处我国北部边疆的省份，在参与“中蒙俄经济走廊”的建设过程中，集参与优势、劣势、机遇与挑战于一身。据此，内蒙古自治区应在战略上正确定位的基础上，制定科学的战略规划，即以二连浩特、满洲里口岸为先行口岸，树立品牌口岸竞争力；以二连浩特、满洲里等地区为重要节点，扩展外联大通道；着力打造以“互联网+能源”的方式建设清洁能源生产与输出基地，以“绿色+有机”技术建设农畜产品生产、加工与输出基地，以“新一轮科技革命”中先进技术为基础的现代装备制造基地，以“古代情思+现代创意”为思路建设国际型旅游观光休闲度假基地的四大类特色基地。

[关键词] 中蒙俄经济走廊；SWOT 分析；战略定位

一、引言

2013 年 9 月和 10 月，习近平主席在访问中亚四国和印度尼西亚时，分别提出建设“丝绸之路经济带”和“21 世纪海上丝绸之路”的战略构想，这一提议得到了俄蒙两国领导人的高度重视与积极响应。基于此，2014 年 9 月 11 日，习

① 陈玉和，内蒙古财经大学经济学院副教授，政治经济学教学部副主任，内蒙古呼和浩特市回民区北二环路 185 号，010070，28705313@qq.com，15661188258。

② 韩鹏，内蒙古财经大学经济学院教授，经济学院副院长，内蒙古呼和浩特市回民区北二环路 185 号，010070，0248abc@163.com，15849120209。

近平主席在出席中俄蒙三国元首会晤时进一步提出，“可以把丝绸之路经济带同俄罗斯跨欧亚大铁路、蒙古国草原之路倡议进行对接，打造中蒙俄经济走廊”。可见，“中蒙俄经济走廊”将成为“一带一路”发展战略的重要基石，具有重要的战略价值。2015 年 3 月，国家发展改革委、外交部、商务部联合发布的《推动共建丝绸之路经济带和 21 世纪海上丝绸之路的愿景与行动》中特别指出，要发挥内蒙古自治区联通俄蒙的区位优势。所以，在客观认识“中蒙俄经济走廊”建设重大战略价值的基础上，对内蒙古自治区基于自身条件，制定适合区情的参与战略问题进行研究，具有重要的现实意义。

二、“中蒙俄经济走廊”的战略价值

（一）“中蒙俄经济走廊”提出的背景

20 世纪 90 年代，东欧剧变、苏联解体后，冷战宣告结束，国际社会主义运动处于发展低潮。同时，随着全球化浪潮以及互联网技术的助推，国与国之间的经贸往来日益密切。在政治与经济格局，特别是政治格局发生重大变化的背景下，中国周边的战略环境也发生了巨大的变化。政治方面，2012 年 6 月，美国国防部长帕内塔提出“亚太再平衡战略”，这一战略标志着奥巴马政府将通过利用中国周边个别国家对中国发展的疑虑，不断扩大其外交、经济和军事的影响力，以巩固其在亚太的战略地位。[①] 经济方面，美国通过推行《跨太平洋战略经济伙伴协定》（TPP）和《跨大西洋贸易与投资伙伴协定》（TTIP）、《诸边服务业协议》(PSA）等涉及全球各国的经济贸易框架，继续强化西方发达国家主导的国际经贸规则与秩序，这也同时表明，美国试图建立美、欧、日主导全球 21 世纪“铁三角”国际贸易游戏新规则。与此同时，美国推行的国际贸易新框架除国际经贸格局构筑之内涵外，尚有着深刻的政治战略意蕴，即通过两个横跨大西洋和太平洋、东半球西半球的全球经济贸易框架，一个涵盖全球主要发达国家的服务业协议，从深层次利益上实现跨大西洋的美欧地缘战略联盟，进而将全球经济运行的主导控制权掌控在美国和欧盟手中，这也意味着中国和俄罗斯的发展将受到

① 于洪洋，［蒙］欧德卡巴殿君. 试论“中蒙俄经济走廊”的基础与障碍［J］. 东北亚论坛，2015，1.

严重的影响和制约。[①]

在日益严峻的国际经济政治背景下，党和国家领导人审时度势，结合中国经济发展的现实以及周边国家的经济政治情势，提出了“一带一路”的战略构想。由于中蒙俄不仅在地缘政治上有着得天独厚的优势，还在经贸合作领域有着高度的贸易互补性。针对中蒙俄三国独特的优势条件，国家进一步提出要建设“中蒙俄经济走廊”。通过“中蒙俄经济走廊”建设，可以更好地巩固“一带一路”战略的成果，而“一带一路”战略构想也将指引着“中蒙俄经济走廊”建设的主旨与方向。可见，“一带一路”战略构想与“中蒙俄经济走廊”建设是相辅相成的统一体，其核心要义在于，通过促进中国与周边国家的开放而实现区域经贸合作广度和深度的进一步推进。

（二）“中蒙俄经济走廊”的战略价值

1. 政治方面的战略价值

中国与 14 个国家接壤，陆地边界总长 22000 多公里，是世界上陆地边界线最长和邻国最多的国家。从发展程度来说，中国的邻国基本上是发展中国家，这也使得中国与邻国在边境局势上经常表现出不稳定的状态。因此，为了更好地促进本国经济的发展，中国需要进一步推动与周边国家的和平友好关系，而周边国家中，俄罗斯与蒙古国则显得极为重要。中蒙边境线长达 4710 公里，俄蒙边境线长达 3543 公里，蒙俄两国与中国的边界线占中国陆地边界线总长的近 40%，中国首都北京与蒙古国首都乌兰巴托的距离仅有 1800 公里。[②] 可见，通过构建“中蒙俄经济走廊”，以加深、强化三国间互惠互利的经济利益关系为纽带，可以将中国与周边国家试图实现经济发展、人民生活水平提高、社会进步的三位一体发展目标纳入到一个整体的地区发展框架中，这对于维护周边环境稳定，推动区域经济一体化具有重要意义。

此外，“中蒙俄经济走廊”建设，不仅对中国维护周边环境稳定、促进区域经济发展有重要作用，而且对蒙俄，特别是蒙古国也同样具有极其重要的政治战略价值。就地理位置而言，蒙古国地处中国和俄罗斯两大发展中大国之间，中国和俄罗斯是其最大的两个邻国。中国和俄罗斯经济发展的态势以及二者之间的政治关系直接影响着蒙古国经济社会的发展。从地理特征上讲，蒙古国是一个陆地国家，没有出海口，其对外贸易必须借助于中国与俄罗斯，这是其不可逾越与改

---

① 巩胜利. TPP+TTIP+PSA 颠覆全球秩序［DB/OL］. 共识网，2013-04-08.

② 刘英. 经济走廊助力一带一路建设［DB/OL］. 和讯网，2015-07-02.

变的地理位置上的劣势。从地缘政治安全与经济发展角度考虑，蒙古国势必要与中俄两国均搞好对外关系。在美国、日本等西方强国的影响下，蒙古国一直处于与中美俄日四大国周旋的旋涡中。随着“中蒙俄经济走廊”构想的推进与实施，蒙古国可以更好地借助于中俄良好的战略合作伙伴关系以及相对安全稳定的周边环境来得到相对独立的发展。

2. 经济方面的战略价值

“一带一路”、“中蒙俄经济走廊”是在错综复杂的国内外政治背景下提出的，但政治作为上层建筑，其基础的稳固与目标的推进必须要借助于经济基础，或者说借助于经济利益关系的互惠共赢来推进与实现，且在政治关系维护和巩固的过程中，经济利益关系将发挥不可替代的黏稠剂与稳定剂的作用。因此，“中蒙俄经济走廊”的构建，将成为推进中蒙俄三方经贸合作与政治互信的堡垒与基石。“中蒙俄经济走廊”建设，就是以夯实和加强基础设施建设的方式打通三国之间的交通网络，构筑起三国经贸合作强大的交流通道，从而借助于强大的交通网络促进三国能源与资源的合作开发，形成三方基于能源与资源方面新的统一市场。进而，经济走廊将成为连接中蒙俄三国内地市场的重要外部通道，也必将成为连接欧亚大陆经贸往来、具有显著区位效应的重要节点。

与此同时，“中蒙俄经济走廊”建设对俄蒙两国同样具有经济方面的战略价值。蒙古国紧邻中俄两国，成为中俄贸易往来的重要桥梁，且其国内拥有他国无法比拟的丰富的自然资源。由于作为纯陆地国家，没有出海口的限制，其丰富的自然资源始终存在无法有效转化为拉动经济发展动力的条件。通过“中蒙俄经济走廊”建设，蒙古国可以借俄罗斯与中国的边境口岸，较好地改善国际运输通道方面的限制与制约，一定程度上打破了制约经济发展的瓶颈，实现国内能源资源走向欧洲市场的目标。俄罗斯属于集资源和地理位置两种优势于一身的国家，一方面，拥有丰富的石油、天然气等重要的自然资源；另一方面，它横跨欧亚大陆，是具有重要战略价值的过境运输国家，同时也是全球重要的能源战略市场。通过“中蒙俄经济走廊”建设，俄罗斯可以进一步提升其能源资源大国的地位，促进其与欧洲腹地国家的互联互通。

3. 文化方面的战略价值

“中蒙俄经济走廊”不仅具有政治、经济方面的战略价值，而且能够带来重要的文化沟通与交流作用。中国是由 56 个民族组成的以汉族为主的多民族国家，其中蒙古族是 55 个少数民族中的一个，主要居住在内蒙古自治区；蒙古国是以蒙古族为主体的国家，就历史沿革而言，蒙古族大体可分为喀尔喀部、卫拉特部、布里亚特部和内蒙古各部；俄罗斯是一个由 176 个民族组成的以俄罗斯族为主的多民族国家，文化主要是沿袭了中世纪文化传统的基辅罗斯文化，其文化特点与发展模式虽然与欧洲国家不尽相同，但更多的还是带有欧洲文化的特征，且从民族情结方面讲，其整个国家的人民更倾向于回归欧洲。通过“中蒙俄经济走廊”建设，通过三方经济方面良好的互动与交流，在增强政治互信与边疆稳定的基础上，三国的汉族文化、蒙古族文化与基辅罗斯文化之间，必将有更广的了解与更深的认知，中国传承几千年的意蕴深远的文化也必将借助于与两国的沟通与交流走向欧洲、走向世界。

三、内蒙古自治区参与“中蒙俄经济走廊”建设的SWOT分析

“中蒙俄经济走廊”建设是在错综复杂的国内外政治经济背景下提出的，其具有政治、经济、文化等方面的战略价值。在经济走廊建设过程中，内蒙古自治区是我国向北开放的重要窗口。内蒙古自治区必须在充分审视自己的优势、劣势、机遇与挑战的基础上，制定适合区情的参与战略，方能在“中蒙俄经济走廊”建设过程中发挥重要作用。

（一）优势（S）

1. 历史渊源优势

根据史学家考察，古代丝绸之路主要有四条通道：一是从洛阳、西安出发，经过河西走廊，然后通往欧洲的“沙漠丝绸之路”或“绿洲丝绸之路”；二是北方草原地带的“草原丝绸之路”，其东端的中心地处内蒙古自治区；三是东南沿海的“海上丝绸之路”；四是西南地区通往印度的丝绸之路。可见，内蒙古自治区早在古代时期就已经成为四大丝绸之路通道的重要节点，对成为沟通亚欧经贸往来的重要桥梁，发挥着不可替代的作用。与此同时，蒙古国与内蒙古自治区均属以蒙古族为主的民族国家或地区，自古都有悠久的游牧民族文化，民族习俗与传统存在诸多的交叉点，且语言使用上，斯拉夫语与蒙古语非常相近。虽因诸多历史原因，蒙古国成为独立的国家，而内蒙古成为中国民族区域自治的地方，但蒙古国与内蒙古自治区在文化、语言以及贸易往来中始终有着千丝万缕的联系，这也成为内蒙古自治区参与“中蒙俄经济走廊”建设中其他竞争者所不具有的独特优势。

2. 区位优势

从地域分布特点上讲，内蒙古自治区横跨东北、华北、西北三大区域，内部与山西、陕西等八省区毗邻，外部与蒙古国、俄罗斯接壤。内蒙古自治区边境线长达 4200 多公里，有 19 个边境旗县。这也使得内蒙古自治区成为联通中国内陆与俄蒙两国的重要交通带。借助于地理位置上得天独厚的优势，经过多年的发展，内蒙古自治区现已拥有满洲里、二连浩特、甘其毛都等 19 个边贸口岸，大量的人流、物流与资金流集结于边贸口岸，初步形成了全方位、立体性的中国向北开放口岸体系。这也意味着“中蒙俄经济走廊”建设中，内蒙古自治区是不可或缺的，且将成为经济走廊建设的重要桥头堡。

截至 2015 年一季度，中俄陆路货物运输量的 65%、中蒙陆路货物运输量的 95%通过这些口岸运输。其中，蒙古国成为内蒙古自治区最大贸易伙伴国，贸易值达到 46 亿元；俄罗斯位居第二，贸易值为 38.6 亿元。二者之和占内蒙古自治区外贸总值的比例接近 50%。[①] 随着“中蒙俄经济走廊”建设的逐步展开与发展，内蒙古自治区将在中蒙俄边贸关系中发挥越来越重要的作用。

3. 资源优势

除拥有历史文化、语言及区位优势外，内蒙古自治区还拥有非常丰富的包括煤炭、天然气、稀土等在内的自然资源优势。截至 2013 年年底，内蒙古自治区煤炭资源基础储量为 460.1 亿吨，仅次于山西，位列全国第二；天然气基础储量为 8042.54 亿立方米，仅次于四川和新疆，在全国位列第三；同时还拥有较为丰富的稀土、石油、锰等矿产资源。[②] 此外，内蒙古自治区凭借其天然的辽阔草原优势，是我国重要的畜牧业产品生产基地，这也为其农畜产品走向世界提供了极大的优势条件。

（二）劣势（W）

1. 经济发展整体相对滞后，区域内发展不平衡

截至 2013 年年底，内蒙古自治区拥有包括呼和浩特、包头等在内的 9 个市，兴安、阿拉善、锡林郭勒三个盟以及满洲里和二连浩特两个计划单列市。经过近几年自治区经济的高速增长，各盟市在总体上均有所发展。但与东中部地区相比，总体上依然处于相对落后的状态，且经济发展中各盟市由于发展动力与速度不尽相同，出现了不同程度的差距。相比较而言，呼包鄂三市发展始终处于领先

① 口岸为支点融入“一带一路”［DB/OL］. 中华人民共和国交通运输部网站，2015-08-13.

② 国家统计局编审组. 中国统计年鉴［M］. 北京：中国统计出版社，2014.

位置，通辽与赤峰次之，而其他盟市的发展则相对缓慢，区域内经济发展不平衡问题继续存在。整体上经济发展的相对滞后与区域内各盟市经济发展的不平衡，不利于内蒙古自治区以一个有机整体参与“中蒙俄经济走廊”建设。

2. 基础设施建设相对滞后，生态环境恶化问题严峻

一方面，近年来内蒙古经济经历了较快的增长，但就其基础设施建设而言，并没有得到较为显著的改善。城市交通拥堵依然严重，与人民生活息息相关的供水、污水处理、人居环境、防涝灾害等基础设施改善也相对滞后和欠缺。另一方面，近年来，由于全球气候变化以及自身生态保护不力，内蒙古自治区呈现出气候日趋干旱化、土地沙化与草场退化范围扩大等生态环境脆弱的严峻形势。

3. 重要口岸基础设施建设与管理制度尚不健全，严重制约口岸效率发挥

根据陆路口岸贸易吞吐量排序，内蒙古自治区的两大口岸位列前五名之内，其中满洲里口岸位列全国第一，二连浩特口岸位列第四。一般而言，在全国具有重要位置的陆路口岸，经过多年的发展，应具有完善的基础设施、较强的投融资体制及健全高效的管理制度。但是，对于这两大口岸来说，目前尚存在基础设施有待进一步完善、投融资补偿及管理制度不严格、服务意识与质量不到位等问题，这些问题的存在严重影响着内蒙古自治区作为“开放窗口”作用的发挥，自然也不利于其融入“中蒙俄经济走廊”建设之中。

（三）机遇（O）

1.“中蒙俄经济走廊”建设将进一步拓宽与加深内蒙古自治区与俄蒙的经贸往来

就“中蒙俄经济走廊”的实质内容与内在构架而言，其核心就是依托内蒙古自治区的地域、人文等优势构建“中国腹地—内蒙古—蒙俄两国”的经济走廊。因此，作为不可或缺的关键节点，内蒙古自治区自然在“中蒙俄经济走廊”建设中发挥着举足轻重的作用。而重要的战略地位也必将为内蒙古自治区加深与拓展与俄蒙两国的经贸深度与广度带来其他省市无法比拟的机遇。

2.“中蒙俄经济走廊”建设有助于内蒙古自治区全方位、立体化、具张力、富弹性的边贸格局

近年来，内蒙古自治区将经济的快速增长主要归功于其内生性的资源带动效应。但是在全国产能过剩、经济上进入“新常态”的背景下，内蒙古自治区原有的经济增长方式已不能适应。因此，在“中蒙俄经济走廊”建设的助推下，采取内外结合的发展方式将有利于内蒙古自治区突破现有瓶颈，实现经济平稳发展。在此背景下，内蒙古自治区在结合区内资源基础上的边贸建设，将有望得到进一

步的提升，即走向政府、企业与居民共同参与，贸易产品丰富、相关产业结构调整、区域经济要素充分整合的全方位、立体化、具张力、富弹性的边贸格局。

3. 新常态下国内产业结构布局调整，为内蒙古自治区承接相关产业，升级现有产业结构提供了巨大的潜力空间

随着国家整体上进入了增速换挡期、结构调整期，同时也是风险凸显期、升级机遇期和转型关键期的新阶段，依托科技创新实现产业转型升级、提质增效以及新一轮科技革命催动跨越式发展成为“十三五”规划的主旋律。从国内整体布局来看，东部地区资源型产业有逐渐向西部地区转移的趋势，内蒙古自治区作为经济发展相对滞后的西部省份，若能在恰当处理好资源型产业发展与环境污染关系的基础上，结合区情，承接国内转移的相关产业，必将能为参与“中蒙俄经济走廊”的建设增加竞争力。

（四）挑战（T）

就中国构建“中蒙俄经济走廊”构想而言，尚存在着“中国威胁论”与“蒙俄受害论”等国际舆论压力，蒙古国政策环境稳定性较差、不对称的贸易关系引起两国不满和俄蒙经济民族主义的压力等现实挑战，这也是内蒙古自治区参与“中蒙俄经济走廊”建设不可逾越的瓶颈。同时，在中国经济“新常态”发展背景下，新一轮科技革命与产业变革、中国产业结构升级中部分产业西移趋势在给内蒙古自治区经济发展提供利好机遇的同时，如果不能很好地抓住变革期的关键节点与核心问题，那么，机遇将成为最大的挑战。

1. 风险挑战

在“中蒙俄经济走廊”建设中，内蒙古自治区作为先锋地区，会以较早且较快的步伐参与到三方合作中来，但由于宏观国际环境以及俄蒙两国政策环境并不绝对稳定，内蒙古自治区作为较早参与且参与程度较深的地区来说，必然存在着对外投资风险大、新情况、新问题层出不穷、国内政策出台不到位导致的项目搁置等问题，这对于经济发展相对滞后、整体竞争力较弱的内蒙古自治区来说，构成了严峻的挑战。

2. 开放性挑战

根据杜凤莲等学者的研究，中蒙、中俄贸易互补性是大于竞争性的，两国竞争优势产品相互交错，存在巨大的贸易发展空间，但中蒙、中俄贸易对内蒙古自治区经济增长的拉动作用并不显著。随着“中蒙俄经济走廊”建设的全面启动与开展，积极推进向北开放的步伐是内蒙古自治区未来经济发展的必然选择。但在开放的同时，内蒙古自治区经济发展、中国腹地的发展能否与开放的步伐形成较

好的正相关关系，目前尚未有明确的结论。

3. 适应“新常态”过程中存在巨大的挑战

众所周知，“新常态”之核心要旨在于提质增效。一直以来，资源型产业都是内蒙古自治区经济较快发展的支柱性产业。经过多年的发展，资源型产业亟须转型升级。同时，战略性新兴产业尚处于初始状态，且资源型产业转型升级与战略性新兴产业发展之间的互动联动关系尚未很好地建立。在此情况下，无论对于传统资源型产业，还是对于战略性新兴产业，都必须将提质增效作为发展的座右铭。能够适应“新常态”提质增效的主旨发展要求，对于内蒙古自治区形成了严峻的挑战。

四、内蒙古自治区参与“中蒙俄经济走廊”建设的战略规划

通过上述分析可见，内蒙古自治区在参与“中蒙俄经济走廊”建设过程中，拥有不可多得的历史渊源、地缘位置、资源优势以及新一轮科技革命与国内外经济发展新趋势所带来的有利机遇。与此同时，内蒙古自治区在与其他省份处于竞争性参与“中蒙俄经济走廊”建设的格局中，也存在着明显的经济发展相对滞后、环境恶化、开放风险等劣势与挑战。优势与机遇只是内蒙古自治区参与“中蒙俄经济走廊”建设潜在的竞争力，如何在克服劣势与挑战的基础上，将优势与机遇有效适度地转化为现实的竞争力，将是内蒙古自治区参与“中蒙俄经济走廊”战略需要考虑的核心问题。

（一）战略定位

2015 年 5 月，内蒙古自治区人民政府出台意见，将进一步加强同蒙古国和俄罗斯的交往合作，全力打造中蒙俄国际经济合作走廊。从政府角度看，内蒙古自治区已全力积极准备扩大对蒙俄的经贸合作与深化，这也将意味着其将全力推进向北开放的步伐。在此过程中，内蒙古自治区应着力打造融开放之门、欧亚之路、集散之枢与先行之域于一体的中蒙俄经济走廊核心区。[①] 作为我国向北开放的大门，内蒙古自治区应在充分整合 19 个开放口岸的基础上，分重点建设先行

① 文风. 内蒙古参与中俄蒙经济走廊建设几个问题的研究［J］. 北方经济，2015，5.

实验口岸（二连浩特、满洲里）、常年开放口岸以及进一步开拓口岸的三个层次集结人流、资金流、物流、信息流；借力俄蒙两国，打通中国与欧洲互联互通的贸易通道，贸易通道将集空中航线、地上铁路公路网、地下能源光缆网于一体；以内蒙古自治区边境口岸为集结点形成对外开放、沟通亚欧通道，同时借助呼包银榆等经济圈构筑内蒙古与中国腹地的辐射连接，使内蒙古自治区成为“中国腹地—蒙俄—欧洲”经贸往来的贸易枢纽；良好的国家战略环境要求内蒙古自治区必须在充分尊重区情的基础上，迎难而上，大胆改革和完善相关设施与条件，积极开拓创新。

（二）战略规划

1. 以二连浩特、满洲里口岸为先行口岸，树立品牌口岸竞争力

在内蒙古自治区近20个开放口岸中，二连浩特与满洲里占有极其重要的地位。经过多年的建设与发展，二连浩特已成为沟通中蒙经贸的重要口岸，满洲里则成为连接中俄贸易的关键节点，两个口岸的综合竞争力也将是未来“中蒙俄经济走廊”建设重要的标牌。基于此，国家在确立的重点开发、开放实验区中，将二连浩特与满洲里列入其中。因此，内蒙古自治区应通过“政府引导+财政适当补贴”、“企业运作+校企联合”、“居民参与+素养提升”三位一体，立体化、多层次的方式来完善口岸硬件设施与软环境建设，真正将二连浩特和满洲里打造为中国向蒙俄开放的“魅力窗口”。

2. 以二连浩特、满洲里等地区为重要节点，扩展外联大通道

在“魅力窗口”建设的基础上，为了更好地扩大对外开放的广度和深度，战略规划还必须给予进一步指引，由点及线地对外扩展，首要任务在于“中蒙俄经济走廊”建设中的交通网络。因此，根据内蒙古自治区原有经贸外联的格局与基础，可以以二连浩特、满洲里等城市为先行突破口，建立经俄罗斯至欧洲的铁路或公路动脉。截至目前，内蒙古自治区已出台促进口岸经济发展的相关指导意见，西部以策克、甘其毛都口岸为重点，打造对蒙能源资源战略通道。中部以二连浩特、珠恩嘎达布其口岸为重点，打造对蒙综合加工经济带。东北以满洲里、黑山头口岸为重点，打造对俄商贸流通示范区。

3. 着力打造特色基地

在树品牌、拓通道的基础上，着力打造极具绿色、可持续发展特征的清洁能源、农畜产品生产加工、现代装备制造业以及文化旅游业基地。一是以“互联网+能源”的方式建设清洁能源生产与输出基地。一方面，充分利用内蒙古自治区资源优势，建设具有现代无污染技术的煤化工生产、处理、输出基地；另

一方面，充分发挥内蒙古自治区丰富的太阳能、风能等可再生清洁能源，建立清洁能源互联网生产、共享、使用平台，进而为打开中西亚及欧洲能源市场奠定基础。二是以“绿色+有机”技术建设农畜产品生产、加工与输出基地。内蒙古自治区应紧紧抓住俄罗斯与欧盟在食品、农产品方面正处于激烈摩擦期这一契机，积极鼓励区内农牧业龙头企业在俄蒙两国国内设立专门的“绿色+有机”农畜产品生产基地，为内蒙古自治区“绿色+有机”农蓄产品走向国际市场奠定基础。三是建设以“新一轮科技革命”中先进技术为基础的现代装备制造业基地。针对内蒙古自治区现代装备制造业相对滞后的现状，主要借力欧洲国家技术与人才，实现跨国合作基础上的现代装备制造业跨越式发展。四是以“古代情思+现代创意”为思路建设国际型旅游观光休闲度假基地。通过对古代“丝绸之路”、“茶叶之路”以及相关人物典故、人文景观的挖掘和整合，探索跨中蒙俄三国的国际精品旅游线路。

五、结论

综上所述，“中蒙俄经济走廊”建设，对于中蒙俄三方均具有极高的战略价值，内蒙古自治区应积极参与到“中蒙俄经济走廊”建设中。内蒙古自治区在参与“中蒙俄经济走廊”建设过程中，既拥有独特的历史文化渊源、区位、资源等优势，同时也面临着经济发展相对滞后、整体竞争力不强等弱势与挑战。在充分考虑“中蒙俄经济走廊”建设的国内外环境以及内蒙古自治区优势、劣势、机遇、挑战的基础上，准确定位内蒙古自治区参与“中蒙俄经济走廊”建设的立足点与发展思路，以“树品牌、扩通道、造基地”为基本规划步骤，将内蒙古自治区潜在的优势与机遇转化为现实的参与力与强区的竞争力。

参考文献

[1] 张秀杰. 东北亚区域经济合作下的中蒙俄经济走廊建设研究 [J]. 学习与探索，2015，6.

[2] 张胤钰，杜凤莲，赵鹏迪. 内蒙古沿边经济带建设研究 [J]. 广播电视大学学报，2015，3.

[3] 陈玉和等. 中俄经贸关系前景解析 [J]. 商业时代，2011，7.

[4] 李新. 中蒙俄经济走廊是“一带一路”战略构想的重要组成部分 [J]. 西伯利亚研究，2015，6.

美国在华制造业回撤战略：逻辑谬误与中国对策[①]

张　岚[②]　范黎波[③]

[摘　要] 发达国家制造业回撤的现象近一两年开始显现。美国高端制造业从中国撤离对中国社会和经济的影响不容小觑。本文追溯中美两国的宏观历史数据，并通过建立VAR和VEC模型协整分析美国对华直接投资、美国国内投资、美国国内劳动力成本、中国工业增加值、中国PPI指数以及中美两国以货币或贸易权重为基准计算的汇率等，试图揭露金融危机后美国制造业回撤战略逻辑上的谬误，旨在呼吁美国理性地看待金融危机与其海外投资战略，并为中国引导不良外资撤离，吸引、利用并挽留优质外资提供建议与对策。

[关键词] 制造业回撤；对外直接投资；撤资；逻辑谬误；中国对策

一、引言

在过去的20年间，许多人倾向地认为工业——尤其是制造业已告衰竭，未来的经济支柱看似应该属于服务业。但新经济泡沫的幻灭和金融危机的到来却使全球的政治家、企业家和专家智库们重新意识到，金融、软件或互联网等行业固然玄妙，却仍旧与工业制造的实体世界不可同日而语。强大的工业才是促进就业、带动经济增长、保障公民幸福的立国之本，也正是因为强有力的工业才能促进服务业的发展。自此，中高端制造领域向发达国家“逆转移”趋势开始显现。

根据万得资讯（Wind）数据显示，金融危机过后，美国对华投资触底反弹，

① 基金项目：教育部人文社会科学研究规划基金项目“社会责任，合法性与适应能力：国有企业提升长期绩效的路径研究”（项目编号：13YJA630017）；对外经济贸易大学研究生科研创新基金资助。

② 张岚，对外经济贸易大学国际商学院博士。

③ 范黎波，对外经济贸易大学公共管理学院院长、教授。

并于2009~2010年回升并保持在35.76亿美元的水平。之后，受到美国“全球经济再平衡”和美国制造业回撤战略的影响，美国对华投资震荡回落，于2011年下降至29.95亿美元，2012~2013年间又分别回升至31.33亿美元和33.53亿美元，并于2014年再次回落至与金融危机时接近的水平——26.7亿美元，同比下降20.6%。宋国友（2014）认为，美国国内正在进行一场以再工业化为核心的产业结构调整。2013年，中国对美直接投资远远大于美国对华投资，呈现出鲜明的反向投资的情况。具体数据如图1所示。

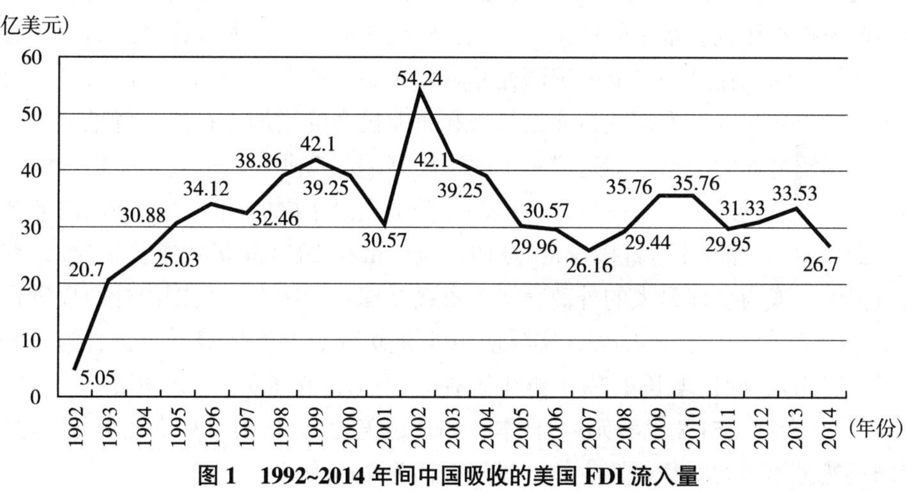

图1　1992~2014年间中国吸收的美国FDI流入量

发达国家制造业回撤的趋势初显，从几个工业大国的表现可见一斑：第一，美国的页岩气、油战略尤其引人注目，美国很多工业为能源密集型产业，近期能源价格的大幅下跌将使美国工业的竞争力大大提升。另外，美国也提出打造全球制造业的创新网络。第二，德国在装备制造业领域一直以来都是领头羊，却受到来自中国等国的低成本廉价设备的竞争压力及来自美国低廉能源成本的竞争压力。因此德国提出了一个有关工业发展的整体战略，工业4.0就是这个整体战略中的指导性原则。第三，日本是一个专注于出口市场的国家，且20%的生产总值（GDP）来自于制造业。因此，日本对制造行业的关注相比其他三个经济体而言有过之而无不及。

2014年，全球经济总体缓慢增长，西方发达经济体和新兴经济体复苏的不平衡性依然明显，全球流动性总体宽松，市场投资风险偏好上升。从美国的物理信息融合系统（Cyber-Physical Systems，CPS）到德国的工业4.0，西方世界正经历或期盼着一场工业复兴。随着互联网不断进入真实世界的核心部分，世界各国翘首以盼的这场工业复兴不是重回传统制造业，而是要演化成为一种更高层次的实体与虚拟世界实时交互的“再工业化”文明状态。伴随着西方世界对工业复兴的翘首以盼，美国制造业回撤战略正在改写全球经济的格局，给跨国公司在华投资的后续动力和持续增长带来了巨大挑战。美资跨国公司逐步开始将以前设立在中国的工厂、企业或总部迁回美国。2015 年 2 月，奥巴马政府出台的 2016 年度美国预算案计划对下一财政年度美国跨国公司海外投资经营获得的利润征收 15%的税收，此举意在促进美国实体经济向本国的回流和增加美国本土的就业机会。

近年来，美国制造业回撤的逻辑在于美国政府认为，海外投资的增加会导致美国国内投资和就业水平的锐减，因此美国意在通过减少海外投资来达到刺激国内经济的目的。在这一点上，美国尤其将“矛头”指向了中国，妄图通过回撤在中国的投资来实现其本国制造业的复兴和就业机会的增加。在这一背景下，一方面，美国制造业的回撤可能造成中美两国在高端制造业领域的竞争，给中国工业和整体经济造成冲击；另一方面，在部分美资撤离中国的同时，据中国商务部统计，2014 年中国的外商直接投资（FDI）流入量在 2014 年仍然增长了 3%，首次超过美国，成为全球最大的外商直接投资接受国。中国全国范围内外商投资企业为 23778 家，同比增长 4.4%，实际使用外资金额 1195.6 亿美元（折合为 7363.7 亿元人民币），同比增长 1.7%。继中国香港（857.4 亿美元）、新加坡（59.3 亿美元）、中国台湾（51.8 亿美元）、日本（43.3 亿美元）、韩国（39.7 亿美元）之后，美国仍然是第六大对华投资主体，投资金额为 26.7 亿美元。

在以上看似矛盾的现象背后，本文想要探讨的主要问题是：由金融泡沫得出的美国制造业回撤这一逻辑是否合理，美国国内劳动力的闲置是否应该归咎于美国跨国公司在华的外商直接投资，美国跨国公司在华的外商直接投资又是否必然与其国内的投资相冲突？发达国家制造业从发展中国家回撤或外商从中国撤离的现象近一两年开始显现，对中国社会和经济的影响不容小觑。而以往文献大多从理性视角分析跨国公司外商直接投资撤资的原因，却忽略了跨国公司在经济危机后可能出现的“受挫心理”以及由此引发的对于宏观经济形势的误判继而产生的“非理性”撤资现象。本文通过考察美国国内价格成本、国内投资与其在华外商直接投资以及中美汇率变动之间的相互关系，试图揭示出美国在华制造业回撤战略背后的逻辑误区，提出美国在华投资的增加并不会削减美国国内的投资水平，而美国在华投资的增加也并不是中国工业增长的格兰杰原因。因此，一方面，美国不必大幅削减其在中国的投资；另一方面，中国应该注重提升美资跨国公司在华的投资质量而非数量，确保美国在中国的投资是绿色、优质且有利于中国工业长期、健康和稳定发展的。

二、文献综述与理论分析

（一）传统的国际间的产业转移理论

日本经济学家赤松要（Kaname Akamatsu）于1935年提出雁行理论，认为后起国通过“国外引进—国内生产—产品出口”这一路径循环的方式实现重工业化和高加工度化。1954年，美国经济学家阿瑟·刘易斯（W. A. Lewis）提出国际产业转移理论，研究某些产业从一个国家或地区通过国际贸易和国际投资等多种方式转移到另一个国家或地区的过程。1966年，美国经济学家弗农（R. Vernon）在《产品周期中的国际投资和国际贸易》一文中提出，企业一般选择在国内生产处于创新阶段的产品，随着产品逐渐成熟，为巩固和扩大市场份额，企业需要到海外设立子公司，通过出口的方式向国际市场扩张；到了产品的标准化生产阶段，企业的垄断优势完全消失，企业开始转让其标准化技术，在生产成本较为低廉的发展中国家直接投资，并从国外进口所需的产品。日本学者小岛清（K. Kojima）于1978年在其代表作《对外直接投资》中提出边际产业扩张论，其基本主张是：对外直接投资应该从投资国处于比较劣势的产业（可称作边际产业），同时也是东道国具有显在或潜在比较优势的产业开始依次进行。

在国内，杨文芳和方齐云（2010）从中国作为产业承接国的角度进行分析，利用标准劳动需求方程模型实证检验了国际产业转移在数量和结构方面对中国劳动力就业水平的影响。结果表明：中国参与国际生产分工带动了劳动力需求总量的增加，但对不同行业的影响程度不同。其中，承接劳动密集型或出口导向型行业的生产能够促进劳动力需求的上涨，而承接资本密集型或进口替代型行业的生产则会抑制劳动力需求的增加。刘建江和杨细珍（2011）通过构建中美双边贸易利益分配模型，基于1997~2009年八个主要制造业部门的中美双边贸易数据的实证研究，表明中国对美国的巨额贸易顺差只是表面现象。实际上，美国处于从事研发和销售等环节的国际生产和价值链的高端，而中国则仍处于承担加工组装等环节的国际生产和价值链的低端。

传统的国际间产业转移理论解释了早期美国在华投资的原因和影响，却在阐释金融危机后中美之间出现的投资反转和美国的制造业回撤战略方面显得解释力和实用性不足。由此可见，新形势下研究美国对华的投资战略需要新的理论和视角。

（二）美国对华投资的回撤与反转

宋国友（2014）提出，2013年中国对美直接投资远远大于美国对华投资，呈现出鲜明的反向投资的状态，美国国内正在进行一场以再工业化为核心的产业结构调整。刘鹊（2014）认为，跨国公司2012年在华投资下降的拐点出现。但是，这种下降是一种良性的淘汰，代表着让更有益于促进中国经济增长、产业结构调整以及环境发展的跨国公司进入中国。中美投资的反转趋势也就是金融危机爆发后的近一两年才开始显现。因此，国内针对这一现象只有少数、零星的理论或描述性的研究。迄今为止，对这一现象的理解，仍缺乏实证论证的过程，大多研究仍集中在外商撤资或非正常撤资的原因、结果和防范措施方面。

（三）外商撤资的原因

帕瑞特（Porter，1976）运用产业组织理论，认为恶性竞争、退出壁垒低、创造壁垒阻止竞争对手进入、潜在或现有对手拥有资源优势等是引发跨国公司撤资的主要原因。豪德和杨（Hood，Young，1979）认为撤资是一个政治上敏感的问题，特别是对发展中国家就业问题具有很大的影响。比弟德尼（Boddewyn，1983）将跨国公司在东道国撤资的主要原因总结为三点：第一，与东道国本土企业相比，跨国公司竞争优势的丧失。第二，跨国公司将拥有的资产内部化转移给国外子公司所获得的收益少于通过市场交易转移给其他企业所获得的收益。第三，在投资地区进行生产经营的劳动力成本、市场潜力、政府政策调整等，与国内相比已无优势。德瑞海梅和格瑞尼特（Durhaime，Grant，1984）通过对40家大型多元化公司的实地考察，认为跨国公司母公司的财务状况是跨国公司最后决定在东道国撤出这一业务单位的重要影响因素。海迈欧腾和绍沃（Hamilton，Chow，1993）认为宏观经济形势影响跨国公司在东道国的撤资决定，财务状况不佳或缺乏成长性也是跨国公司在东道国撤资的主要原因之一。维斯腾（Weston）等（1998）对资产剥离现象展开了研究，把资产剥离的动机归因于公司战略调整、资产增值、资源投入、子公司经营状况等几个方面，认为以上因素中出现任何一种或几种动机就会产生剥离资产的现象。李和瓦才达（Li，Uchida，2011）提出，外资撤离中国银行业的主要原因是金融危机后外资金融机构在华业绩不佳。绍莱（Soule et al.，2014）研究外资从缅甸撤资时提出，除外资企业自身因素外，外资企业母国的宏观经济因素也是影响外资从缅甸撤离的重要原因。郑（Zheng，2014）提出，跨国公司海外子公司与东道国产业链的嵌入程度，即与上游供应商和下游分销渠道联系的紧密程度，是影响该跨国公司是否决定从这一东道国撤资的关键因素。

在国内，陈岩（1995）分别从有限理性、信息不对称、拓展的产品生命周期理论、寡头理论、制度变革和博迪温的投资条件假说五个方面，对外商直接投资撤资原因进行了理论分析。马全军（1997）认为国际投资活动是一个识别、估计和控制风险的过程，商业风险和国家风险的存在是撤资的根本原因。徐艳梅和李玫（2003）分析了外商直接投资减少或撤出的现实原因，认为投资决策者的有限理性与信息不对称、外资企业内部管理紊乱、母国经济环境的波动等是外商撤资的主要原因。王水娟（2006）探讨了不确定因素、产业演化、多元化、国际生产网络、集聚经济与跨国公司撤资的关系。桑百川和王拾（2007）认为，跨国公司大量涌入引起的国内竞争加剧、外资政策的变动、母国经济的波动以及来自其他国家的竞争等因素是跨国企业撤离中国的主要原因。邵汝军（2007）认为外商从中国撤离的实际原因包括关税的降低和非关税壁垒的逐步取消、区域经济一体化程度的提高、投资贸易摩擦的频发、部分比较优势的逐渐弱化、投资商母国的经济波动、投资决策者的有限理性和信息的不对称、公司战略调整、人民币升值预期以及外资企业内部管理因素等。祁怀高等（2008）分析了青岛韩资企业非正常撤资的原因在于中韩两国宏观经济环境的变化，韩资企业缺乏规模小、操作性强的清算和破产保护制度以及中韩两国司法协定的缺失。丁永健（2009）认为经济危机的爆发容易引发外资的撤出，并提出跨国公司在华撤资集中在三次经济危机前后，分别是：1992 年全球三大经济体陷入的经济危机、1997 年亚洲金融危机以及 2008 年的全球金融危机。范宇新（2009）分析了韩资企业撤资动因，提出了外商撤资动因的“六因素撤资说”，即成本因素、市场因素、制度因素、集聚经济因素、产业结构因素和文化趋同性因素，这六项因素中任意一项或几项因素都可能引发韩资企业在东道国的撤资行为。张士军（2009）认为清算程序烦琐、环保压力、政策调整、人民币升值、企业创新不足共同导致了韩资企业的非正常撤资。曲吉光等（2009）认为外资企业非正常撤资是东道国在招商引资的过程中赋予外资企业的“超国民待遇”催生的企业道德风险的集中爆发。宋纪宁（2010）通过对 101 家跨国公司在华子公司的统计数据进行实证检验后发现，跨国公司在不同行业、不同国别或地区撤资的原因不尽相同：来自中国台湾和欧盟的跨国公司的在华子公司一般将母公司和子公司的财务健康状况视为决定其撤资行为的最重要的因素，韩国跨国公司则认为东道国的优惠政策是首要关注因素。

（四）外商撤资的后果

帕苛（Parker，2003）认为撤资对东道国的社会影响主要包括：社会补贴的增加、就业机会的减少、收入减少、扰乱市场秩序、引发劳工动荡以及对当地商品或服务市场负面影响的乘数效应等。拜欧德鲍斯和邹（Belderbos，Zou，2006）在研究日本的投资、撤资与对外投资重新定位的问题时提出，跨国公司的撤资和国际产业的转移对东亚国家的工业化进程产生了重大且深远的影响。比瑞（Berry，2013）认为撤资会对东道国造成不良的经济和社会影响。波瑞尼德等（Bertrand et al.，2014）提出，企业的资产剥离行为可以增加其之后被收购的可能，或提升其发起和协调并购交易的能力。

在国内，徐艳梅和李玫（2003）认为，跨国公司撤资在资本积累、技术转移和追赶、产业结构、金融市场、就业和国际收支等方面均会对东道国产生深远影响。吕波和王水娟（2007）分别从跨国公司产业关联系数、技术扩散程度和东道国产业政策、工业化程度、对外资依赖程度等角度考察了跨国公司撤资对东道国产业的损害程度。刘洪华（2010）认为外资非正常撤资严重损害了中国的经济利益和社会稳定。

（五）东道国对外商撤资的防范

桑格（Song，2014）研究韩资跨国公司的撤资行为时提出，跨国公司内产品在各东道国间的流转灵活性可以弱化东道国生产经营成本的上升对公司的损害，降低韩资跨国公司从东道国撤资的概率。马全军（1997）认为东道国为防范外商撤资需保持其政治经济环境稳定，营造完善的法制环境，创造有利的市场氛围，并推行国民待遇原则。李玫（2002）提出东道国为防范跨国公司撤资需调整并健全其吸引外资的政策，改善其吸引并利用外资的结构，加强对外资流动的事前预警、事中控制和事后反省，加大对国际竞争方面的考虑，为外资企业提供更加准确、公平、透明的投资信息和优惠政策。张士军（2009）认为要从制定利用外资长期规划，调整和完善外资政策、加强与韩国政府沟通，并加强监管等方面来应对韩资企业在中国的非正常撤资现象。沈四宝和欧阳振远（2009）探讨了涉外商务审判中凸显的法律问题，提出加强政府各部门的合作、加大司法执法力度、建立综合治理机制、发挥商会组织作用等是应对跨国公司撤资的主要有效途径。曲吉光等（2009）提出要通过进一步完善企业征信系统、建立监测预警机制的方法来杜绝外资企业非正常撤资现象的发生。

综上所述，针对美国在华制造业投资的“撤回战略”逻辑分析和实证研究并不多，本文针对这个问题进行数据收集和实证研究，以期提出中国的对策建议。

三、研究设计与实证检验

（一）数据来源与变量描述

本研究的数据取自万得资讯数据库、中国商务部和国家统计局，共提炼出了六个指标，分别是：1992~2013 年中国吸收美国的外商直接投资（简称 USFDI）、1992~2013 年美国国内的投资水平（简称 USDOM）、1992~2013 年美国劳动力成本指数（简称 USLAB）、1992~2013 年中国的工业增加值（简称 CHIND）、1992~2013 年中国 PPI 指数（简称 CHPPI）以及 1992~2013 年基于中美货币和外贸权重的美元指数（简称 EX）。

为获得更为平滑的时间序列数据并消除多重共线性的影响，我们对 USFDI、USDOM、USLAB、CHIND、CHPPI 取对数，分别得出 LogUSFDI、LogUSDOM、LogUSLAB、LogCHIND、LogCHPPI 五个变量。最后，我们采用了 LogUSFDI、LogUSDOM、LogUSLAB、LogCHIND、LogCHPPI、EX 六个变量，来探讨这些变量相互之间的关系（如表 1 所示）。

表 1 数据的描述性统计结果

变量	区间	均值	标准差	最小值	最大值
LogUSFDI	22	1.484	0.195	0.704	1.734
LogUSDOM	22	0.441	0.034	0.342	0.483
LogUSLAB	22	1.928	0.070	1.830	2.023
LogCHIND	22	4.756	0.381	4.012	5.324
LogCHPPI	22	2.016	0.030	1.976	2.093
EX	22	12.309	6.170	4.381	21.292

（二）计量模型的设定

由表 2 可知，LogUSFDI 为平稳序列，LogUSLAB、LogCHIND 和 EX 在 1%~10%的显著性水平上为不平稳序列，存在单位根。从各个序列的差分来看，序列 LogUSLAB、LogCHIND 和 LogCHPPI 的一阶差分⊿LogUSLAB 在 1%~5%的显著性水平上不平稳、在 10%的显著性水平上平稳，⊿LogCHIND 和⊿LogCHPPI 在 1%~

10%的显著性水平上都为平稳序列，序列 EX 的一阶差分⊿EX 在 1%~10%的显著性水平上为不平稳序列，但二阶差分⊿（⊿EX）在 1%~10%的显著性水平上为平稳序列。因此，可以对 LogUSFDI、LogUSLAB、LogCHIND、LogCHPPI 和 EX 五个序列进行以“迹统计量”和“最大特征值”为代表的“协整检验”，来测试这些序列间是否存在“协整关系”以及“协整数量”的个数。

表 2　ADF 单位根检验结果

变量名	T 统计量	P 值	检验选项	检验形式	统计结果
LogUSFDI	−9.005***	−0.000	AIC，Lag（4）	含常数项，不含趋势项	在 1%~10%的显著性水平上平稳
LogUSDOM	−2.441	0.142	AIC，Lag（4）	含常数项，不含趋势项	在 1%~10%的显著性水平上不平稳
LogUSLAB	−0.405	0.891	AIC，Lag（4）	含常数项，不含趋势项	在 1%~10%的显著性水平上不平稳
LogCHIND	−2.590	−3.788	AIC，Lag（4）	含常数项，不含趋势项	在 1%~10%的显著性水平上不平稳
LogCHPPI	−2.205	0.210	AIC，Lag（4）	含常数项，不含趋势项	在 1%~10%的显著性水平上不平稳
EX	−0.267	0.914	AIC，Lag（4）	含常数项，不含趋势项	在 1%~10%的显著性水平上不平稳
⊿LogUSDOM	−4.837***	0.001	AIC，Lag（4）	含常数项，不含趋势项	在 1%~10%的显著性水平上平稳
⊿LogUSLAB	−2.667*	0.097	AIC，Lag（4）	含常数项，不含趋势项	在 10%的显著性水平上平稳；在 1%~5%的显著性水平上不平稳
⊿LogCHIND	−4.054***	0.008	AIC，Lag（4）	含常数项，不含趋势项	在 1%~10%的显著性水平上平稳
⊿LogCHPPI	−6.064	0.000	AIC，Lag（4）	含常数项，不含趋势项	在 1%~10%的显著性水平上平稳
⊿EX	−2.351	0.167	AIC，Lag（4）	含常数项，不含趋势项	在 1%~10%的显著性水平上不平稳
⊿（⊿EX）	−4.342	0.004	AIC，Lag（4）	含常数项，不含趋势项	在 1%~10%的显著性水平上平稳

注：保留小数点后三位；*、**、*** 分别表示在 10%、5%、1%水平上显著。

由表 3 可知，这四个向量之间存在多个协整关系。因此，LogUSFDI、LogUSDOM、LogUSLAB、LogCHIND、LogCHPPI、EX 之间可以建立反映变量之间长期均衡关系的协整方程，即 VAR 模型。

表 3 迹统计量检验结果

原假设：协整向量数	特征值	最大特征根统计量	临界值（p<0.05）	P 值
None*	0.992	226.727	95.754	0.000
At most 1*	0.909	131.190	69.819	0.000
At most 2*	0.876	83.209	47.856	0.000
At most 3*	0.670	41.461	29.797	0.002
At most 4*	0.432	19.275	15.495	0.013
At most 5*	0.329	7.969	3.841	0.005

注：保留小数点后三位；*、**、*** 分别表示在 10%、5%、1%水平上显著。

四、实证结果与研究发现

（一）建立 VAR 方程

本文采用约翰森（Johansen）的多元协整分析方法来检验 LogUSFDI、LogUSDOM、LogUSLAB、LogCHIND、LogCHPPI 和 EX 六个变量之间的长期均衡关系。如表 4 所示，经过协整估计后发现与 LogUSFDI 显著相关的变量是 LogCHIND 和 EX，而 LogUSDOM、LogUSLAB、LogCHPPI 均不与 LogUSFDI 显著相关。具体来说，LogCHIND 在 1%的显著性水平上与 LogUSFDI 正相关，即中国的工业增加值每增

表 4 VAR 检验结果

变量	参数	标准误差	T 统计量	P 值
LogUSDOM	0.077	0.185	0.419	0.681
LogUSLAB	-1.121	1.512	-0.741	0.469
LogCHIND	1.275	0.386	3.304	0.004
LogCHPPI	-0.959	0.896	-1.070	0.300
EX	-0.057	0.019	-2.982	0.008
R-squared	0.559	Mean dependent var	1.484	
Adjusted R-squared	0.455	S.D. dependent var	0.195	
S.E. of regression	0.144	Akaike info criterion	-0.839	
Sum squared resid	0.353	Schwarz criterion	-0.591	
Log likelihood	14.225	Hannan-Quinn criter.	-0.780	
Durbin-Watson stat	1.458			

注：保留小数点后三位。

加 1%，美国对华的外商直接投资增加 1.275%；而 EX 与 LogUSFDI 在 1%的显著性水平上负相关，即以货币或贸易权重为基准计算的中美汇率指数增加 1%，美国对华的外商直接投资减少 0.057%。

如图 2 所示，本文对协整方程残差进行了单位根检验，结果显示不存在单位根现象，说明协整关系是稳定的。

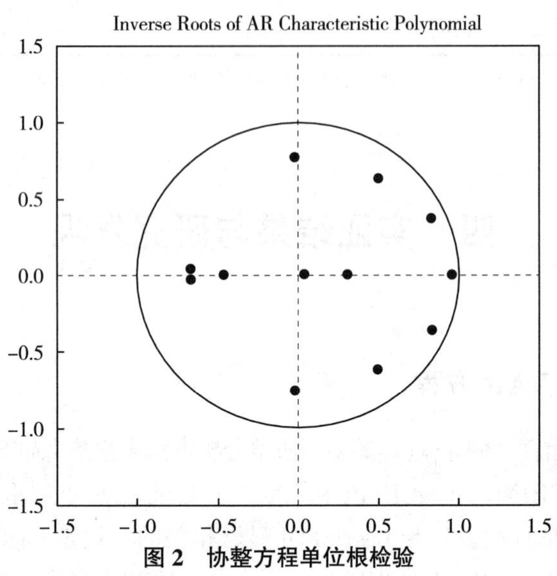

图 2　协整方程单位根检验

（二）建立 VEC 模型

如表 5 所示，通过建立 VEC 模型，本文测度出了 LogUSFDI、LogUSDOM、LogUSLAB、LogCHIND、LogCHPPI 和 EX 六个变量之间的短期均衡关系。

表 5　VEC 检验结果

	模型（1） LogUSFDI	模型（2） LogUSDOM	模型（3） LogUSLAB	模型（4） LogCHIND	模型（5） LogCHPPI	模型（6） EX
LogUSFDI（−1）	−0.240 −0.434 [−0.553]	0.435 −0.800 [0.543]	0.029 −0.017 [1.653]	0.056 −0.077 [0.726]	0.010 −0.071 [0.142]	0.763 −2.347 [0.325]
LogUSFDI（−2）	0.019 −0.234 [0.081]	0.764 −0.432 [1.769]	−0.006 −0.009 [−0.649]	0.009 −0.041 [0.224]	0.013 −0.038 [0.342]	−1.647 −1.266 [−1.301]
LogUSDOM（−1）	−0.187 −0.185 [−1.007]	0.478 −0.342 [1.397]	−0.017 −0.007 [−2.240]	−0.009 −0.033 [−0.260]	−0.012 −0.030 [−0.384]	−0.624 −1.003 [−0.622]

续表

	模型（1）LogUSFDI	模型（2）LogUSDOM	模型（3）LogUSLAB	模型（4）LogCHIND	模型（5）LogCHPPI	模型（6）EX
LogUSDOM（-2）	-0.044 -0.156 [-0.284]	-0.604 -0.288 [-2.095]	0.013 -0.006 [2.085]	0.001 -0.028 [0.051]	-0.001 -0.026 [-0.049]	1.478 -0.845 [1.749]
LogUSLAB（-1）	-0.909 -9.513 [-0.096]	-23.671 -17.552 [-1.349]	0.547 -0.382 [1.430]	0.902 -1.682 [0.536]	1.531 -1.557 [0.983]	32.449 -51.474 [0.630]
LogUSLAB（-2）	3.134 -9.934 [0.316]	33.027 -18.329 [1.802]	0.461 -0.399 [1.154]	-0.261 -1.757 [-0.148]	-0.993 -1.626 [-0.611]	-5.683 -53.751 [-0.106]
LogCHIND（-1）	0.277 -2.904 [0.096]	-1.088 -5.358 [-0.203]	0.021 -0.117 [0.179]	1.064 -0.514 [2.072]	-0.047 -0.475 [-0.098]	7.003 -15.713 [0.445]
LogCHIND（-2）	0.572 -2.803 [0.204]	-3.040 -5.171 [-0.588]	0.049 -0.113 [0.436]	-0.615 -0.496 [-1.242]	-0.452 -0.459 [-0.985]	1.347 -15.164 [0.089]
LogCHPPI（-1）	-0.099 -3.605 [-0.027]	-12.972 -6.652 [-1.950]	0.094 -0.145 [0.651]	-0.773 -0.638 [-1.213]	-0.665 -0.590 [-1.126]	17.401 -19.509 [0.892]
LogCHPPI（-2）	-0.145 -1.217 [-0.119]	1.044 -2.246 [0.465]	-0.065 -0.049 [-1.328]	0.191 -0.215 [0.888]	0.115 -0.199 [0.578]	4.236 -6.588 [0.643]
EX（-1）	-0.009 -0.076 [-0.122]	0.007 -0.140 [0.048]	0.002 -0.003 [0.611]	0.006 -0.013 [0.425]	-0.005 -0.012 [-0.418]	0.931 -0.411 [2.266]
EX（-2）	-0.071 -0.087 [-0.814]	0.091 -0.161 [0.566]	-0.006 -0.004 [-1.841]	0.017 -0.015 [1.129]	0.027 -0.014 [1.876]	-0.661 -0.472 [-1.401]
Constant	-4.341 -8.619 [-0.504]	26.041 -15.903 [1.637]	-0.364 -0.346 [-1.050]	2.231 -1.524 [1.464]	4.177 -1.411 [2.961]	-126.897 -46.639 [-2.721]
R-squared	0.690	0.823	0.999	0.999	0.917	0.998
Adj.R-squared	0.158	0.520	0.998	0.998	0.776	0.996
Sum sq. resids	0.037	0.125	0.000	0.001	0.001	1.079
S.E. equation	0.073	0.134	0.003	0.013	0.012	0.393
F-statistic	1.298	2.716	811.625	1028.595	6.473	362.490
Log likelihood	34.586	22.336	98.870	69.234	70.782	0.817
Akaike AIC	-2.159	-0.934	-8.587	-5.623	-5.778	1.218
Schwarz SC	-1.511	-0.286	-7.940	-4.976	-5.131	1.865
Mean dependent	1.532	2.809	1.938	4.824	2.012	13.071
S.D. dependent	0.079	0.193	0.066	0.327	0.025	5.946

续表

	模型（1）LogUSFDI	模型（2）LogUSDOM	模型（3）LogUSLAB	模型（4）LogCHIND	模型（5）LogCHPPI	模型（6）EX
Log likelihood		365.389				
Akaike information criterion		-28.739				
Schwarz criterion		-24.855				

注：保留小数点后三位。

（三）Granger 检验

从表 6 可以看出：第一，美国对华投资与美国国内投资之间并不存在格兰杰因果关系，说明短期内美国对华投资战略的变化不会引起美国国内投资额度的变动，且短期内美国国内投资水平的变化也不会引起美国对华投资额度的变动。第二，美国对华投资与中国工业增加值之间并不存在格兰杰因果关系，说明短期内美国对华投资战略的变化不会引起中国工业增加值的变动，中国工业增加值的变动也不会造成美国对华投资水平的变动。第三，美国国内投资与美国劳动力成本之间存在格兰杰因果关系。也就是说，美国国内投资的变化可以引起美国劳动力成本的变动，且美国劳动力成本的涨跌也可以引发美国国内投资水平的变动。第四，中国工业增加值是美国国内投资的格兰杰原因。也就是说，中国工业的增长能够带动美国国内投资水平的上升。这一结果有些出乎我们的意料，但仔细想来，却也合乎情理。当前的中国，作为世界上第二大经济体，其工业发展的态势对美国乃至全球投资水平和经济增长的影响都不容小觑。第五，中国的工业增加值是中国 PPI 指数的格兰杰原因，即中国工业增加值的增加会造成中国 PPI 指数的上升。第六，基于中美货币和外贸权重的美元指数是美国劳动力成本、中国工

表 6　Granger 因果检验结果

Granger 检验结果							
		LogUSFDI	LogUSDOM	LogUSLAB	LogCHIND	LogCHPPI	EX
Granger 原因	LogUSFDI						
	LogUSDOM			6.711**			
	LogUSLAB		4.788*				
	LogCHIND		6.419**			12.164***	
	LogCHPPI						
	EX			5.356*	6.009**	6.629**	
	All	9.483	19.976**	45.839***	52.657***	41.418***	24.724***

注：各个方格当中的第一个数字表示各变量滞后项显著性检验 x^2 统计值，且只显示了显著的部分；*p<0.1，**p<0.05，***p<0.01；保留小数点后面三位数。

业增加值和中国 PPI 指数的格兰杰原因。

（四）脉冲响应函数检验

本文在建立 VEC 模型的基础上，进一步做了脉冲响应函数检验，来检验几组变量之间的短期均衡关系。

由图 3 可知，中国工业增长带来的冲击一开始会造成美国国内投资水平的下降；随后，美国国内投资水平会大幅回升至一个更高的水平；之后，再缓步回落。这对前面的“协整分析”是一个有效补充。

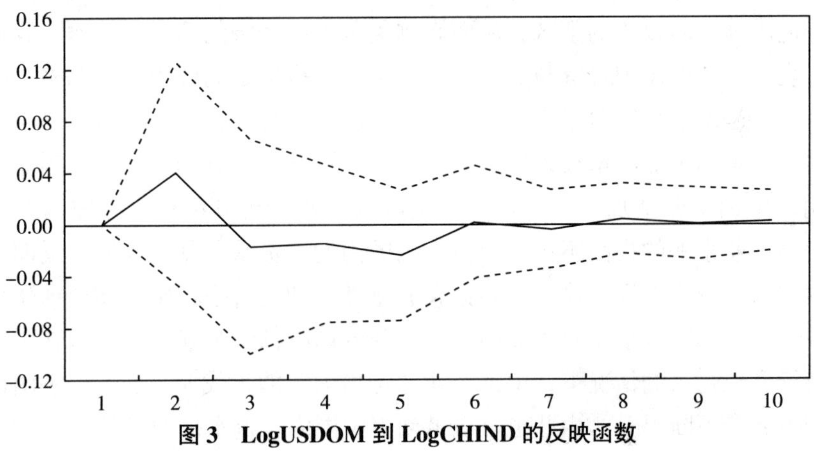

图 3　LogUSDOM 到 LogCHIND 的反映函数

由图 4 可知，美国劳动力成本上涨的冲击一开始会刺激美国国内投资水平大幅上升。随后，美国国内的投资水平会略有回落，之后震荡收窄。

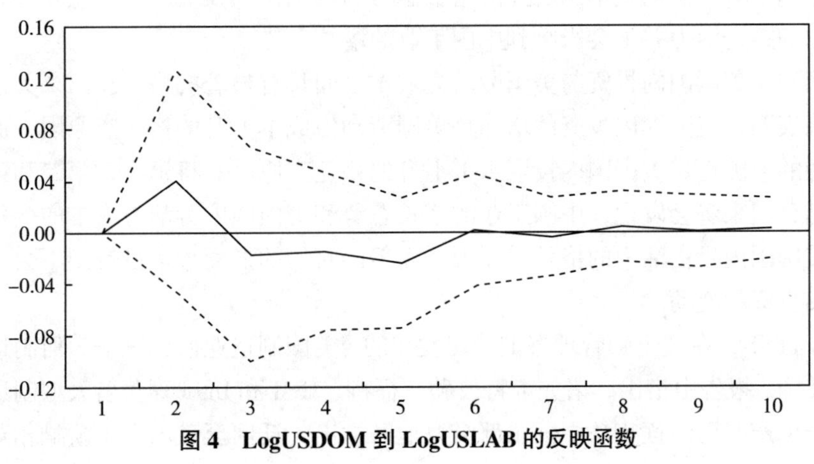

图 4　LogUSDOM 到 LogUSLAB 的反映函数

五、结论与对策

本文通过文献综述，数据收集与实证分析，讨论美国在华制造业“回撤战略”的逻辑谬误与中国的策略，得到如下的研究结论：

第一，美国国内投资与美国对华直接外商投资之间并无显著的格兰杰因果关系。美国制造业“回撤战略”背后的逻辑在于认为美国海外的投资，尤其是对华投资会造成其国内投资的削减，从而影响美国国内经济的活力。然而，我们的实证结果表明，美国国内投资与美国对华直接外商投资之间并无显著的格兰杰因果关系。也就是说，美国对华投资与美国国内投资之间不会相互影响。

第二，中国工业的增长是促进美国国内投资水平上升的格兰杰原因。实证结果表明，中国工业增加值是促进美国国内投资水平提高的格兰杰原因。也就是说，中国工业水平的提高不仅不会使美国国内的投资水平受到抑制，反而可以带动美国国内投资的上涨。这一点颇让我们意外，却也合乎逻辑。在全球化日益深化的今天，中国工业活力对于美国乃至全球的影响都十分显著，只有在中国工业保持持续增长劲头的情况下，中国企业“走出去”的步伐才会加快，中国市场的消费能力才会不断提升，由此也可以带动美国国内投资水平的提升。

第三，美国国内投资与中国工业增长或下降不具有格兰杰因果关系。实证结果表明，美国国内投资不是中国工业增长或下降的格兰杰原因。也就是说，美国国内投资水平的提升不会促进、也不会抑制中国工业的增长。将第二和第三点结论联系起来看则说明，中国工业的增长态势与美国国内投资水平息息相关，而美国国内的投资活力并不会影响到中国工业的增长态势。

第四，美国国内投资与美国劳动力成本之间具有显著的格兰杰因果关系。实证结果表明，美国国内投资的增加是美国劳动力成本上升的格兰杰原因，而美国劳动力的上涨也是美国国内投资水平上升的格兰杰原因。将第一、第二和第四点结论结合起来看会发现，中国工业的增长态势和美国国内劳动力成本的变化才是影响美国国内投资活力的格兰杰原因，而美国对华的外商直接投资则不会引发美国国内投资的变动。

2011 年，在波士顿管理咨询公司发布的《美国制造业回归——为何制造业将重回美国》报告中指出，诸如卡特彼勒、福特、IBM 和 Intel 等著名大型制造企业的部分生产线已经逐步从中国东部沿海地区撤出，迁回至美国本土薪酬相对较低的南部工业区。更有消息称，如今，美国北卡罗来纳州的劳动力成本已经降至中国部分地区的 1.3 倍。再加上 2014 年美国的页岩气、页岩油战略取得重大进展，国际石油价格大幅下降，美国乃至全球工业迎来了巨大的机遇和挑战，世界工业的格局正在被改写。

外资对东道国的影响具有双面性：在刺激东道国经济增长的同时，也会引发环境污染、市场垄断、国有资产流失和产业结构失衡等诸多风险。美国制造业回撤征兆的初显也给中国敲响了警钟，说明外资在华的投资决策，既受外资企业内部因素影响，也会受外部宏观经济政策和经济周期波动的干扰。笔者认为，对于美国而言，是否回撤其制造业还应理性地审视和权衡美国和东道国具体的资源禀赋、成本、区位等因素，不宜盲目、大规模地转移其原来的生产线和制造基地。对于中国而言，应深入思考美国对华直接投资为何没能长远促进中国工业增长这一问题，从中看到利用外资潜在的问题和风险，并积极探索如何吸引、利用并稳定美国在华的投资，使其真正能长期、稳健地促进中国工业和经济的健康发展。

目前，国际国内的经济环境仍处在深刻变化中，外资企业非正常撤资的宏观和微观层面的影响因素仍未消除，外资企业非正常、大批撤资的风险依旧存在。非正常、大批撤资对东道国的影响是突然且具有特殊性的，可能会引发东道国潜在的经济风险，或制约东道国未来经济的发展。因此，中国必须增强利用外资的风险意识，切实把好外资进入和退出的门槛，加强对外资企业的日常监管和统筹规划，警惕并理性处理由外部经济环境变化所引发的外资撤离的现象。这种警惕并不是片面地杜绝和防范，而是要真正做到：对于不良外资，引导其退出；对于“绿色”、高质量、对东道国社会经济发展真正有益的外资，要结合宏观经济环境和跨国企业内部的经营情况给予适当的指引和支持。同时，中国也应积极加快经济转型的步伐，优化美国在华投资结构，遏制美国对华高端制造业的逆转移。

参考文献

[1] Belderbos，R.，Zou，J. L.. Foreign Investment，Divestment and Relocation by Japanese Electronics Firms in East Asia [J]. Asian Economic Journal，2006，20 (1)：1–27.

[2] Berry，H.. When Do Firms Divest Foreign Operations [J]. Organization Science，2013，24 (1)：46–261.

[3] Bertrand，O.，Betschinger，M–A.，Petrina，Y.. Organizational Spillovers of Divestiture Activity to M&A Decision–Making [J]. Advances in Mergers and Acquisitions，2014，13：65–83.

[4] Boddewyn, J. J.. Foreign Direct Divestment Theory: Is It the Reverse of FDI Theory? [J]. Review of World Economics, 1983, 119: 346-355.

[5] Duhaime, I. M., Grant, J. H.. Factors Influencing Divestment Decision-making: Evidence from a Field Study [J]. Bureau of Economic and Business Research, 1982, 898: 30-32.

[6] Gilmour, S. C.. The Divestment Decision Process [M]. Ann Arbor: University Microfilms, 1973.

[7] Hamilton, R. T., Chow, Y. K.. Why Managers Divest: Evidence From New Zealand's Largest Companies [J]. Strategic Management Journal, 1993, 14: 479-484.

[8] Hood, N., Young, S.. The Economics of Multinational Enterprise [M]. London: Longman, 1979.

[9] Li, Y. H., Uchinda, K.. Divestment of Foreign Strategic Investment in China's Banking Sector: Causes and Consequences [J]. International Finance Review, 2011, 12: 83-110.

[10] Parker, E., Wong, K.. WTO, China, and the Asian Economies [J]. China Economic Review, 2003, 14 (3): 203-205.

[11] Porter, M. E.. Please Note the Location of Nearest Exit: Exit Barriers and Planning [J]. California Manangement Review, 1976, 19: 21-23.

[12] Song, S. C.. Subsidiary Divestment: The role of Multinational Flexibility [J]. Management International Review, 2014, 54: 47-70.

[13] Soul, S. A., Swaminathan, A., Tihanyi, L.. The Diffusion of Foreign Divestment from Burma [J]. Strategic Management Journal, 2014, 7: 1032-1052.

[14] Weston, J. F., Jawien, P. S., Levitas, E. J.. Restructuring and Its Implications for Business Economics [J]. Business Economics, 1998, 33 (1): 41-49.

[15] 陈岩. 对外直接投资撤退原因的理论分析 [J]. 南开学报, 1995, 4.

[16] 丁永健. 外商在华直接投资撤离的渐进性及其影响因素 [J]. 改革, 2009, 10.

[17] 范宇新. 跨国公司撤资动因研究：以在华韩国企业为例 [J]. 产业经济评论, 2009, 2.

[18] 刘鹊. 跨国公司在华投资环境比较研究 [J]. 现代管理科学, 2014, 1.

[19] 刘建江, 杨细珍. 产品内分工视角下中美贸易失衡中的贸易利益研究 [J]. 国际贸易问题, 2011, 8.

[20] 吕波, 王水娟. 跨国公司撤资对东道国产业损害的影响因素及其对策含义[J]. 特区经济, 2007, 11.

[21] 马全军. 利用外资：适应新形势，构建新战略 [J]. 管理科学, 1997, 4.

[22] 祁怀高, 王义, 孙涛. 中国青岛韩资企业非正常撤离：现状、原因与对策 [J]. 当代韩国, 2008, 2.

[23] 曲吉光, 邵明志, 陈明仿. 威海外资企业非正常撤离：偶发还是必然 [J]. 金融发展研究, 2009, 6.

[24] 桑百川, 王拾. 外商撤资的原因与演变趋势 [J]. 国际经济合作, 2007, 11.

[25] 邵汝军. 外商对华直接投资撤资的原因、影响及对策研究 [J]. 生产力研究，2007，12.

[26] 沈四宝，欧阳振远. 外资非正常撤离的法律特征及其对策 [J]. 河北法学，2009，10.

[27] 宋国友. 中美经贸关系的新变化与新趋势 [J]. 复旦学报 (社会科学版)，2014，4.

[28] 宋纪宁. 跨国公司在华子公司撤资动因实证分析 [J]. 当代财经，2010，5.

[29] 王水娟. 不确定性因素对国际资本外撤的影响及对策 [J]. 工业技术经济，2006，7.

[30] 徐艳梅，李玫. 跨国公司对外直接投资减撤实证分析 [J]. 中国软科学，2003，1.

[31] 杨文芳，方齐云. 财政收入、财政支出与居民消费率 [J]. 当代财经，2010，2.

[32] 张士军. 外商投资企业非正常撤资问题探讨——以在华韩国投资企业为例 [J]. 汕头大学学报 (人文社会科学版)，2009，6.

有关“一带一路”战略的文献综述

祝灵敏[①]

[摘　要] 本文梳理、总结分析了国内外舆论对我国提出“一带一路”战略思想的各种反响。目前的研究结论表明，我们一方面要及时纠正各种错误的舆论导向，包括国际上有意为之的和国内某些无知而为之的错误导向；另一方面也需要从经济学的理论高度来分析“一带一路”政策对沿线省份和国家经济增长的影响，以此对这些省份和国家做出的选择加以正确引导。

[关键词] 一带一路；国内视角；国际视角

一、导言

“一带一路”战略至2013年提出后，已在国际国内引起强烈反响。通过专业数据库统计，2013年9月至2015年2月期间，海外媒体有关“一带一路”的英文报道共2500余篇，海外媒体的中文报道共有1000余篇，海外已经出版的以“一带一路”为主题的英文图书有30余种，选题涉及地缘政治、合作路线图、沿线历史文化、旅游线路、沿途饮食、沿线风光等。

国内对于“一带一路”的关注和报道就更多，在百度搜索“一带一路”出现相关的结果约10300000个。通过中国知网主题查询主题“一带一路”，可以找到148049篇文献，仅2015年就有45087篇、2014年15020篇、2013年8416篇。文献来源最多的是《国际商报》、《中国证券报》和《人民日报》，分别为1183篇、1116篇和955篇。其余以报纸和大学为主。如按照学科排名，《中国文学》最多，包括21898篇，其次是《经济体制改革》，包括17538篇，排在第三的是《工业经济》，包括8476篇。在这些文献中期刊文献为46381篇，核心期刊文献为

---

① 祝灵敏，内蒙古财经大学经济学院。

14826篇，中文社会科学引文索引（CSSCI）文献为6929篇。

这些文献的特点之一就是与经济学有关的少之又少；特点之二即发表的期刊的影响因子不高。像国内影响因子较高的经济学期刊《经济研究》、《管理世界》、《中国工业经济》、《经济学动态》、《经济学季刊》等，根本找不到以“一带一路”为主题的文章。而国际上最新工作论文代表网站“NBER”也无法搜索到与“One Belt One Road”相关的学术论文。当然这也说明了几个事实：一是这些期刊审稿时间较长；二是这些期刊发表的文章质量很高，不可能在短期内写出如此高质量的文章；三是这些期刊近10年来注重发表实证方面的文章尤其是利用计量模型做出来的文章，对于理论水平较高的文章很少接受，显然“一带一路”战略的提出还没有实践，所以无法写出实证方面的文章。一方面，经济学如果不能从理论的高度对一项政策的影响后果进行预测，其会落得“马后炮”的嫌疑；另一方面，如果“一带一路”不能为沿线省份和国家带来实质性的经济利益和物质利益，而只是政治布局的话，这些省份和国家是很难积极响应和参与的。

二、文献评述

本文的文献选取标准，分别在中国知网（CNKI）和中国人民大学外文学术资源发现系统和EBSCO（Academic Search Premier）数据库进行搜索。其中中文文献选取要求主题为：“一带一路”、“丝绸之路经济带”、“21世纪海上丝绸之路”，期刊必须为中文社会科学引文索引（CSSCI）且复合影响因子在1.0以上的文章。英文文献的选取要求主题为“One Belt One Road”或者为“One Belt and One Road”。

（一）国内省际视角

当今世界地缘经济呈现出明显的一体化的发展趋势。总体来看，任何国家或大区域通过清除区域内生产要素流动的限制性因素，进而实现资源配置最优化已经成为主流。从国内视角看，就是以某省市或地区为落脚点，分析本地区在“一带一路”中的可能角色以及影响。如杨庆育（2014）在《“两带一路”新格局的区域发展战略选择：重庆例证》一文中提到“两带一路”，即根据重庆自身的特点，处于长江黄金水道上，所以在“一带一路”基础上再加上一带，即长江流域经济带。在“两带一路”新格局中，重庆面临着新的机遇，需要重新定位。重庆要布局如下战略：在通道层面上建设综合交通枢纽；在培育发展动力上深化全面改革和创新；在可持续发展要求上强化生态环境保护；在基础工作上打造最优的创业益业环境。而黄安、刘国斌和张建仁分别为福建、珲春和新疆呐喊。如黄安（2014）在《福建融入海上丝绸之路建设的思考》一文中提到福建经济社会在改革开放以来快速发展，研究开放型经济溯源和“一带一路”的重要意义以及福建融入“一带一路”建设的比较优势。从商务发展方式转变的视角推动“一带一路”建设，有助于推动福建与沿线国家进一步发挥各自比较优势、创造新的比较优势和竞争优势，推动要素自由流动、资源优化配置、市场深度融合、商务科学发展。刘国斌等（2014）在《论东北亚丝绸之路之纽带——图们江区域（珲春）国际合作示范区建设的战略思考》一文中从历史传承与国际合作两个维度，评估图们江区域（珲春）国际合作示范区发展的机遇，对图们江区域国际合作示范区建设进行战略思考。张建仁（2014）在《建设丝绸之路经济带视域下的新疆高等教育发展》一文中围绕建设丝绸之路经济带，强调新疆应重视人力资源的开发利用，重视教育特别是高等教育的发展。

（二）国内整体视角

追求“一带一路”沿线省份和城市的区域经济一体化，分析可能的基础、机遇和挑战。如程云杰（2014）在《“丝绸之路经济带”建设给我国对外贸易带来的新机遇与挑战》一文中提到国际金融危机和欧洲债务危机爆发使我国对外贸易受到严重影响，而且随着美国主导的“跨太平洋伙伴关系协议”（TPP）和美欧主导的“跨大西洋贸易与投资伙伴协议”（TTIP）的推进，我国外贸发展面临更为严峻的挑战。“丝绸之路经济带”建设可为我国外贸发展带来新的机遇，我国应抓住机遇，积极应对挑战，深化我国与“丝绸之路经济带”沿线国家的经贸合作，不断拓展我国外贸发展新空间，促进对外贸易的快速发展。

分析“一带一路”战略必须存在的社会先行资本对区域经济增长的影响也是非常重要的。如李忠民等（2011）在《“新丝绸之路”交通基础设施、空间溢出与经济增长——基于多维要素空间面板数据模型》一文中提到随着全球一体化进程的加快以及亚欧大陆桥等交通基础设施的不断完善，新时期的丝绸之路经济带已经形成。该文基于新经济增长及新经济地理运用空间计量方法，选取“新丝绸之路”交通大动脉陇海、兰新铁路线涵盖最重要的 17 个城市，采用建立面板数据模型的实证方法，考虑在交通基础设施的空间溢出效应的情况下，实证分析多维要素对经济增长的作用，探讨促进“新丝绸之路”这条交通经济带经济持续快速发展的对策。刘育红等（2014）在《“新丝绸之路”经济带交通基础设施与区域经济一体化——基于引力模型的实证研究》一文中选取2001~2011年“新丝绸之路”经济带最重要的17个城市的交通基础设施面板数据，基于引力模型加入交通密度变量，检验了经济带上城际交通基础设施对区域经济一体化的影响。实证结果显示：经济带上城际贸易的边界效应值接近发达国家间贸易的边界效应值；交通基础设施的改善对区域贸易具有正向促进作用；交通基础设施增加了城际与区域贸易，促进了区域经济一体化。

关于交通基础设施促进区域经济一体化方法的研究方面，理论上认为，由于改善交通基础设施能降低区域贸易成本，促进市场规模扩大与分工专业化的形成，提高区域贸易效率，因此交通运输条件的改善可能对于区域经济一体化具有重要的促进作用。在可查阅的文献中，测算区域经济一体化的方法各异，选取的指标大体分为五类：①劳动力流动（Kumar，1994）。②区域间价格水平的差异和波动（喻闻，1998）。③投入产出表中的国内贸易流量（Naughton，1999）。④资本流动（鲁晓东，2009）。⑤市场潜力（赵永亮，2009）。交通基础设施建设能促进生产要素在各地积聚与扩散。交通运输不畅致使市场分割、贸易受阻（Poncet，2003）。交通基础设施作为社会先行资本，中国政府一直高度重视，从“交通运输，重中之重”的西部大开发政策以及2008年年底出台的四万亿元投资于交通基础设施建设方案，使得中国的交通密度快速增长。

王保忠等（2013）在《“新丝绸之路经济带”一体化战略路径与实施对策》一文中提到“新丝绸之路经济带”一体化的八大战略路径是交通、能源、产业、城市、贸易、金融、文化、生态一体化。在一体化战略实施的初级阶段，应着重推进交通、能源、产业、城市一体化；高级阶段应重点关注贸易和金融一体化。当前，一体化战略的实施重点是能源一体化，实施的优先方向是交通运输一体化。为推进“新丝绸之路经济带”一体化战略实施，首先应加强政府间政治互信和务实合作。其次是加快推进操作层面的体制机制建设步伐。“新丝绸之路经济带”一体化战略的八个方面构成了区域经济合作的一个全方位、多层次的有机整体。一体化战略的构筑是一个复杂的系统工程，同时跨国区域经济合作更面临着一系列挑战。因此，“新丝绸之路经济带”一体化的实现必将是一个从较低形式向较高形式逐步发展的渐进过程。其中，交通、通信等基础设施一体化是先决条件，能源一体化是合作重点，交通和通信等基础设施、能源、产业一体化又形成了城市（群）一体化的基础，城市（群）经济一体化是经济全球化和区域经济一体化的必然选择。贸易和金融一体化是战略高级阶段的实现形式，对外贸易和跨境投资的快速增长，是经济全球化的主要特征，贸易和金融一体化的水平直接体现了区域经济一体化的水平和深度。“新丝绸之路”区域是一个“异质”成员结构的区域，这种“异质”结构特征意味着其区域经济合作将有着自己独特的路径和特点。“异质”结构成员间贸易一体化要经历不同的发展阶段。

谭林等（2014）在《产城关系视角下我国丝绸之路沿线产业发展问题研究》一文中提到推进丝绸之路经济带建设已在十八届三中全会上被确立为国家战略。对地处丝绸之路经济带核心区域的西部五省区域城镇化和产业结构的实证研究发现：该区域产业结构升级对城镇化促进作用明显，但城镇化明显滞后于工业化，产业与就业结构的协调性较差，产业结构的优化水平相对较低。据此在新结构经济学理论基础上，建议该区域发展符合自身资源禀赋的比较优势产业；以技术密集型产业为目标，大力发展循环经济；拓展融资渠道，加强城市基础设施建设。根据新结构经济学理论，经济结构内生决定于要素禀赋结构，一个经济体的禀赋结构随着发展阶段而不断升级，处于不同发展阶段的经济体有着不同的最优产业结构，同时有一种能够节省经济体运行和交易费用的基础设施与之相对应。根据新结构经济学的理论假设，一个地区产业发展关键在于明确其资源禀赋和比较优势。

申现杰等（2014）在《国际区域经济合作新形势与我国“一带一路”合作战略》一文中分析了中国实施“一带一路”建设的重要战略意义，并从落实“五通”建设、高标准自由贸易区战略、扩大国际合作的重点领域、优化国内区域开放格局等方面，对“一带一路”战略建设重点进行了相关思考。

范厚明等（2014）在《海洋争议背景下中国经济发展的西向战略》中提到了目前我国在东海、南海海岛纠纷不断，美国控制着全球海洋运输通道，其“再平衡”战略的影响将长期存在，应该注重西向战略，在新疆建立大型能源储备基地，调整其产业结构与布局并适时设立自由贸易区。

（三）国际视角

以“一带一路”沿线国家为对象，分析该国在“一带一路”中的可能角色以及影响。从我国的开放角度看，对外，将重点扩展到我国对外开放以来比较薄弱的独联体、西亚和东欧等地区。“一路”则是在新的海洋经济战略背景下，对我国沿海开放战略的深化和扩张。当代海上丝绸之路的运输成本极低，从而使该地区各国都可以通过生产部件而非完整产品的方式，从专业化和规模化中获益。

“丝绸之路经济带”是以跨国综合交通通道为基础，以沿线国家中心城市为发展节点，以区域内商品、服务、资本、人员自由流动为发展动力，以区域内国家经济快速增长的新型跨国经济合作区。“丝绸之路经济带”沿线国家的能源合作将改变目前我国进口能源过度依赖马六甲海峡的现状，为我国的能源安全提供有力的保障。“丝绸之路经济带”沿线国家经济发展战略的调整和经济互补性，为我国企业“走出去”奠定了现实基础，“丝绸之路经济带”沿线国家吸引外资的优惠政策、我国鼓励对外投资的政策及我国企业的发展壮大为我国企业对外投资提供了发展契机。美国、欧盟、日本、韩国和俄罗斯等提出自己的“丝绸之路”和相应的“关税同盟”等，为有效拓展本国经济辐射圈、保障能源安全服务。我国的“丝绸之路经济带”只是中亚等沿线国家的一个选项，选择谁决定权并不在我国，这些国家的“平衡外交”和“实用外交”以及欧美发达国家利用先进技术施压会让我们实施“一带一路”政策付出更高的成本。

韩永辉等（2014）在《“一带一路”背景下的中国与西亚国家贸易合作现状和前景展望》一文中分析了中国与西亚国家贸易的现状，由于中国与西亚的资源禀赋和产业结构互补性较强以及良好的外部环境，一方面双边进出口规模迅速扩大，另一方面在各自对外贸易中的地位日益提高。但是，政治制度和宗教文化差异以及西亚地区局势动荡将影响双边合作。

全毅等（2014）在《21 世纪海上丝绸之路的战略构想与建设方略》一文中认为提出“一带一路”倡议是中国对外战略的重大调整。众所周知，中国对外开放是从东部沿海地区开始的，主要是向东开放，重点面向亚太地区的发达国家。而“一带一路”倡议主要是开放开发中国的中西部地区，重点是向西开放，面向西部的发展中国家。面向西部发展中国家及西部大开发战略是中国对外开放和区域发展战略的重大转变。重提丝绸之路重在传递中国自古以来遵从的就是和平的贸易通道，中国从来都没有像近代西方国家以地理大发现和新航路开辟后采取征服和掠夺的手段一样，而是致力于跟沿线国家保持和平友好的关系，实现互惠互利、共同发展。重提丝绸之路将传递出重要信息，中国无论是“走出去”还是“引进来”的战略都不会重复西方列强海上争夺霸权的路子，而是以和平的方式进行的。中国的发展不会威胁东南亚国家及丝绸之路沿线国家的经济、政治与安全。

秦放鸣等（2014）在《不对称性相互依赖背景下深化中国与哈萨克斯坦经贸合作的路径选择》一文中认为，目前中国与哈萨克斯坦经贸合作处于复合型不对称性相互依赖阶段。在规模上，哈方更倚重中方；在结构上，中方更倚重哈方。目前的中哈合作仍是以中方进口能源矿产资源，出口劳动密集型和资本密集型产品到哈方为主要的经济合作模式。新形势下必须创新其经济合作模式，以贸易合作为主转变为贸易投资双轮驱动及加强金融人文等领域的合作，实现与哈方全方位深层次的经济互动，从而为丝绸之路经济带在中亚地区的推进提供示范效应。从中国与哈萨克斯坦目前在贸易和投资领域的相互依赖关系考虑，中哈间的不对称呈复合型的态势，并不是"一边倒"的态势。从贸易总量和贸易依存度上看，中方处于强势地位，但从进出口商品结构的可替代性上分析，哈方出口到中国的能源矿产资源的替代性远低于中国出口到哈萨克斯坦的竞争性工业品。从投资商看，中国对哈方在总量上占优势，不过考虑到中国对能源等产品的战略需求，中国对哈主要投资领域又是各国对哈趋之若鹜的激烈竞争领域，是国家管制较多的领域，受政治外交影响较大，从这一角度考虑，东道主哈萨克斯坦对中国的影响力又高于中国。这种复合型的"不对称"态势既与两国的经济发展阶段有关，同时也反映了中哈间经济关系越来越紧密，相互依赖程度不断加深的事实。双方中断经济交往的机会成本都非常高，两国存在巨大的合作空间和合作潜力，相互影响程度会不断加深。但是随着俄白哈关税同盟的成立使得以前的合作模式已不再具有可持续性，需要完善和修正。

周明（2014）在《地缘政治想象与获益动机——哈萨克斯坦参与丝绸之路经济的构建评估》一文中从两个角度评估哈方对丝绸之路经济的可能参与程度。一方面，丝绸之路经济带的构想契合哈方精英的地缘政治想象，能为哈方发展交通等基础设施建设提供重要支持；另一方面，中国在哈方的地缘政治想象中具有模糊性，而且哈方部分人士担心与中国开展合作更有利于中国而不是哈萨克斯坦。

庞大鹏（2014）在《俄罗斯的欧亚战略——兼论对中俄关系的影响》一文中提到欧亚战略集中体现了俄罗斯精英阶层的时代观和国际政治观，这构成了当代俄罗斯国家身份认同的基础。俄罗斯经济增长的放缓，是普京政府顺利实施欧亚战略所面临的最大挑战。只有在较为全面地理解俄罗斯欧亚战略的基础上，才能在中国提出"丝绸之路经济带"的倡议、俄罗斯欧亚经济联盟即将成立的背景下以及当前国际新形势下更好地审视中俄关系所面临的问题及前景。

国家海洋局局长刘赐贵（2014）在《发展海洋合作伙伴关系推进 21 世纪海上丝绸之路建设的若干思考》中提到，海上丝绸之路沿线区域是国际战略和政治博弈的敏感区，地缘政治关系错综复杂，各国在国家规模、发达程度、历史传统、民族宗教、语言文化等方面差别巨大，利益诉求不一。建设 21 世纪海上丝绸之路，一是与沿线主要国家政府达成深化海上合作共识，同时，积极推动与东南亚、南亚乃至非洲国家的部门间海洋合作，建立海洋部门高层领导的互访和对话机制；二是与沿线国家在经贸、人文、基础设施等领域开展务实合作；三是与沿线主要国家在海洋与气候变化、海洋防灾与减灾、生物多样性保护、海洋政策等领域开展富有成效的合作。港口码头就是 21 世纪海上丝绸之路的"海上驿站"。不仅要具备货物装卸的码头功能，还要为船舶和人员提供补给和后勤服务，更要保障周边航道安全，为各国提供安全、便捷的海上通道。近年来，海盗、海上恐怖主义、海上跨国犯罪、海洋灾害等非传统安全问题日益凸显，沿线国家在应对上述问题方面具有广泛的共同利益诉求。为沿线国家提供海上公共服务和产品，共同应对非传统安全调整，是21世纪海上丝绸之路建设的另一重要目标。

赵华胜（2014）在《浅评中俄美三大战略在中亚的共处》一文中提到中俄美各以中亚为中心推行区域一体化战略，这使三国在中亚呈现出战略鼎立之势。这种状态造成了客观上的竞争性结构。

三、“一带一路”的国际声誉

（一）外国人眼中的“一带一路”

北京对外经济贸易大学国家关系学院举办的第四届暑期国际问题论坛上，近30名来自美国、法国、澳大利亚、比利时、丹麦等国的知名学者以及国内专家参会，围绕“一带一路战略构想与国际社会”中的国内改革、经贸金融、国家形象与软实力、重要双边关系等核心议题展开深入讨论和激辩。

德国人海杜克执教波兰，对中国提出的“一带一路”倡议，他认为无论是东欧还是西欧将像两千年前的古丝绸之路一样受益于中国。但是东欧，如波兰对这种经贸模式更加认可，学界反应也很热烈，德国十分欢迎中国的投资者。海杜克认为从经济角度分析，“一带一路”是一种互利合作的经济交往。

北欧一些国家对“一带一路”关注度不高。南丹麦大学教授劳尔森第一次听说“一带一路”的说法。欧盟及其成员国对“一带一路”的态度和看法有所不同，成员国相对积极主动，而作为政策协调者的欧盟没有太多动作。荷兰莱顿大学教授格里菲斯则认为，中国和欧洲已经就“一带一路”形成某种默契。

（二）正确认识“一带一路”

1.“一带一路”的建设原则

很多境外机构认为，中国提出“一带一路”是对美国“重返亚洲”战略的一种反击，中国希望借助“一带一路”战略，利用自身的经济、金融和外交力量，建立世界新秩序，改变中国在国际事务和国际分工中的角色。这一说法仍是冷战思维的延续，而且这种思维将使我国在中亚和南亚的国际战略竞争中处于劣势。这会给“一带一路”沿线国家造成一种其仅是我国对抗美国“棋子”的感觉。这是美国等竞争对手的策略。可怕的是我国的某些政客、学者和媒体认识不到问题的严重性，居然大肆宣扬这种说法。

“一带一路”建设的重点之一便是连接和加强亚洲各次区域以及亚非欧之间的基础设施建设，试图消除多年来制约地区间经济交流的主要障碍。尤其是很多由于基础设施落后被西方发达国家边缘化的国家，“一带一路”倡议特别强调“共商、共建、共享”原则，旨在对接沿线国家自身的战略，协助它们建立所需的工业体系。

2. 处理好“一带一路”沿线国家的关系

很多境外机构质疑中国运作亚投行这样一个多变金融机构的能力和经验以及无法同时处理“一带一路”沿线上众多国家间的关系。在亚投行准备阶段，中国承诺将亚投行打造成一个透明的、有社会意识的开发银行，帮助解决亚洲基础设施建设资金严重不足的问题，并开展与其他现有多边组织的合作。处理好与世界主要大国和沿线重要国家的关系是“一带一路”建设的重要前提之一。由于沿线国家之间经济水平参差不齐、文化差异性大，有些国家国内政治的连续性和稳定性较差，国家间关系、民族宗教状况错综复杂，利益诉求多元化等诸多消极因素，势必对“一带一路”建设产生不利影响，解决这一问题的关键在于加强政府间合作。在“共商、共建、共谋”过程中，中国与沿线国家会逐步发展起相互了解、相互尊重和相互信任的新关系。第二次世界大战结束之后，各个国家已经进行了很多次的重复博弈，背信弃义、出尔反尔的背叛者将在下一轮的博弈中遭到惩罚。而中国也在历次与各国的交往中得到了很多国家的信任，这种信任将在新一轮的博弈中获得相应的利益。

3. 央企“走出去”战略遭遇前期投资评估不充分，应对风险机制不灵活，项目实施过程中缺乏有效监管和制约等

“走出去”战略本身不能完全依靠企业账面成本收益来衡量，投资本身就具有风险，不可能是一本万利的。而且“走出去”战略也不是一次性博弈，也属于重复博弈。当然完善对外投资立法和海外投资保险制度，充分评估项目投资风险和收益，寻求有经验的中介制定海外投资风险应对措施，实施有效的项目监管如专项审计，均是有效提高国有企业海外投资效率的措施。

4. 地方政府的短视行为，对于“一带一路”战略缺乏研究和理解

很多省市快速将自身定位为“一带一路”的重要支点，强化本省份和本地区在“一带一路”战略中的重要性，但是在实际操作中，这种定位更多演化为提升知名度的手段，实际希望获得中央在政策或资金上的倾斜，自身并没有研究建立真正有效的机制，并没有对本省份和地区在“一带一路”中的战略定位有清晰的

认识和把握。国际社会关于因地方政府的短视行为而影响到“一带一路”长期健康稳定推行的担忧不无道理。地方政府要从当地产业基础和导向出发，要有整体意识，考虑到东部省份产能合作以及与沿线各省份之间的分工合作的一体化经济，不要因为“一带一路”而盲目扩大投资，形成新的产能浪费。同时，国家在某些产业对外投资方面向地方政府下放了审批权，地方政府要加紧风险防范。西部地方政府应该加强跟东部合作以及跟丝绸之路沿线城市和省份的分工合作，如果说连与国内合作都不可能的话，更不用奢望与沿线国家的合作了。

参考文献

[1] Kumar A.. Economic Reform and the Internal Division of Labor in China: Production, Trade and Marketing [M]. London: Routledge, 1994.

[2] Naughton B.. How Much can Regional Integration Do to Unify China's Markets? Paper on Conference for Research on Economic Development and Policy [M]. Palo Alto: Stanford University, 1999.

[3] Poncet S.. Measuring Chinese Domestic and International Integration [J]. China Economic Review, 2003, 14 (1): 1–22.

[4] 孙敬鑫. “一带一路”建设面临的国际舆论环境 [J]. 当代世界，2015，4.

[5] 杨庆育. “两带一路”新格局的区域发展战略选择：重庆例证 [J]. 改革，2014，6.

[6] 黄安. 福建融入海上丝绸之路建设的思考 [J]. 亚太经济，2014，5.

[7] 刘国斌，杜云昊. 论东北亚丝绸之路之纽带——图们江区域（珲春）国际合作示范区建设的战略思考 [J]. 东北亚论坛，2014，3.

[8] 张建仁. 建设丝绸之路经济带视域下的新疆高等教育发展 [J]. 教育发展研究，2014，7.

[9] 程云杰. “丝绸之路经济带”建设给我国对外贸易带来的新机遇与挑战 [J]. 经济纵横，2014，6.

[10] 李忠民，刘育红，张强. “新丝绸之路”交通基础设施、空间溢出与经济增长——基于多维要素空间面板数据模型 [J]. 财经问题研究，2011，4.

[11] 刘育红，王曦. “新丝绸之路”经济带交通基础设施与区域经济一体化——基于引力模型的实证研究 [J]. 西安交通大学学报（社会科学版），2014，34 (2).

[12] 喻闻，黄季焜. 从大米市场整合程度看中国粮食市场改革 [J]. 经济研究，1998，3.

[13] 鲁晓东，李荣林. 区域经济一体化、FDI 与国际生产转移：一个自由资本模型 [J]. 经济学季刊，2009，4.

[14] 赵永亮，才国伟. 市场潜力的边界效应与内外部市场一体化 [J]. 经济研究，2009，7.

[15] 王保忠，何炼成，李忠民. “新丝绸之路经济带”一体化战略路径与实施对策 [J]. 经济纵横，2013，11.

[16] 谭林，魏玮. 产城关系视角下我国丝绸之路沿线产业发展问题研究 [J]. 西安交通大学学报（社会科学版），2014，34（5）.

[17] 申现杰，肖金成. 国际区域经济合作新形势与我国“一带一路”合作战略 [J]. 宏观经济研究，2014，11.

[18] 范厚明，蒋晓丹. 海洋争议背景下中国经济发展的西向战略 [J]. 中国软科学，2014，8.

[19] 韩永辉，邹建华. “一带一路”背景下的中国与西亚国家贸易合作现状和前景展望 [J]. 国际贸易，2014，8.

[20] 全毅，汪洁，刘婉婷. 21 世纪海上丝绸之路的战略构想与建设方略 [J]. 国际贸易，2014，8.

[21] 秦放鸣，孙庆刚. 不对称性相互依赖背景下深化中国与哈萨克斯坦经贸合作的路径选择 [J]. 亚太经济，2014，5.

[22] 周明. 地缘政治想象与获益动机——哈萨克斯坦参与丝绸之路经济带构建评估 [J]. 外交评论，2014，3.

[23] 庞大鹏. 俄罗斯的欧亚战略——兼论对中俄关系的影响 [J]. 教学与研究，2014，6.

[24] 刘赐贵. 发展海洋合作伙伴关系　推进 21 世纪海上丝绸之路建设的若干思考 [J]. 国际问题研究，2014，4.

[25] 赵华胜. 浅评中俄美三大战略在中亚的共处 [J]. 俄罗斯中亚研究，2014，1.

建设“中俄蒙经济走廊”的机遇与挑战

斯琴图雅[①]

[摘　要] 2014 年 9 月，习近平在“一带一路”区域发展计划的基础上提议建立“中俄蒙经济走廊”。这个思路与俄罗斯欧亚经济联盟计划和蒙古国的“草原丝绸之路”建设计划不谋而合。这个计划不仅能够改善中俄蒙三国民生、维护周边地区稳定，还对推动欧亚地区经济一体化具有重大意义。可是“中俄蒙经济走廊”的具体建设却面临着来自历史的、现实的、政治和经济的各种挑战。显然这是对中国的国内政策、国际合作及民间外交等诸多领域的创新理念及务实行动提出了新的要求。本文从中俄蒙的合作现状入手探讨了三国进一步发展关系的机遇与挑战，并提出了当前需要着手考虑的政策建议。

[关键词] 中俄蒙经济；自由贸易区；互利共赢；投资质量；理解包容

2014 年 9 月，在上合组织杜尚别峰会期间，习近平提议建立中国—蒙国—俄罗斯经济走廊，将俄罗斯跨欧亚大铁路、蒙古国的草原丝绸之路倡议进行对接，通过交通、货物运输和跨国电网的连接，打通三国经济合作的走廊建设，推动“一带一路”的战略目标。“中俄蒙经济走廊”的建设不但对三国边境地区的和平与发展提供稳定的政治经济环境，而且还具有特殊的战略价值。“中蒙俄经济走廊”的建设有利于中蒙俄能源与资源合作开发，对于加快三方的人员、商品的顺利流动，实现沿边地区开发与开放、扩大三国的规模经济、推动区域内金融市场的发展等均有长远意义。

① 斯琴图雅（1970—），女，内蒙古鄂尔多斯人，现为内蒙古财经大学金融学院教授。

一、中俄蒙经济合作现状

（一）中俄双边合作现状

中国是制造业大国，产业结构基本上以门类齐全的制造业为主，其他产业为辅，而俄罗斯的产业结构属于资源型经济，以油气资源为核心，此外，军工企业、重工业设备制造也是俄罗斯的优势产业。因此中俄产业结构具有较大的差异性和互补性，其为中俄贸易奠定了坚实的基础。

1991~2000 年是俄罗斯建国初期，由于苏联解体后俄罗斯采取激进改革措施，导致国有企业生产滑坡，加上俄罗斯建国之初外贸机制、法律体系不完善，对迅速发展起来的各种贸易形式难以进行有效管理，因此该阶段俄罗斯的整体对外关系都受到了严重的影响，中俄双边关系也无明显进展。这一点在中俄之间的贸易关系中有充分体现，此间双边贸易总额未超过 80 亿美元（如图 1 所示），可见双边合作基础非常薄弱。

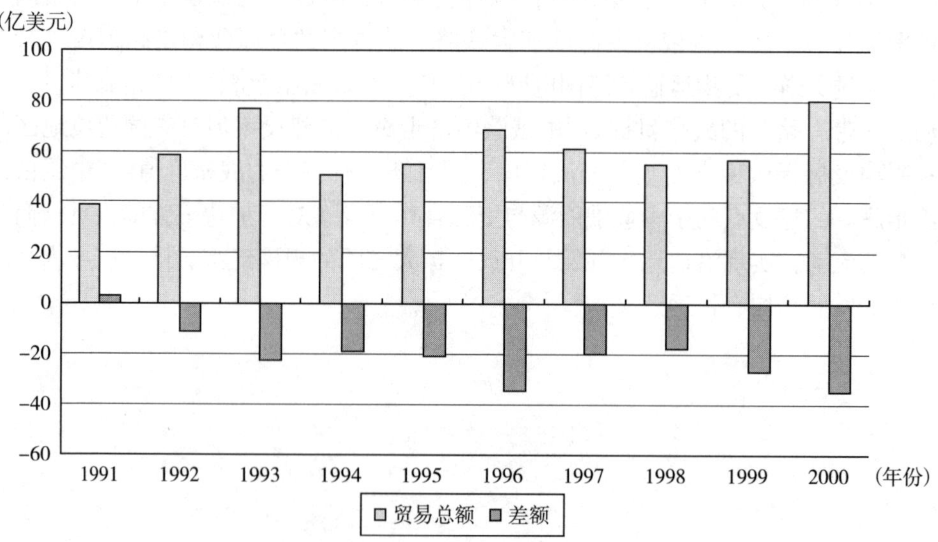

图 1　1991~2000 年中国对俄罗斯贸易情况

资料来源：中华人民共和国商务部、中华人民共和国海关总署。

进入 21 世纪以来，随着俄罗斯经济的复苏和中俄各自对外开放程度的提高，两国双边合作迈入了新的历史时期。若以标志性事件而言，首先，2003 年中国正式提出振兴东北老工业基地，这与俄罗斯于 2002 年启动的开发远东及西伯利亚地区的战略在时间上不谋而合，而且中国东北老工业基地的调整、改造和提升与俄罗斯远东地区大开发的需求相辅相成，所以这个区域的共同发展问题自然成为中俄边贸合作的支撑和平台。其次，2013 年 5 月中俄两国代表召开了长江中上游地区与伏尔加河沿岸联邦区地方领导人座谈会，意味着两国区域合作范围由边境地区开始向两国腹地推进。最后，2014 年 5 月中俄元首签署了《中华人民共和国与俄罗斯联邦关于全面战略协作伙伴关系新阶段的联合声明》，使两国的合作领域更加广泛、务实和紧密。以两国双边贸易为例，2001 年中俄贸易总额首次突破 100 亿美元，达到 106 亿美元，2010 年以来中国一直是俄罗斯的第一大贸易伙伴国。2014 年双方贸易额达到 952 亿美元（如图 2 所示）。

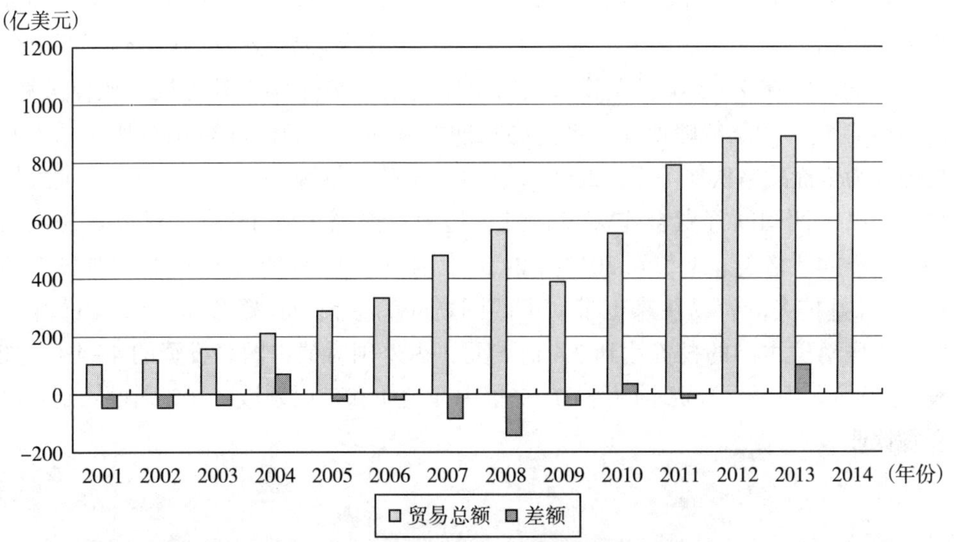

图 2　2001~2014 年中国对俄罗斯贸易情况

资料来源：中华人民共和国商务部、中华人民共和国海关总署。

在金融投资合作方面，中国已经开始筹备《中俄产业投资基金》和《中俄地区合作发展（投资）基金》，基金将重点以股权、准股权和直接投资等方式，支持中俄基础设施和重大合作项目建设；中国国家开发银行和发改委签署了《贯彻落实中俄地区合作〈规划纲要〉加强跨境涉边基础设施建设合作备忘录》，中国进出口银行和中国出口信用保险公司出台了支持境外投资的信贷、保险支持政策；近年来，中国工商银行和中国建设银行等商业银行为中俄投资合作开展了多种金融业务，支持了一批跨境投资、境外加工园区以及设备供应、工程总承包等项目的实施；2014 年 10 月两国央行还签订了 1500 亿元人民币/8150 亿卢布的货币互换协议，中俄双边关系和政治互信提升至新高度。

除了以上各种经济合作以外，中俄在人文交流方面也开展了一系列的交流活动，成为促进两国关系的润滑剂。如 2006~2007 年进行的中俄“国家年”活动、2009~2010 年进行的中俄“语言年”活动、2012~2013 年进行的中俄“旅游年”活动、2014~2015 年进行的中俄“青年友好交流年”活动，等等。可见中俄合作共同发展是两国长期坚持的结果，具有全面提升的基础。

（二）中蒙双边合作现状

中蒙两国建交已经有 60 多年的历史，中蒙两国不但山水相连，文化也相通，以蒙古族为代表的民间往来尤其密切。但两国的真正合作起步于 1994 年双方签署《中华人民共和国和蒙古国友好合作关系条约》。1999 年，中国取代俄罗斯成为蒙古国第一大贸易伙伴国。进入 21 世纪以来中蒙经贸政治合作得到了明显的提升，如两国在 2003 年建立睦邻互信伙伴关系、2011 年提升为战略伙伴关系、2013 年制定了两国战略伙伴关系的中长期发展纲要、2014 年两国合作关系再次被提升为全面战略伙伴关系。2008 年，自两国政府签署《中蒙经贸合作中期发展纲要》以来两国间经贸合作突飞猛进，边境口岸增加到 18 对，双边贸易额由 2003 年的 4.4 亿美元增长到 2013 年的 64 亿美元，10 年增长了 15 倍（如图 3 所示）。日益扩大的贸易往来也带动了两国之间的金融与投资合作。以 2012 年为例，中国对蒙古国的投资达到 2.4 亿美元，占外国对蒙古国总投资的 49.4%（如表 1 所示）。中国投资资本的约 67.3%集中在地质和矿山领域，20%则投入到贸易和餐饮业。

二、“中俄蒙经济走廊”建设面临的机遇

中俄蒙三国横贯整个欧亚空间，具有许多共同点，都是由过去的社会主义计划经济转型的国家，有着相同的发展经历，同处于发展中阶段。在许多领域关系密切，经济互相依赖，政治层面的立场接近，这为三方经济走廊的建设提供了保障。中俄蒙三国的经济发展结构具有很强的互补性，三方不仅在能源输出、资金与技术支持等方面具有高度的利益需要，“中俄蒙经济走廊”也是基于三国经济

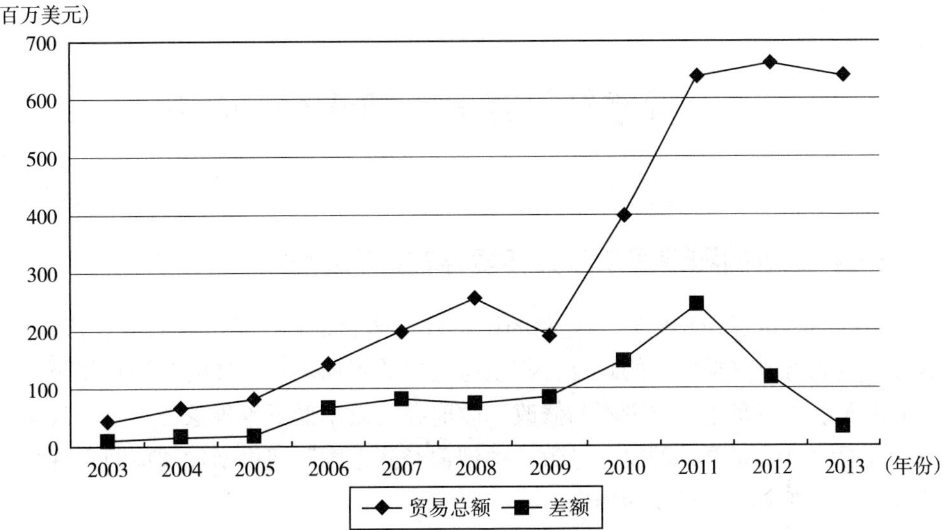

图 3　2003~2013 年中蒙贸易总额

资料来源：蒙古国海关总处（统计报告）。

表 1　在蒙古国的外国直接投资额

单位：100 美元

国家＼年份	2009	2010	2011	2012	2013
中国	613058.8	176038.4	1015265.0	243194.7	17884.2
美国	2571.5	13911.2	127238.9	62592.4	598.2
日本	5594.8	7125.4	21460.7	34243.9	4279.5
俄罗斯	6139.2	2273.2	58011.9	129589.9	1193.4
加拿大	1028.0	147811.1	72288.2	18629.5	374.0

资料来源：蒙古国海关总处（统计报告）。

发展战略衍生出的战略产物，体现了三方战略决策的高度契合。如 2012 年蒙古国政府提出了“草原丝绸之路”建设计划，将俄罗斯与中国过境运输公路连接到一起；俄罗斯于 2014 年 3 月提出“跨欧亚发展带”构想，作为开发西伯利亚和远东的重要手段与目标。2014 年 5 月俄罗斯、白罗斯和哈萨克斯坦签订了“欧亚经济联盟条约”。中蒙双方对“欧亚经济联盟”的重要性都做出充分肯定，积极寻求三者之间战略决策的契合点。

可以看出三国陆续提出的“一带一路”、“草原丝绸之路”和“欧亚经济联盟”等发展思路恰好搭建了对接“中俄蒙经济走廊”建设的战略平台。但是从目前三国之间的具体合作情况看，仍然存在各种制约因素和挑战需要研究和解决。

三、“中俄蒙经济走廊”建设面临的挑战

（一）蒙古国和俄罗斯政策环境存在不稳定性

蒙古国和俄罗斯均施行多党制的民主政治体制，其结果造成政党轮流执政，不可避免地出现政党之间的歧见，甚至是政局的不稳。在这样的政治环境下，容易出现人事频繁变化、政策不断修改、政府办公效率低下等现象。一旦出现某一国单方面的政策变更，不仅会导致“中俄蒙经济走廊”建设增加适应政策变化的成本，也会带来经济建设的损失。

（二）中俄、中蒙交接的口岸设施落后

口岸规划缺乏科学性，投入经费不足，导致口岸设施存在布局不合理、公路与铁路运输能力低下、仓储规模与能力不足等问题。口岸规划与口岸所在城镇建设和各类产业园区规划没有很好地结合，造成口岸功能无法充分发挥。另外，因为地方财力有限，口岸基础设施和查验配套设施的投入不得不依靠招商引资来解决，导致部分口岸管理权落入个别企业手中。

（三）投资合作薄弱

在中蒙、中俄贸易合作的结构中一直存在着贸易强、投资弱的现象，投资规模明显小于双边贸易规模，以 2012 年的数据为例，中俄之间的投资总额为 36.10 亿美元。而当年双边贸易总额为 750.9 亿美元。中蒙之间的投资额则更少，而且基本是中方对蒙古国的投资，统计数据显示，到 2013 年第一季度为止中国对蒙古国实际投资累计仅达 22.3 亿美元，而双方年贸易总额已经接近 1000 亿美元。

（四）中俄蒙三国市场机制不完善，对外开放度低

中俄蒙三方都不同程度地存在同市场经济建设有关的法规以及相关的服务不够规范的情况。如缺乏仲裁机制、海关体制不完善、“灰色清关”等问题突出，双方银行直接结算规模不大。加上三国对外开放度都不高，关税壁垒、许可证制度等管制的广泛运用严重制约着双边贸易和投资往来。

（五）中国与俄蒙之间的贸易结构单一

中国对俄蒙出口的是包括纺织品、鞋类、服装等以劳动密集型轻工产品为主，缺乏技术密集型产品和资本密集型产品，加上俄蒙两国市场容量不大，所以贸易规模的增加空间非常有限。而俄蒙对华出口的是包括燃料、能源产品、原木、钢材及有色金属等以资源密集型产品为主。因为这种产品具有稀缺性和战略性，且涉及俄蒙国家安全问题，所以难免会受到不同程度的限制。由此可知，贸易结构单一是中国与俄蒙之间贸易规模增长缓慢的主要原因之一。

（六）面临俄蒙经济与民族主义的压力

一方面，无论俄罗斯还是蒙古国都存在“中国威胁论”倡导者，担心“中俄蒙经济走廊”的建立将会使俄罗斯或者是蒙古国沦为中国的经济附庸，并极力主张予以防范。

另一方面，也有一些中国企业资质不足、环保意识薄弱、对当地居民的风俗习惯不够熟悉与尊重，在产品质量与知识产权方面也存在不少问题。由于俄罗斯远东与蒙古国市场狭小，两国大多需要轻工业品，有许多产品是从中国小工厂进货，甚至是一些来自中国的仿照产品，导致产品质量问题与侵权问题时有发生，直接影响到中国企业的声誉。这些问题为两国一些媒体所报道，引发了厌华仇华的民族主义的攻击。

四、建设“中俄蒙经济走廊”的政策建议

“中俄蒙经济走廊”涉及三国的政治、经济及民间等多个层面的协调问题，所以需要增强三国的政治互信、经济互通，并且建立推动三国国民的往来与了解的机制，在此基础上可以从以下几个方面为“中俄蒙经济走廊”的建设创造良好的环境。

（一）遵循国际经济秩序，加强风险防范意识

首先，中俄蒙三国均为世贸组织（WTO）成员国，所以尽量争取在世贸组织等国际经济秩序框架内开展经济合作，达到互利互惠的目的。其次，企业到俄蒙投资首先应该就它们的整体投资环境和相关行业法律法规进行深入调研和评估，

同时，密切关注当地法律变动的情况，及时调整决策和部署。若在当地聘请律师作为公司法律顾问，处理所有与法律相关的事宜，效果会很好。

（二）加快口岸城镇化，优化双边合作环境

口岸经济的发展离不开口岸城镇化建设，结合城镇化建设，加快联结中俄蒙的国际运输通道、天然气管道等基础设施建设，提升口岸的对外开放程度，增强口岸的仓储、物流、结算等各项功能。有必要进一步采取多种融资渠道扩大对重点口岸的投资规模，拓展对俄蒙的援助空间，帮助俄蒙完善铁路、公路、口岸等基础设施的建设，为促进贸易投资便利化、跨境旅游发展和人员往来创造良好的基础条件。

（三）投资与贸易相结合，造福当地居民

应该认识到中国出口的过度增长必然会影响对方国的就业和经济增长，而且容易引起它们的不满。如中国对蒙古国的贸易基本保持着顺差。在这种情况下可以采取将出口转变为投资的战略，把进口国对某些产品的需求，转化为在其境内的设备投资和生产，促进当地就业和经济增长。同时，加大境外直接投资和融资投资，在境外用当地人才和专家，进行技术研发和市场开拓，使双边都获益。

（四）建立双边自由贸易区，打造多边合作平台

中俄蒙之间急需完善高质量、便利化通关机制等良好的贸易投资环境。这需要在国家层面建立双边合作协议。可以考虑在上海合作组织和世界贸易组织的框架内，探讨并争取和俄蒙两国建立双边自由贸易协定。自由贸易协定不贪求一揽子或全面，而是就双方能够达成一致的内容签署协议，以后根据条件，逐步谈判，增加项目和内容，如此逐步打造多边合作的平台。

（五）重视人文交流，营造民间友好氛围

可以设立对俄蒙工作专项基金，支持边境口岸地区对俄蒙务实合作。在口岸地区定期举办形式多样的双边或三方论坛，支持两国青年开展机制化交流，加强两国媒体交流，增进相互了解。要进一步推进中俄与中蒙间的文化、教育、医药等领域的交流，在联合办学、互认学历学位、互派留学生等领域扩大合作，夯实三国关系的民意基础。

（六）加强投资者的管理，提高投资质量

各级政府的相关部门需要认真研究、科学规划对俄蒙投资开发、资源加工、

基础设施建设、现代服务业合作等项目，促进对俄蒙投资的多元化。对国内“走出去”的企业加强管理，建立企业出境前培训机制，设立对外投资企业行业协会，对企业生产经营加以约束指导，切实提升在俄蒙中资企业的素质和形象。比如矿产资源开发对环境影响较大，中国企业在俄蒙开矿时应把环保问题放在首位，要保证矿区绿化和生态恢复，中俄蒙三国山水相连，环境共享，所以，保护对方的自然环境，也是在保护中国北部的生态环境。

中国已连续多年成为蒙古国最大的贸易伙伴国，2010 年首次成为俄罗斯第一大贸易伙伴国。2013 年和 2014 年习近平主席分别对俄罗斯和蒙古国进行了国事访问。与俄罗斯总统普京共同批准了《〈中俄睦邻友好合作条约〉实施纲要(2013~2016 年)》，签署了《中华人民共和国和俄罗斯联邦关于合作共赢、深化全面战略协作伙伴关系的联合声明》，宣示中俄在两国战略协作及重大国际问题上的立场主张；与蒙古国也签署了涉及经贸、基础设施建设、过境运输、矿产、金融等领域的多项合作文件，如《中华人民共和国政府与蒙古国政府经贸合作中期发展纲要》、《中华人民共和国政府与蒙古国政府关于发展铁路过境运输合作的协议》、《中华人民共和国国家发展和改革委员会与蒙古国经济发展部关于成立中蒙矿能和互联互通合作委员会的谅解备忘录》、《中国人民银行与蒙古银行人民币/图格里克本币互换协议》、《中国石油天然气集团公司与蒙古国石油局合作备忘录》等。从客观角度看，中俄蒙广阔的经济互补性，为发展三国之间的陆桥经济、促进区域经济一体化提供了巨大的发展空间。从主观角度看，“中俄蒙经济走廊”的建设还需要三国官方与广大人民群众的智慧与诚意及其坚持不懈的努力。

参考文献

[1] 孙立. 中俄经贸合作的现实基础和发展对策研究 [D]. 哈尔滨：黑龙江大学硕士学位论文，2014.

[2] 赵鹏迪. 中蒙俄国际贸易与内蒙古沿边经济带建设研究 [D]. 呼和浩特：内蒙古大学硕士学位论文，2013.

[3] 基恩·约翰逊. 新丝绸之路多坎坷 [N]. 外交政策，2014-05-01.

[4] 尤里·塔夫洛夫斯金. 丝绸之路重返世界地图 [N]. 独立报，2014-09-01.

[5] 许海清. 基于利益共享的中蒙经贸合作关系研究 [J]. 东北亚论坛，2011，5：22-30.

[6] 刘清才，赵轩. 中俄推动建立亚太地区安全与合作架构的战略思考 [J]. 东北亚论坛，2014，3：32-36.

[7] 于洪洋，[蒙] 欧德卡巴殿君. 试论“中蒙俄经济走廊”的基础与障碍 [J]. 东北亚论坛，2015，1：97-106.

“一带一路”开放战略下内蒙古自治区与蒙古国农畜产品加工产业合作发展战略研究

乌云嘎

[摘　要] 本文通过SWOT分析法，对内蒙古自治区与蒙古国农畜产品加工产业合作的优势与劣势、机遇与挑战进行详细分析，在此基础上提出了“一带一路”开放战略下内蒙古自治区与蒙古国农畜产品加工产业的合作前景及发展对策。

[关键词] “一带一路”建设；农畜产品加工产业；内蒙古自治区；蒙古国

根据我国社会主义现代化建设的进程和进一步深化改革、扩大开放的需要，结合全球政治格局和经济形势出现的新变化，中国向全世界发出了建设“丝绸之路经济带”和“21世纪海上丝绸之路”的倡议。这个“一带一路”的战略构想，立即得到全世界的关注，相关众多国家和地区积极响应，纷纷表示主动把握机遇、尽快参与这一宏大的划时代的历史性行动之中。“一带一路”战略决策的实施，为我国改革开放攻坚克难、经济结构调整升级，带来更加强劲的推动作用。同时为沿线40多个国家、地区的经济发展带来难得的机遇，实现互惠互利、共同发展、和谐发展。

内蒙古自治区是“丝绸之路”建设的参与者和重要组成部分，是“中蒙俄经济走廊”的枢纽。内蒙古自治区与蒙古国和俄罗斯在经济协作、经贸往来方面已经有良好的开端。当前我们要把握机遇，研究探讨如何进一步扩大和提升经济合作的问题。农畜产品加工产业是内蒙古自治区的优势产业之一，具有与蒙古国合作发展的广阔前景。因此，研究探讨“一带一路”开放战略下内蒙古自治区与蒙古国农畜产品加工产业合作具有非常紧迫而现实的意义。

一、内蒙古自治区与蒙古国农畜产品加工产业合作的SWOT分析

（一）内蒙古自治区与蒙古国农畜产品加工产业合作的优势

1. 内蒙古自治区农畜产品加工产业的优势

（1）以乳制品、绒毛制品加工为领先的多元化加工技术优势。内蒙古自治区地域辽阔，农牧业物种资源丰富，发展农畜产品加工具有得天独厚的优势。内蒙古自治区农畜产品加工业经过几十年的发展，已经形成了以乳、肉、绒、粮油、马铃薯（蔬菜瓜果）、饲草饲料和特种生物资源及沙产业等几大主导产业为框架的农畜产品加工产业，呈现快速稳步发展的良好势头。其中乳制品、绒毛制品两大优势产业保持全国领先，成为内蒙古自治区最具国际竞争力的产业；肉类产业、粮油产业的地位日益提升，成为农畜产品加工业发展的突出亮点；菜薯、饲草饲料和特种生物资源及沙产业等新兴特色产业也快速成长，不断壮大。农畜产品加工业初步形成了优势产业、传统产业、新兴特色产业多元并举发展的产业格局。

（2）具有较强市场竞争力和品牌影响力的知名企业和名牌产品。2010 年以来，伊利、蒙牛销售收入均突破 300 亿元，双双进入世界乳业 20 强。鄂尔多斯羊绒集团成为世界上最大的羊绒制品的生产和供应商。伊利、蒙牛、鄂尔多斯羊绒集团等 29 家企业成为国家级农业产业化重点龙头企业，优势企业群体在不断壮大。内蒙古自治区内中国驰名商标已达 33 个，使用绿色食品标志企业 143 家，产品 425 个；有机食品生产企业 65 家，产品 402 个；农业部认定的地理标志农产品 29 种。液态奶、奶粉、冰淇淋、羊绒衫等销售量均居全国首位。知名品牌和优势企业集群的发展，提升了内蒙古自治区农畜产品加工业发展水平。通过品牌效应拥有了较为成熟稳定的消费市场，很多产品具有较强的国际竞争力。

（3）民俗、民情与文化优势。内蒙古自治区与蒙古国在文化背景、风俗习惯等方面有深厚的历史根源和广泛的现实联系，有与蒙古国保持良好沟通的条件。蒙古族是内蒙古自治区的主体民族，其生活习惯、语言文字、民俗民情与蒙古国同根同源。改革开放以来与蒙古国的经济贸易、文化教育、医疗卫生等往来密切，形成了十分友好的共同发展势头。2011~2014 年，内蒙古自治区对蒙古国贸易总额为 133.58 亿美元，年均增长 24.9%，其中，进口额为 93.19 亿美元，年均

增长 28.7%；出口额为 40.39 亿美元，年均增长 15.1%，蒙古国已经成为内蒙古自治区的最大贸易伙伴。这种民俗民情与文化上的共同性给内蒙古自治区与蒙古国的经济合作发展提供了稳固的基础。

2. 蒙古国发展农畜产品加工产业的优势

（1）资源优势。蒙古国深居亚欧大陆的腹地，国土面积为 156.65 万平方公里，是世界第二大内陆国家。地处蒙古高原，平均海拔 1600 米。群山之间多盆地和谷地；东部为地势平缓的高地；南部是戈壁。草原面积占国土总面积的 60%，约 90 多万平方公里，是世界上最优良的天然草原牧场。蒙古国水资源丰富，据统计境内流经两个以上省份的河流有 56 条，大型湖泊三个。全国共有小河、溪流 6646 条，平均年径流量约为 390 亿立方米，湖泊水资源总量约为 1800 亿立方米，地下水资源总量约为 120 亿立方米。辽阔肥沃的土地为蒙古国的农牧业生产提供了资源保障。

（2）原料生产优势。畜牧业及农业是蒙古国的支柱产业，尤其畜牧业是蒙古国的传统产业。截至 2015 年 6 月，新增牲畜 1869.7 万头，同比增长 11.9%，牲畜总头数达到 6649 万头，其中马 351 万匹，占 5.3%；牛 425 万头，占 6.4%，骆驼 39.4 万头，占 0.6%；绵羊 3047 万只，占 45.8%；山羊 2787 万只，占 41.9%。农业耕种总面积为 51.78 万公顷，同比增长 18.6%，其中谷物 38.92 万公顷（小麦占 36.02 万公顷），马铃薯 1.23 万公顷，蔬菜 7145 公顷，饲料草 2.21 万公顷，其他 8.71 万公顷。近几年，蒙古国农牧业连续获得大丰收，粮食可百分之百满足国内需求，同时根据联合国粮农组织的设想，蒙古国将有望成为东北亚地区粮食生产基地。丰富的农畜产品资源为加工产业提供了充足的原料。

（3）潜在的市场优势。长期以来。蒙古国人民保持着传统的自给自足式的生活方式，人均收入水平及人均购买力水平偏低，潜在的市场优势没有充分发挥出来。这是蒙古国的劣势也是其潜在优势。随着蒙古国的改革深化，蒙古国已被誉为世界上增长最快的经济体之一，尤其近 10 年以来蒙古国的年实际国内生产总值（GDP）增长速度在 10%以上。国民生产总值从 1990 年的 1507 百万美元增至 2013 年的 11516 百万美元，人均国内生产总值从 1990 年的 690 美元增至 2013 年的 4056 美元。这一发展势头为蒙古国的市场经济更进一步的发展提供了空间并形成了有力的潜在市场优势。

（4）劳动力优势。截至 2014 年 12 月 31 日，蒙古国人口总数共计 2995949 人，同比增加 65672 人，增长 2.2%。2014 年年内，蒙古国境内新出生人口共计 81715 人，超过 2013 年所创 79780 人纪录，再次突破历史新高。截至 2015 年 1 月，蒙古国人口总数已突破 300 万人。首都乌兰巴托人口约 130 万（2013 年），其中70%的人口是年轻人，是世界上人口最年轻的城市之一。蒙古国一直很重视教育投入，对教育的投入一直占到其国家总预算的20%以上，实行国家普及免费普通教育制，已经基本消除文盲，15岁以上的蒙古公民98%以上受到过初等以上教育。受过良好教育的年轻人将成为蒙古国发展工业经济的优质劳动力资源。

（二）内蒙古自治区与蒙古国农畜产品加工产业合作的劣势

1. 内蒙古自治区农畜产品加工产业的劣势

（1）原料基地建设严重滞后。虽然内蒙古自治区农畜产品总量较大，但原料基地与实现规模化、标准化、集约化经营的要求有很大差距，不同品种供应总量和地区结构性短缺的矛盾并存，在数量、品种、质量安全等方面不能适应龙头企业的需要。

（2）利益联结机制不健全。龙头企业与农牧户之间多为单纯的买卖关系，尚未真正形成供需对接、利益共享的局面，农牧户组织化程度不高，处于弱势地位。农牧民专业合作社受资金制约成长缓慢，运行机制不健全，组织结构松散，对接市场和带动农牧业生产向高产、优质、高效提升的能力弱。

2. 蒙古国农畜产品加工产业的劣势

（1）交通闭塞，基础设施相对滞后。蒙古国交通以铁路和公路为主，国际公路和国道总长度是11230公里，这其中只有20%是柏油路。虽然这几年公路建设领域的投资在逐年增长，但全国客货运输总量的90%要依靠公路，这样一来公路建设还是满足不了需要。除交通运输业滞后影响经济发展之外，供电、供水、邮电通信等公共基础设施建设也较为落后，制约着蒙古国的经济发展。

（2）工业基础薄弱，产业结构单一。蒙古国原本是传统的畜牧业国家，受苏联影响形成了较为畸形的工业化体系。工业以矿产业为主，农业较落后，生产和生活资料基本依赖国外进口。从经济结构来看，作为蒙古国经济支柱产业的矿产开发和农牧业产业占蒙古国国内生产总值的一半以上。这也说明了蒙古国经济在现代化高新技术产业上处于初级阶段。此外，蒙古国的运输业、仓储业、物流等服务产业落后。这种畸形的产业结构严重影响了蒙古国的制造业和农畜产品加工产业的发展。

（3）受自然灾害影响大。农牧业受气候变化的影响很大，尤其是传统畜牧业更是对自然条件的依赖性强，气候恶化和自然灾害对蒙古国的农牧业生产往往造成严重灾害，例如，2010年初发生的雪灾造成蒙古国全国范围内损失200多万头牲畜；2010年秋季爆发的口蹄疫又造成了近2.5万头牲畜死亡，直接导致2010年度经济指标迅速下降。自然灾害、疫情等不稳定因素也制约着蒙古国农畜产品加工产业发展。

（三）内蒙古自治区与蒙古国农畜产品加工产业合作的机遇

1. 政策机遇

共建"一带一路"是沿线国家的经济发展新机遇。"一带一路"倡议与蒙古国的"草原之路"和俄罗斯的跨欧亚大铁路三者融合对接形成了"中蒙俄经济走廊"。蒙古国将充分利用好这一契机，加强三国跨境运输连接，以经济合作带动中蒙俄三国关系走向多层次、全方位合作的新阶段。蒙古国"草原之路"倡议的宗旨，就是让蒙古国成为欧亚交通的枢纽和亚欧大陆桥梁，成为最可靠的跨境经济走廊。"草原之路"和"一带一路"，完全符合中蒙两国利益。随着中蒙关系提升至全面战略伙伴关系，双方经贸关系互利合作、优势互补、共同发展的模式会在沿线国家中起到示范作用，进而带动沿线国家间的友好交流和经济合作。

内蒙古自治区是我国"一带一路"战略中的重要节点区域，是对俄蒙合作的桥梁和纽带，是我国向北开放的重要桥头堡。内蒙古自治区为推动双方各领域间的务实合作，出台了一系列的优惠政策并签订了一些合作建设项目，例如，呼伦贝尔市与蒙古国东方省分别签署《中国内蒙古呼伦贝尔市与蒙古国东方省共同推进跨境经济合作区建设框架协议书》和《中国呼伦贝尔市与蒙古国东方省关于推动建设阿日哈沙特口岸至蒙古国东方省乔巴山市跨境公路合作意向书》。二连浩特市为助力"一带一路"战略实施，壮大与蒙俄等周边国家的贸易规模，口岸联检单位以促进贸易便利化为突破口，制定了多项措施，助推通关便利化。这些举措拓宽了经贸合作领域，为内蒙古自治区的农畜产品深加工企业"走出去"提供了良机。

蒙古国十分重视农牧业的发展，出台了许多支持政策，特别是将在哈拉哈河流域建设农牧业自由区，对投资企业给予税收优惠。这些优惠政策对更多的中国企业到蒙古国投资农牧业，进一步加强双方在肉食品加工、牲畜疫病防控、建立农牧业示范园区等方面的深入合作，为努力实现互利共赢提供了政策保障。

2. 口岸建设与基础设施建设逐步完善

蒙古国与我国的国境线长达 4670 公里，内蒙古自治区对蒙古国开放的陆路口岸已经有 10 个。以满洲里和二连浩特为重点，其他口岸为辅翼，形成铁路、公路、航空立体交叉全方位的向北开放的格局。随着"一带一路"战略的实施我国将加大对蒙古国陆路口岸的规模建设，边境口岸逐步形成集运输、转运、仓储、加工、物流、信息处理等功能为一体的综合枢纽。

蒙古国总统额勒贝格道尔吉 2014 年提出"草原之路"发展战略，目的是打通基础设施的五个通道，即连接中俄的铁路通道、连接亚欧的公路通道、出口中国的电力通道、经由蒙古国的石油管道和天然气管道。2015 年 5 月 29 日，“扎门乌德—乌兰巴托—阿拉坦布拉格”高速公路项目启动仪式在蒙古国东戈壁省扎门乌德举行，这既是蒙古国第一条高速公路，也标志着丝绸之路经济带与蒙古国草原之路倡议对接的首个项目正式开工。同时亚洲基础设施投资银行的建立将为大项目融资提供新的渠道，帮助蒙古国完善国内基础设施的建设。

（四）内蒙古自治区与蒙古国农畜产品加工产业合作的挑战

1. 生态环境风险

蒙古国经济增长严重依赖自然资源出口，这也对蒙古国经济的可持续发展带来了一定的风险。近年来，蒙古国对矿产资源的无秩序开采，对原本以畜牧业为支柱产业的蒙古国产生了严重的生态、环境问题。森林覆盖率下降、草场退化、荒漠化加剧。而对于农畜产品深加工产业来说，保障原料供应是最根本的基础条件。因此，不断恶化的生态环境将会成为内蒙古自治区与蒙古国农畜产品深加工合作的制约因素和潜在风险。

2. 合作软环境风险

蒙古国的经济政策、开放政策仍在探索阶段，存在一定的不稳定性。社会治安环境欠佳，政府机构办事效率不高。这些都制约着其他国家、企业在蒙古国进行投资合作。此外，蒙古国自身法律制度不完善，一些政策法规或者发展战略总处于变动之中，例如，蒙古国的资源开发战略，历经近 10 年的更改、修改在 2007 年才确定成为其中长期发展战略。这使得投资者承担了很大风险。另外，蒙古国贫困率也居高不下，据统计蒙古国人类贫困指数在 16.3%，在全球 108 个发展中国家中排名第 40 位，贫困人口的居高不下使得蒙古国社会治安稳定受到了一定影响，增加了投资风险。

二、内蒙古自治区与蒙古国农畜产品加工产业合作战略的对策建议

根据上述内蒙古自治区与蒙古国农畜产品加工产业合作战略的 SWOT 分析，为两国合作发挥和利用优势，克服劣势与弱点，化解威胁因素，把握新机遇，寻求未来发展，提出以下对策建议：

（一）鼓励内蒙古自治区农畜产品加工企业到蒙古国投资合作

内蒙古自治区农畜产品加工产业主要以乳制品加工和绒毛皮革制品加工为主，在这两大领域有着较高的加工技术水平及品牌竞争力，应该发挥其优势，并与蒙古国相对低廉优质的劳动力、广阔的土地、丰富的原材料基地、巨大的需求市场相结合形成双赢局面。

从中国与蒙古国的农畜产品双边贸易来看，中国从蒙古国进口的农畜产品结构比较单一，主要集中在羊毛、羊绒、皮革、木材等原材料。这样一来我国的农畜产品深加工企业的原材料成本加大，不利于国际市场竞争。因此，应该鼓励内蒙古自治区的农畜产品加工龙头企业，如伊利、蒙牛、鄂尔多斯羊绒集团等企业利用“一带一路”建设的机遇，加大对蒙古国的投资力度，积极在当地建立原料基地及深加工国际分公司，把成熟的先进加工技术及产业化、市场化模式与蒙古国丰富的农畜产品结合起来，提高农畜产品的附加值，增加企业效益，增强竞争力。

（二）保护生态环境，建立高产、优质、高效的绿色农畜产品生产基地

建立绿色、特色、优质、高效的原材料生产基地，提高农畜产品的国际竞争力是关系农畜产品加工产业可持续发展的重要保障。绿色、优质、高效的农畜产品原料的生产离不开优美的生态环境。内蒙古自治区的农畜产品加工企业应该利用好“一带一路”建设及蒙古国对农牧业发展迫切需要的机遇，将较为成熟的农作物种植、栽培技术和牲畜育种、改良、防疫技术与蒙古国合作建立绿色、优质、高效的原料生产基地。同时将农业现代化高科技管理技术、农产品低成本储藏技术引入蒙古国，在节水灌溉、水土保持、节能减排等保护蒙古国生态环境方面做出贡献。

蒙古国的特色畜牧产品资源丰富，传统加工技术保留完好，如马肉、驼肉、马奶、马酸奶等具有很高的药用保健价值。内蒙古自治区农畜产品加工企业应该积极开展与蒙古国的传统加工企业合作，研发具有传统特色的产品，引导企业产品多元化升级发展，解决内蒙古自治区农畜产品加工产业的结构单一问题，开拓新市场。

（三）加快发展对蒙古国口岸的贸易区和工业园区的建设

强化口岸建设是我国“一带一路”开放战略的重点建设项目。内蒙古自治区

应该抓住机遇，加快发展对蒙古国的陆路口岸建设，建成国家重点开放式检验区、进出口资源综合加工示范区、边境经济合作区，全面提升口岸的功能作用。口岸地区应积极建设发展口岸关联度高的加工工业园区，降低运输成本，将大宗原料做到口岸就地加工，使其增值后销售。如二连浩特口岸应充分利用进口畜产品、木材等资源，重点发展木材加工、食品加工和纺织品加工产业，使口岸经济变成新的经济增长点。

（四）建立新的加工生产模式，灵活应用优惠关税制度

内蒙古自治区与蒙古国在以往的双边贸易中，一般采用原材料进口，然后在内地加工生产，再进行出口销售。这样的生产经营模式不利于双边关系的进一步协调发展。“一带一路”倡议的宗旨就是要发展中国与周边各国之间的经济合作，实现区域经济的友好和谐发展，实现互联互通、互赢互利的新贸易关系。内蒙古自治区要积极探讨与蒙古国共建、共商、共享的新型合作模式，比如可建立“境内生产半成品—低关税出口—境外成品深加工—销售”、“境外生产半成品—低关税进口—境内成品深加工—销售”的经营模式，这种生产经营模式可实现双方农畜产品的增值能力，拉动蒙古国经济增长的同时使其工业化水平得到进一步发展。将内蒙古自治区农畜产品深加工的产业链延伸并对接到蒙古国“草原之路”经济带建设，进一步开拓蒙古国农畜产品的消费市场，并开辟俄罗斯、欧洲及中东地区的市场。

综上所述，内蒙古自治区与蒙古国的农畜产品加工产业合作有着广阔前景，我们应该充分利用“一带一路”建设的良好契机，加快农畜产品加工业的结构调整与产业升级，更好地与蒙古国做到优势互补、互赢互利、共同发展。

参考文献

[1] 内蒙古自治区发展和改革委员会，内蒙古自治区农畜产品加工业“十二五”发展规划，2013.

[2] 杨文兰，姚雪颖. 内蒙古向北开放发展的现状及对策分析 [J]. 产业与科技论坛，2014，20：24-27.

[3] 驻蒙古经商参处. 蒙古国经济发展数据统计 [DB/OL]. http：//www.elht.gov.cn/mejm/mg-gjmxx/201507/t20150730_75096.html.

[4] 文虎. 蒙古国经济发展现状及困境 [J]. 内蒙古财经学院学报，2001，4：31-35.

[5] 柴国君，李丹. 内蒙古陆路口岸物流集聚区发展研究 [J]. 财经理论研究，2014，2：77-80.

“大数据”服务草原丝绸之路经济带发展战略分析

王彪　张增平　马鹏烜　周树林[①]　龚萍[②]

[摘　要] 在分析大数据这一新型战略资源及其特点和分析草原丝绸之路经济带发展战略及其特征的基础上，本文对大数据服务草原丝绸之路经济带发展战略进行了思考和分析，并进一步结合内蒙古自治区的特点，从储备大数据资源、挖掘大数据价值、培养和引进大数据人才、建立大数据研究中心、培育和形成大数据决策智库、引导和扶持企业创新发展模式、优化基于大数据的政府治理模式、培育大数据相关新兴产业八个方面讨论了实现大数据服务草原丝绸之路经济带发展战略的关键内容和方向，从而为内蒙古自治区如何借助“一带一路”战略促进社会、经济、文化全面发展提供参考。

[关键词] 大数据；内蒙古自治区；草原丝绸之路经济带；发展战略

一、前言

自 21 世纪以来，内蒙古自治区的经济社会进入了一个快速发展的时期，综合实力得到了明显提升，人民生活水平有了大幅提高。经过努力和积累，其经济社会发展已经逐步形成了一个良好的发展态势。今天，在“一带一路”国家发展战略下，内蒙古自治区再次遇到了新的发展机遇。内蒙古自治区是草原丝绸之路经济带的必经地区之一，如何才能很好地把握这一发展新机遇，发挥并运用好“大数据”新型战略资源，走创新发展之路，实现自治区经济社会发展新的飞跃，是内蒙古自治区需要解决的重大问题。

① 王彪、张增平、马鹏烜、周树林，内蒙古财经大学计算机信息管理学院。
② 龚萍，内蒙古财经大学资源与环境经济学院。

本文从“大数据”服务草原丝绸之路经济带发展战略的角度出发，在思考和分析“大数据”战略资源、草原丝绸之路经济带及其特点的基础上，结合内蒙古自治区经济社会的自身特点，讨论了实现“大数据”服务草原丝绸之路经济带发展战略的关键内容和方向，并分析了战略目标与实施的相应政策措施，从而为自治区如何借助“一带一路”促进社会、经济、文化全面发展提供参考。

二、大数据战略资源

当今，互联网已经进入了“互联网+”时代。国际电信联盟统计，2014 年全球互联网用户已达到了 30 亿，中国互联网用户也超过了 6.4 亿。从互联网产生以来，互联网正在发生质的飞跃，其中，关键变化之一就是人们对网络数据的认识产生了变化。随着网络应用的飞速发展，网络数据量呈现爆炸式增长。数据已经深度参与到各行各业的具体业务之中，成为越来越重要的生产要素，且对生产率的创新性提高发挥着越来越重要的作用。

“大数据”正是在这种背景下产生的关键词。从“大数据”的价值来看，“大数据”已经成为具有潜在决策力、洞察发现力和流程优化能力的海量、高增长率和多样化的信息资产。

在网络环境下，人类的各种生产、生活活动均已被记录为数据。因此，人们的生产、生活规律均隐藏在大数据中。个人行为、企业行为、政府行为等均包含在“大数据”中。所以，能否利用好“大数据”关乎个人发展、企业发展、政府发展的问题。如何评价过去做过的事情、做好现在的事情、规划好未来的事情，这些都可借助于“大数据”更好地实现。因此，“大数据”是商业智能、管理智能的基础，是实现科学发展的重要基础之一。科学的发展观要求人们按客观规律办事，而客观规律就包含于“大数据”中。

近年来，“大数据”日益被国际社会列为战略资源，并制定了相应的发展策略。2012 年，联合国发布了《大数据开发：机遇与挑战》。2012 年，美国政府宣布启动“大数据研究与发展计划”。2012 年，李国杰院士等阐述了“大数据”成为经济、社会、科技发展的重大战略领域。2013 年，国家发改委“基础研究大数据服务平台应用示范”项目启动。2013 年被认为是世界“大数据”元年。2015 年 8 月 31 日，国务院印发《关于促进大数据发展行动纲要》的通知。2015 年 10 月 29 日通过的中共中央十八届五中全会公报中明确提出“实施国家大数据战略”。

三、草原丝绸之路经济带构建

草原丝绸之路在历史上曾经长期存在并对促进当时经济贸易发展起到了重要作用。古代草原丝绸之路主要指的是途经蒙古高原，特别是草原地带，一直连通到欧亚大陆的一条商业贸易大通道。古代草原丝绸之路始于中原地区，向北穿越古阴山（今大青山），经过燕山长城，再向西北入蒙古高原，进入中西亚北部，并最后远达地中海国家和欧洲地区各国。

当今，在我国提出的“一带一路”发展战略基础上，草原丝绸之路经济带迎来了新一轮的构建和发展机遇。同时，“中蒙俄经济走廊”已经开始构建和形成。

与古代的草原丝绸之路相比较，当今的现代草原丝绸之路不仅是单一的经济贸易通道，它也必将具有鲜明的、能够反映时代精神的特征。

（一）互利共赢的经济发展通道

草原丝绸之路是沿路各个国家和地区之间相互促进经济发展的通道，是共同发展、互利共赢的经济带。

（二）多元文化交流的长廊

草原丝绸之路是沿路具有不同文化的国家和地区间文化交流的平台，是文化多样性交流的舞台，是全球多元文化发展的长廊。

（三）信息互通共享之路

沿路各国和地区的人民将通过草原丝绸之路经济带进行信息沟通、实现信息共享，并深刻体验和享受信息时代所带来的巨大变革成果。

（四）生态保护与发展的绿色通道

今天，沿路各国和地区的人们生态保护意识越来越强，对生态保护越来越形成共识，草原丝绸之路必然要构建成为生态保护与发展的绿色通道，也必然能够打造为可持续发展的绿色经济带。

（五）惠民之民心通道

以人为本是草原丝绸之路发展所秉承的应有理念。让草原丝绸之路发展的成果惠及经济带上的人民，让各个国家和地区的人民生活水平和质量得到不断提高，让草原丝绸之路经济带成为民心通道，这才是构建草原丝绸之路的最终目标。

（六）全面合作之路

草原丝绸之路是各个国家和地区之间共同发展、合作共赢之路，是社会、经济以及人文深度合作、交流之路。

（七）内陆国家发展和西部开发之路

草原丝绸之路沿路国家和地区大多地处内陆，大都有西部开发的任务。因此，草原丝绸之路经济带是内陆国家和地区发展与开发的战略机遇。

（八）创新发展之路

科技是第一生产力在今天更加取得共识，以创新为驱动的发展大放异彩，草原丝绸之路毫无疑问是创新发展的光明之路。

四、“大数据”服务草原丝绸之路经济带发展战略模式

内蒙古自治区处于欧亚大陆内部，有长达 4200 公里的国境线和众多的边境口岸，是“中蒙俄经济走廊”的必经之路，是我国向北开放的重要桥头堡，是草原丝绸之路经济带上的重要节点。

内蒙古自治区经济社会经历了快速发展，对蒙古国投资发展态势良好。在“一带一路”国家发展战略快速推进和实施中，在“中蒙俄经济走廊”、草原丝绸之路经济带不断构建和快速发展下，内蒙古自治区作为重要节点，有着不可替代的作用。毫无疑问，内蒙古自治区要抓住这样的历史机遇，结合自身的特点，谋划好自己的发展战略，使社会、经济、文化等进一步得到全面、健康、创新发展。

内蒙古自治区在制定和实施符合自身特点的草原丝绸之路经济带发展战略时，“大数据”是需要用好的关键词。

（一）战略目标

充分利用和发挥“大数据”新型战略资源，将“大数据”融入并服务于草原丝绸之路经济带构建和发展中，从而推进内蒙古自治区社会、经济及文化的健康创新发展，实现自治区经济社会发展的新的飞跃。

（二）战略实施

本着运用“大数据”战略资源发展这一思路，推进“大数据”服务草原丝绸之路经济带发展战略的实施。

1. 储备和积累“大数据”资源

大数据已经成为重要的战略资源，其在个人发展、企业决策、政府治理等方面发挥着不可替代的作用。内蒙古自治区在实施草原丝绸之路发展战略时要充分发挥自身的地理优势，建立云存储、云计算中心，形成自己的数据中心。事实上，在内蒙古自治区内建成落户的数据中心已经颇具规模。

2. 挖掘好“大数据”的价值

“大数据”的关键在于其价值。但“大数据”的价值需要很好地被发掘。从技术角度看，“大数据”技术涉及人工智能、数据挖掘等前沿理论和技术，并且新的理论和技术在不断持续研究、发展中。针对不同的个人发展、企业决策、政府治理等需求，运用不同的数据挖掘、数据分析方法。要紧密结合内蒙古自治区情况，充分发掘有利于自治区发展的科学规律。

3. 培养和引进大数据人才

发挥“大数据”的价值需要一批专门的高级人才。因此，要培养和引进一批“大数据”方面的专门人才，助力内蒙古自治区发展，实现人才强区、科技强区。将培养与引进相结合，将“大数据”真正落实到草原丝绸之路战略中。

4. 建立“大数据”研究中心

建立“大数据”研究中心，集中一批专家，研究“大数据”技术及战略，让“大数据”贯穿于草原丝绸之路中，让“大数据”的价值充分转化为经济效益、社会效益。

5. 培育和形成“大数据”决策智库

逐步形成并建立“大数据”智库，形成数据决策、数据治区的良好态势，真正实现科学发展、创新发展。

6. 引导和扶持企业创新发展模式

基于“大数据”的商业智能模式是企业发展的新模式。让“大数据”充分融入企业，让企业借助草原丝绸之路“走出去”，让智能电子商务铺通草原丝绸之路，造就一批新型企业实体，实现内蒙古自治区绿色、健康、创新发展。

7. 优化基于“大数据”的政府治理模式

“大数据”是优化治理模式和治理方式的重要依据之一。草原丝绸之路经济带战略是民心通道、惠民工程。借助“大数据”，进一步优化政府治理，让草原丝绸之路经济带的效益转化为广大人民的切实利益，推动社会进步、人民幸福。

8. 培育“大数据”相关新兴产业

“大数据”的获取、整合、存储、数据仓库、数据安全、数据挖掘与分析、数据使用与消费等各个环节均可产生一大批新兴产业。在实施“大数据”服务草原丝绸之路经济带发展战略的过程中，培育和扶持一批新兴产业实体，从而促进就业，促进经济发展方式的转型。

“大数据”融入传统行业中，将产生众多的新型应用。诸如智能电子政务、智能交通、智能物流、智能企业管理、智能城市、移动智能终端产品、智能财富管理、智能自助服务、智能服装、智能珠宝、智能可穿戴设备等将蓬勃发展。借助草原丝绸之路经济带发展战略，让内蒙古自治区参与到 2025 年多达 33 万亿美元的新兴产业中。

（三）政策措施

充分利用“大数据”服务草原丝绸之路发展战略，制定和出台相关政策，一方面引导和扶持内蒙古自治区的企业利用这一机遇高质量地实现“走出去”战略；另一方面，利用这一机遇，实现高质量的“引进来”工程，双管齐下。中间还要引导和培养新型的“大数据”产业实体，从而全方位地实施“大数据”服务草原丝绸之路的发展战略。

1. 政策扶持

制定和出台相关政策，引导和扶持各类已有实体机构挖掘和利用“大数据”，发挥其巨大的价值，实现创新发展。

2. 政府引导

制定和出台相关政策，引导和鼓励实体企业借助“大数据”和草原丝绸之路经济带“走出去”，打造国际品牌，迈向国际。

3. 加强培养

制定和出台相关政策，引导和扶持基于“大数据”的各种创新，培育新的创新实体。

4. 吸引投资

制定和出台相关政策，借助“大数据”和草原丝绸之路经济带发展战略，进一步提升“引进来”战略，吸引高质量的国际投资。

5. 建立智库

制定和出台相关政策，建立“大数据”服务草原丝绸之路经济带发展战略的“大数据”决策智库。

五、结语

借助草原丝绸之路经济带发展战略，借助“中蒙俄经济走廊”，让“大数据”成为内蒙古自治区发展的新型切入点，实现内蒙古自治区经济的结构调整和转型。认识好、研究好“大数据”服务草原丝绸之路经济带发展战略的条件、方式，培养好大数据专业人才，引导好企业基于“大数据”的创新发展，构建“大数据”智库，实现商务智能、治理智能，这些都是摆在内蒙古自治区发展面前的重大课题和任务。要引进和培养“大数据”专业人才，谋划好“大数据”发展战略，让“大数据”很好地服务草原丝绸之路经济带发展战略，实现内蒙古自治区经济社会发展新的飞跃。

参考文献

[1] UN News Centre. Internet Well on Way to 3 Billion Users, UN Telecom Agency Reports [EB/OL]. http://www.un.org/apps/news/story.asp? newsid=47729&cr1=, 2014-05-05/2015-07-25.

[2] Gartner. Big Data [EB/OL]. http://www.gartner.com/it-glossary/big-data. 2015-02-01/2015-07-27.

[3] UN Global Pulse. White Paper: Big Data for Development: Opportunities & Challenges [EB/OL]. http://www.unglobalpulse.org/sites/default/files/BigDataforDevelopment-UNGlobalPulse-June2012.pdf, 2012-05-01/2015-08-20.

[4] Whitehouse. Digital Government: Building A 21st Century Platform To Better Serve The American People [EB/OL]. https://www.whitehouse.gov/sites/default/files/omb/egov/digital-government/digital-government-strategy.pdf, 2015-05-23/2015-08-20.

[5] 吴瑟，王卫斌. 如何构建“互联网+”时代的核心网 [J]. 通信世界，2015，18：30-30.

[6] 马建光，姜巍. 大数据的概念、特征及其应用 [J]. 国防科技，2013，2：10-17.

[7] 李国杰，程学旗. 大数据研究：未来科技及经济社会发展的重大战略领域——大数据

的研究现状与科学思考 [J]. 中国科学院院刊，2012，6：647-657.

[8] 中国科学院计算机网络信息中心. “基础研究大数据服务平台应用示范”项目启动会在网络中心举行 [EB/OL]. http：//www.cas.cn/xw/yxdt/201305/t20130521_3843550.shtml，2013-05-17/2015-08-20.

[9] 国务院. 国务院关于印发促进大数据发展行动纲要的通知 [EB/OL]. http：//www.gov.cn/zhengce/content/2015-09/05/content_10137.htm，2015-08-30/2015-10-20.

[10] 禾泽. 草原丝绸之路：游牧文化交流的动脉 [EB/OL]. http：//www.ccdy.cn/xinwen/jiaoliu/xinwen/201409/t20140904_992837.htm，2014-09-04/2015-08-20.

[11] 王丽. 把内蒙古建成我国向北开放的重要桥头堡和充满活力的沿边经济带——对内蒙古发展定位的思考 [J]. 经济研究参考，2013，47：60-62.

[12] 任保平，葛枫. 内蒙古经济增长质量的测度与评价 [J]. 财经理论研究，2014，6：76-81.

[13] 哈斯巴特尔，刘巴特尔. 内蒙古企业对蒙投资现状与对策研究 [J]. 财经理论研究，2015，4：73-80.

[14] 潘华. 大数据时代社会治理创新对策 [J]. 宏观经济管理，2014，11：34-36.

[15] 唐逸如. 2015 令人心动的新兴行业大数据上榜 [N]. 国际金融报，2015-01-05（23）.

[16] 邱宝军. 大数据，创新驱动重要路径——2025 年 33 万亿美元新兴产业的基础工具 [J]. 中国科技产业，2015，3：85.

构建内蒙古自治区“草原丝绸之路经济带”的战略研究

单浩杰[①]

[摘　要]“一带一路”的战略构想为内蒙古自治区带来了新的发展机遇，内蒙古自治区是“草原丝绸之路经济带”的中国段的主体区域，建设内蒙古自治区“草原丝绸之路经济带”，有利于加快我国向北开放的步伐。内蒙古自治区建设“草原丝路经济带”具有一定的优势和良好的发展机遇，同时也存在一些劣势和面临严峻的挑战，为加快内蒙古自治区“草原丝路经济带”的建设，要确立与邻国和周围省市的合作机制，要围绕着重点区域的重要产业创新合作模式，要以“五通”的理念为指导，为“中俄蒙经济走廊”和国家的“一带一路”战略实施打好前阵。

[关键词] 一带一路；草原丝绸之路；内蒙古自治区；开放

一、引言

自1999年国家实行“西部大开发”战略以来，内蒙古自治区经济得到了快速发展，无论是从经济总量还是从经济的增长速度均实现了快速的增长，自2002年起内蒙古自治区经济的增长速度一直保持在全国第一位，但内蒙古自治区经济发展中也存在一些问题，例如，对外开放进程缓慢，经济结构调整步伐缓慢，经济增长方式过度依靠工业，内蒙古地区间经济发展差距较大，医疗、教育、文化、科技等社会事业发展相对滞后，这些“短板”的存在，影响了内蒙古自治区经济又好又快地发展，如何突破这些“短板”，是多年来政府和社会各界一直研究的课题。2013年“一带一路”战略构想的提出，尤其是将内蒙古自治

① 单浩杰（1978—），女，内蒙古财经大学讲师，硕士，研究方向：旅游经济，旅游管理。

区纳入“草原丝绸之路经济带”的范围，为这些“短板”的解决提供了新的思路，同时，也有利于深入推进西部大开发战略在内蒙古自治区的实施，内蒙古自治区有望重新定位与周围相邻的省市和周边相邻国家在经贸往来、技术交流和文化交流中的角色分工，实现对外开放的新突破，将内蒙古自治区打造成为我国向北开放的新高地。

二、内蒙古自治区纳入“草原丝绸之路经济带”的背景

2013 年 9 月习近平主席在哈萨克斯坦纳扎尔巴耶夫大学演讲时提出了“丝绸之路经济带”这一战略构想，并提出从“政策沟通、道路联通、贸易畅通、货币流通、民心相通”五个方面来打造“丝绸之路经济带”。“丝绸之路经济带”是以丝绸之路综合交通通道为展开空间，以沿线交通基础设施和中心城市为依托，以区域内贸易和生产要素自由流动优化配置为动力，以区域经济一体化安排为手段，以实现快速增长和关联带动作用为目的的中国—中亚跨国带状经济合作区。这个合作区域东连经济发展较快的亚太经济圈，中间是中亚、南亚地区之间形成的一个经济凹陷带，主要是经济增长缓慢的欠发达国家，西接经济发达的欧洲经济圈，具体说就是连接我国太平洋沿岸的珠三角、长三角和环渤海经济圈，途经哈萨克斯坦、俄罗斯等上海合作组织主要成员国，抵达波罗的海、地中海、大西洋和印度洋沿岸，有效辐射东亚、中亚、南亚、西亚、欧洲以及北非区域，丝绸之路经济带涵盖 40 多个国家，绵延一万多公里，是横跨亚欧大陆的世界上最长、最具发展潜力的经济大走廊。也是通过现代信息网络和现代化的综合交通通道将丝绸之路沿线国家紧密联系起来，持续推进“五通”，实现各国平等互利、共赢发展的一个新经济合作发展区域。2014 年 9 月，习近平提议建立“中蒙俄经济走廊”，将俄罗斯跨欧亚大铁路、蒙古国倡议的“草原丝绸之路”进行对接，打造“中俄蒙经济走廊”是实施“一带一路”战略构想的起点，是推动欧亚经济一体化的重要战略步骤。

“丝绸之路经济带”是向西开放、发展西部，打通亚欧陆路大通道，是实施平衡发展和保障国家战略安全的必由之路，是向西开放与西部开发为一体化的政策综合版。按照国家“丝绸之路经济带”规划的范围，内蒙古自治区已被纳入“丝绸之路经济带”的范畴，而且也是“草原丝绸之路经济带”中国段的主体区

域，为此，在传统“草原丝绸之路”的基础上，构建新时期内蒙古自治区“草原丝绸之路经济带”，对于“丝绸之路经济带”总体建设具有不可替代的重要作用。

三、内蒙古自治区构建“草原丝绸之路经济带”的基础条件分析

（一）区位条件

内蒙古自治区位于我国的正北方，对外北部与蒙古国相邻，东北部与俄罗斯交界，中俄两国的国境线长达 4221 公里，其中内蒙古自治区与俄罗斯的边境线全长 1010 公里，中蒙两国的边境线 4700 多公里，内蒙古自治区与蒙古国边境线长达 3000 余公里，在漫长的边境线上，有满洲里、二连浩特等 16 个国家级对外开放的口岸，其中对俄罗斯开放的口岸有四个，对蒙古国开放的口岸有九个，另有三个国际航空口岸，满洲里口岸是我国环渤海地区通往俄罗斯等独联体国家和欧洲最重要的陆海联运大通道，二连浩特铁路口岸是我国通往蒙古国的唯一铁路口岸和沟通欧亚大陆的重要国际通道，这些口岸对于发展国际物流贸易、进出口加工业和边境旅游业等产业的发展提供了便利，也为国内各省区向北开放提供了有利条件。对内内蒙古自治区东部与黑龙江、吉林、辽宁三省相邻，西南部与河北、山西、陕西、宁夏回族自治区四省区接壤，西部与甘肃省相连，横跨东北、华北和西北，靠近京津地区、东北等中心市场和出海口，是环渤海经济圈的腹地和东北经济区的重要组成部分，也是华北连接大西北的经济通道，与“丝绸之路经济带”的重点建设区域陕西、甘肃和宁夏相邻，使内蒙古自治区的“草原丝绸之路经济带”建设具有独到的区位优势。

（二）政策条件

2013 年 9 月，中国国家主席习近平提出了共同建设“丝绸之路经济带”的倡议，10 月提出的“21 世纪海上丝绸之路”，使“一带一路”的战略构想成为世界热议的话题。2013 年 11 月召开的中共十八届三中全会审议通过的《中共中央关于全面深化改革若干重大问题的决定》中提出“建立开发性金融机构，加快同周边国家和区域基础设施互联互通建设，推进丝绸之路经济带、海上丝绸之路建设，形成全方位开放新格局”。2015 年 3 月 5 日，李克强总理在第十二届全国人

民代表大会第三次会议上作的《政府工作报告》中指出“把‘一带一路’建设与区域开发开放结合起来，加强新亚欧大陆桥、陆海口岸支点建设，要加强中西部重点开发区建设。”2013 年 9 月，国务院正式批复《黑龙江和内蒙古东北部地区沿边开发开放规划》，正式将黑龙江和内蒙古自治区东北部地区沿边开发开放上升为国家战略，明确黑龙江和内蒙古自治区东北部是我国对俄罗斯及东北亚开放的重要区域，在全国沿边开放格局中具有重要战略地位，并将黑龙江和内蒙古自治区东北部地区作为我国沿边开放新高地、我国面向俄罗斯及东北亚开放的重要枢纽站、我国沿边重要经济增长区域和我国东北地区重要生态安全屏障的战略定位。2013 年 8 月，内蒙古自治区通过了《内蒙古建设国家向北开放桥头堡和沿边经济带规划（2013~2020）》，提出了“双核、多点”和“七大经济走廊”的概念，并指出“到 2020 年，建成以满洲里、二连浩特等口岸及城镇为桥头堡，以边境旗市为主体，内连经济腹地、外接俄蒙的充满活力的沿边经济带”。

（三）良好的合作基础

中国与蒙古国、俄罗斯之间的友谊源远流长，内蒙古自治区不仅有连接内地和蒙古国、俄罗斯之间的古丝绸之路、古茶叶之路和古盐道的历史古道，而且两国之间的经贸合作和文化交流等方面也非常密切。蒙古国是世界上游牧文化保留比较完整的国家，他们也非常崇拜成吉思汗，这一点与内蒙古的民族文化是相通的，共同的文化渊源为双方各领域的合作提供了情感基础。2012 年以来，蒙古国连续三年成为内蒙古自治区第一大贸易伙伴，据统计，内蒙古自治区境内九个边境口岸担负着中蒙之间 95%的吞吐量，直接对俄陆路口岸有四个，航空口岸有两个，承担中俄陆路运输 65%的货运量，2015 年第一季度，内蒙古自治区进出口总值为 188.6 亿元，其中对蒙古国贸易值为 46.1 亿元，增长了 58%，蒙古国成为内蒙古自治区最大的进出口贸易伙伴。俄罗斯一直保持着和中国的友好往来，双方在能源、经贸、旅游、文化交流等领域一直保持着长期的合作，内蒙古自治区是中国与俄罗斯经济文化互动的重要区域，2015 年第一季度，内蒙古自治区对俄罗斯的贸易值是 38.6 亿元，为内蒙古自治区的第二大进口国，是内蒙古自治区的第二大贸易伙伴，俄蒙两国共占内蒙古自治区对外贸易总值的 44.9%。为了实现互联互通，在满洲里和二连浩特建设运作起来的“中俄互市贸易区”、“中俄边境合作区”以及“中蒙经济技术开发区”已经搭建起来双边经济合作的框架，阿尔山口岸至蒙古国乔巴山市通俄罗斯西伯利亚大铁路，向东穿越吉林省至珲春，与滨洲线并列，形成一条横穿东北经济区的东西走向的战略通道。在文化交流方面，内蒙古自治区联合俄蒙举行多次经贸合作洽谈会、中俄蒙国际选美比赛、中俄蒙国际冰雪节等活动，通过文化交流为内蒙古自治区与蒙古国和俄罗斯的经贸合作打造了一个平台。

四、内蒙古自治区构建丝绸之路经济带的机遇与挑战分析

（一）机遇分析

1. 中俄蒙“全面战略伙伴合作关系”

在冷战结束以后，中蒙俄形成了稳定的战略关系，三方在政治、经济、文化等领域加强交流与合作，为三方的发展带来了实实在在的利益，更是给内蒙古自治区对外贸易的发展创造了良好的国际环境。中俄两国在科技、经济、政治、军事和金融等领域的合作，有利于维护周边的稳定和经济结构互补，例如，由于美国和西欧国家对中在高科技领域实施封锁，俄罗斯的科技优势可以弥补中国在该领域的“短板”，另外，在能源领域，2014 年 5 月，中俄两国签署了一份为期 30 年、价值 4000 亿美元的天然气协定，每年对华供应天然气 380 亿立方米，中国成为俄罗斯最大的天然气进口国，天然气管道的建设又离不开蒙古国，俄蒙中三国天然气管道一旦建成，蒙古国利用方便的地理优势，将使经济的发展得到很大提升。冷战后中蒙之间的合作也得到了提升和发展，尤其是中蒙经贸合作领域，中国目前是蒙古国最大的出口国和最大的进口国，中国已经成为蒙古国的第一大贸易合作伙伴，此外，双方还加强投资、优惠贷款、援助等领域的合作。2014 年，为寻求与蒙古国加强经贸、政治和安全伙伴关系，习近平访问蒙古国，两国在军事、文化等领域开展合作达成共识，并签署国家合作文件及 26 项合作协议，还发表了《中蒙关于建立和发展全面战略伙伴关系的联合宣言》，目的就是推动中蒙俄三方的深度合作。

2.“草原丝绸之路经济带”得到邻国和周围省市的支持

蒙古国的矿产资源丰富，畜牧业发达，但由于蒙古国是一个没有出海口的内陆国家，其对外贸易主要是通过铁路运输，对外贸易的增加一方面要求国内要加快国内铁路、公路、航空等基础设施的建设，另一方面也亟须建立一条得到中俄支持的国际运输通道。2004 年蒙古国参与了亚洲高速公路网建设项目，2012 年蒙古国提出要建设“草原丝绸之路”，将俄罗斯和中国的边境运输公路连接在一

起，2013 年蒙古国相继修建了连接五省的通道，希望能和中俄高速公路实现对接，以便打通国际运输通道。2014 年 9 月习近平主席在杜尚别峰会期间，提出建立“中俄蒙经济走廊”的倡议，将俄罗斯跨欧亚大铁路、蒙古国倡议的“草原丝绸之路”进行对接，并加强互联互通建设，推进通关和运输便利化，促进过境运输合作，推动“一带一路”的战略目标，蒙古国总理阿勒坦呼亚格对此十分认可，并提出要积极参加“丝绸之路经济带”建设。

俄罗斯的石油、天然气、煤炭和木材等自然资源十分丰富，其对外贸易主要是针对欧洲市场，尤其是石油、天然气等能源型产品更多地输入欧洲，然而，历史至今，俄罗斯与欧洲的对外贸易处于比较尴尬的境地，贸易伙伴对俄罗斯始终保持一种既合作又防范的心态。尤其是乌克兰危机以来，受西方国家的连续制裁，国内经济状况每况愈下，俄罗斯的政治和经济受到巨大挤压，使其不得不实施战略突围，向东迈进，加快与中国在经济领域的战略对接是其突围的重要战略举措。2014 年 2 月，俄罗斯总统普京在索契表示，俄方积极响应中方建设“丝绸之路经济带”和“海上丝绸之路”的倡议，愿将俄方跨欧亚铁路与“一带一路”对接，创造出更大效益。

从国内来看，“一带一路”的战略构想，为我国的内陆经济提供了新的发展机遇，各省份对参与“一带一路”建设都表现出浓厚的兴趣，也愿意为国家的“一带一路”战略提供各种便利，希望抓住机遇，发展地区经济，目前已经有 18 个省份纳入到“一带一路”的规划中。内陆和沿海省区对亚欧市场也表现出浓厚的兴趣，希望通过内蒙古自治区的“草原丝绸之路经济带”建设快速打开亚欧市场的大门，2013 年开通的“苏满欧”（苏州—满洲里—欧洲）铁路集装箱专列，实现了中国长三角地区高新技术产品快速对接俄罗斯和中欧、东欧市场。除此之外，“郑满欧”（郑州—满洲里—欧洲）、“广满欧”（广州—满洲里—欧洲）也在加紧实现正常化运营。2015 年 6 月 13 日，首列“哈欧国际货运班列”货物在哈尔滨海关的高效监管下顺利通关放行，该班列将从满洲里口岸出境开往德国汉堡，“哈欧国际货运班列”的开通运营，使“中蒙俄经济走廊”黑龙江陆海丝绸之路经济带有了真正的突破口和着力点，为东北三省乃至华北、华东地区企业的产品出口、货物进口，开辟一条全新的物流通道。

（二）挑战分析

1. 严峻的国际政治形势

冷战结束以后，中国周边的战略环境发生了重大变化，美国通过并推行《跨太平洋战略经济伙伴协定》（TPP）和《跨大西洋贸易与投资伙伴协议》（TTIP）

两大战略，这两大协议将对亚太经济一体化进程产生重大影响，美国的战略就是要取代亚太经济合作组织在亚太地区的影响，减弱上海合作组织的影响力，减缓亚太经济一体化的进程，遏制中国和俄罗斯的崛起。无论是《跨太平洋战略经济伙伴协定》，还是《跨大西洋贸易与投资伙伴协议》都将打造一个以高度自由化为堡垒的市场准入屏障，使中国等相对滞后国家因无法高尺度互惠开放本国市场而无法加入，在新规则的制定中无发言权，从而阻隔中国经济影响力在全球的扩展，《跨太平洋战略经济伙伴协定》和《跨大西洋贸易与投资伙伴协议》几乎把我国最主要的贸易伙伴“一网打尽”。在这种严峻的形势下中国必然要提出新的突围战略，“一带一路”战略成为重要举措，旨在加强和陆路国家的区域合作，尤其是推动与蒙古国和俄罗斯的经济互动，形成新的经济联合体，确保中国在亚太地区的影响力。另外，2014 年 5 月，俄罗斯、哈萨克斯坦、白俄罗斯三国签署了《欧亚经济联盟条约》，而且吉尔吉斯斯坦、塔吉克斯坦等国也愿意加入该组织，这与我国提出的“一带一路”建设有很多的重叠之处，因为历史原因，俄罗斯一直把中亚视为自己的势力范围，为了确保自己的主导地位，并不愿意接受其他国家在中亚地区影响力的扩张，所以如何发展与俄罗斯和中亚国家全面的战略伙伴关系，是中国面临的巨大挑战。

2.“丝绸之路经济带”的军事形势令人堪忧

“一带一路”的战略构想需要中国与众多国家形成经济互动，需要建设一些跨国的工程，例如，一些油气管道、公路铁路和机场等设施，而这些设施往往成为恐怖分子的首要袭击对象，因此军事安全形势也是一个不容忽略的重要问题。近几年宗教极端势力、民族分裂势力和国际恐怖势力“三股势力”一直威胁着中亚各国家及蒙古国和俄罗斯的经济安全，2011 年哈萨克斯坦国阿拉木图发生了震惊世界的恐怖事件，2012 年塔吉克斯坦国发生国内最严重的武装冲突，乌兹别克斯坦和塔吉克斯坦边境民族冲突再起，中亚国家之间围绕水资源的争斗再度激化，2014 年美国陆续从阿富汗撤军，在该区域可能会出现安全危机，因为撤军后军事基地问题，美俄之间的军事争夺也明显加强，中亚国家的军事形势如此令人堪忧，不仅会影响到“一带一路”的伟大构想，也会影响到中国的边疆安全。如何与区域内的各国联合进行反恐，为其经贸合作提供一个和平稳定的社会环境是中国面临的又一重大挑战。

五、建立内蒙古自治区“草原丝绸之路经济带”的政策建议

（一）建立合作机制

“一带一路”战略构想的实施不仅关系到我国的利益，也关系到欧亚其他国家的利益，要实现共赢，需要经济带上所有国家的共同努力，变被动为主动，积极展开经济外交，探索合作机制，确定合作领域，洽谈合作项目。内蒙古自治区作为我国向北开放的前沿阵地，在响应国家的发展思路的同时，要围绕自治区的“8337”发展思路，发挥自身的优势，加强与邻国和相邻省份的沟通，建立合作机制，制定区域合作规划，促进区域合作，形成区域大开放、大融合的新格局。在确定合作机制时要坚持稳步推进、先易后难的原则，优先选择重点产业、优势产业、重点地区等开始合作，要将核心区作为重点建设好，再逐步拓展到延伸区。合作机制的确立要围绕内蒙古自治区的重点区域的重点产业来进行，从发展的实践来看，内蒙古自治区与蒙俄之间的合作主要体现在经贸、能源、交通、投资、旅游等领域，而内蒙古自治区的不同区域与其在不同领域展开合作的深度也不相同，所以要根据实际情况，确定不同的合作机制，例如，经贸往来主要集中满洲里、二连浩特等口岸城市，旅游、文化主要集中在呼和浩特，能源主要集中在鄂尔多斯等城市，这些区域都应围绕本区域发展的重点产业优先确定合作机制，以重点区域重点产业的合作带动区域内的文化、科技、金融、安全等领域的合作与发展，逐步实现深度合作和全面发展。

（二）围绕着重点领域的重要产业创新合作模式

1. 继续深化在经贸、能源、交通、投资领域的合作

经贸、能源、交通、投资等领域一直是内蒙古自治区与蒙俄和周围相邻省份合作的重点区域，在这些领域具有良好的合作基础，在新时期要将“走出去”和“请进来”战略广泛地应用在各领域，对于一些重大项目和重点项目可通过多方的合作共同完成，例如，交通设施的建设、能源管道的建设，等等。另外，在与蒙俄的合作中要充分考虑双方政治经济关系、税收、经济政策等方面存在较大的不同，在合作的过程中可能会出现各种风险，要加强防范。

2. 大力发展旅游业，以文化交流促进多边合作

旅游业是构建“中俄蒙经济走廊”的重要推力，内蒙古自治区是草原文化的发源地，悠久的历史文化和民族文化独具特色，吸引了蒙古国和俄罗斯众多的游客，蒙古国和俄罗斯已经成为内蒙古自治区第一大入境旅游客源市场，发展与蒙俄的旅游不仅有利于内蒙古自治区经济收入的增加，还能增进交流和了解，促进民心相通。2014 年 11 月，中俄蒙三国五地旅游联席会议在呼和浩特市召开，会议各方一致同意整合原有中俄、中蒙边境旅游协调例会机制，建立中俄蒙三国五地旅游联席会议机制，共同推进中俄蒙跨境旅游发展，会议还签署了《中俄蒙三国五地旅游联席会议纪要》，针对建设跨国旅游线路，开展丝绸之路课题研究，推广茶叶之路进行商讨。内蒙古自治区旅游业的发展要借助构建“草原丝绸之路经济带”之机，以“草原丝绸之路、茶叶之路”为主题，打造一条跨国的黄金旅游带，充分展示内蒙古自治区的历史文化，提升内蒙古自治区旅游文化品牌的竞争力和国际影响力。以满洲里和二连浩特为旅游节点城市，建立跨境旅游合作区，共同规划、联合建设、统筹经营、共同盈利，着力构建起跨境无障碍旅游圈；把旅游精品项目进行对接统筹，联合营销，包含签证旅游便利化方面做出试验和探索；共同构造三国跨境旅游品牌，在世界旅游市场竞争中打造特色品牌。

3. 积极探索新的合作领域

俄罗斯农业资源非常丰富，耕地面积约有 1.25 亿公顷，草地牧场约有 7260 万公顷，并且有世界上面积最大的黑土带，具有较强的资源优势，但由于原苏联解体以后，俄罗斯的农业历经种种艰辛，一度从农业出口国转变成农业进口国，2000 年后俄罗斯经济复苏，随着农业投入增加，农业经济也得到了较大的恢复。由于传统原因，蒙古国的畜牧业较为发达，种植业较为落后，尤其是设施农业几乎是一片空白。中国与蒙俄农业合作项目普遍存在规模偏小、分散、不突出等问题，“一带一路”战略的提出，为中国与蒙俄两国的农业领域的合作提供了良好的机遇。内蒙古自治区的农业资源与蒙俄有较多的相似点，但双方在农业领域的合作较少，根据“8337”发展思路，要将内蒙古自治区打造成中国绿色农畜产品生产加工输出基地，而俄罗斯市场对有机农畜产品需求量较大，正好迎合了俄罗斯市场需求，双方未来在该领域会有较大合作的空间。另外，农畜产品的深加工和现代设施农业也一直是内蒙古自治区和蒙俄共同关注的问题，要通过加强双方的沟通，促进农业项目的合作，此外，森林、生态环境保护也有广泛的合作空间。

（三）以“五通”的理念为指导加强经贸服务设施的建设

“五通”是“丝绸之路经济带”建设的重要内容，实现“五通”就是为了加

快“丝绸之路经济带”建设的进程。

首先，我国与蒙古国和俄罗斯的国情不同，经济政策、法律制度、外交政策、社会生活政策和体制环境等方面都有很大的不同，内蒙古自治区作为我国向北开放的重要阵地，是打造“中俄蒙经济走廊”的核心区域，要加强与蒙古国和俄罗斯的经济、文化和安全事务等领域的经常性对话和多层次的合作，为三方的深度合作提供互惠互利、相对统一、便捷高效的政策措施，服务好国家“一带一路”的战略构想的实施。

其次，要全力做好通道和物流中心的建设。道路联通是共建“草原丝绸之路经济带”的硬基础，要以满洲里、二连浩特等口岸城市为节点，与国内周边省市的道路对接，提高公路的运输能力和便利化程度，加快内蒙古自治区与蒙古国和俄罗斯铁路的建设，提高其运输效率和运载能力，以内蒙古自治区为中心逐步形成连接中蒙俄的运输网络。满洲里和二连浩特是我国对蒙俄贸易最大的通关口岸，要通过政府加大投资力度和多渠道融资筹集资金，改善口岸的基础设施建设、信息网络服务平台建设和服务人才队伍建设，提高口岸的通关能力和效率。以内蒙古自治区的呼和浩特、包头、通辽、海拉尔、满洲里和二连浩特等交通节点城市为中心，建立区域性的以国际采购、国际中转和国际配送为一体的国际物流中心，在蒙古国和俄罗斯设立中国的产业园和中国商贸城，推动我国与蒙古和俄罗斯的对外合作区建设。充分发挥内蒙古自治区现有的国际经贸合作交流平台作用，积极搭建新的国际经贸合作交流平台，办好面向周边国家和地区的境外展会，加快建设物流公共信息平台和各专业市场交易信息平台，促进电子商务发展，建成覆盖俄蒙和我国内地、功能齐全的物流信息网络。

最后，内蒙古自治区丝绸之路经济带的建设还离不开货币的良性运转和金融支持，一方面，在国家层面上要推进丝绸之路经济带上人民币支付结算的范围，发挥人民币区域性国际货币的职能，要降低流通成本，增强抵御金融风险的能力；另一方面，内蒙古自治区要制定完善的政策，引导内蒙古自治区的金融机构参与“丝绸之路经济带”的建设，鼓励金融机构围绕“丝绸之路经济带”建设创新服务产品，多渠道多形式筹集资金，为一些重点的项目提供金融绿色通道，吸引外埠各大型金融机构到内蒙古自治区设立分支机构，全面支持内蒙古“草原丝绸之路经济带”的建设。要加强与俄罗斯和蒙古国人民之间的友好往来，增进相互了解，尤其是在文化、教育、科技创新、医疗、民生工程等领域的区域合作，为“草原丝绸之路经济带”的发展奠定坚实的民意基础和社会基础。

参考文献

[1] 马永真，梅园. 构建“草原丝绸之路经济带”的若干思考 [J]. 内蒙古社会科学，2014，35 (6)：7.

[2] 胡鞍钢，马伟，鄢一龙. “丝绸之路经济带”：战略内涵、定位和实现路径 [J]. 新疆师范大学学报（哲学社会科学版），2014，35 (2)：2.

[3] 王习农，陈涛. “丝绸之路经济带”内涵拓展与共建 [J]. 国际商务——对外经济贸易大学学报，2015，5：25.

[4] 杨臣华. “一带一路”建设中的内蒙古机遇 [J]. 北方经济，2015，331 (5)：14.

[5] 李加洞. 构筑丝绸之路右翼——草原丝绸之路经济带的可行性分析与内蒙古的路径选择[J]. 前沿，2015，3 (337)：17.

贸易与营销

有关全球化环境下中国企业国际营销研究若干议题

胡左浩[①]

一、引言

在市场全球化、行业全球化、竞争全球化的大趋势下，中国企业的国际化进程越来越快。这从三类综合数据中可以清楚地反映出来：一是我国的进出口总额从2001年的5098亿美元增加到2013年的4.16万亿美元（258267亿元人民币），正式成为世界第一货物贸易大国。出口总额也相应地从2001年的2662亿美元增加到2013年的2.21万亿美元。其中，除外商投资企业的出口外，我国本土企业的出口占总出口额接近50%（国家统计局和商务部数据）。二是我国的对外直接投资规模由2002年的27亿美元增至2013年的901.7亿美元（非金融类直接投资），同比增长16.8%，中国境内投资者2013年共对全球156个国家和地区的5090家境外企业进行了直接投资（商务部数据）。三是我国境外企业数量至2011年底达到1.8万家，分布在全球178个国家和地区（商务部数据）。这些数据反映出我国企业国际化的深度和广度。随着我国企业迅速地和大规模地进入国际市场，如何“走出去，走进去、走上去”，提升我国企业在全球市场的市场营销能力和营销水平，从而提升我国企业在国际市场的竞争力和国际营销绩效，不仅成为我国企业经营者共同关心的重大经营课题，也成为我国营销界学者共同关注的前沿研究课题。事实上，在市场全球化加速发展的时代大背景下有关国际营销的研究，特别是有关以中国企业为代表的新兴市场国家的企业的国际营销研究，一直是国内和国际学术界的前沿研究课题，有大量理论和现实问题需要研究。

---

① 胡左浩，清华大学经济管理学院市场营销系教授。

二、国内外研究现状

（一）国际学术界在国际营销领域的研究

有关国际营销领域的研究一直是国际营销学术界的前沿研究课题。有丰富的研究成果。依据马尔霍特拉、武（Malhotra，Wu）和怀特罗克（Whitelock，2013），艾克欧、兰尼多和泽瑞惕（Aykol，B.，Leonidou，Zeriti，2012），弗莱彻、哈里斯和里奇（Fletcher，Harris，Richey，2013），埃德帕拉斯和斯莱特（Andriopoulos，Slater，2013），格里菲恩、卡瓦斯基尔和徐（Griffith，Cavusgil，Xu，2008），斯文德·郝林森（2003）以及胡左浩、陈曦和杨志林等（2013），吴晓云、邓竹箐（2007），何佳讯（2013）等综述性论文以及作者的归纳总结，有关国际营销的前沿研究议题主要涉及以下方面：

1. 有关企业国际营销活动展开的动机和国际营销发展进程方面

（1）国际营销的动机。内部和外部动机以及影响程度研究，大企业和中小企业的国际营销动机，从内向外的国际化以及从外向内的国际化的比较研究。

（2）企业国际化进程以及国际营销发展过程分析。企业国际化理论与国际化进程；渐进式国际化和跳跃式国际化的选择研究；企业国际营销导向（母国导向、当地国导向、区域导向、全球导向）与国际营销发展阶段（国内营销阶段、出口营销阶段、国际营销阶段、多国营销阶段、全球营销阶段）以及不同阶段的特征和内外部环境驱动因素研究；国际营销的动态性研究。天生国际化企业研究等。

2. 有关国际营销的环境和全球性消费者行为方面

（1）海外细分市场评估和目标市场选择研究。海外市场评估和选择测量指标和评估选择模型研究；心理距离和地理距离对国际市场选择的影响；发达国家市场与新兴国家市场研究；互联网、电子商务等信息技术对全球消费者行为和对国际营销战略的影响研究等。

（2）消费者和购买者行为的比较研究，特别是跨文化比较研究。如何理解全球性顾客以及全球消费者的细分研究；跨国家、跨文化、跨行业的消费者/购买者行为的比较研究；跨文化对国际营销策略的影响研究；海外市场在线消费者行为研究，海外市场目标消费者识别与维系管理研究等。

（3）国际营销活动中政府的作用研究。国际经营和出口导向政策及其有效性；中小企业出口政策和效果。

3. 有关国际营销战略方面

（1）国际营销战略（也有称之为全球营销战略）的界定以及测量维度研究。

（2）国际市场进入模式研究。全球市场的参与程度以及决定要素研究；国际市场进入模式及其选择因素研究；国际市场进入模式与治理模式选择研究；新兴国际化企业的国际进入模式有何特点研究等。

（3）国际营销的标准化与适应化研究。在市场全球化、行业全球化、竞争全球化的环境下营销过程（计划和管理）以及营销方案（营销组合）是采用标准化还是适应化战略研究；营销附加价值活动的全球协调与整合的复合化战略研究等。

（4）品牌国际化决策研究。全球市场品牌定位以及构建品牌资产研究；自主品牌出口与贴牌出口策略的选择，全球品牌还是当地品牌选择研究；合作品牌与品牌战略联盟研究；原产国效应与品牌关系研究；不同市场中的品牌定位研究；全球品牌资产的测量研究；国际市场品牌延伸研究等。

（5）国际营销动态能力以及价值链配置和协调研究。国际营销动态能力的构成维度以及与国际营销战略关系分析；全球化条件下以及互联网环境下价值链构建与竞争优势研究；跨国界的企业间合作伙伴关系研究等。

4. 有关国际营销组合方面

（1）国际产品生命周期以及产品开发创新研究。国际产品生命周期与企业国际营销策略关系研究；国际营销中的产品组合策略与新产品开发策略，产品标准化与产品适应化策略研究等。

（2）国际营销中的定价策略研究。价格领先策略与成本领先策略的选择以及影响因素研究；全球市场中价格标准化与价格适应化研究；国际市场间转移定价研究等。

（3）国际营销渠道策略研究。国际营销渠道的规划、建设、运营和管理研究；国际营销渠道内外部协调机制研究；国际营销渠道的治理机制研究；国际营销渠道中冲突和机会主义的控制研究；大客户关系管理研究等。

（4）国际营销中的广告和促销策略研究。跨文化与广告策略研究；国际广告的标准化与适应化研究；互联网时代如何利用新媒体进行跨文化沟通等。

5. 国际营销绩效与国际营销的组织与控制方面

（1）国际营销绩效以及与营销国际战略关系研究。国际营销绩效的定义和衡量研究；国际营销战略对国际营销绩效的影响研究。

（2）国际营销职能与企业其他职能的关系研究。国际营销对企业研发、制造、财务、人力资源、供应链的关系研究。

（3）国际营销的组织与控制研究。当前重点包括在扁平化和去职能化组织结构中国际营销的角色研究；国际营销中组织内部和组织间的知识创造、转移和分享以及学习型组织的研究等。

（4）按行业和区域划分的国际营销研究。国际服务营销研究；国际金融营销研究；中小企业国际营销研究；高科技企业的国际营销研究；来自新兴市场企业的国际营销研究；亚太、中东欧、拉丁美洲、非洲等国家的企业的国际营销研究；绿色国际营销，伦理国际营销研究等。

6. 国际营销的相关理论以及研究方法方面的研究

（1）有关国际营销的相关理论研究方面。目前，通过图书馆的电子搜索系统中只找到一篇有关进口营销（Importing Marketing）理论方面的综述性论文，没有国际营销（包括出口营销）的理论综述论文。进口营销和出口营销如同一个硬币的两面，也属于国际营销的范畴。论文作者艾克欧、兰尼多和泽瑞惕（2012）从68种国际期刊中挑选有关进口营销的312篇论文进行研究（论文的时间为1960~2010年），总结出最常用的理论，包括古典微观经济学、行为范式论文、交易成本理论、以资源为基础的观点、政治经济范式、国际产品生命周期理论、代理理论、折中范式（Eclectic Paradigm）、组织学习理论和权变理论等。但是，缺少制度理论、网络理论、以知识为基础的范式、有限理性理论等理论在进口营销领域的应用。

（2）有关国际营销研究方法方面的研究。依据马尔霍特拉、武、怀特罗克（2013），埃德帕拉斯和斯莱特（2013）对大量有关国际营销研究的文献总结，在数据采集方面的方法有档案法、日志法、焦点小组法、深度访谈法、观察法和问卷法。在数据分析方面的方法有多变量分析法、结构方程法、回归法、方差分析法等定量方法和案例分析、比较分析等定性分析方法。他们并对论文采用的分析方法进行了统计整理。同时，在国际营销研究领域需要重视的是同等性问题（Issues of Equivalency），包括结构变量/概念的同等性、测量单元/工具的同等性、翻译的同等性、抽样的同等性、调研组织管理的同等性等。另外，有关国际营销的研究普遍采用两种分析视角：一是从企业角度，以企业国际营销战略视角研究国际营销问题；二是从顾客角度，从顾客视角研究国际营销问题。

（二）国际学术界对国际营销研究的局限

从对国际学术界有关国际营销研究的综述内容来看，国际学术界在国际营销领域的研究主题全面，研究成果丰富。但也存在一些研究局限，具体如下：

1. 从研究对象来看

国际上有关国际营销领域的研究大量是基于发达国家的市场和企业为对象进行的，而有关以新兴市场国家的市场和企业为对象的研究虽然近年开始涌现，但是还远远不够丰富（Schlager 和 Maas，2013）。

2. 从研究内容来看

在加速全球化和快速发展的互联网络环境下，有关国际营销的新课题不断涌现，如企业国际化进程以及企业国际营销进程加速的新机理研究；信息化时代新型全球化消费者行为的研究；全球营销战略的内涵和测量以及形成机理研究；全球品牌化的内涵和测量以及全球化品牌资产的形成机理研究；企业国际营销动态能力的演变研究；信息技术和网络发展对国际营销活动的影响以及对组织内外部知识创造和分享的研究等（Malhotra，Wu 和 Whitelock，2013；Fletcher，Harris 和 Richey，2013；Griffith，Cavusgil 和 Xu，2008；胡左浩、陈曦和杨志林等，2013；吴晓云、邓竹箐，2007；何佳讯，2013；许辉，2011）。

3. 从研究理论应用和研究方法来看

在有关理论应用方面，缺少制度理论、网络理论、以知识为基础的范式、有限理性理论、社会资本理论、心理契约理论等理论在国际营销领域的广泛应用（Aykol，Leonidou 和 Zeriti，2012；汪涛、何昊、岳劲，2010）。在研究方法方面，从截面数据研究多，静态的解释多，而从帕内尔（pannel）数据研究少，动态的解释少；从单一的视角研究多，通常对国际营销过程和营销战略的某个方面进行孤立的分析，缺少多视角综合性的大分析框架（Meta Analysis）（Griffith，Cavusgil 和 Xu，2008；Malhotra，Wu 和 Whitelock，2013；Andriopoulos 和 Slater，2013）。

（三）国内学术界在国际营销领域的研究

近年来国内学者有关国际营销领域的研究成果也开始大量涌现。依据初步统计，近年来我国有关国际营销领域的研究主要表现在以下几方面：

1. 企业国际化动机研究

从长期动机与短期动机两个视角对我国出口制造企业进行分类研究（Xi Chen、胡左浩等，2011）；转型经济环境中所有关系、战略导向与国际化的关系研究（刘益，Li，Ju，2010）；有关我国跨国企业国际化营销发展过程以及各个阶段特征的案例研究（胡左浩、康上娴淑，2006）。

2. 国际化进程和天生国际化企业研究

有关我国中小企业中的传统国际化企业与天生国际化企业的特征差异以及天

生国际化企业的形成机理研究（胡左浩、陈曦，2007；陈曦、胡左浩、赵平，2009；董洁林，2013）；有关中国企业国际市场扩展模式的案例研究（许晖，2003）。

3. 海外消费者行为研究

基于海外消费者调查就品牌原产地效应对品牌形象影响的研究（汪涛、周玲、周南、牟宇鹏、谢志鹏，2012；王海中和赵平，2004）；中美两国消费者对自助服务的认知研究（Lawrence F. Cunningham，Clifford E. Young，胡左浩，2013）

4. 来源国效应研究

来源国效应研究领域的研究成果相对较多。有关原产国效应的内涵以及理论综述研究（王海中、赵平，2004）；原产国效应与品牌认知、购买选择的研究（符国群、佟学英，2003；王海中、王晶雪、何云，2008；庄贵军、Wang 等，2008；徐彪、张晓、张珣，2012；王雪华、Yang，2008）；有关原产国效应的形成机理研究（汪涛、周玲、周南、牟宇鹏、谢志鹏，2012；李东进，An，Ahn，2010；施卓敏、范莉洁、温琳琳，2011；王海中、杨光玉、江红艳、黄磊，2013）。这些研究中的实证研究除了汪涛等（2012）论文之外基本上都是以中国消费者为对象进行的。

5. 中国企业国际营销战略研究

中国企业国际营销战略研究领域的研究成果相对较多。有关全球营销管理发展阶段、主题以及核心观点的综述研究（吴晓云、邓竹箐，2007；吴晓云、卓国雄、邓竹箐，2005）；有关中国跨国企业全球营销战略模型以及实证研究（吴晓云，2007；吴晓云、张峰，2007）；有关中国企业的自有品牌与贴牌出口战略选择及其对出口绩效关系的实证研究（韩中和、胡左浩、郑黎超，2010）；有关国际营销标准化和适应化的综述研究以及基于中国企业国际营销标准化程度与出口绩效关系的实证研究（胡左浩，2002；胡左浩、易凡、韩顺平、陈曦，2009；吴晓云、张峰、陈怀超，2010）；国际营销中价格领先还是品牌化选择的实证研究（陈曦、胡左浩、赵平，2008）；有关出口形式与出口竞争优势的研究（刘修岩、吴燕，2013；王涛生，2013）。

6. 中国品牌国际化研究

中国品牌国际化研究领域的研究成果相对较多。有关全球品牌化的综述研究（何佳讯，2013；鞠雪楠、胡左浩、杨志林，2013）；有关中国品牌国际化战略研究（胡左浩、陈曦、杨志林，2013；王海中，2013）；有关中国品牌国际新定位研究（王海中、陈增祥，2010）；有关中国品牌跨国并购后的品牌战略的案例研究（郭锐、陶岚，2013；郭锐、陶岚、汪涛、周南，2012；杨晨、王海中、钟科，2013）；有关中国市场的品牌延伸研究（符国群，John，Qu，2009）；从制度理论视角研究品牌国际化战略（汪涛、何昊、岳劲，2010）。

7. 中国企业国际营销动态能力与资源整合能力研究

有关中国国际化企业的营销动态能力维度与构建研究（纪春礼，2011；许晖、李巍、王梁，2011；许晖、王睿智、许守任，2014）；有关中国国际化企业能力与战略匹配关系研究（许晖、郭净，2013）；全球化网络下跨国供应链协同作用研究（刁鸿珍、李随成，2013；邱斌、叶龙凤、孙少勤，2012）。

8. 中国企业国际营销组合策略方面的研究

有关国际营销分销适应化和价格适应化的影响因素和出口绩效关系的实证研究（胡左浩、易凡、韩顺平、陈曦，2009）；有关海外分销渠道的控制与协调的实证研究（胡左浩、陈曦、赵平，2007；Zhang，胡左浩，Gu，2008）；有关从制度理论研究海外分销渠道的控制（杨志林，Su，Fam，2012）等。

9. 中国企业服务营销和国际营销风险控制方面的研究

有关全球服务营销理论的演变轨迹综述研究（吴晓云、刘侠，2008）；服务性跨国公司全球营销新战略研究（吴晓云，2010；吴晓云、张峰，2009）；中国企业国际化风险识别与控制研究（许晖，2010；许晖、万益迁，2010）。

（四）国内学术界对中国企业国际营销研究的局限

从对国内学术界有关中国企业国际营销研究的归纳来看，虽然近年来在数量和质量上都取得了长足的进步，但也存在许多研究局限，具体如下：

1. 从研究对象来看

从研究对象来看，还没有按中国企业的特点进行分类化研究，例如，国有控股企业的国际营销有何特点，民营企业的国际营销有何特点，中国企业的国际营销有何特点，特别是中国领先跨国企业的品牌国际营销有何特点等。同时，也缺乏与发达国家的企业和其他新兴市场国家企业在国际营销方面的比较研究，因此，难以发现作为后发国际化的中国企业的国际营销的独特特征。

2. 从研究内容来看

从研究内容来看，在研究范围的广度和深度方面与国际学术界的研究相比存在较大的差距。除了在中国企业的国际营销战略研究、来源国效应研究以及品牌国际化研究方面成果数量相对多一些之外，其他国际营销领域的研究普遍很少，需要强化。这与我国开展国际营销的时间较短也有关系。即使是在研究成果相对较多的领域，也存在大量需要深入研究的课题，如在中国企业国际营销战略方面缺乏多视角和综合性的大分析（Meta Analysis）框架；中国品牌国际化研究方面，需要强化中国企业的全球市场品牌定位以及品牌资产构建研究；有关原产国效应研究方面，研究成果除了两篇论文之外主要基于中国消费者为对象进行研究，缺乏以海外消费者为对象进行（中国）原产国效应的研究。

3. 从研究理论应用和研究方法来看

在有关理论应用方面还没有进行综述性的研究，缺乏这方面的结论。在研究方法方面，存在与国际学界同样的问题：从截面数据研究多，静态的解释多，而从帕内尔数据研究少，动态的解释少；从单一的视角研究多，通常对国际营销过程和营销战略的某个方面进行孤立的分析，缺少多视角综合性的大分析框架。同时，有关中国企业国际营销领域的实证研究也少。

三、研究意义

基于上述对国内外国际营销文献的综述分析可知，需要开展全球化环境下中国企业国际营销研究。具体来说，以中国企业的国际营销过程以及活动为主要研究对象，研究中国企业国际营销的发展模式、演进规律以及作用机理，探究全球化环境下中国企业国际营销的发展规律与理论创新。有关全球化环境下中国企业国际营销研究具有以下五个方面的研究意义：①系统解明全球化环境下中国企业国际营销的发展规律，形成中国企业国际营销的理论体系。②通过研究构建中国企业国际营销研究的知识体系，夯实中国企业国际营销领域的研究基础，缩小与国际学术界在国际营销研究领域的差距。③探讨中国企业国际营销活动的独自特征，丰富和发展国际学术界在新兴市场国家的企业国际营销研究方面的研究成果。④通过注重相关理论应用的综合性和创新性，研究视角的多样性和动态性，研究方法的全面性和有效性，分析框架的完备性和逻辑性，实现国际营销领域的理论应用和研究方法上的突破。⑤为快速发展的中国企业国际营销实践活动提供参考。

四、主要研究议题以及研究目标

全球化环境下中国企业国际营销研究将以中国企业的国际营销过程以及活动

为主要研究对象，研究中国企业国际营销的发展模式、演进规律以及作用机理，探究全球化环境下中国企业国际营销的发展规律与理论创新。重点议题拟聚焦于以下六大主要研究领域：①中国企业国际营销发展过程的阶段、特征以及成因研究（动态视角）。②海外主要市场的消费者对中国品牌的品牌知识形成机理研究，包括对（中国）来源国形象的形成机理研究。③中国企业国际营销战略研究：战略维度、形成机理与绩效关系。④中国企业品牌国际化的测量以及全球品牌资产的构建研究。⑤中国企业国际营销组合策略研究：4P 维度、形成机理与绩效关系。⑥典型中国企业国际营销实践的多案例研究以及与其他国家企业的比较研究。

在上述研究中，需要注重相关理论应用的综合性和创新性，研究视角的多样性和动态性，研究方法的全面性和有效性，分析框架的完备性和逻辑性。

五、研究目标

希望通过对中国企业国际营销领域重大学术问题进行研究实现以下四个研究目标：①形成中国企业国际营销的理论体系和构建中国企业国际营销研究的知识体系，夯实中国企业国际营销领域的研究基础。②基于实证研究探明全球化环境下中国企业国际营销的发展规律，探究中国企业国际营销实践的独特性，在理论创新上有所突破。③综合运用多维研究视角和多样研究方法，实现国际营销领域方法论上的创新。④研究成果能为中国企业国际化经营提供营销决策上的指南和借鉴。

参考文献

[1] Andriopoulos, C., Slater, S.. Exploring the Landscape of Qualitative Research in International Marketing: Two Decades of IMR [J]. International Marketing Review, 2013, 30 (4): 384-412.

[2] Aykol, B., Leonidou, L. C., Zeriti, A.. Setting the Theoretical Foundations of Importing Research: Past Evaluation and Future Perspectives [J]. Journal of International Marketing, 2012, 20 (2): 1-24.

[3] Cavusgil S. T., Zou S.. Marketing Strategy-performance Relationship: An Investigation of the Empirical Link in Export Market Ventures [J]. Journal of Marketing, 1994, 58 (1): 1-21.

[4] Dongjin Li (李东进), Shenghui An, Jongseok Ahn. Regional Differences of Country Image

effect in Chinese market [J]. Nankai Business Review International, 2010, 1 (1): 39–58.

[5] Fletcher, M., Harris, S., Richey Jr, R. G.. Internationalization Knowledge: What, Why, Where, and When? [J]. Journal of International Marketing, 2013, 21 (3): 47–71.

[6] 符国群, John, Qu. Brand Extensions in Emerging Markets: Theories Development and Testing in China [J]. Journal of Global Marketing, 2009, 22 (3): 217–228.

[7] Griffith, D. A., Cavusgil, S. T., Xu, S.. Emerging Themes in International Business Research [J]. Journal of International Business Studies, 2008, 39 (7): 1220–1235.

[8] Hu Zuohao, Wang Gao. International Marketing Strategies of Chinese Multinationals: The Experience of Bird, Haier, and TCL, Chinese Multinationals, Edited by Jean–Paul Larcon [J/OL]. World Scientific, 2009.

[9] Lawrence F. Cunningham, Clifford E. Young, Zuohao Hu. Comparing Hybrid Services in the United States and China [J]. International Journal of Information Systems in the Service Sector, 2013, 5 (1): 17–32.

[10] Malhotra, N. K., Wu, L., Whitelock, J.. An Updated Overview of Research Published in the International Marketing Review: 1983 to 2011[J]. International Marketing Review, 2013, 30 (1): 7–20.

[11] Schlager, T., Maas, P.. Fitting International Segmentation for Emerging Markets: Conceptual Development and Empirical Illustration [J]. Journal of International Marketing, 2013, 21 (2): 39–61.

[12] Wang, Xuehua, Zhilin Yang. Does Country–of–Origin Matter in the Relationship between Brand Personality and Purchase Intention? Evidence from China's Auto Industry [J]. International Marketing Review, 2008, 25 (4): 441–457.

[13] Xi Chen, Zuohao HU, Xuanzhong Sun, Ping Zhao. Long–term Proactive or Short–term Reactive? –a Typology Portrait of Chinese Exporters by Export Motives [J]. Chinese Management Studies, 2011, 5 (3): 235–255.

[14] Yang, Z., Su, C., Fam, K. S.. Dealing with Institutional Distances in International Marketing Channels: Governance Strategies that Engender Legitimacy and Efficiency [J]. Journal of Marketing, 2012, 76 (3): 41–55.

[15] Yang, Zhilin, Xuehua Wang, Chenting Su. A Review of Research Methodologies in Internaitonal Business [J]. Internatinal Business Review, 2006, 15 (6): 601–617.

[16] Yi Liu, Yuan Li, Xue Ju. Ownership, Strategic Orientation, and Internationalization in Transition Economies [J]. Journal of World Business, 2010.

[17] Zhang C., Hu Zuohao, Gu F. F.. Intra–and Inter–firm Coordination of Export Manufacturers: A Cluster Analysis of Indigenous Chinese Exporters [J]. Journal of International Marketing, 2008, 16 (3): 108–135.

[18] 陈曦, 胡左浩, 赵平. 我国天生国际化企业特征与驱动力探寻 [J]. 中国软科学,

2009，220：125-139.

[19] 陈曦，胡左浩，赵平. 价格领先还是品牌化：我国制造业出口企业营销战略与出口绩效关系的实证研究 [J]. 营销科学学报，2008，4（2）：58-67.

[20] 刁鸿珍，李随成. 跨国产业供应链合作关键成功因素的实证研究——以中、德印刷产业为例 [J]. 管理工程学报，2013，2：209-219.

[21] 董洁林. "天生全球化" 创业模式探讨：基于 "千人计划" 海归高科技创业的多案例研究 [J]. 中国软科学，2013，4：26-38.

[22] 符国群，佟学英. 品牌、价格和原产地如何影响消费者的购买选择 [J]. 管理科学学报，2003，6（6）.

[23] 郭锐，陶岚. "蛇吞象" 式民族品牌跨国并购后的品牌战略研究 [J]. 中国软科学，2013，9.

[24] 郭锐，陶岚，汪涛，周南. 民族品牌跨国并购后的品牌战略研究——弱势品牌视角 [J]. 南开管理评论，2012，3：42-50.

[25] 何佳讯. 全球品牌化研究回顾：构念、脉络与进展[J]. 营销科学学报，2013，9（4）：1-19.

[26] 胡左浩，康上賢淑. 中国多国籍企業の国際マケティング戦略（第3回）中国企業の国際マーケティング戦略 [J]. 経営センサー，2006，84：39-49.

[27] 胡左浩，易凡，韩顺平，陈曦. 分销适应化和价格适应化战略选择的影响因素及其与出口绩效关系的实证研究：以制造业出口企业为例 [J]. 管理工程学报，2009，3：45-50.

[28] 胡左浩，陈曦，赵平. 海外分销渠道控制对出口绩效影响的实证研究——以我国制造业出口企业为例 [J]. 管理工程学报，2007，21（3）：4-8.

[29] 胡左浩，陈曦. 天生国际化企业的特征与形成机理研究 [J]. 中国软科学，2007，增刊（下）：112-117.

[30] 胡左浩. 国际营销的两个流派：标准化观点对适应化观点 [J]. 南开管理评论，2002，5（5）：29-35.

[31] 胡左浩，陈曦，杨志林等. 中国品牌国际化营销前沿研究 [M]. 北京：清华大学出版社，2013.

[32] 胡左浩，近藤文男. 日本家电企业的市场营销创新 [M]. 北京：清华大学出版社，2002.

[33] 韩中和，胡左浩，郑黎超. 中国企业自有品牌与贴牌出口选择的影响因素及对出口绩效影响的研究 [J]. 管理世界，2010，4：114-124.

[34] 纪春礼. 营销动态能力的构造——中国国际化企业视角 [M]. 北京：经济科学出版社，2011.

[35] 刘修岩，吴燕. 出口专业化、出口多样化与地区经济增长——来自中国省级面板数据的实证研究 [J]. 管理世界，2013，8：30-40.

[36] 邱斌，叶龙凤，孙少勤. 参与全球生产网络对我国制造业价值链提升影响的实证研

究——基于出口复杂度的分析［J］. 中国工业经济，2012，1：57–67.

［37］施卓敏，范莉洁，温琳琳. 面子知觉对原产国品牌的内隐和外显态度的影响研究［J］. 营销科学学报，2011，8（3）：25–41.

［38］斯文德·郝林森. 全球营销——市场快速反应方案［M］. 王慧敏等译. 桂林：广西师范大学出版社，2003.

［39］汪涛，何昊，岳劲. 品牌国际化战略研究：合理性视角［J］. 营销科学学报，2010，6（4）：38.

［40］汪涛，周玲，周南，牟宇鹏，谢志鹏. 来源国形象是如何形成的——基于美、印消费者评价和合理性理论视角的扎根研究［J］. 管理世界，2012，3：113–126.

［41］王海忠，陈增祥. 中国品牌国际新定位研究［J］. 中山大学学报（社会科学版），2010，50(3)：175–183.

［42］王海忠，王晶雪，何云. 品牌名、原产国、价格对感知质量与购买意向的暗示作用［J］. 南开管理评论，2008，10（6）：19–25.

［43］王海忠，杨光玉，江红艳，黄磊. 跨国品牌联盟中国典型性对原产国效应的稀释作用［J］. 营销科学学报，2013，9（1）：18–31.

［44］王海忠，赵平. 基于消费者民族中心主义倾向的市场细分研究［J］. 管理世界，2004，5：88–96.

［45］王海忠. 重构世界品牌版图——中国企业国际知名品牌战略［M］. 北京：北京大学出版社，2013.

［46］王涛生. 中国出口竞争新优势的测度与分析［J］. 管理世界，2013，2：172–173.

［47］吴晓云. 中国跨国公司全球营销战略——理论模型、检验指标及其实证研究［M］. 北京：高等教育出版社，2007.

［48］吴晓云，张峰. 中国产业市场企业全球营销战略驱动因素实证研究［J］. 管理学报，2007，4（5）：636–643.

［49］吴晓云，邓竹箐. 全球营销理论综述：发展阶段、主题和核心观点［J］. 营销科学学报，2007，3（1）：100–120.

［50］吴晓云，张峰，陈怀超. 基于战略执行的营销标准化战略对服务性跨国公司绩效的影响［J］. 管理世界，2010，6：98–108.

［51］吴晓云，张峰. 服务性全球营销战略维度与前置因素关系模型——基于220家服务企业的实证研究［J］. 科研管理，2009，6.

［52］吴晓云，卓国雄. 服务企业全球营销战略影响因素的量表开发及实证研究——基于220家服务性跨国公司的实证研究［J］. 财经论丛，2009，3：24–30.

［53］吴晓云，卓国雄，邓竹箐. 跨国经营：全球品牌战略与本土化管理［J］. 管理世界，2005，10：139–146.

［54］吴晓云. 服务性跨国公司全球营销新战略［M］. 上海：上海人民出版社，2010.

［55］吴晓云，刘侠. 全球服务营销理论演变轨迹、代表性观点及其理论精华［J］. 营销科学

学报，2008，4（1）：36–55.

[56] 徐彪，张骁，张珣. 品牌来源国对顾客忠诚和感知质量的影响机制 [J]. 管理学报，2012，9（8）：1183–1189.

[57] 许晖. 中国企业国际化风险识别与控制研究 [M]. 北京：科学出版社，2010.

[58] 许晖，郭净. 中国国际化企业能力——战略匹配关系研究：管理者国际注意力的调节作用 [J]. 南开管理评论，2013，16（4）：133–142.

[59] 许晖，郭净，纪春礼. 中国企业国际营销动态能力的维度构建研究——基于三家企业国际营销实践的理论探索 [J]. 经济管理，2011，5：183–192.

[60] 许晖，王睿智，许守任. 社会资本、组织学习对企业国际营销能力升级的影响机制——基于海信集团国际化发展的纵向案例 [J]. 管理学报，2014，11（2）：244–253.

[61] 许晖，李巍，王梁. 市场知识管理与营销动态能力构建 [J]. 管理学报，2011，8（3）.

[62] 许晖，万益迁. 国际化感知风险与适应性营销策略 [J]. 管理学报，2010，7（10）.

[63] 许晖. 中国企业拓展国际市场的模式与策略研究——以荷兰中资企业的实证分析为例 [J]. 南开管理评论，2003，6（1）：26–30.

[64] 杨晨，王海忠，钟科. “示弱”品牌传记在“蛇吞象”跨国并购中的正面效应 [J]. 中国工业经济，2013，2：143–155.

"一带一路"战略下中蒙俄三国贸易竞争性与互补性研究

申　倩①

[摘　要] 在"一带一路"战略和中蒙俄经济走廊经济带建设规划下，中蒙俄三国的经贸合作面临着新的机遇。基于联合国"UNCOMTRADE"数据库，本文运用显示性比较优势指数（RCA）、格鲁贝尔—劳埃德指数（GL）以及贸易互补性指数（TCI）等指标，在描述中蒙俄三国贸易伙伴关系的基础上，分析中蒙俄三国贸易的竞争性和互补性。结果表明：中国对蒙古国和俄罗斯粗材料（STIC2）和矿物燃料（STIC3）有密切的互补性；蒙古国和俄罗斯对中国的机械运输设备（STIC7）和杂项制品（STIC8）有较大的需求空间，蒙俄两国在分类商品（STIC9）上同时具有中等的竞争优势，未来在这两类产品上可能会形成一定的竞争。总体而言，中蒙俄三国贸易互补性大于竞争性，在"一带一路"战略下的中蒙俄经济走廊建设将会为三国创造更多的合作空间。

[关键词] "一带一路"战略；中蒙俄贸易关系；贸易竞争性；贸易互补性

中央政府提出的"一带一路"战略适应了新时期经济全球化的深刻变化，作为"一带一路"中六大经济走廊建设之一的中蒙俄经济走廊建设，势必对中蒙俄三国的经贸合作产生重要影响。基于此，本文在分析中蒙俄三国关系与贸易现状的基础上，通过显示性比较优势分析法、产业内贸易分析法和贸易互补性分析法，探索三国在国际贸易中的贸易竞争性、贸易互补性，根据分析结果对中蒙俄进一步发展贸易合作提出具体方向。

---

① 申倩（1988—），女，内蒙古通辽人，内蒙古财经大学经济学院教师，研究方向：农业经济，产业经济。

一、中蒙俄三国关系与贸易现状

（一）中蒙、中俄关系现状

中蒙两国边界线长 4710 公里。两国于 1949 年 10 月 16 日建立外交关系。中蒙于 2003 年建立睦邻互信伙伴关系，2011 年建立战略伙伴关系，2014 年进一步升格为全面战略伙伴关系。中俄边界线全长 4300 公里，1949 年 10 月 2 日，原苏联第一个承认中华人民共和国政府，第一个与中国建立外交关系。2001 年中俄签订了《中华人民共和国和俄罗斯联邦睦邻友好合作条约》，2014 年中俄关系已提升至全面战略协作伙伴关系的新阶段。

（二）中蒙俄三国贸易现状

利用世界银行（World Integrated Trade Solution，WITS）数据库（http：//wits.worldbank.org/），列出中蒙俄三国国际贸易出口目的地贸易比例前十国家和进口目的地贸易比例前十国家，能更清晰地反映出三国的贸易伙伴国情况（如图 1、图 2、图 3、图 4、图 5、图 6 所示）。

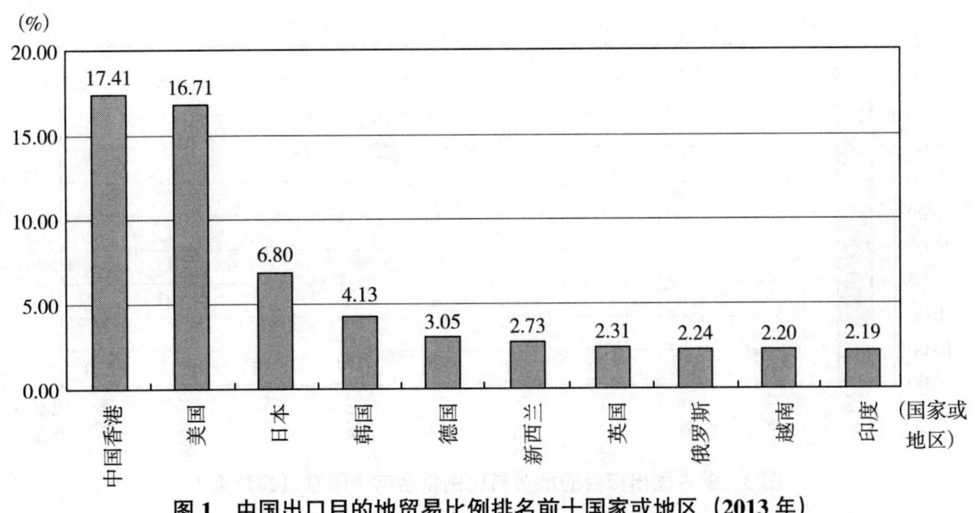

图 1　中国出口目的地贸易比例排名前十国家或地区（2013 年）

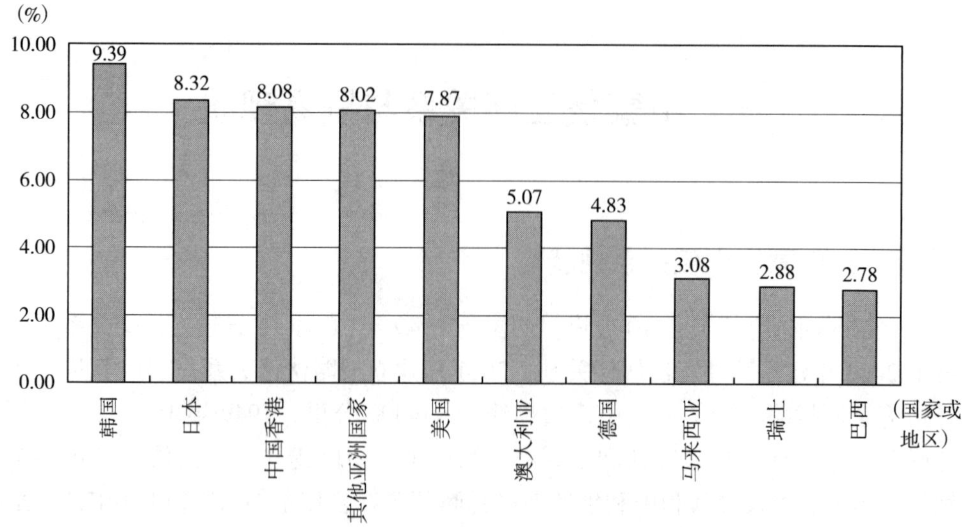

图 2　中国进口目的地贸易比例排名前十国家或地区（2013 年）

图 1 显示出俄罗斯在中国出口国中出口总额排名第八，同期，蒙古国以进口中国总出口额 0.11%的比例位于中国出口国总量排名的 78 位。图 2 中，中国最大的进口国是韩国，俄罗斯以出口中国占中国总进口量 2.03%的比例位于第 13 名，蒙古国则是 0.18%，排名第 52 位。对于中国来讲，中俄贸易量相比中蒙贸易量更大。

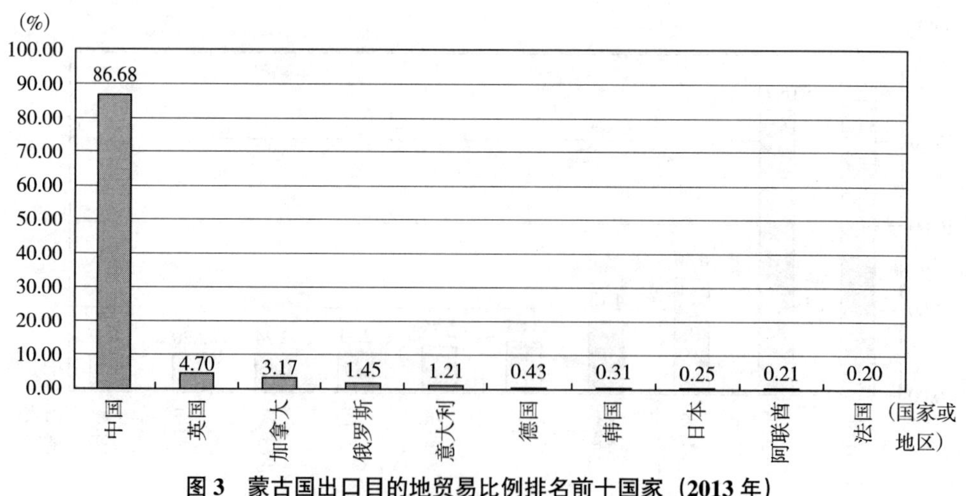

图 3　蒙古国出口目的地贸易比例排名前十国家（2013 年）

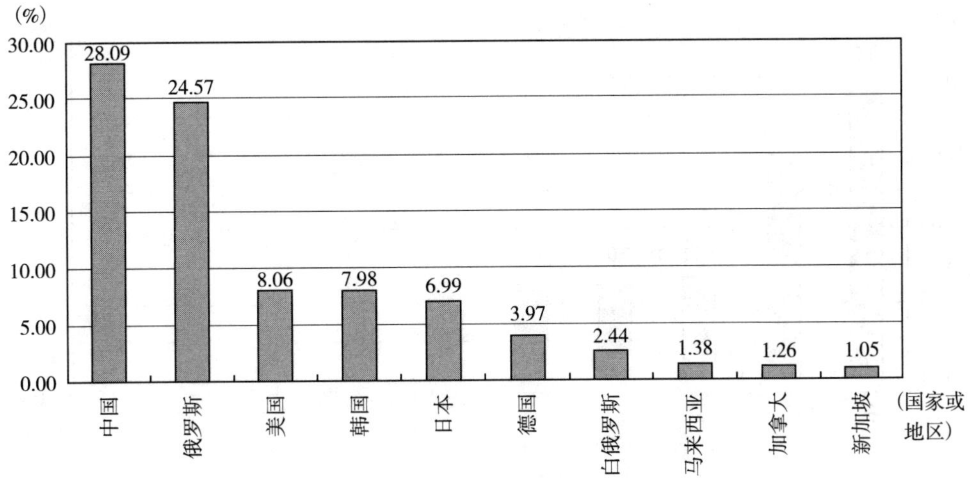

图 4　蒙古国进口目的地贸易比例排名前十国家（2013 年）

从图 3 和图 4 可以看出，中国是蒙古国第一大进口国和第一大出口国，蒙古国高达 86.68%的出口总额属于中国进口所致，而蒙古国全国总进口值的近 30%来源于中国。同时，蒙古国和俄罗斯的贸易关系也处于各国前列，尤其是图 4 中，俄罗斯继中国之后成为蒙古国第二大进口国。可以看出，中蒙贸易关系较蒙俄贸易关系更为紧密。

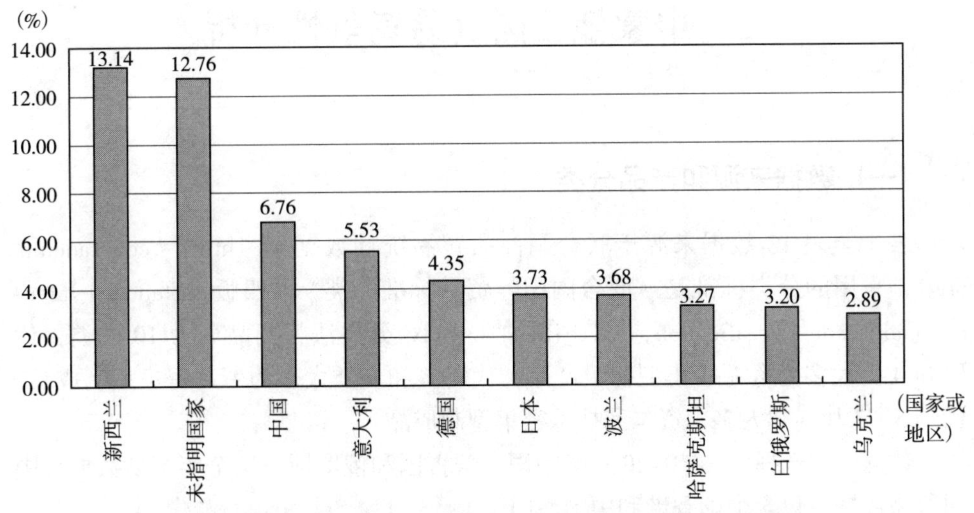

图 5　俄罗斯出口目的地贸易比例排名前十国家或地区（2013 年）

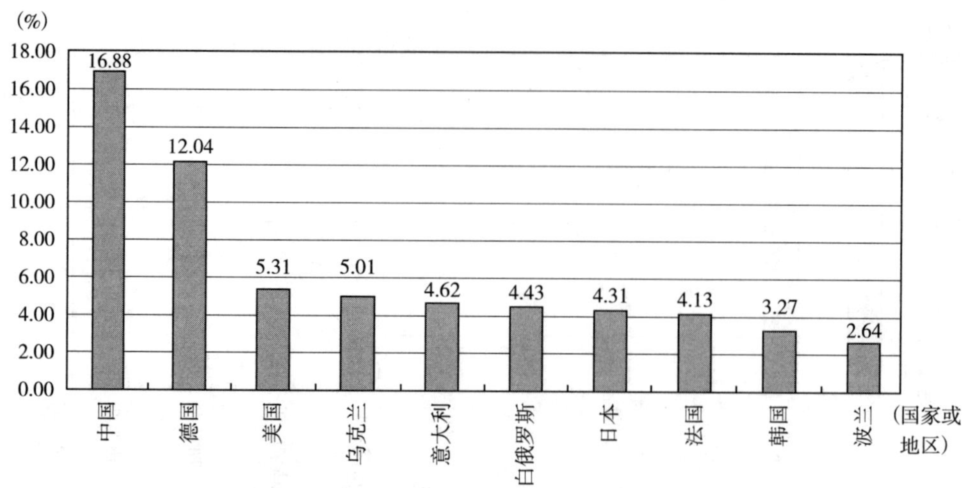

图 6 俄罗斯进口目的地贸易比例排名前十国家（2013 年）

图 5 和图 6 反映出中国是俄罗斯第三大出口国，同期，中国是俄罗斯第一大进口国；蒙古国以俄罗斯总出口值 0.30%的比例位于第 45 位，同时，蒙古国占俄罗斯总进口额的 0.01%，居于第 95 位。可见，对于俄罗斯而言，中俄双边贸易的重要性远高于蒙俄双边贸易。

二、中蒙俄三国贸易竞争性分析

（一）数据来源和产品分类

表 1 至表 13 数据来源于联合国商品贸易统计数据库（http：//comtrade.un.org/），采用的分类标准是《联合国国际贸易标准分类》第四版（Standard International Trade Classification，SITC Rev.4）。SITC 分类法将商品分为 10 大类，代码 0~4 类大多为资源密集型初级产品，代码 6 和 8 类大多为劳动密集型制成品，代码 5、7 和 9 类大多为资本和技术密集型制成品。

数据区间选择为 2010~2014 年中国、蒙古国和俄罗斯三国全年贸易数据，中国贸易数据不包含中国香港和中国澳门。

表 1　国际贸易标准分类（SITC Rev.4）具体分类

类别	具体内容
0 类：食品和活畜	00—活的动物以外的其他动物的分裂；01—肉及肉制品；02—乳制品和鸟蛋；03—鱼（不是海洋哺乳动物），甲壳类，软体动物和水生无脊椎动物；04—谷物和谷物制品；05—蔬菜和水果；06—糖，糖制品及蜂蜜；07—咖啡，茶，可可，香料，及其制造品；08—喂养（不包括没有碾磨的谷物）；09—杂项食品产品
1 类：饮料和烟草	11—饮料；12—烟草及烟草制品
2 类：除燃料外非食用的粗材料	21—皮，表皮和毛皮，原料；22—石油种子和含油果实；23—天然橡胶（包括合成和再生）；24—软木及木；25—纸浆及废纸；26—纺织纤维（毛条除外和其他精梳羊毛）及其废料（不成纱或布料制造的）；27—原油肥料，矿产和原油（不包括煤，石油和宝石）；28—金属矿砂及金属废料；29—原油动物和植物材料制成品
3 类：矿物燃料，润滑剂和相关材料	32—煤，焦煤及煤球；33—石油，石油产品及副产品；34—天然气（天然和制造的）；35—电流
4 类：动物和植物油，油脂和蜡	41—动物油脂；42—固定油脂，原油，成品或分馏；43—动物或植物油脂，加工过的，不宜食用的混合物或动物或植物脂肪或油类
5 类：化学品及有关产品	51—有机化工产品；52—无机化学品；53—染料，鞣革料；54—医药产品；55—精油及香膏和香水原料，厕所抛光和清洗的准备工具；56—肥料；57—初级形状塑料；58—在非塑料，初级形状；59—化学材料及制品
6 类：主要以材料分类的制成品	61—皮革，皮革制品，不另说明，并经处理的毛皮；62—橡胶制品，不另说明；63—软木及木制品（不包括家具）；64—纸，纸浆或纸板；65—纺织纱线，织物，制成品，不另说明，以及相关产品；66—非金属矿产制品；67—钢铁；68—有色金属；69—金属制品
7 类：机械和运输设备	71—发电机械设备；72—个别工业专用机械；73—金属加工机械；74— 一般工业机械设备和机器零件，不另说明；75—办公室机器和自动资料处理仪器；76—电信和录音及音响设备和仪器；77—电气机械，仪器和用具，巢，及零件（包括非电气同行，电家庭型设备）；78—道路车辆（包括气垫车辆）；79—其他运输设备
8 类：杂项制品	81—预制建筑物，管道，发热及照明装置和设备，不另说明；82—家具及其零件，床上用品，床垫，软座垫及类似的填充制品；83—旅游用品，手袋及类似容器；84—服装及衣服配件；85—鞋子；87—专业，科学及控制用仪器及器具；88—摄影仪器，设备和供应品，光学产品；钟表；89—杂项制品
9 类：未列入其他分类的货物及交易	91—邮政包裹并无按实物；93—特殊交易和商品并无按实物；96—硬币（金币除外），没有法定货币；97—金，非货币（不包括黄金矿砂及其精矿）

资料来源：根据联合国商品贸易统计数据库（http：//comtrade.un.org/）数据计算整理。

（二）显示性比较优势指数（RCA）分析法

显示性比较优势指数（Revealed Comparative Advantage）将一国某种产品出口置于全球市场和全部商品贸易框架之下，通过计算一个国家某种产品出口占该国出口总值的份额与世界该类商品出口占世界出口份额的比例来反映一个国家贸易在国际贸易中的竞争地位。由于 RCA 指数剔除了国家总量波动和世界总量波动的影响，可以较好地反映一个国家某一产业的出口与世界平均出口水平比较来看的相对优势。RCA 计算公式为：

$$RCA_{xik} = \frac{X_{ik}}{X_{wk}} \Big/ \frac{X_{it}}{X_{wt}}$$

式中：X_{ik} 为国家 i 出口商品 k 的金额，X_{wk} 为世界出口商品 k 的金额，X_{it} 为国家 i 的全部商品出口总额，X_{wt} 为世界全部商品的出口总额。

根据 RAC 指数判断第 i 类出口商品比较优势强弱的经验准则是：RAC > 2.5 表明比较优势极强；1.25 < RAC < 2.5 表明比较优势较强；0.8 < RAC < 1.25 表明比较优势中等；RAC < 0.8 表明比较优势较弱。

（三）格鲁贝尔—劳埃德指数（GL）分析法

产业内贸易指数（Intra-industry Trade）用来测度一个国家同时出口和进口同类产品贸易程度的指数，该理论从需求、产品差异、规模经济等角度对国际贸易进行了考察，是比较优势理论的补充和发展。衡量产业内贸易水平最具权威的是格鲁贝尔—劳埃德指数，格鲁贝尔（Grubel，H.G.）和劳埃德（Lloyd，P.J.）将国际贸易分为两大类：一是产业间贸易，如发展中国家用初级产品交换发达国家的工业制成品，产业间贸易产生大多在要素禀赋差异较大的国家之间进行；二是产业内贸易，是指一国或地区同其他国或地区进行同类产品的贸易。产业内贸易（GL）指数基本公式为：

$$CL = 1 - \frac{|X_i - M_i|}{X_i + M_i}$$

式中：X_i 代表出口额，M_i 代表进口额。

GL 数值在 0~1 之间，GL 指数取值越接近 0，代表产业内贸易水平越低，越接近产业间贸易；取值越接近 1，代表产业内贸易水平越高。产业内贸易在某种程度上是发展中国家工业化水平和经济增长的标志，产业内贸易水平就是衡量一国外贸竞争力的标志。

（四）中蒙俄三国各类出口产品的竞争优势分析

表 2 至表 4 是运用显示性比较优势指数（RCA）分析法得到中蒙俄三国 RCA 指数，表 5 至表 7 是采用产业内贸易指数（GL）分析法得到中蒙俄三国 GL 指数。通过 RCA 指数和 GL 指数的结果，可发现 2010~2014 年中蒙俄三国在国际贸易中具有竞争力的产品类别。

表 2 显示中国具有比较优势的产品是 6、7、8 类产品，集中在劳动密集型、资本或技术密集型产品，其中劳动密集型产品 6（RCA：1 左右，中等）；劳动密集型制成品 8（RCA：2 左右，较强）；资本或技术密集型制成品 7

（RCA：1.5 左右，较强）。

表 2　2010~2014 年中国各类出口产品的显示性比较优势指数

年份	初级产品					劳动密集型制成品		资本或技术密集型制成品		
	SITC0	SITC1	SITC2	SITC3	SITC4	SITC6	SITC8	SITC5	SITC7	SITC9
2010	0.317	0.137	0.182	0.081	0.033	0.971	2.266	0.426	1.467	0.165
2011	0.329	0.141	0.194	0.061	0.042	1.016	2.247	0.499	1.548	0.200
2012	0.211	0.096	0.123	0.032	0.027	0.685	1.406	0.317	2.023	0.207
2013	0.299	0.129	0.174	0.049	0.036	1.047	2.042	0.478	1.593	0.289
2014	0.248	0.122	0.155	0.069	0.046	0.959	1.930	0.437	1.523	0.260

资料来源：根据联合国商品贸易统计数据库（http：//comtr-ade.un.org）数据计算整理。

表 3　2010~2014 年蒙古国各类出口产品的显示性比较优势指数

年份	初级产品					劳动密集型制成品		资本或技术密集型制成品		
	SITC0	SITC1	SITC2	SITC3	SITC4	SITC6	SITC8	SITC5	SITC7	SITC9
2010	0.197	0.014	11.580	3.085	0.000	0.134	0.104	0.013	0.005	1.888
2011	0.157	0.009	10.606	2.867	0.000	0.111	0.088	0.011	0.007	1.300
2012	0.056	0.010	10.562	3.259	0.002	0.080	0.080	0.011	0.008	0.965
2013	0.061	0.028	12.500	2.791	0.001	0.101	0.083	0.016	0.013	0.704
2014	0.031	0.004	15.191	2.696	0.001	0.086	0.045	0.014	0.008	1.511

资料来源：根据联合国商品贸易统计数据库（http：//comtr-ade.un.org）数据计算整理。

表 3 表明蒙古国具有比较优势的产品是 2、3、9 类产品，集中在初级产品、资本或技术密集型制成品，其中初级产品 2（RCA：12 左右，极强）；初级产品 3（RCA：3 左右，极强）；资本或技术密集型制成品 9（RCA：1 左右，中等）。

表 4　2010~2014 年俄罗斯各类出口产品的显示性比较优势指数

年份	初级产品					劳动密集型制成品		资本或技术密集型制成品		
	SITC0	SITC1	SITC2	SITC3	SITC4	SITC6	SITC8	SITC5	SITC7	SITC9
2010	0.386	0.265	1.032	5.368	0.331	1.026	0.053	0.481	0.054	0.809
2011	0.409	0.278	0.991	4.454	0.258	0.921	0.083	0.495	0.078	0.894
2012	0.464	0.279	0.943	4.557	0.670	0.866	0.068	0.480	0.087	1.031
2013	0.417	0.306	0.894	4.493	0.765	0.863	0.074	0.488	0.089	0.909
2014	0.441	0.311	0.925	6.092	1.120	0.928	0.078	0.493	0.084	1.037

资料来源：根据联合国商品贸易统计数据库（http：//comtr-ade.un.org）数据计算整理。

通过表 4 可得俄罗斯具有比较优势的产品是 2、3、6、9 类产品，集中在初级产品、劳动密集型制成品、资本或技术密集型制成品，其中初级产品 2

（RCA：0.9 左右，中等）；初级产品 3（RCA：5 左右，极强）；劳动密集型制成品 6（RCA：0.9 左右，中等）；资本或技术密集型制成品 9（RCA：0.9 左右，中等）。

从表 2 至表 4 可知，中蒙俄三国在对外出口比较优势的产品上有交叉，中国在 6 类产品上同俄罗斯一样具有中等竞争优势；蒙古国在 3 类产品上与俄罗斯同时具有极强的竞争优势，相比 RCA 值，蒙古国的 3 类产品优势更大。而蒙古国在 2 类产品上的优势也要高于俄罗斯；俄罗斯在 9 类产品与蒙古国一样具有中等优势。

表 5　2010~2014 年中国产业内贸易指数

年份	初级产品					劳动密集型制成品		资本或技术密集型制成品		
	SITC0	SITC1	SITC2	SITC3	SITC4	SITC6	SITC8	SITC5	SITC7	SITC9
2010	0.753	0.763	0.156	0.417	0.068	0.672	0.330	0.845	0.664	0.711
2011	0.816	0.696	0.151	0.306	0.094	0.629	0.338	0.880	0.654	0.596
2012	0.890	0.683	0.148	0.254	0.087	0.606	0.351	0.883	0.381	0.607
2013	0.987	0.667	0.130	0.275	0.088	0.597	0.341	0.850	0.627	0.457
2014	0.986	0.681	0.126	0.344	0.146	0.538	0.240	0.998	0.597	0.443

资料来源：根据联合国商品贸易统计数据库（http：//comtr-ade.un.org）数据计算整理。

从表 5 可以看到，中国的 0、1、5、6、7 类产品的 GL 指数都大于 0.5，0 和 5 类产品接近于 1，2010~2014 年，我国有约 50%的产业存在产业内贸易，整体略高于产业间贸易，且涉及了初级产品、劳动密集型制成品和资本或技术密集型制成品。

表 6　2010~2014 年蒙古国产业内贸易指数

年份	初级产品					劳动密集型制成品		资本或技术密集型制成品		
	SITC0	SITC1	SITC2	SITC3	SITC4	SITC6	SITC8	SITC5	SITC7	SITC9
2010	0.251	0.012	0.018	0.710	0.000	0.207	0.150	0.047	0.009	0.228
2011	0.210	0.007	0.016	0.701	0.000	0.117	0.096	0.038	0.007	0.276
2012	0.077	0.006	0.024	0.823	0.004	0.085	0.081	0.033	0.009	0.603
2013	0.068	0.017	0.020	0.948	0.002	0.091	0.079	0.038	0.019	0.928
2014	0.091	0.007	0.008	0.210	0.008	0.146	0.086	0.074	0.029	0.323

资料来源：根据联合国商品贸易统计数据库（http：//comtr-ade.un.org）数据计算整理。

表 6 显示出蒙古国的 3 类产品 GL 指数大于 0.5，其余产品，尤其是 9 类产品的 GL 指数波动较大，从长期来看，蒙古国整体的贸易以产业间贸易为主，即蒙古国的贸易主要体现在资源禀赋差异上。

表 7　2010~2014 年俄罗斯产业内贸易指数

年份	初级产品					劳动密集型制成品		资本或技术密集型制成品		
	SITC0	SITC1	SITC2	SITC3	SITC4	SITC6	SITC8	SITC5	SITC7	SITC9
2010	0.473	0.534	0.442	0.022	0.694	0.692	0.139	0.843	0.151	0.443
2011	0.550	0.554	0.534	0.044	0.644	0.784	0.219	0.892	0.186	0.418
2012	0.619	0.534	0.550	0.030	0.780	0.854	0.176	0.863	0.192	0.382
2013	0.551	0.518	0.617	0.027	0.737	0.881	0.166	0.828	0.198	0.458
2014	0.612	0.554	0.615	0.027	0.392	0.827	0.170	0.831	0.213	0.417

资料来源：根据联合国商品贸易统计数据库（http：//comtr-ade.un.org）数据计算整理。

从表 7 可以发现，俄罗斯除 3、7、8、9 类产品的 GL 指数较接近 0 外，其他 6 类产品都较接近 1，总体上，俄罗斯有约 60%的国际贸易属于产业内贸易。由表 5 至表 7 可知，中蒙俄三国的贸易结构不尽相同，俄罗斯属于产业内贸易，中国较接近产业内贸易，蒙古国属于产业间贸易。

结合显示性比较优势指数和产业内贸易的结果来看，三个国家有其各自的优势产业，中国的优势产业是 6、7 类产品，蒙古国的优势产业是 3 类产品，俄罗斯的优势产业是 2、6 类产品。根据上述分析，可知中国与俄罗斯在 6 类产品上的国际贸易竞争激烈，6 类产品是以材料为主的工业制成品，中俄两国都是工业大国，可以看出中国工业出口更多的是以制成品存在，且具有较大的互补性和发展空间，是推动三国贸易进一步发展的方向。

三、中蒙俄三国贸易互补性分析

（一）贸易互补性指数（TCI）分析法

贸易互补性指数用于衡量贸易的互补程度和贸易关系的紧密程度，该指数考虑了双边国家出口比较优势和进口比较劣势两方面因素。当某国的主要出口产品类别与另一国的主要进口产品类别相吻合时，两国间的互补性指数就较大；相反，当某国的主要出口产品类别与另一国的主要进口产品类别不相对应时，两国间的互补性指数就较小。一般认为，当贸易互补性指数大于 1 时，表明出口国同进口国的互补性高于其他市场的平均水平，两国的贸易关系则比较紧密。贸易互补性指数的计算方法如下：

$$TCI_{ijk} = RCA_{xik} \times RCA_{mjk}$$

式中：RCA_{xik} 表示双边贸易中的 i 国在出口商品 k 上的比较优势，RCA_{mjk} 表示双边贸易中的 j 国在进口商品 k 上的比较劣势。后者的计算公式为：

$$RCA_{mjk} = \frac{W_{jk}}{W_{wk}} \Big/ \frac{W_{jt}}{W_{wt}}$$

式中：M_{jk} 为国家 j 进口商品 k 的金额，M_{wk} 为世界进口商品 k 的金额，M_{jt} 为国家 j 的全部商品进口总额，M_{wt} 为世界全部商品进口总额。

当两国之间的贸易存在于多个产业之间时，两国贸易的综合性的互补性指数可以用各个产业的互补性指数的加权平均数表示，计算公式如下：

$$TCI_{ij} = \sum_{a} TCI_{ij}^{a} \times (X_{w}^{a}/X_{w})$$

式中：TCI_{ij} 代表 i、j 两国贸易综合性互补性指数，加权系数 X_{w}^{a}/X_{w} 为各类型产品在世界贸易中的比重。

（二）中蒙俄三国贸易互补性分析

表 8、表 9 反映出中蒙双边贸易的紧密程度，表 8 中以中国为出口国计算的互补性指数是 6、7、8 三类产品大于 1；表 9 中以蒙古国为出口国计算的互补性

表 8　中国对蒙古国贸易互补性指数（以中国为出口国）

年份	初级产品					劳动密集型制成品		资本或技术密集型制成品			综合
	SITC0	SITC1	SITC2	SITC3	SITC4	SITC6	SITC8	SITC5	SITC7	SITC9	
2010	0.413	0.304	0.016	0.100	0.032	1.072	2.737	0.205	1.592	0.047	0.507
2011	0.314	0.246	0.010	0.055	0.022	1.316	2.862	0.196	2.005	0.037	0.508
2012	0.199	0.193	0.009	0.037	0.016	0.846	4.820	0.132	7.402	0.064	1.359
2013	0.341	0.269	0.012	0.066	0.029	1.477	2.805	0.231	1.365	0.176	0.475
2014	0.300	0.257	0.015	0.024	0.017	1.863	3.569	0.249	1.468	0.150	0.500

资料来源：根据联合国商品贸易统计数据库（http：//comtr-ade.un.org）数据计算整理。

表 9　蒙古国对中国贸易互补性指数（以蒙古国为出口国）

年份	初级产品					劳动密集型制成品		资本或技术密集型制成品			综合
	SITC0	SITC1	SITC2	SITC3	SITC4	SITC6	SITC8	SITC5	SITC7	SITC9	
2010	0.066	0.005	37.520	1.279	0.000	0.116	0.081	0.012	0.006	1.213	0.548
2011	0.058	0.004	35.770	2.674	0.000	0.087	0.068	0.011	0.008	1.249	0.548
2012	0.025	0.004	36.261	1.397	0.003	0.063	0.168	0.011	0.029	1.314	0.369
2013	0.030	0.012	44.413	1.155	0.002	0.076	0.060	0.016	0.015	1.300	0.563
2014	0.016	0.002	58.915	1.081	0.001	0.060	0.024	0.011	0.010	3.056	0.794

资料来源：根据联合国商品贸易统计数据库（http：//comtr-ade.un.org）数据计算整理。

指数有 2、3、9 三类产品大于 1。说明中蒙两国总体贸易互补性持平，表 8、表 9 中的具体数值波动不大，也说明两国贸易互补性较持久。

表 10、表 11 是中俄两国贸易互补性的情况，表 10 中中国出口的产品 7、8 类与俄罗斯有较密切的互补性；表 11 中俄罗斯出口的 2、3 类产品与中国有较强的互补性。值得注意的是，中俄双边贸易互补性指数波动明显，如表 10 中，7 类产品在 2012 年的互补性指数值高达 8.912，而其他年份的指数值在 2 左右。中俄双边贸易总体互补性增强，但中国出口至俄罗斯的贸易水平处于波动发展的态势，以中国依赖俄罗斯出口为主。

表 10　中国对俄罗斯贸易互补性指数（以中国为出口国）

年份	初级产品					劳动密集型制成品		资本或技术密集型制成品			综合
	SITC0	SITC1	SITC2	SITC3	SITC4	SITC6	SITC8	SITC5	SITC7	SITC9	
2010	0.725	0.178	0.084	0.007	0.037	0.972	2.917	0.485	1.742	0.086	0.583
2011	0.625	0.174	0.106	0.009	0.040	1.083	2.736	0.505	2.061	0.103	0.557
2012	0.382	0.124	0.066	0.003	0.020	0.782	4.587	0.321	8.912	0.097	1.613
2013	0.543	0.183	0.098	0.004	0.026	1.192	2.894	0.501	2.016	0.147	0.548
2014	0.454	0.174	0.094	0.006	0.017	1.088	2.878	0.480	1.761	0.137	0.470

资料来源：根据联合国商品贸易统计数据库（http：//comtr-ade.un.org）数据计算整理。

表 11　俄罗斯对中国贸易互补性指数（以俄罗斯为出口国）

年份	初级产品					劳动密集型制成品		资本或技术密集型制成品			综合
	SITC0	SITC1	SITC2	SITC3	SITC4	SITC6	SITC8	SITC5	SITC7	SITC9	
2010	0.130	0.100	3.343	2.225	0.536	0.886	0.041	0.461	0.068	0.520	0.453
2011	0.153	0.117	3.341	4.154	0.358	0.720	0.064	0.484	0.096	0.859	0.524
2012	0.205	0.130	3.239	1.954	1.049	0.681	0.141	0.460	0.332	1.403	0.532
2013	0.202	0.129	3.176	1.859	0.993	0.647	0.054	0.480	0.102	1.677	0.557
2014	0.235	0.147	3.585	2.443	1.004	0.649	0.042	0.388	0.102	2.097	0.603

资料来源：根据联合国商品贸易统计数据库（http：//comtr-ade.un.org）数据计算整理。

表 12、表 13 测算了蒙俄两国贸易互补性情况，表 12 中，蒙古国出口的产品 2 对俄罗斯有显著的互补性，其他产品互补程度不明显；表 13 中，俄罗斯出口的产品 3、6 对蒙古国有较强的互补性。蒙俄双边贸易互补性整体呈现出上升趋势，蒙古国更多依赖俄罗斯的出口。

表 12　蒙古国对俄罗斯贸易互补性指数（以蒙古国为出口国）

年份	初级产品					劳动密集型制成品		资本或技术密集型制成品			综合
	SITC0	SITC1	SITC2	SITC3	SITC4	SITC6	SITC8	SITC5	SITC7	SITC9	
2010	0.450	0.018	5.327	0.260	0.000	0.134	0.133	0.015	0.006	0.978	0.193
2011	0.298	0.011	5.809	0.411	0.000	0.118	0.107	0.011	0.009	0.669	0.152
2012	0.102	0.012	5.661	0.291	0.001	0.091	0.263	0.012	0.034	0.451	0.111
2013	0.112	0.039	7.029	0.232	0.001	0.115	0.118	0.017	0.017	0.358	0.148
2014	0.056	0.006	9.186	0.240	0.000	0.098	0.068	0.015	0.010	0.800	0.173

资料来源：根据联合国商品贸易统计数据库（http：//comtr-ade.un.org）数据计算整理。

表 13　俄罗斯对蒙古国贸易互补性指数（以俄罗斯为出口国）

年份	初级产品					劳动密集型制成品		资本或技术密集型制成品			综合
	SITC0	SITC1	SITC2	SITC3	SITC4	SITC6	SITC8	SITC5	SITC7	SITC9	
2010	0.502	0.587	0.090	6.653	0.324	1.133	0.064	0.232	0.059	0.229	0.453
2011	0.390	0.487	0.052	4.039	0.135	1.193	0.106	0.195	0.102	0.165	0.390
2012	0.438	0.560	0.070	5.183	0.403	1.070	0.232	0.199	0.318	0.318	0.388
2013	0.476	0.635	0.064	6.021	0.618	1.218	0.102	0.236	0.076	0.552	0.484
2014	0.534	0.656	0.089	2.094	0.423	1.803	0.144	0.282	0.081	0.600	0.536

资料来源：根据联合国商品贸易统计数据库（http：//comtr-ade.un.org）数据计算整理。

四、启示

本文对中国、蒙古国、俄罗斯 2010~2014 年以 SITC4 为分类依据的国际贸易数据为样本，通过 RAC 指数、GL 指数和 TCI 指数，我们发现，对中国而言，中国对蒙古国和俄罗斯出口的粗材料（皮毛、石油、橡胶、木、纸浆、纺织纤维、金属矿砂等）和矿物燃料（煤、石油、天然气和电等）有密切的互补性，并且蒙古国和俄罗斯在粗材料（SITC2）、矿物燃料（SITC3）具有显著的比较优势，蒙古国在矿物燃料（SITC3）和俄罗斯在粗材料（SITC2）具有产业内贸易倾向。对于初级产品粗材料（SITC2）和矿物燃料（SITC3）而言，蒙古国和俄罗斯相比中国具有更大的资源优势，并且蒙俄两国与中国在这两类产品上并无竞争性。中蒙俄经济走廊的建立，在粗材料和矿物燃料产品上，会达到三赢的局面。

对于中国出口产品的选择上，蒙古国和俄罗斯对中国的机械运输设备（发电机械设备、金属加工机械、电气机械、道路车辆等）和杂项制品（预制建筑物、家具、旅游用品、服装及衣服配件、摄影仪器等）有较大的需求空间，并且蒙古国和俄罗斯两国在这两类产品上并无明显的竞争优势，而中国在这两类产品的竞争优势较强，尤其是中国在机械和运输设备（SITC7）上具有产业内贸易的特征，说明未来中国在劳动密集型产品、资本或技术密集型产品上仍有较大的出口潜力。

同时，蒙古国和俄罗斯也会受益于新的互联互通形势，蒙古国对中国和俄罗斯的以材料分类的制成品（皮革、橡胶、钢铁、有色金属和金属制品等）有较大互补性，虽然中国和俄罗斯在以材料分类的制成品（SITC6）上同时具有中等的比较竞争优势和产业内贸易倾向，但是中俄两国的竞争优势不分高低，暂不会形成较大的竞争局面。目前蒙古国对于俄罗斯来讲属于贸易小国，但蒙古国在粗材料（SITC2）有极强的竞争优势能够与俄罗斯互补。另外，蒙古国与俄罗斯在矿物燃料（SITC3）共同具有极强的竞争优势，两国在分类商品（SITC9）上同时具有中等的竞争优势，未来在这两类产品上可能会形成一定的竞争。

总体而言，中蒙俄三国贸易互补性大于竞争性，三方都具有自己的优势产业，中国具有巨大的市场和生产消费能力，蒙古国具有较强的资源禀赋，俄罗斯具有较先进的技术和充裕的资本，在“一带一路”战略下的中蒙俄经济走廊建设将会为三国创造更大的合作空间。

参考文献

[1] 张晓东. 中俄蒙经济带建设拉开帷幕 [J]. 社会观察，2015，6：33–35.

[2] 桑百川，杨立卓. 拓展我国与“一带一路”国家的贸易关系——基于竞争性与互补性研究 [J]. 经济问题，2015，8：1–5.

[3] 桑百川，郑伟. 拓展中国与金砖国家服务贸易往来的对策研究：基于贸易竞争性和互补性的分析 [J]. 世界经济研究，2014，4：30–88.

[4] 周金城，陈乐一. 中国—东盟服务贸易的互补性与竞争性研究 [J]. 经济问题探索，2012，2：107–111.

[5] 霍伟东，路晓静. 中国与上海合作组织成员贸易竞争性、互补性比较研究——基于RCA、GL、ES、TI 指数的实证分析——中国人民大学超星发现系统 [J]. 西南民族大学学报（人文社科版），2014，3：109–115.

[6] 韩永辉，罗晓斐，邹建华. 中国与西亚地区贸易合作的竞争性和互补性研究——以“一带一路”战略为背景 [J]. 世界经济研究，2015，3：89–98.

丝绸之路经济带构建背景下内蒙古自治区外经贸发展的途径及支撑点

杨文兰①

[摘　要] 2013年，国家主席习近平提出“一带一路”战略，引起了世界各国的广泛关注，也为沿线各国和地区带来了发展的机遇。内蒙古自治区作为丝绸之路经济带的核心区，丝路建设将为内蒙古自治区对外经贸发展迎来新的合作机遇、形成新的发展路径及支撑点。本文以丝绸之路经济带构建为背景，分析内蒙古自治区外经贸发展现状，探究其障碍因素，归纳出了在新的背景下内蒙古自治区外经贸发展五大途径及四大支撑点。

[关键词] 丝绸之路；内蒙古自治区；外经贸；途径；支撑点

2013年，国家主席习近平提出“一带一路”战略，引起了世界各国的广泛关注，为沿线各国和地区带来了发展的机遇，也为处于丝绸之路经济带节点上的内蒙古自治区对外经贸发展迎来新的合作机遇，形成了新的合作路径及支撑点。

一、丝绸之路经济带历史溯源与现代意义

“丝绸之路”作为一条横亘亚欧大陆、持续两千多年的人类贸易互通和文化交流的国际大通道，其提出与构建既是一种经济战略，也是一种外交思维，是国家主席在外交场合提出的沿线各国经济合作的倡议，同时也是在尊重历史、结合

---

① 杨文兰（1969—），女，内蒙古财经学院商务学院教授，经济学博士，研究方向：国际贸易理论与政策、俄蒙对外经贸关系及内蒙古自治区向北开放等。

现实、面对错综复杂的国际大环境背景下的一种必然选择。

（一）“丝绸之路”的历史溯源

丝绸之路的提法并非中国学者提出，而是德国著名地理学家李希霍芬和历史学家赫尔曼首次将中国经西域与希腊、罗马帝国的交通路线命名为“丝绸之路”。丝绸作为最能反映中国古代文化的产品，其代表的不仅是中国输往西域的贸易商品，更凝聚着我国灿烂的古代文明。

从丝绸之路发展的历史来看，其开拓于我国的两汉时期，公元前 139 年，西汉张骞以长安（今西安）为起点出使西域，途经我国甘肃、新疆，向西直达中亚、西亚，开辟了我国与西域各国贸易交往的历史。但西汉末年，受匈奴侵袭，丝绸之路中断。公元 73 年，东汉的班超又重新打通丝绸之路，并将其延伸到了欧洲。在这条漫长的商贸之路上，中国的丝绸、瓷器、造纸技术等源源不断的输往欧亚各国，同时也将中国灿烂的古代文明传播到欧亚各国，使丝绸之路成为架起中国与欧亚各国的经济、文化等交流与发展的桥梁。

（二）“丝绸之路”的战略意义

自 2013 年习近平主席提出“一带一路”战略以来，国内外学者对其进行了广泛的热议。美国的一些媒体及研究者认为，中国提出丝绸之路经济带战略是为了应对美国战略重心东移和遏制中国的一系列制度安排。国内学者王树春、王洪波（2014）认为，丝绸之路经济带是中国提出的面向欧亚地区的外交战略。它的战略目标是通过建立连接亚太经济圈和欧洲经济圈的经济带，深化中国与欧亚国家的经济关系。白永秀、王颂吉（2014）认为，丝绸之路经济带是在古丝绸之路影响深远、大国丝绸之路战略竞争激烈、亚欧国家合作日益密切的背景下提出的亚欧大陆带状经济合作构想，其建设对于加强区域经济合作、促进世界经济发展、保障战略安全、推动经济重心西移、优化城市和人口布局具有重大意义。本文认为，丝绸之路经济带的提出与构建既有战略意义，又有经济价值。近年来，美国积极推动“两洋战略”，不仅是对我国地缘空间的一种挤压，而且通过支持一些中国的不友好国家，不断在东南沿海地区挑起事端。作为亚洲地区的大国，如何发挥在该地区的主导作用，在当前国际形势日益复杂、各国利益诉求差异较大的情况下，不能硬攻，只能智取。只有找到了各国共同感兴趣的点，才能将各国凝聚在一起。中国依靠自身经济发展的魅力、借助于“丝绸之路”这条闪耀着历史光芒的商贸之路再一次将沿线各国集聚到一起，共商经贸发展的大事。

（三）“丝绸之路”经济带构建对内蒙古自治区的重要意义

在丝绸之路经济带构建背景下，沿线各省积极探究在丝绸之路经济带建设中的发展定位，在《愿景与行动》中，新疆是丝绸之路经济带的核心区，福建是海上丝绸之路的核心区，内蒙古自治区、黑龙江、吉林、辽宁、北京定位是建设向北开放的重要窗口，其中内蒙古自治区应发挥联通俄蒙的区位优势。基于内蒙古自治区区位优势，内蒙古自治区不仅被国家纳入“丝绸之路经济带”的建设范围，且内蒙古自治区也是中蒙俄经济走廊构建的重要支点，这对于深化与俄蒙的务实合作、拓展与丝绸之路沿线各国的经贸发展、畅通与亚欧各国的经贸发展将具有重要的意义。目前，内蒙古自治区主要经贸合作伙伴为俄蒙，但内蒙古自治区与俄蒙的经贸发展存在着许多制约因素。因此，丝绸之路经济带的构建将为未来内蒙古自治区经贸关系的发展带来机遇。

二、内蒙古自治区外经贸发展的现状及制约

内蒙古自治区经贸发展得益于我国沿边开放及向北开发战略的实施。自 1991 年国家沿边开放战略实施以来，内蒙古自治区这个昔日封闭落后的边境省区，依托自身的区位优势，迎来了经贸发展的机遇，通过口岸开放及与其毗邻国家的口岸对接、通道贯通，不仅促进了内蒙古自治区自身经贸发展，也架起了中国与俄蒙经贸发展的桥梁，对内蒙古自治区经济发展及对外经贸关系的确立，具有深远的意义。

（一）内蒙古自治区外经贸发展现状分析

1. 贸易发展分析

（1）贸易规模。自 1992 年以来，内蒙古自治区对外经贸发展有两个关键性的年份，其一是 1993 年，内蒙古自治区对外经贸额首次突破个位数，全年完成 12.0283 亿美元；其二是 2011 年，内蒙古自治区对外经贸历经近 20 年的发展，首次突破百亿美元大关，跃进到了百亿美元的行列，全年完成 119.39 亿美元，自此，内蒙古自治区对外贸易进入了百亿美元时代。特别是 2014 年，随着中国与俄蒙关系全面提升，内蒙古自治区对外贸易发展也达到创纪录水平，全年完成 145.53 亿美元，其中与俄罗斯的贸易总额为 30.54 亿美元，与蒙古国的贸易总额为 40.97 亿美元，两项共达 71.51 亿美元，占比达到 49.1%（如表 1 所示）。

表 1　2010~2014 年内蒙古自治区与俄蒙贸易发展情况

单位：亿美元，%

年份	贸易总额	与俄蒙贸易发展					
		贸易总额	占比	与蒙古国贸易发展		与俄罗斯贸易发展	
				总额	占比	总额	占比
2010	87.19	42	48.2	17	19.5	25	28.7
2011	119.39	57.35	48.0	28.45	23.8	28.9	24.2
2012	112.57	59.8	53.1	32.6	29.0	27.2	24.2
2013	119.93	57.82	48.2	31.56	26.3	26.26	21.9
2014	145.53	71.51	49.1	40.97	28.2	30.54	21.0

资料来源：内蒙古商务厅网。

从 2015 年 1~5 月的数据来看，内蒙古自治区实现进出口总值 50.97 亿美元，比上年同期（下同）下降 2.5%。从发展特征来看。内蒙古自治区与蒙古国完成贸易总额 13.55 亿美元，增长 9.0%，占全区进出口总额的 26.6%；对德国、秘鲁、越南贸易分别增长 86.5%、22.2%和 51.7%；对俄罗斯、美国、澳大利亚、韩国、新西兰贸易分别下降 16.4%、8.9%、28.4%、35.2%和 50.3%。

从内蒙古自治区贸易发展情况来看，其贸易规模在不断扩大，但在全国的占比非常低，与国家赋予的向北开放的桥头堡的地位不相符。以 2014 年的贸易数据来看，2014 年我国全年完成贸易总额 43030.4 亿美元，而内蒙古自治区在其中仅占比 0.33%。在全国的排名处于后列。

（2）贸易结构。基于内蒙古自治区所处的位置、区内的资源禀赋、产业结构特点及主要贸易伙伴的经济发展情况，内蒙古自治区一直以来出口主要依靠日用百货、建材、果蔬，进口以能源、矿产资源及木材等为主，体现出贸易结构低度化的特征。但是随着内蒙古自治区产业结构的转型升级，其贸易结构也正在逐步发生变化。以 2014 年为例，全区机电产品进出口额为 19.4 亿美元，占全区对外贸易进出口额的 13.4%，在西部 12 省（区）市中排名第 10 位，全区高新技术产品进出口额为 6.1 亿美元，占全区对外贸易进出口额的 4.2%，在西部 12 省（区）市中排名第七位。

2015 年 1~5 月，全区高新技术产品进出口额为 2.1 亿美元，同比增长 6.6%，占全区对外贸易进出口额的 4.1%；全区机电产品进出口额为 5.9 亿美元，同比增长 14.2%，占全区对外贸易进出口额的 11.6%。两项合计占比为 15.7%，数据表明，未来高新技术产品及机电产品将成为内蒙古自治区外经贸发展的新驱动。

（3）贸易方式。内蒙古自治区对外贸易中一般贸易、边境贸易占比较高，是贸易发展的主要形式，加工贸易占比较低。但从近年来内蒙古自治区贸易发展的趋势来看，内蒙古自治区一般贸易占比逐年提高，边境贸易及加工贸易占比逐年下降。

以 2014 年为例，一般贸易额为 80.44 亿美元，同比增长 20.8%，占全区对外贸易总额的 55.29%；而边境贸易进出口总额为 35.7 亿美元，同比下降 11.4%，占全区对外贸易总额的 24.54%；加工贸易额为 2.6 亿美元，占比 1.8%，同比下降 6.5%。

2015 年 1~5 月，全区一般贸易进出口额为 28.42 亿美元，占比 55.8%；边境贸易进出口额为 13.56 亿美元，占比 26.6%；加工贸易进出口额为 5100 万美元，占比 0.1%，同比下降 58.2%，其中出口 2700 万美元，同比下降 70.3%，进口 2400 万美元，同比下降 22.6%。

事实上内蒙古自治区拥有发展边境贸易及加工贸易的地缘优势，但发展情况并不乐观，说明了内蒙古自治区并没有充分利用自身的优势条件及国家赋予的政策优惠，没有做到一般贸易及边境贸易全面提升，反而出现了此长彼消的发展局面。

2. 运输能力分析

内蒙古自治区丰富的口岸资源，为内蒙古自治区发展口岸货运奠定了基础，特别是随着近年来政府对口岸建设投资的力度不断加大，内蒙古自治区口岸货运、客运及转口贸易规模不断扩大，凸显了内蒙古自治区在向北开放过程中发挥着枢纽和中介作用（如表 2 所示）。

表 2　2011~2014 年内蒙古自治区口岸运输能力的对比分析

<table>
<tr><th>年份</th><th colspan="2">货运量（万吨）</th><th>客运量（万人次）</th><th>交通工具（万列、辆）</th><th>转口（万吨）</th></tr>
<tr><td rowspan="3">2011</td><td colspan="2">总量：6172.8</td><td rowspan="3">447.2</td><td rowspan="3">134.3</td><td rowspan="3">772.5</td></tr>
<tr><td>进境</td><td>出境</td></tr>
<tr><td>4488.5</td><td>911.8</td></tr>
<tr><td rowspan="3">2012</td><td colspan="2">总量：6729.22</td><td rowspan="3">479.47</td><td rowspan="3">130.3</td><td rowspan="3">750.9</td></tr>
<tr><td>进境</td><td>出境</td></tr>
<tr><td>4807.98</td><td>1170.34</td></tr>
<tr><td rowspan="3">2013</td><td colspan="2">总量：6798.9</td><td rowspan="3">477.9</td><td rowspan="3">127</td><td rowspan="3">886</td></tr>
<tr><td>进境</td><td>出境</td></tr>
<tr><td>4621</td><td>1291.9</td></tr>
<tr><td rowspan="3">2014</td><td colspan="2">总量：7085.67</td><td rowspan="3">467.61</td><td rowspan="3">136.1</td><td rowspan="3">1276.4</td></tr>
<tr><td>进境</td><td>出境</td></tr>
<tr><td>4792.98</td><td>1016.29</td></tr>
</table>

资料来源：内蒙古自治区商务厅网。

2015 年 1~5 月，全区口岸进出境货运量为 2338.62 万吨，同比下降 3.5%。进境货运量为 1623.23 万吨，同比下降 10.7%；出境货运量为 233.86 万吨，同比下降 14.6%；转口货运量为 481.53 万吨，同比增长 45%，其中，对俄口岸进出境货运量为 1149.32 万吨，与上年持平。对蒙口岸进出境货运量为 1189.3 万吨，同比下降 6.7%。全区口岸进出境客运量为 142.56 万人次，同比下降 19.9%；进出境交通工具为 47.68 万列辆架次，同比下降 6.5%。

3.“走出去”发展分析

俄罗斯和蒙古国是内蒙古自治区企业“走出去”投资的主要国别地区。2014 年，全区核准设立的对俄投资企业 19 家，中方协议投资额为 0.81 亿美元，占同期全区对外直接投资总额的 7%；对蒙投资企业 19 家，中方协议投资额为 3.53 亿美元，占同期全区对外直接投资总额的 30.7%。

2015 年 1~5 月，全区新备案境外投资企业 35 家，同比增加 18 家，中方协议投资总额 3.5 亿美元，同比增长 12.9%。投资国别（地区）主要在蒙古、俄罗斯、中国香港、德国、美国、澳大利亚等。投资领域主要涉及森林采伐、农业种植、农畜产品销售、进出口贸易、房地产、基础设施、资本运营、矿产资源勘探、制造业、酒店餐饮等。

（二）存在的现实障碍

1. 俄蒙对中国整体的信任有保留

中国与俄蒙间地缘优势既是中国与俄蒙经贸发展的基础，又可能成为双方经贸关系深入发展的障碍。从中国与俄蒙间经贸关系发展的现实来看，俄蒙对中国有很大的保留，比如，在矿产资源的投资与开发、劳务输入等方面都有限制。究其原因，在于中国与俄蒙间历史上错综复杂的关系及蒙古国夹在中俄两大国家间的特殊的地理位置。因此，中国与俄蒙经贸发展，总有隔靴搔痒的感觉。表面上政治关系融洽，但经贸合作水平较低。

2. 通道不便、物流不畅

物流与通道是毗邻国家经贸发展的关键因素，但一直以来，中国与俄蒙间虽有漫长的边境线、若干个对接口岸，但通道不便与物流不畅问题始终是制约中国与俄蒙经贸发展的重要因素。其中既有客观原因，又有人为因素。蒙古国经济发展落后，对国内基础设施建设投入严重不足，导致国内基本的交通设施都不完善。俄罗斯与中国毗邻的地区属于俄罗斯的偏远地区，距离其政治中心远，政府对其投资少。另外，人为因素也是造成中国与俄蒙间通道不便的重要因素，主要体现在中国与俄蒙间铁路轨距的不同。

3. 合作模式单一、缺乏创新

基于地缘及经济互补性的特点，蒙古国与俄罗斯已连续多年成为内蒙古自治区最大的贸易伙伴。但从内蒙古自治区与俄蒙间经贸发展的现实来看，投资与贸易基本都围绕着能源矿产资源而展开，不仅合作形式及合作内容单一，且合作模式也缺乏创新，导致内蒙古自治区与俄蒙间经贸发展的后劲不足。因此，应借助于当前我国与俄蒙两国良好的政治关系及共建草原丝绸之路经济带的背景，不仅在合作模式上要大胆创新，而且更要依托共有边境、重要的对接口岸加强跨境经济合作区的建设，使其成为未来支撑内蒙古与俄蒙经贸关系深入发展的重要依托。

三、丝绸之路经济带构建背景下内蒙古自治区外经贸实现的途径

在丝绸之路经济带构建背景下，内蒙古自治区外经贸发展的重点方向依然是俄蒙，但如何发展，应在坚持“政策沟通、道路联通、贸易畅通、货币流通、民心相通”五项原则的基础上，围绕“建设丝路、畅通走廊、打造平台、建立基地、拓展关系”五个途径，实现内蒙古自治区外经贸发展的新突破。

（一）以“丝路建设”为背景，找准内蒙古自治区在丝路建设中的发展定位，将内蒙古的经贸发展思路与国家的发展战略规划相衔接，在融入和服务国家发展战略中拓展内蒙古自治区自身经贸发展的空间

在“一带一路”战略推进过程中，内蒙古自治区具有不可替代的作用，其与俄蒙边境毗邻，其沿边开放20年来与俄蒙间开辟的若干个对接口岸、通道以及建立起的紧密的经贸关系都将成为中俄蒙经贸关系发展的基础，特别是内蒙古自治区与蒙古国的经贸发展主导着中蒙的经贸发展。因此，在丝绸之路经济带建设背景下，内蒙古自治区发展定位应是丝绸之路经济带构建的核心区，内蒙古自治区外经贸易发展战略应服从并融入国家“一带一路”战略的规划与实施中，其发展内容构成了国家“一带一路”发展战略的重要组成部分。只有将内蒙古自治区经贸发展战略纳入国家发展战略中，并与国家发展战略相互融合，并能凸显自己的优势，才能提升内蒙古自治区外经贸发展空间。

（二）以“互联互通”为基础，推进内蒙古自治区通关与运输便利化，畅通中俄蒙经济走廊，使内蒙古自治区成为连接东北亚与欧洲贸易通道的枢纽，凸显内蒙古自治区的区位优势

在“一带一路”战略实施背景下，中俄蒙经济走廊搭建是中俄蒙三国经济利益对接及集聚的平台，其内涵应是经贸发展的大通道，其搭建的基础应是互联互通，但互联互通不仅是口岸对接、轨道对接、陆海联运、管网畅通，还是民心相向、信息畅通等。

内蒙古自治区在丝绸之路经济带构建中具有独特的优势，其北接俄蒙，内邻八省的区位优势，使内蒙古自治区成为了中国与俄蒙对接的“毗邻区”、“对接区”。因此，内蒙古自治区与俄蒙的互联互通，不仅关系到内蒙古自治区与俄蒙经贸关系的发展，也关系到中国与俄蒙贸易的畅通。在丝绸之路经济带构建背景下，内蒙古自治区不仅要加大与俄蒙对接口岸的基础设施的投资，还要依托与俄蒙传统友好关系，实现铁路轨道的“无缝隙”对接，建立与俄蒙的油气管道、推进跨境电力与输电通道建设。在此基础上，推进内蒙古自治区与俄蒙间通关与运输便利化，降低贸易成本，使内蒙古自治区不仅成为畅通中俄蒙经济走廊的有利抓手，而且成为连接东北亚与欧洲贸易通道的交通枢纽。

（三）以“跨境合作”为基点，打造内蒙古自治区与俄蒙经贸发展的新平台，扩大内蒙古自治区与俄蒙在商贸、投资、金融及人文等领域的往来与合作，不断深化与拓展内蒙古自治区的对外经贸关系的发展

跨境合作是指沿边地区有两国或两国以上政府间共同推动的享有出口加工区、保税区、自由贸易区的优惠政策的次区域合作区。内蒙古自治区的地理位置使其在与俄蒙建立跨境经济合作区上有独特的区位优势。目前，二连浩特与蒙古国的扎门乌德间的跨境经济合作区正在积极推动中，可以预计，随着跨境经济合作区的建成，不仅内蒙古自治区的商品可以借助于中蒙跨境经济合作区进入欧盟市场，其国内其他省份也可借助于该平台将自身有优势的产品畅通无阻地打入欧洲国家市场。

特别是中俄蒙三国毗邻地区的海拉尔、赤塔及乔巴山，资源优势互补、地理位置毗邻，有建立中俄蒙三国跨境合作区的自然基础及社会条件，通过跨境经济合作区的建立，不仅能促进三地间在商贸、物流、金融及人文等领域的合作与发展，其三地构成的中俄蒙三国“金三角”，将成为中俄蒙跨境合作的核心区，在此基础上会向中俄蒙三国其他地区延伸，形成中国东北地区、蒙古国东部地区及

俄罗斯远东地区三个延伸区，并最终辐射到中俄蒙全境合作。因此，中俄蒙三国跨境合作区的建立，不仅能使三地优势资源互补、产业合作能力提升，且对中俄蒙三国间战略对接、产业合作及经贸发展将产生极大的促进作用。

（四）以“基地建设”为着力点，对内蒙古自治区有优势的特色产业建立起产品加工基地，增强其出口的能力，提升其在国际市场的影响力

内蒙古自治区经贸发展的着力点应立足于自身的优势领域，建立相应的基地，并在此基础上拓展其对外经贸关系的发展。比如，内蒙古自治区绿色农畜产品，在俄蒙非常有影响力，内蒙古自治区对俄蒙的贸易中，农畜产品及果蔬产品是其主要出口产品，因此，基地建设将凝聚内蒙古自治区优质的农畜产品资源，凸显其绿色、无公害的特色，提升其产品的影响力，扩大其对俄蒙出口；又如，内蒙古自治区旅游资源丰富，天然牧场、草原、文化古迹非常丰富，内蒙古自治区应依托自身的毗邻俄蒙的区位优势，建设一批休闲、旅游度假基地，突出其草原文化、原生态特色，规划跨境旅游路线，培育区域旅游品牌，不仅能扩大内蒙古自治区自身的影响，其基地建设也为旅游产业的发展壮大奠定基础。

（五）以“人文交流”为纽带，夯实内蒙古自治区与丝路沿线国家的国际合作的社会根基，拓展内蒙古自治区与“丝路”沿线国家的经贸发展

内蒙古自治区的主要贸易伙伴是俄蒙，但伴随着“一带一路”战略的实施，内蒙古自治区的经贸发展不应只固守俄蒙，而是应借助于国家战略的实施，不断加强与丝路沿线国家的人文交流，探究与沿线国家在通道建设、产业合作及经贸发展中的合作，拓展内蒙古自治区经贸关系的发展之路。

四、丝绸之路经济带构建背景下内蒙古自治区外经贸发展的支撑点

基于内蒙古自治区的区位优势，根据其外贸发展的实际，在丝绸之路经济带构建背景下，内蒙古自治区外经贸发展将以基础设施互联互通为优先发展方向，以跨国产业合作为发展基础、以沿边园区建设为发展平台、以拓展贸易方式为发

展动力，支撑内蒙古自治区外经贸实现新的突破。

（一）基础设施建设

基础设施建设是经贸发展的基础，内蒙古自治区主要贸易伙伴——俄蒙，都面临着国内基础设施落后、跨国运输存在障碍，因此未来，内蒙古自治区应将基础设施及互联互通作为其支撑经贸发展的优先方向，加大资金投入，加强与俄蒙的政策沟通与协调，畅通内蒙古自治区与俄蒙间的经贸通道。

1. 蒙古国南部交通路线规划与实施

与内蒙古自治区毗邻的蒙古国东部、南部，资源密集，但其国内的交通设施及通往口岸的交通设施极为落后，不仅影响内蒙古自治区与蒙古国间经贸发展，且也会成为中俄蒙经济走廊搭建及草原丝绸之路经济带构建的障碍。因此，内蒙古自治区应发挥与蒙古国边境毗邻的优势，积极与蒙古国沟通，加快蒙古国道路设施建设。

2. 俄罗斯西伯利亚地区的铁路建设

俄罗斯西伯利亚大铁路是亚欧大陆的运输走廊，是连接欧洲与亚洲太平洋地区的大通道，其地理位置非常重要，俄西伯利亚大铁路，运力逐年下降，且因穿过人烟稀少的西伯利亚，对其维护与保养欠缺，其运输能力已不能适用现代经贸发展的需要，因此需要对其进行技术改造，使其在新的历史条件下发挥其应有的功能。

3. 内蒙古自治区与俄蒙两国毗邻地区通道对接

内蒙古自治区地理位置决定其不仅承担内蒙古自治区与俄蒙的货物运输，还承担着大量的转口贸易，即内蒙古自治区承担着国际运输通道的功能。但内蒙古自治区与俄蒙对接口岸运力有限，随着内蒙古自治区与俄蒙经贸关系的不断发展，需要对若干条对接通道进行改建。另外，内蒙古自治区与国内各省份之间铁路、公路近几年有所发展，但依然面临着交通不畅的发展制约，特别是内蒙古自治区没有出海口，应加大与东北各省的交通干线的贯通，并依托黑吉辽三省，与俄罗斯远东地区滨海州的符拉迪沃斯托克及纳霍德卡的对接，实现海上与欧洲各国的联系。

基于以上分析，内蒙古自治区与俄蒙毗邻地区间需要加强运输合作，提高货运能力，实现通道、连港、出海共同发展局面。

（二）跨国产业合作

产业是经贸发展的基础，内蒙古自治区与俄蒙间资源禀赋、社会条件、自然基础都有很大的不同，因此，未来内蒙古自治区与俄蒙间应加大产业合作，使其成为未来内蒙古自治区外经贸发展的强有力的支撑。具体来说有以下几方面：

1. 农畜产业合作

俄蒙与内蒙古自治区毗邻地区，地广人稀、农畜产品资源丰富，但自然条件恶劣、技术落后、劳动力稀缺且素质差，导致了这些地区农业发展落后。而内蒙古自治区各地区依托丰富的农牧业资源大力发展特色产业，农业畜牧业已成为内蒙古自治区的主导产业，特别是在乳品、牛羊肉、蔬菜种植方面具有绝对优势。为此，内蒙古自治区应依托自身区位优势、农畜牧业发展的优势，鼓励有条件的企业“走出去”，利用俄蒙两国的农业资源，建立若干个农产品生产基地，实现农业资源的合作与开发，挖掘农产品市场的潜力，促进农产品贸易发展。

2. 制造业合作

内蒙古自治区的轻纺、机电产品制造等方面优势明显，但在装备制造方面却明显优势不足；俄罗斯重工业发达、轻工业制造动力不足；蒙古国羊毛、羊绒资源丰富，但加工能力不足。因此，内蒙古自治区与俄蒙毗邻地区应相互取长补短，进行制造业合作，实现三地间轻重工业互搭。

3. 劳务合作

与内蒙古自治区毗邻的俄蒙地区，自然条件恶劣、地区经济发展不平衡，导致了人口稀少，这对于俄蒙经济发展，特别是加工业、农业、采矿业等各行业发展形成了严重的制约。而内蒙古自治区人口多，工人素质高，加强内蒙古自治区与俄蒙间的劳务合作，不仅为俄蒙带去了先进的技术、缓解了劳动力不足的压力，且对俄蒙加工业的发展起到促进作用。

4. 跨境旅游合作

跨境旅游是边境相邻地区的特色旅游，内蒙古自治区与俄蒙对接地区，两地自然风光不同，内蒙古自治区边境地区富集沙漠、草原、冰雪；俄罗斯远东地区森林、湖泊，北极风光独特；蒙古国高原地貌风光迷人。自然风光禀赋不同，有发展旅游合作的潜力和优势，特别是近年来的商贸旅游成为内蒙古自治区与俄蒙两国旅游合作的主要项目，带动了两地相关产业的发展。

（三）沿边园区建设

内蒙古自治区与俄蒙对接地区都属于三国边远地区，距离国家经济文化中心都比较遥远，是属于本国经济发展落后地区。但对接地区地理位置重要，承担着紧密两国关系、为内地提供合作发展平台的重要职责，因此，内蒙古自治区与俄蒙对接地区应利用边境相邻的优势，建立起沿边园区，使其成为内蒙古自治区与俄蒙经贸发展的重要平台。

1. 建立自由口岸

依托口岸而建立起的自由贸易区，其特征是划在关境以外，对进出口商品全部或大部分免征关税。其政策的实施可按着自由港的政策实施。内蒙古自治区拥有对俄蒙最大的口岸——满洲里口岸及二连浩特口岸，作为两个国家级开发开放实验区，可将其建设成为自由口岸或依托口岸，将满洲里及二连浩特整个城区建设成自由贸易区。使其发展成为国际物流中心，中俄、中蒙转口贸易发展中心。

2. 建立出口加工区

出口加工区一般是设在一个国家或地区的港口或临近港口、国际机场地方，划出一定范围，新建和扩建码头、车站、道路等，提供免税等优惠待遇，鼓励外国企业在区内投资，生产以出口为主的制成品。目前，在内蒙古自治区各口岸城市都建立了一些加工区，但多为资源落地加工，比如，满洲里木材加工、策克煤炭加工区，功能比较单一。未来应依托口岸，建立起口岸出口加工区，特别是把在俄蒙有市场潜力、在我国有优势的一些产品的生产与加工吸引到加工区，就地生产，就地出口。促进口岸边境区与毗邻国家经贸关系的发展。

3. 建立自由边境区

一般设在本国的一个省或几个省的边境区，对于区内使用的生产设备、原材料和消费品可免税或减税进口，如从区内转运到本国其他地区出售，则需要照章纳税，目的在于开发边区经济。就内蒙古自治区而言，特别需要建立自由边境区，原因有二：第一，内蒙古自治区东西狭长，与俄蒙有漫长的边境线，沿边境线地区自然环境差、经济发展水平较低，对我国北部边境的安全与稳定将产生不利的影响。第二，目前中俄及中蒙间政治关系融洽，都专注于国内经济的发展，因此，建立自由边境区对促进毗邻地区间的经济合作、活跃边防及稳定边防将产生有利的作用。

（四）拓展贸易方式

1. 大力发展与俄蒙的边境贸易，使内蒙古自治区成为全国边境贸易大省

内蒙古自治区应基于自身区位优势借助于国家赋予的优惠政策，大力发展边境贸易，使其成为内蒙古自治区经济发展的主要动力。相对于国内的其他省份，在一般对外贸易发展中内蒙古自治区优势不大，但在与俄蒙的边境贸易发展中，内蒙古自治区是主力，但从近期内蒙古自治区的边境贸易发展的现状来看，呈现出不断下降的发展趋势。因此，应采取措施，大力发展与俄蒙的边境贸易。

2. 加大对俄蒙的投资，促进国际间的产业合作

内蒙古自治区与俄蒙的投资合作无论从项目还是金额来说，都没有发挥出应有的潜力，限制了内蒙古自治区与俄蒙的合作的水平与质量。在建设中俄蒙经济走廊背景下，内蒙古自治区应抓住机遇、开拓进取，以投资方式提升与俄蒙经贸合作水平。

3. 发挥口岸优势，大力发展加工贸易

加工贸易在我国整体的对外贸易发展中地位重要，作用突出，而在内蒙古自治区的对外贸易发展中，加工贸易发展的状况并不尽如人意。事实上，内蒙古自治区具有发展加工贸易的优势，与内蒙古自治区毗邻的俄蒙是我国两个主要资源来源国，具备发展资源落地加工的资源优势。因此，内蒙古自治区各口岸应对口岸及其所在地区加大基础设施的投入，完善其服务功能，把国内有实力的企业吸纳到口岸地区，发展加工贸易，增加其附加值，促进内蒙古自治区与俄蒙经贸关系的发展。

综上所述，丝绸之路经济带构建与中俄蒙经济走廊的搭建既是国家经济发展的整体规划，又是国际合作的导航，在此背景下，作为与俄蒙毗邻的内蒙古自治区，应注重在新的历史背景下探究其与俄蒙经贸发展的新途径及新支撑点，形成以口岸为龙头及窗口、以通道为纽带、以园区为载体、以项目为支撑、以产业合作为内容的全方位的合作格局，全面提升内蒙古对外经贸发展的水平。

参考文献

[1] 赵华胜.“丝绸之路经济带”的关注点及切入点［J］. 新疆师范大学学报，2014，6.

[2] 马廷魁. 丝绸之路跨文化传播中的媒介形态转向［J］. 西北民族大学学报，2010，6.

[3] 马永真，梅园. 构建“草原丝绸之路经济带”的若干思考［J］. 内蒙古社会科学，2014，6.

[4] 王之春. 丝绸之路经济带：丝绸之路的升华［J］. 中国流通经济，2014，5.

[5] 胡鞍钢.“丝绸之路经济带”：战略内涵、定位和实现路径［J］. 新疆师范大学学报，2014，4.

[6] 李明伟. 丝绸之路研究百年历史回顾［J］. 西北民族研究，2005，2.

[7] 汪应洛等. 丝绸之路经济带能源通道建设的战略思考［J］. 西安交通大学学报，2015，5.

[8] 王树春，王洪波. 丝绸之路经济带——中国的欧亚战略［J］. 战略决策研究，2015，4.

[9] 白永秀，王颂吉. 丝绸之路经济带的纵深背景与地缘战略［J］. 改革，2014，3.

[10] 惠宁，杨世迪. 丝绸之路经济带的内涵界定、合作内容及实现路径［J］. 延安大学学报，2014，8.

中国与中亚国家的贸易合作现状与前景

李瑞峰[①] 赵红梅[②]

[摘 要] 中亚国家是中国的重要贸易合作伙伴。尤其是中国建立“丝绸之路经济带”的主张获得中亚国家的积极响应，中国与中亚国家贸易合作前景光明，当然也存在诸多不确定性与挑战。对此，中国与中亚国家的经贸合作需要加强在基础设施建设、非资源领域、跨境金融与自由贸易区等方面合作，为未来双边贸易合作提供动力。

[关键词] 中国；中亚国家；贸易合作

一、研究背景

国际学术界关于“中亚”之地理概念的界定，历来观点不一。“中亚”有广义、狭义之分。广义的“中亚”，根据联合国教科文组织 1978 年确定，涵盖阿富汗、伊朗东北部、巴基斯坦、印度北部、中国西部、蒙古国和历史上苏联的几个中亚共和国。狭义的“中亚”指称现今哈萨克斯坦、乌兹别克斯坦、吉尔吉斯斯坦、塔吉克斯坦和土库曼斯坦五国所在之地。本文所用“中亚”这一名称即指中亚五国之地理范围。

中亚（如图 1 所示）国家与中国有着重要的地缘经济和地缘政治利益。该地区处于亚欧大陆腹地，是历史地理的枢纽、“丝绸之路”的要冲。中亚国家是中国的近邻。其中，中国与三个中亚国家接壤，哈萨克斯坦与中国之间有长达

① 李瑞峰，副教授，内蒙古财经大学工商管理学院教师，国务院发展研究中心访问学者，E-mail：liruifeng28@163.com。

② 赵红梅，副教授，内蒙古财经大学工商管理学院教师，西南财经大学管理学博士，E-mail：zhm9090@126.com。

1700 公里的共同边界，是中国的第三大邻国；中国与吉尔吉斯斯坦边界线长 1096 公里；中国与塔吉克斯坦的边界线长 497 公里。

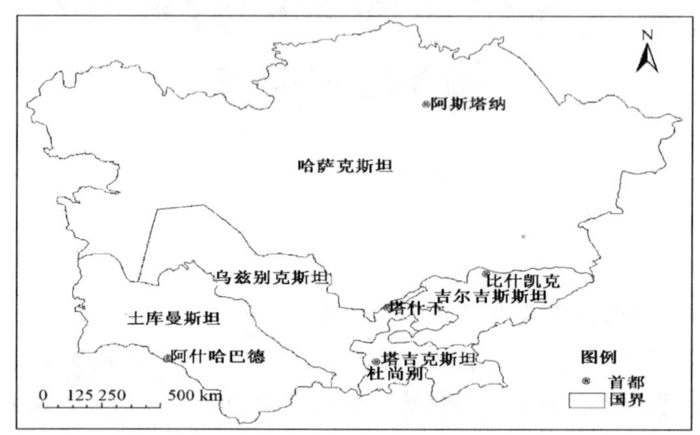

图 1 中亚区域示意图

中亚五国与中国开展经贸合作历史悠久，可追溯到两千多年前的“丝绸之路”时期。“丝绸之路”曾一度是横贯整个亚欧大陆的政治、经济和文化中心。1992 年，中亚五国与中国相继正式建交，尔后双边经贸发展迅速。进入 21 世纪，中亚五国与中国友好关系不断发展。目前，中亚五国与中国都已建立了战略合作伙伴关系。①

中亚是中国特别是中国西部地区对外开放的重要方向。2013 年 9 月，习近平主席在访问哈萨克斯坦、乌兹别克斯坦、塔吉克斯坦、吉尔吉斯斯坦中亚四国时，提出了建设“新丝绸之路经济带”的战略构想。这为中国进一步对外开放勾勒了新的蓝图，也为多领域全方位发展中国与中亚五国的关系迎来了新的历史机遇。

20 世纪 90 年代，随着中亚国家的独立，开始积极推动第二条亚欧大陆桥②的建设。尤其 1992 年连接中国与哈萨克斯坦的国际铁路联运开通，改变了中亚经济上的封闭状态，促进了中亚国家的对外经济联系。第二条亚欧大陆桥概念上

① 2011 年 6 月，中国与哈萨克斯坦建立全面战略伙伴关系，2013 年进一步深化合作关系；2012 年 6 月，中国与乌兹别克斯坦建立全面战略伙伴关系；2013 年 5 月，中国与塔吉克斯坦建立战略伙伴关系；2013 年 9 月，中国与吉尔吉斯斯坦、土库曼斯坦建立战略伙伴关系。

② 第二亚欧大陆桥，东起我国江苏省黄海之滨的连云港，向西穿越十多个省区，由新疆西北边境的阿拉山口出中国国境，经过哈萨克斯坦、俄罗斯、白俄罗斯、波兰、德国，直抵荷兰北海边的鹿特丹港，全长 10900 千米。它是一条横贯亚欧两大陆，连接太平洋、大西洋的国际海陆联运通道。

更广，不仅包括铁路，还有公路、航空、通信等方面的互联互通以及海关、过境、货运等方面的合作。这条线路路途更近，可以大大节省运输的时间，重建"丝绸之路"也是在这样的背景之下提出来的，成为不少中亚国家外交战略的核心内容。

"丝绸之路经济带"的建设，其内涵既有交通、能源、金融等重点领域的合作，也有农业、中小企业以及市场中介服务方面的合作，还包括科技、环保、旅游、卫生、教育、救灾等领域的交流。而且是一个开放的合作平台，可以吸纳区域外的国家、国际组织和国际金融机构的广泛参与。另外，需要沿线国家的参与，强调合作共建，发挥各自的优势，真正形成经济发展的"分工协作"关系，为各国的经济注入新的增长动力。

二、区域经济合作理论

区域经济合作表现为相近的两个或两个以上国家获取区域内国家的经济聚集效应和互补效应，为促使产品和生产要素在一定区域内自由流动和有效配置而建立的跨国性区域经济联盟。区域经济合作概念容纳力较强，可以涵盖国际经济合作和区域经济一体化的含义，不过，更多的学者支持区域经济一体化是区域经济合作的高级形式的说法。①

关于区域经济合作模式，主要有两大理论派别：一是以巴拉萨（B.A.Balassa）为代表的市场—制度学派，即主张在宏观经济取得国家和超国家机构支持的条件下，在微观层次上把各个市场经济联合起来。它强调以市场理论为基础，实现各国经济向一体化迈进，但也重视国家调节论者关于"国家特别是超国家机构必须对一体化进行干预"的原理。该理论还进一步把制度化的经济合作归纳成为五个发展阶段，包括自由贸易区、关税同盟、共同市场、经济联盟和完全的经济一体化。② 二是以丁伯根为代表的国家调节论者的一体化理论，认为"如果不对必要的要素实行有意识的协调和统一，要实现完全的一体化是不可能的"。国家调节理论曾在发展中国家十分流行。此外，以诺思（D.C.North）、科斯（R.H.Coase）、弗农（R.Vemon）等为代表的区域经济合作制度理论者认为，制度确立

① 秦放鸣. 中国与中亚国家区域经济合作研究［M］. 北京：科学出版社，2010.
② 徐雅雯. 上海合作组织贸易投资便利化问题研究［D］. 大连：东北财经大学博士学位论文，2012.

合作和竞争关系，这些关系构成一个社会或者一种经济秩序。[①]

目前，中国学者关于中国与中亚国家的区域经贸合作模式均是基于上合组织框架之下提出来的。李钢、刘华序（2002）认为上合组织仅处在区域经济合作论坛的层次上，这种模式的选择与我国积极参与全方位区域经济合作组织的战略存在巨大反差。从区域经济合作模式的发展程度来看，由低到高依次为：互惠安排、关税同盟、自由贸易区（共同市场）、经济货币联盟。而唐朱昌和陆剑（2006）则将区域经济合作模式划分为：贸易和投资便利化、功能性合作、制度性合作三个层次。认为通过加强政府扶持的，以各国市场机制和规则建设为基础的关税同盟的合作模式的建设，将促进未来上海合作组织各成员国形成一种商品、资本、技术的良性合作关系。高志刚（2010）、刘康华、袭新蜀、刘庆岩（2011）则认为增长三角模式、跨国经济合作开发区模式、边境自由贸易区模式、点轴开发模式及综合模式当为中国与中亚国家的次区域经济合作模式。

三、中亚五国与中国的贸易合作现状

（一）中亚五国与中国贸易额呈快速上升趋势

中亚五国与中国的贸易合作，近十几年有了较大发展，贸易额呈快速上升趋势。2012 年，中亚五国与中国双边贸易额为 460 亿美元，同比增长 13.7%，是建交之初的 100 倍。中国与中亚五国贸易总额的增长远远快于中国对外贸易总额的增长。

1. 中国与哈萨克斯坦的经贸合作

2013 年，中哈经贸合作关系发展势头良好，双边贸易规模持续增长。根据中国海关统计，双边贸易额为 285.9 亿美元，同比增长 11.3%，创历史纪录，其中，中方出口 125.5 亿美元。截至 2013 年年底，中国对哈各类投资为 195.1 亿美元，哈对中国直接投资项目 230 个。中哈合作正从单一走向多元。截止到 2015 年 6 月，中国是哈萨克斯坦第三大出口市场和第一大进口来源地。

2. 中国与吉尔吉斯斯坦的经贸合作

中国是吉尔吉斯斯坦的第二大进口来源国和第二大贸易伙伴。中国连续在

① 徐雅雯. 上海合作组织贸易投资便利化问题研究［D］. 大连：东北财经大学博士学位论文，2012.

2013 年和 2014 年成为吉尔吉斯斯坦第一大直接外资来源国（占 33.2%）。[①]

2015 年 1~5 月，吉尔吉斯斯坦与中国贸易额为 3.3 亿美元，同比下降 21.8%，其中，吉方出口为 0.1 亿美元，同比下降 28.6%，吉方进口为 3.2 亿美元，同比下降 21.5%。中国占吉外贸总额的 14.6%。吉尔吉斯斯坦自中国进口的主要商品为服装及服装配件、钢铁及铸铁等。此外，欧亚经济联盟成员国占吉出口总额的 17.3%，占吉进口总额的 52.8%。[②]

3. 中国与乌兹别克斯坦的经贸合作

2000 年以来，中国和乌兹别克斯坦贸易规模不断扩大，保持较快增长。据中国海关统计，2015 年上半年中国与乌兹别克斯坦双边贸易额为 18.1 亿美元，同比增长 1.09%，其中，中方出口为 11.2 亿美元，同比下降 3.09%，中方进口为 6.9 亿美元，同比增长 8.71%。中方贸易顺差 5.7 亿美元。

从进出口商品结构上看，中国对乌兹别克斯坦出口主要商品为工程机械、空调、冰箱等机械设备及器具，占中国对乌出口额的 27.07%；其次为电机、电气、音像设备及其零附件，占中国对乌出口额的 14.48%；第三为天然气管道等钢铁制品，占中国对乌出口额的 7.26%；其他还包括塑料及其制品、货车、起重车等车辆及其零配件。

中国自乌兹别克斯坦进口主要商品为棉花，2015 年上半年共进口 17.4 万吨，同比增长 66.65%，占乌兹别克斯坦进口额的 48.57%，同比增长 35.85%；天然气，占乌兹别克斯坦进口额的 30.28%，同比下降 16.29%；天然铀，占进口额的 16.16%，同比下降 3.6%。

4. 中国与塔吉克斯坦的经贸合作

中塔双边贸易额从最初的几百万美元发展到现在的每年 20 亿美元左右。据中国海关统计，2013 年中塔贸易额为 19.6 亿美元，比 2012 年增长 5.5%，其中中国出口为 18.7 亿美元，比 2012 年增长 6.9%，中国进口为 8874.9 万美元，比上年下降 18.5%。

5. 中国与土库曼斯坦的经贸合作

目前，中国是土库曼斯坦第一大贸易伙伴。自 2012 年开始，土库曼斯坦跃升为中国最大的天然气供应国，中国从土进口的天然气占中国进口天然气总量的 50%以上。根据中国海关统计，2013 年中土双边贸易额为 100.35 亿美元，同比增长 3.3%，其中，中方向土出口 11.42 亿美元，下降 32.8%，中方自土进口 88.93 亿美元，增长 2.5%，土方在双边贸易中拥有大额顺差。

---

①② 中华人民共和国商务部，http：//kg.mofcom.gov.cn/article/zxhz/tjsj/201505/20150500984487.shtml.

（二）中亚五国与中国贸易经济互补性强

中亚五国与中国经济互补性强，贸易合作自然发展迅速。中国国民经济结构发展均衡，农业、轻工业、重工业比例基本合理，加上中国经济发展迅速、规模大，各类产品丰富，花色品种齐全，为中国货物出口创造了重要的条件。由于中国经济发展迅速、规模大，中国对各种物资特别是能源等原材料需求旺盛，必须从国外进口。中亚国家能源矿产丰富，中国从中亚国家进口能源矿产是其经济可持续发展不可或缺的手段。对于中亚的能源大国哈萨克斯坦、乌兹别克斯坦和土库曼斯坦来说，通过深化与中国的能源合作，也会带来长期稳定的出口红利。

（三）中国对中亚国家投资迅猛，促进了中国与中亚国家贸易合作的发展

虽然中国对中亚国家投资起步较晚，但步伐大而快。中国对中亚国家的投资已成为近几年中国对中亚国家贸易迅速发展的重要促进因素。中国对哈直接投资已经超过 200 亿美元，哈成为中国在海外第三大投资目的地国。截至 2012 年 5 月，中国对塔吉克斯坦的投资额超过 10 亿美元，在投资和贷款方面已超过俄罗斯和伊朗。[①] 中国是吉尔吉斯斯坦第二大投资来源国，是乌兹别克斯坦的第一大投资来源国。[②] 截至 2013 年 6 月，中国对土库曼斯坦各类投资额近 33 亿美元，是土库曼斯坦重要的投资来源国。[③]

四、中亚五国与中国贸易合作存在的问题

（一）较低的发展水平和经济实力差距

中亚五国中的经济发展水平不平衡（如表 1 所示），中亚国家为发展本国经

---

① 独立报. 塔古克斯坦迷上中国投资［EB/OL］. http：//overeea.huanqiu.com/economy/2012-05/2776678.html.

② 习近平接受土库曼斯坦、俄罗斯、哈萨克斯坦、乌兹别克斯坦、吉尔吉斯斯坦五国媒体联合采访［N］. 光明日报，2013-09-04.

③ 习近平到访助推中土关系升级［EB/OL］. http：//news.xinhuanet. com/world/2013 -09/05/c_125324640.html.

济，必须根据其自身的发展水平，筛选和设定适合自身发展的目标和要求，由于各国的国情和经济状况差异较大，其发展方针也各不相同，有的甚至相抵触，这将不利于双边的经贸合作发展。

表1　2007年和2013年中亚五国GDP、人均GDP总额表

单位：美元；美元/人

指标	哈萨克斯坦	乌兹别克斯坦	吉尔吉斯斯坦	塔吉克斯坦	土库曼斯坦
GDP总额（2007年）	104849915343.6	22311393927.9	3802566170.8	3719497371.1	12664165103.2
人均GDP（2007年）	4980	760	610	440	2330
GDP总额（2013年）	231876282133.9	56795656324.6	7226303261.3	8508103455.5	41850877193
人均GDP（2013年）	11550	1880	1210	990	6880

资料来源：中华人民共和国国家统计局，http：//data.stats.gov.cn.

（二）中亚五国与中国贸易合作领域狭窄

目前中亚五国与中国的贸易合作领域还有些狭窄，需要不断拓宽合作领域。在贸易方面，除传统的贸易商品外，还可以增加各国通过引进技术生产的高新技术产品、纯天然农牧产品，各国需从外国进口而有关国家可以提供的商品，例如，中国市场广阔的优质婴儿奶粉等。在不断增加双边商品贸易额的同时，还可以提升服务贸易的水平。这方面还有很大的潜力。在文化产品和旅游方面也可以扩大贸易额，目前在这方面合作水平十分有限。

（三）双方贸易合作存在贸易壁垒

目前，在推进中亚五国与中国贸易和投资便利化方面还存在不少问题，各国之间仍存在贸易壁垒。中国和中亚各国在通关环节、技术标准、服务贸易等方面的贸易摩擦时有发生，检验检疫及交通运输标准非常不统一，签证制度也不完善，极大妨碍了双边贸易和投资的稳步增长。虽然中国与中亚国家的经贸合作互补性特点突出，但是这种互补优势因为贸易壁垒因素影响，而没有被充分发掘利用。

（四）双边投资结构需要改善

中国与其中一些中亚国家的商品贸易结构还不够平衡，投资领域过于集中，需要进一步优化。如中国目前从中亚国家进口的产品主要集中于能源和矿产品领域，而出口到中亚各国的产品主要集中于纺织、轻工、机械等传统劳动密集型产品；中国对中亚各国的投资基本集中于采矿业和建筑业，投资于制造业的比重明显偏低。以哈萨克斯坦为例，中国作为该国第三大外商投资来源国，2013 年全年，哈萨克斯坦从中国引进的资本主要流向了采矿业和建筑业，截至 2013 年年底，投资额分别为 34 亿美元和 9.6 亿美元。从份额上看，在哈萨克斯坦主要引资行业中，中国资金投资较大的主要是建筑业和餐饮业。从贸易方面看，2013 年，哈萨克斯坦从中国进口的商品主要以工业产品为主，进口额达到 81.93 亿美元，数额约为俄罗斯的一半。中国生产的轻工产品如纺织服装、家用电器与机电设备在哈萨克斯坦非常受欢迎；哈萨克斯坦对中国的出口主要以原油、铁矿、铬矿等为主，对华出口额达到 143.34 亿美元。

五、中亚五国与中国贸易合作前景

（一）通过经贸合作，带动双边基础设施建设

目前，中国与中亚国家之间的基础设施建设相对滞后，运输壁垒较多且缺少跨界协调，进而影响交通运输的便利程度。2012 年，中国政府在上海合作组织峰会上承诺，向中亚国家提供 100 亿美元贷款，主要用于中亚地区铁路、公路、光缆和油气管道等基础设施建设。中国资金的注入，将加快中亚各国经济建设的步伐。中国在道路、电力、通信等基础设施建设上有一定的竞争力，在对中亚五国的投资和合作中也表现出了一定的优势。中国与中亚五国在基础设施建设领域的合作程度，既为与中亚五国其他领域的合作提供更为便利的条件，改善其投资环境，也为中国制造业赴中亚五国投资奠定基础。

（二）不断深化中亚五国与中国的非资源领域合作

近年来，中亚五国致力于改变依赖能源、原材料为主的经济增长模式，积极吸引外资发展非资源领域经济，加快经济结构调整与产业升级的步伐。中亚国家重视非资源领域建设，将给中国投资中亚市场提供巨大商机。例如，中国国家开发银行与哈萨克斯坦国有农业控股公司签署有关加强农业科技、农业育种、农业机械、畜牧养殖等方面的合作备忘录。这是因为中国在技术水平、产业梯度、外汇储备等方面较中亚五国占据相对优势，双边在农业、电信、基建、高科技等非资源领域合作潜力才显得尤为巨大。因此，在可预见的将来，中国将与中亚五国不断深化非资源

领域合作，扩大技术投资与产业转移规模，形成更为紧密的经济联系和技术依赖。

（三）切实改善中亚五国与中国的金融合作水平

中国与中亚五国要加强基础设施、商品贸易、产业转移以及技术合作，离不开金融业的大力支持。近年来，中国与中亚国家在金融合作上取得一系列进展，如成立上海合作组织银行联合体、签订双边本币互换协议等。① 尽管这些政策给深化区域合作创造了积极条件，但是整体而言中国与中亚国家的金融合作层次还比较低，还需要加强对话交流，拓展金融合作的深度与广度。

（四）加快推进中国—中亚五国自由贸易区建设

尽管中国与中亚五国在经贸领域存在较大的互补性，但是其合作还停留在双边合作、政策优惠等初级层面。中国与中亚五国需要参照中国—东盟自由贸易区以及其他自贸区的有益经验，在各方经济发展水平和市场承受范围的基础上，扩大市场准入和投资壁垒，从而共享区域经济一体化的成果。② 对此，可尝试从以下方面做出探索：一是建立超主权的组织机构及其分支部门，制定完善的规章制度，共同管理与协调区域贸易投资合作，并且解决可能出现的贸易争端与纠纷；二是加强海关、交通运输、进出口检验检疫、人员签证等领域合作，建立统一化要求与标准，降低企业贸易投资成本与人员往来限制，推进跨境投资贸易便利化；三是通过多边贸易谈判，降低关税与非关税壁垒，形成统一的投资贸易管理制度，进而消除贸易与投资障碍。

参考文献

[1] 钟四远. 中国中亚共圆梦想 [N]. 人民日报，2014-02-07.

[2] 独立报. 塔吉克斯坦迷上中国投资 [EB/OL]. http：//overeea.huanqiu.com/economy/2012-05/2776678. html.

[3] 易诚. 进一步加强与“一带一路”国家的金融合作 [J]. 甘肃金融，2014，4.

[4] 王习农. 向西开放战略与建立中国—中亚自由贸易区 [J]. 实事求是，2012，2.

[5] 徐雅雯. 上海合作组织贸易投资便利化问题研究 [D]. 大连：东北财经大学博士学位论文，2012.

[6] 秦放鸣. 中国与中亚国家区域经济合作研究 [M]. 北京：科学出版社，2010.

[7] 崔炳强. 中亚国家经济发展形势与经济格局分析 [J]. 福建论坛，2009，6：41-46.

---

① 易诚. 进一步加强与“一带一路”国家的金融合作 [J]. 甘肃金融，2014，4.

② 王习农. 向西开放战略与建立中国—中亚自由贸易区 [J]. 实事求是，2012，2.

中蒙矿产贸易发展形势及对策分析

红　花[①]

［摘　要］中国是蒙古国第一大贸易伙伴国和最大投资国，中蒙经济具有很强的互补性，而且近年来中蒙贸易以边境贸易为先导，矿产贸易为主体，各方面的经济合作得到快速发展和提升，但在发展中也显现出了一些不利于矿产贸易持续发展的问题。对于经济快速发展的中蒙两国来说，实现共同发展，达到发展互利、互补、互赢的矿产贸易合作至关重要，矿产贸易合作也是中蒙两国战略关系中的重要组成部分。因此，必须从政府制度、企业经营方向和环境保护等方面合理处置中国与蒙古国矿产贸易领域合作中出现的问题。

［关键词］中蒙经贸；矿产贸易；对策

中国与蒙古国从 20 世纪 80 年代开始建立了正常的睦邻互信伙伴关系，从此两国政府和人民不断探索和开拓中蒙友好合作的新途径。且中国与蒙古国的边境区域距离其他国家的市场也较近，贸易往来中商品货物的运费较低，故而，中蒙贸易中的地域优势较为明显。借此特征，中国要充分发挥自身的比较优势，加强与蒙古国的经贸合作，不断建立和完善合理互惠的贸易关系。

众所周知，蒙古国矿产储备极为丰富，同时，蒙古国也具有一定发展潜力的投资市场和较为先进的民主体制，这对能源紧缺的中国乃至其他国家来说是个极大的诱惑。中国与蒙古国边境线长达 4710 公里，发展贸易的地缘优势十分明显，目前已开辟十几处常年开放或季节性开放的国际及双边口岸。由于地域和种族等方面的因素，蒙古国政府也重视与中国的经济贸易协作，特别通过中蒙口岸发展与内蒙古自治区的经贸往来。由于各方的努力，近年来中蒙经济合作和贸易往来得到不断的深化，合作项目日趋增多，相关的经济贸易合作领域不断得以拓宽，因此中蒙矿产贸易往来也呈现出了新的特征。

① 红花，内蒙古财经大学金融学院。

表 1　2013 年蒙古国矿产种类及储存量

矿产	储存量	世界排名
黄金（吨）	2493	10
锌（千吨）	1740	
铁（百万吨）	1166	
石油（百万桶）	2438	
铜（千吨）	117000	10
煤炭（百万吨）	175500	10
油页石（十亿吨）	788	
铀（千吨）	170	

资料来源：勒·拉达纳苏荣. 蒙古国矿产领域发展与投资报告［R］. 2014.

从表 1 中，2013 年蒙古国主要矿产储备情况来看，黄金、铜和煤炭的储备情况十分可观，基本都居于世界储备量的第 10 位。而且，蒙古国已经开发的诸多矿产项目离中国北方各大能源、钢铁基地相距不远，有的甚至仅有数百公里。

一、中蒙矿产贸易发展形势

中国与蒙古国开展矿产贸易以来，两国间的贸易量逐年增长，贸易额迅速提高。1998 年中国成为了蒙古国第一大投资国，1999 年中国是蒙古国第一大贸易伙伴，并且这样的地位持续保持到现在。由于中国国内边境口岸与内陆及沿海地区公路、铁路通道的加快建设以及对能源矿产需求的不断提升等，决定了中蒙贸易乃至蒙古国与其他国家的经贸往来中“中国是最大买家”的局面。

从图 1 中 2013 年蒙古国的商品出口情况分析，中国居首，而且出口量远高于其他主要出口国，占据了全部出口商品的 89%以上。也就是说，蒙古国 90%左右的商品是出口到中国的，且以矿产为主。

如图 2 所示，从 2013 年蒙古国商品进口情况来看，同样，其主要进口国中以中国为首，进口商品量达到全部进口产品的 31%。根据以上出口商品和进口商品量两项的分析结果，足以确定中蒙经济贸易往来的重要性。

中国是蒙古国第一大投资国和最大贸易伙伴国，中蒙经济具有很强的互补性，而且中蒙经济贸易往来历史悠久，合作往来具有一定的传承性。近年来，中蒙贸易以边境贸易为先导，矿产贸易为主体，各方面的经济合作得到快速发展和提升，但在发展中也显现了一些不利于经济贸易持续发展的因素。对于经济快速

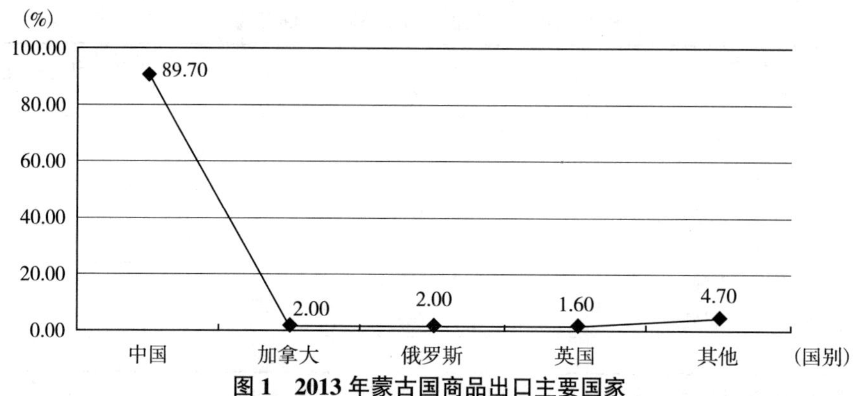

图 1　2013 年蒙古国商品出口主要国家

资料来源：蒙古国投资部宣传报告，2014 年。

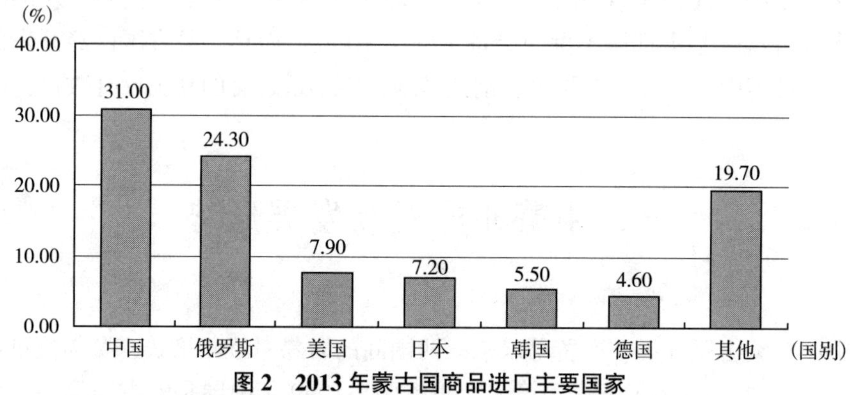

图 2　2013 年蒙古国商品进口主要国家

资料来源：蒙古国投资部宣传报告，2014 年。

发展的中蒙两国来说，实现共同发展，达到发展互利、互补的矿产贸易合作至关重要，矿产贸易合作也是中蒙两国战略关系中的重要组成部分。因此必须妥善处置中国与蒙古国矿产贸易领域合作中出现的问题和矛盾，应面对问题的实质，提出有针对性的解决措施。

二、中蒙矿产贸易中的问题和原因

宏观经济的周期性波动是全球性的，由于金融危机的影响导致全球经济持续性的萧条并未得到很好的改善。国际矿产市场也不例外，受到宏观经济的影响，需求较为平缓低迷，以煤炭市场为例，国际煤炭市场出现了需求的一蹶不振和价格持续下跌。这理所当然地影响了中国和蒙古国煤炭市场的价格下跌，据统计，蒙古国市场上煤炭的价格平均下跌了 10%~15%，而中国的煤炭市场价格下跌更为严重，平均下跌了 20%左右。煤炭市场如此低迷的局面导致了中国对蒙古国的煤炭进口量的大量下降，很多大型中资企业停止了从蒙古国进口煤炭的业务，这严重影响了蒙古国煤炭行业的利润，从而影响了中蒙矿产贸易的产品结构和往来。

国际市场上的激烈竞争是在所难免的，但竞争的同时，也必须秉承一定的规则和惯例。我国企业在与蒙古国开展矿产贸易业务的过程中利用资金和技术上的优势展开了不合理的竞争，并没有搭建一个统一的公平竞争平台，各企业分别与蒙古方签订了一批价格不统一的协议，造成了矿产市场价格激烈波动，产生了严重的不良影响，对蒙古国中小矿产企业造成了致命的冲击，从而对中国与蒙古国双方的矿产贸易合作带来了诸多负面影响，影响了矿产市场的正常运行。2009 年蒙古煤炭的每吨坑口价是 15 美元，而 2011 年 10 月签订的合同中，坑口价上升到了 105 美元，价格的上涨极为不合理，从而导致了两国合作方的各种争议，例如，2013 年，蒙古国塔本陶勒盖煤矿上发生了合作争议，原本 2011 年中铝与额尔登纳斯塔本陶勒盖国有公司之间签订了“塔矿东矿段煤炭长期买卖协议”，但是，到 2013 年额尔登纳斯塔本陶勒盖国有公司向中铝和其他合作方提出了停止煤炭出口、变更合同和抬高煤炭销售价格的要求。然而，中铝已经支付了 3.5 亿美元的购煤预付款，根据协议额尔登纳斯塔本陶勒盖国有公司 2012 年要向中铝提供 300 万~400 万吨的煤炭，但实际上仅出售了 237 万吨的煤炭，还需要再向中铝提供 1.86 亿美元的煤炭，但为了适应价格波动和追求利润，蒙古方选择终止协议，严重损害了双方的信任和互利原则。

在对外贸易政策上，蒙古国还制定了一系列限制中资企业的保护性法规条例，影响了两国贸易的正常发展。为了限制外资，尤其是为了限制中资，蒙古国议会于 2012 年 5 月出台了《外国对蒙古战略领域企业进行投资的协调（管理）法》。如果外资企业收购本国战略领域企业的 49%以上的股份，或对战略领域进行 1000 亿图格里克以上的投资（大约五亿元人民币），则需要向蒙古政府审报，议会审批。由于类似法律的出台，使蒙古国能源和矿业投资环境不再被外国企业所看好，从而导致 2012 年蒙古国的外资投资总额下降了 40%，其中中资减少量为最大。例如，中铝于 2012 年 9 月宣布停止收购蒙古国的“南戈壁沙”有限公司的股份，其原因就是要想取得国家的许可非常困难。此类政府和相关部门的保护和管制活动严重阻碍了中蒙矿产贸易的正常进行和进一步发展。

三、促进中蒙矿产贸易的措施

针对中国与蒙古国矿产贸易中产生的商务争议和矛盾，为实现中蒙矿产贸易的正常运行和合理发展提出以下几点措施：

（一）加强中蒙两国政府相关法规政策的协调，增进双方互信共赢的能力

中国政府应负责制定协调机制，积极改进方案，为保持合作的信用和质量，中国政府应该支持可信度高且有能力的大中型国企和私企赴蒙古国进行经贸合作，促成中资企业间的合理竞争。蒙古国政府和企业单位应该明确任务，改善相关的政策和法律，尤其是要保证政策法律的稳定性和连续性。遇到问题时，双方企业应该开展公平的商务对话，按市场原则签约，坚决履行两国政府审批的协议，不管发生任何情况各方均应贯彻执行协议，合作双方应该坚持共同获利，共同承担风险的原则。同时，中蒙双方的企业和团体在开展业务进行投资往来时也要尊重和遵守当地的文化传统和法规制度，建立友好的经营环境，在双方的经济贸易合作中弘扬互信、包容、适应环境的原则。

（二）改善双方的矿产贸易合作方式，建立多方合作模式

中国应逐渐改变只进口蒙古国矿产原材料的单一合作模式，应该采用在蒙古国本土开采和加工相结合、投资和贸易相结合等多种合作模式。在未来的合作和往来中，双方应坚持互利共赢的合作机制，蒙古国既要促进经济发展和工业化水平的提高，也要提高其可独立发展的能力。中方应对蒙古方提供积极的支持，帮助蒙古国矿产本土深加工领域的发展，扩展蒙古国的工业生产链，增加含有高附加值的产品。在经济上要改变蒙古国过度依赖中国而导致蒙古国政府的担忧问题，通过双方共同支持中国在蒙古国投资的矿业项目，将其经济贸易往来扩展为多边合作的模式。中资企业在蒙古国资源领域开展业务时，要弘扬包容、开放的精神，借鉴其他国家企业的成功经验，在高新生产工艺的引进上进行公平竞争和合作，提高合作的公开性和透明性。

（三）扩展双方的矿产贸易市场，避免环境的过度破坏，保护地方群众利益

蒙古国没有出海口，是一个内陆国家，这样的地理条件制约蒙古国的矿山开发，主要的阻力是运输和出口途径问题。根据世界银行的商务环境调查报告，蒙古国的商务环境在全球178个国家和地区中排名52位，但物流条件却在151个国家中排名第137位。从地理优势的角度来看，中国是距离蒙古国南部省份的大型矿藏最近的国家，蒙古塔本陶勒盖煤矿距离中国口岸仅为270公里，而距俄罗斯最近的口岸却仍有1100公里远。如果蒙古国能与中国建立和保持长期稳定的合作关系，则不仅有利于中蒙双方的经贸合作，将来还可以通过中国先进的港口运输系统将蒙古国的矿产资源和能源输送到东北亚以及其他更远的国际市场，从而使蒙古国的矿产市场得到更大的扩展。

矿山开发会对草原生态造成非常严重的影响。因此，在蒙古国开展矿业经营活动的中资企业，应该做好矿区绿化和生态保护工作，全力保护当地居民的权益。中蒙双方应通过合作，促进蒙古国的社会经济发展，为蒙古国和中国双方的人民带来物质利益。同时，中资企业应该对蒙古国的游牧、畜牧文化进行合理的保护，中资企业在实施项目的地方，应很好地与当地的企业和个人团体以及当地政府进行合理有效的沟通和协调，履行社会义务，增加当地的就业率，为发展当地的社会经济做出一定的贡献。

此外，中蒙矿产贸易企业应该共同积极培养国际贸易、投资、管理方面的人才，不断提高双方企业的管理水平，提高管理层的风险预警和管理能力。中资企业需要事先对外派劳务人员进行培训，提高员工的技能、语言能力和综合性知识。要合理支持和发挥内蒙古自治区在中蒙经贸合作中的人文和地理优势，内蒙古自治区与蒙古国接壤，内蒙古自治区的语言和文化上的优势支持和促进中蒙两国在经济贸易中的合作，因此要充分发挥内蒙古自治区在中蒙经贸合作中的桥梁作用。

参考文献

[1] 胡杰. 蒙古国矿业投资环境分析 [J]. 国土资源，2006，7.

[2] 卢进勇，杜奇华. 国际经济合作 [M]. 北京：对外经济贸易大学出版社，2006.

[3] 韩振冬. 中蒙经贸关系的回顾与展望 [D]. 北京：中央民族大学硕士学位论文，2007.

[4] 张秀杰. 蒙古国引资环境及黑龙江省对蒙古国投资 [J]. 黑龙江省社会科学院东北亚研究所，2008，3.

[5] 保建云. 中国对蒙之间直接投资的特点及问题 [J]. 当代亚太，2008，6.

支持与保障

俄罗斯医疗保障制度的发展与现实矛盾[①]

童 伟[②] 雷 婕[③]

[摘 要] 独立以来，俄罗斯对医疗保障制度进行了一系列根本性改革。通过建立医疗保险基金，鼓励非国有医疗保险机构发展，实施国家优先发展项目“医疗”，使免费医疗服务范围不断扩大、医疗水平逐渐提升，也使俄罗斯居民的生存质量和健康水平出现了较为明显的改善。在快速发展的同时，俄罗斯医疗保障体系自身存在的问题与缺陷也逐渐显现，近期更是出现了医疗保障等民生支出受到国防支出大幅度挤压的现象。本文即是对俄罗斯医疗保障体系的发展与演变、改革的内容与方法、存在的问题及现实的矛盾进行的剖析。

[关键词] 俄罗斯；医疗服务；社会保障

统筹医疗保障制度，建立合理的分级诊疗系统，构建社区医生契约服务模式，是中共十八届三中全会对中国医疗保障制度改革提出的最新目标。在这一领域，俄罗斯通过近 20 年来的不断努力，已较好地构建起运行良好、覆盖广泛的现代医疗保障体系。虽然还存在不少的问题，还有不少的发展障碍与制度瓶颈，但对俄罗斯医疗保障制度改革进行客观的总结与分析，借鉴其经验，吸取其教训，可为我国医疗保障制度改革的顺利推进，为三中全会提出的医改目标的早日实现提供有益的思路与参考。

---

①本文受中国财政发展协同创新中心，国家社科基金重大项目“深化税收制度改革与完善地方税体系研究”（14ZDA028），国家社科基金重点项目“建设现代预算制度研究——基于制约和监督权力运行的视角”（14AZD022），国家社科基金一般项目“提升县级辖区公共服务能力的参与式财政分权”（项目编号：11BZZ047）以及中央财经大学重大科研培育项目“国家治理能力提升下的政府施政行为规范研究——现代预算的视角”资助。

② 童伟，中央财经大学财经研究院研究员，北京财经研究基地研究员，博士生导师，经济学博士。

③ 雷婕，中央财经大学财经研究院 2014 级博士研究生。

一、俄罗斯医疗保障制度的建立与发展

俄罗斯医疗保障制度始建于苏联时代，至20世纪80年代后期已基本成熟。苏联解体后，政治局势动荡、经济大面积滑坡、政府财力匮乏，使原由国家统包的医疗保障制度难以为继。

为保障宪法规定的俄罗斯公民在医疗健康方面拥有的权利，[①]俄罗斯对医疗保障制度进行了根本性的改革与重构，其改革举措主要集中在两个方面：一是以完全保险为原则，构建新型医疗保险体系；二是以财政投入为工具，强化国家的主导与干预。

（一）俄罗斯医疗保险体系的建立

俄罗斯医疗保险体系始建于1991年6月，其时颁布的《俄罗斯公民医疗保险法》（下称《医疗保险法》）对俄罗斯医疗保险体系的资金来源、免费医疗服务范围、医疗保障国家财政拨款原则以及拨款方式都予以了清晰界定。

《医疗保险法》规定：①俄罗斯医疗保障体系的资金将主要来源于强制医疗保险缴费和自愿医疗保险缴费。②俄罗斯所有公民均须参与强制医疗保险，保险费用由政府及企业共同负担。在职者由所在单位缴纳，无工作者由政府预算支付。③政府在强制医疗保险范围内提供免费医疗服务。④设立以非国有保险机构为主体的自愿医疗保险体系，企业和个人依据保险合同自愿参保，免费之外的医疗服务费用由非国有保险公司承担。

根据《医疗保险法》，俄罗斯于1993年开始建立强制医疗保险基金和非国有医疗保险公司。

1. 建立强制医疗保险基金

俄罗斯强制医疗保险基金属于国家预算外社会保障基金的一部分，由联邦强制医疗保险基金和地区强制医疗保险基金组成。强制医疗保险基金的主要任务是保障俄罗斯境内强制医疗保险体系的统一；保证《俄罗斯宪法》规定的公民各项

---

①《俄罗斯宪法》第41条规定，在俄罗斯的每个人都有保持健康和获得医疗服务的权利。应在国家和地方医疗机关中依靠相应的预算、保险金和其他收入为居民提供无偿的医疗服务；为保持和加强居民健康的联邦纲要提供财政保障。

医疗权利的实现；均衡各地区医疗服务水平和医疗服务质量。[①]

俄罗斯强制医疗保险基金的资金主要来源：①强制医疗保险缴费。保险缴费的费率为工资总额的3.6%，其中0.2%上缴联邦强制医疗保险基金，3.4%上缴地区强制医疗保险基金，由地方政府和法人按规定的费率和固定的程序扣缴。②国家财政转移支付。③基金资本运营所得。俄罗斯强制医疗保险基金具有非营利性，其经营所得全部用于基金储备。[②]

俄罗斯强制医疗保险基金的支出范围为：强制医疗保险范围内的医疗服务支出，基金的运营与管理支出，应纳税款及其他支出。

俄罗斯强制医疗保险基金由强制医疗保险基金会管理。基金会为非营利自治机构，负责强制医疗保险费的集中、分配和使用，并对医疗保险公司和医疗机构的业务进行监督与管理。基金会的建立标志着俄罗斯医疗保险体系的运营主体，由政府垄断转变为由非营利机构独立经营。与此同时，俄罗斯医疗费用的承担主体也随之发生了改变，由国家预算统包转变为由国家、企业、保险机构和个人共同负担。

2. 成立非国有医疗保险公司

俄罗斯非国有医疗保险公司为独立经营主体，不受政府部门管理，可承接强制、自愿及其他方面的医疗保险业务。医疗保险公司与投保人——企业和政府签订医疗服务合同，当被保险人在指定医疗机构就医时，由保险公司承担合同范围内的医疗费用。

（二）俄罗斯医疗保险体系的发展

为提高俄罗斯医疗服务质量，加速医疗保险现代化，向完全保险原则过渡，2010年11月29日，俄罗斯颁布《俄罗斯联邦强制医疗保险法》（第326号），并于2011年1月1日启动了新一轮医疗保险体系改革。改革的核心内容有以下几方面：

1. 赋予被保险人自主选择医疗保险公司的权利

医疗保险公司规模的大小、给付能力的高低、服务态度的好坏、合同医院水平的高低直接关系到每一个被保险人的切身利益，但选择医疗保险公司的权利一直被赋予雇主。《强制医疗保险法》彻底改变了这一状况。自2011年起，被保险

① Постановление Правительства РФ от 29.07.1998 N 857（ред. от 22.06.2009）“Об утверждении устава Федерального фонда обязательного медицинского страхования”.

② Постановление от 24 февраля 1993 г. N 4543-I “О порядке финансирования обязательного медицинского страхования граждан на 1993 год”.

人可自由选择医疗保险公司。这一举措通过有效市场选择及自由竞争，起到了促进医保公司提升服务意识、改进服务质量的效果。

2. 取消私人医疗机构进入强制医疗保险体系的限制

随着准入限制的取消，进入强制医疗保险体系的私人医疗机构大幅度增加。据统计，仅2011~2012年，就有150余家私人医疗机构获准进入强制医疗保险体系，使强制医疗保险基金的合同医疗机构由8200余家扩展至8400余家。

3. 提高强制医疗保险费率

2012年，俄罗斯将强制医疗保险费率提高到5.1%，并同时规定，地区医疗保险基金不再负有养老保险费的征集义务，所有养老保险收入全部纳入联邦强制医疗保险基金，由联邦强制医疗保险基金统一收入、分配与管理。

（三）设立国家优先发展项目“医疗”，增强政府的主导与干预

2005年，俄罗斯总统指出，政府有责任在与人民生活息息相关的教育、医疗、住房等领域兴建国家优先发展项目，以提高俄罗斯公民的生活质量。自此，为改善居民的健康状况，提高医疗服务的水平和质量，预防流行疾病传播，俄罗斯以向居民提供高品质的医疗服务、发展现代医学科学和技术、提高医务人员工资待遇为核心，开始推进“医疗”服务领域的国家优先发展项目。

俄罗斯“医疗”优先发展项目的目标为：①提高俄罗斯人口的健康水平，降低发病率、伤残率和死亡率。②提高医疗服务的满意度。③提高基层医务人员的威信及劳动待遇，吸引年轻医务人员进入社区医疗服务机构工作，提高基层医疗机构的服务水平和服务质量。④促进预防保健的发展，加大新生儿遗传疾病的筛查，为居民提供更多的免费免疫接种。⑤建设高科技医疗服务中心，缩短预约排队的等候时间，提高预约透明度，为更多的居民，特别是偏远地区的居民提供免费的高科技医疗服务，满足居民对高科技医疗服务的需求。⑥为门诊医疗机构配备必要的诊断设备，减少诊断结果等待时间。⑦为各地区配备新的救护设备，提高急救的工作效率。

二、俄罗斯医疗保障体系的资金筹集渠道

俄罗斯医疗保障体系的资金主要有三大来源：政府预算拨款、强制医疗保险基金缴费和居民个人支付的医疗费用。

（一）政府预算拨款

政府预算拨款和强制养老保险缴费构成俄罗斯国家免费医疗服务的主要资金来源。向全社会提供最基本的医疗保险和医疗补助，使所有居民都能享受大致均等的基本医疗服务，是理应由政府供给的最为典型的公共产品。为此，俄罗斯将保障强制医疗保险基金财务稳定，保障公立医院正常运营，为无工作居民缴纳医疗保险金，使俄罗斯境内所有居民，不分性别、年龄、民族、健康、地域和收入水平，都可享受国家规定范围内的免费医疗服务。医疗卫生也因此成为俄罗斯国家重点投入领域，在政府预算支出中仅次于社会政策①、国民经济和教育支出，居于第四位。

俄罗斯免费医疗支出约占全部医疗支出的68%。其中，政府预算拨款（含给强制医疗保险基金的拨款和联邦转移支付）约占免费医疗支出的78.8%、全部医疗支出的53.6%。俄罗斯医疗财政支出主要用于住院、急诊和门诊医疗补助，疗养和康复支出，血液和血液制品的加工和存储，流行病预防以及给强制医疗保险基金转移支付等方面。

（二）强制医疗保险基金缴费

强制医疗保险基金缴费是俄罗斯医疗保障体系重要的收入来源之一。俄罗斯强制医疗保险基金收入约为免费医疗支出的47.2%、全部医疗支出的32.1%。俄罗斯强制医疗保险基金收入的52.3%来自政府预算拨款，44.8%来自企业缴费，2.9%来自基金经营性和有偿服务收入。

俄罗斯强制医疗保险基金支出主要用于：国家免费医疗服务支出、医疗现代化支出、医生收入补助、生育补助、有工作居民和孤儿临床检查费、额外医疗及检查支出、药品补贴（1000多种常用药品免费）、基金管理支出。

（三）居民个人支付

在俄罗斯，居民个人还需为就医支付相当大一笔资金，例如，个人需要自费购买门诊大夫开出的药品，为超出免费医疗服务范围的医疗及诊断付费。俄罗斯居民个人支付的医疗费用占全部医疗支出的比重约为32%（略高于发达国家27%的平均水平），其中72%用于购买药品。②

---

① 俄罗斯的社会政策支出包括养老保障、居民社会服务、居民社会保障、家庭和儿童保护。

② Здравоохранение в России：проблемы и пути их решения，23 Марта 2012，http：//zoomru.ru/finans.html.

三、俄罗斯医疗保障体系现状

截至 2014 年底，俄罗斯通过强制医疗保险基金将全国 1.42 亿人纳入了医疗保障体系，其中 5880 万人为有工作的居民，8350 万人为无工作居民。有工作居民的医疗保险费由 90 余万雇主缴纳，无工作的儿童、大学生、老年人和失业者的医疗保险费由政府预算缴纳。

参加强制医疗保险的俄罗斯公民，只要与全国范围内任意一家医疗保险公司签订保险合同，其在合同指定医疗机构就诊的费用，一律由保险公司承担。

2014 年俄罗斯强制医疗保障体系结构如图 1 所示。

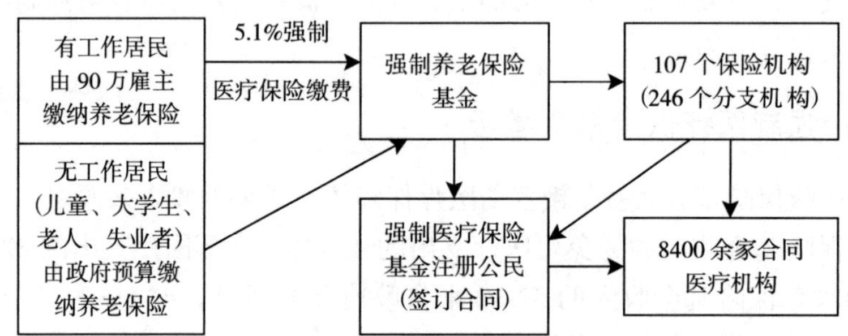

图 1　2014 年俄罗斯强制医疗保障体系结构

四、俄罗斯医疗保障体系存在的问题

经过多年的财政投入和不断变革，俄罗斯免费医疗服务范围不断扩大，医疗保障水平逐渐提高，但客观存在的问题和发展瓶颈也表现得极为突出，例如，国家财政投入虽有提高，但与同等经济发展水平的国家相比仍然偏低；医务人员数量短缺，制约医疗服务水平的提升；免费医疗服务供给缺乏相应的标准，寻租现象严重；绩效目标不明确，管理效率低下等。

(一) 国家医疗财政投入水平偏低

近年来，俄罗斯医疗财政支出有了较大幅度的增长，其占国内生产总值(GDP) 的比重也逐步由 3.5%提高到 3.7%。但这一水平在国际上依然较为落后，不仅与市场经济发达国家相去甚远，与新欧盟国家相比也存在较大的差距。新欧盟国家，特别是一些转轨国家，如捷克、匈牙利、保加利亚、罗马尼亚、克罗地亚等国，与俄罗斯经济发展水平相当，购买力平价都在两万美元左右，[①] 但这些国家医疗财政支出占国内生产总值的比重大多超过 6%，约为俄罗斯的 1.6 倍。较高的医疗财政支出，使这些国家居民的健康水平大大好于俄罗斯：人均预期寿命 76 岁，死亡率 11‰。而俄罗斯的人均预期寿命仅为 70 岁，死亡率超过 13.2‰。

(二) 工资待遇偏低，医务人员缺口增大，严重制约医疗服务水平的提高

医生工资水平低在俄罗斯是一个极为突出且普遍存在的问题。俄罗斯医生的工资仅为全国平均工资的 78%，而在同等收入国家中，医生的工资水平约为国内平均工资的 1.5~2.5 倍。较低的收入水平使俄罗斯医生数量严重不足，医生缺口四万人，中级医护人员短缺 27 万人。而随着近期大批医生（约 50%）临近退休年龄，这一缺口在未来五年还将进一步加大。

医生是医疗服务的核心与基础，没有足够的医生，就不可能有充足的、高质量的医疗服务。在俄罗斯，乳腺癌死亡率、住院死亡率、住院感染并发症患者的比例均比同等经济发达国家高出一倍多。

(三) 缺乏免费医疗服务供给标准，寻租现象严重

由于国家医疗服务规划未能就免费医疗服务的范围和标准予以清晰界定，使俄罗斯在向居民提供免费医疗服务中出现了一系列的问题，例如，同一种疾病在不同的地区或不同的医院享受的治疗水平和免费药物不同，同样的患者住院排队的等候时间相去甚远，同样的病患免费获得高科技医疗服务的机会大不相同等。

免费医疗服务标准的缺失使医疗服务成为寻租和腐败的高发地带。据全俄民意研究中心 2013 年 10 月公布的一项调查结果显示，在承认有行贿行为的被调查者中，其 54%的行贿对象为医务人员。

---

① 2010 年 1 美元购买力相当于 16 卢布。

（四）绩效目标不明确，管理效率低下

虽然俄罗斯对政府预算已实施了多年的绩效管理，并已取得极为明显的成效。但在医疗卫生领域，其管理方式依然沿用粗放的投入管理，既缺乏具有前瞻性的宏观战略规划，也缺乏针对医疗服务质量和服务安全确定的结果导向目标。低效的管理使医疗资金的支出结构极不合理，稀缺的财政资金被大量投入到风险高、回报低的地方。保障医疗服务质量与规模的医疗人力资本发展与培养支出、低投入与高产出的疾病预防支出始终得不到财政资金的充足保障。

五、俄罗斯医疗保障制度的完善路径

为进一步完善医疗卫生体系，解决俄罗斯医疗保障体系发展中存在的上述问题与发展瓶颈，俄罗斯于 2012 年 10 月颁布了《2013~2015 年俄罗斯联邦医疗发展规划》（下称《医疗发展规划》），指出要加大医疗预算拨款规模，强化医疗保险基金支出绩效，扩大免费医疗服务范围，提高俄罗斯医疗服务水平和服务质量。并着重提出改善以下医疗条件：

（一）提高医疗财政支出水平

俄罗斯《医疗发展规划》指出，应随着经济发展程度的提高，不断加大国家预算对医疗的投入力度。2020 年，俄罗斯国家预算对医疗卫生的支出应提高到国内生产总值的 4.8%。同时，还应鼓励私人增加医疗保险支出，私人医疗保险支出应提高到国内生产总值的 1.1%~1.5%，使俄罗斯医疗支出的总体水平提高到国内生产总值的 6%~6.3%。

俄罗斯医疗财政的主要投入方向应为：①提高医务人员的工资水平，2018 年医务人员的工资应达到本地区平均工资的 200%。②扩大免费医疗服务范围，住院治疗的全部药费以及标准疗程中所需的一切药品均应由医院免费提供。

（二）以立法的形式向居民提供大致均等的免费医疗服务

国家应出台相关法律保障向居民提供适度的免费医疗服务，强制医疗保险法应尽可能详细具体、清晰易懂，使老百姓能够清楚地知道，哪些医疗服务免费，哪些医疗服务需要自己负担，负担的比例有多大。因此，对每一种由国家提供免

费治疗的疾病，都应确定出标准的医疗程序、治疗费用和适用药品，使人们在不同地区、不同医疗机构，都能够得到同质的医疗服务，使国家的免费医疗服务落到实处。

（三）放宽强制医疗保险体系准入门槛

为保护投保人的权益、提高医疗资金使用效益，应进一步放宽强制医疗保险体系准入门槛，取消医疗保险机构进入强制医疗保险体系时在法定资本金、资产结构等方面的限制。

六、俄罗斯医疗保障制度的现实矛盾

在现代社会，政府解决最紧迫的社会经济问题已很难离开公共财政的支持与保障。只有当公共财政将政府的战略重心与政策优先方向转换成为具有可操作性的支出决定和财务计划，战略和政策才具有了实现的物质基础和资金保障，否则，再完美的战略和政策也终将只是一幅美丽的蓝图，虚幻而难以实现。

注重财政支出与战略和政策的衔接，以战略和政策引导和约束财政支出，以财政支出反映和支撑战略与政策的实现，就成为保障国家战略目标实现的决定性因素之一。以充足的财政投入增进本国民众的身体健康，也就成为世界各国政府具有强烈共识的一项基本选择。在俄罗斯也同样如此。

为降低疾病发病率、伤残率和死亡率，延长平均预期寿命，俄罗斯通过一系列财政经济手段不断加大国家对医疗卫生体系的投入与保障，使国家医疗卫生支出在五年间增长了近 60%。而国家财政的大力投入也取得了极为显著的成效，同期，俄罗斯因各种疾病引发的死亡率明显下降：血液循环疾病死亡率下降了 6.2%，结核病死亡率下降了 7.4%，各类事故死亡率下降了 5.6%，肿瘤死亡率下降了 1%。全俄人口死亡率由 2005 年的 16.1‰下降到 2012 年的 13.2‰，降低了 2.9‰，约 70 万人因此延长了生命。2013 年，俄罗斯人口出现了 1991 年以来的第一次自然增长。

公共财政与国民健康之间如此紧密的联系，使财政支出成为俄罗斯医疗保障体系发展的重要支撑，其对俄罗斯《医疗发展规划》实现的意义不言而喻。然而，自 2013 年后，俄罗斯对医疗卫生的财政保障模式却发生了巨大变化。

在俄罗斯 2013 年底公布的《2014~2016 年中期预算支出规划》中，联邦医疗支出[①]不仅没有增长，反而出现了相当幅度的下降：由2013年的5150亿卢布减少到2016年的4214亿卢布，累计减少18.2%；其占国内生产总值的比重也相应地由0.8%下降到0.5%。这还仅仅只是名义支出的减少，如果再加上通货膨胀以及其他因素的影响，俄罗斯2014~2016年医疗财政支出的实际下降幅度还将更大。而标志着俄罗斯政府对医疗民生服务高度重视的国家优先发展项目“医疗”，其财政拨款更是由最高时的1447亿卢布（2012年）降至2015年的304亿卢布，下降了近80%。

那么，到底是什么原因使俄罗斯置国家“医疗”发展战略于不顾，将民生保障承诺弃之一边，公然大幅度削减医疗保障支出呢？

（一）经济增速放缓，财政支出增幅下降

2015年，俄罗斯经济已连续两年下降。随着经济增速的下降，俄罗斯财政收入也受到相当幅度影响，其占国内生产总值的比重也将由2012年的20.5%下降到2016年的18.3%。财政收入的大幅度下降使俄罗斯不得不放弃实施多年的平衡预算，预算赤字重现。2014年，俄罗斯联邦预算赤字达国内生产总值的0.5%，2015年进一步扩大到1%。

经济持续下滑、财政收入大幅度减少、政府偿债支出增加等都会对俄罗斯财政支出产生一系列不利影响，而这一切也必然会传导到医疗卫生的支出，使俄罗斯医疗财政支出出现一定程度的萎缩。然而，如果只是基于上述原因，显然还不足以使俄罗斯联邦医疗支出出现高达18%以上的下降，导致俄罗斯医疗财政支出急剧下降的根本性原因还在于：俄罗斯对财政支出结构的大规模调整以及国防开支的快速膨胀与扩张。

（二）俄罗斯国防军备支出大幅度上升，对民生服务支出产生极大挤压

根据《2014~2016年中期预算支出规划》，俄罗斯联邦财政支出结构将出现重大转变，将由此前的保民生转向今后的促国防，国防支出将成为俄罗斯国家财政的重点保障领域与优先支出方向。

2013~2016年，俄罗斯国防支出将由20984亿卢布上升到33780亿卢布，预

① 俄罗斯国家预算由联邦政府预算和联邦主体汇总预算构成，两级预算各自独立，互不包容。由此，公开披露的联邦中期预算规划不包含联邦主体政府预算，此处仅就披露的联邦政府相关预算数据进行讨论。

期增长 61%，年均增幅超过 17%。国防支出的快速增长使其占财政支出的比重相应地由 15.7%上升到 21.7%，增长幅度高达 38.2%，其占国内生产总值的比重也将由 3.2%提高到 3.9%，成为未来三年间俄罗斯联邦政府唯一一个快速增长与提高的财政支出项目。

与此相反的是，俄罗斯包括医疗、教育、住房和社会政策在内的民生服务支出占财政支出的比重将由 2013 年的 38.8%下降到 2016 年的 33.3%，下降幅度为 13.1%，其中，医疗服务支出更将下降 18.2%（如表 1 所示）。

表 1　俄罗斯联邦政府支出占 GDP 比重

单位：%

年份	2013	2014	2015	2016
合计	20.1	19.0	19.3	18.9
全国性问题（即一般公共服务支出）	1.4	1.4	1.3	1.2
国防	3.2	3.4	3.8	3.9
国家安全	3.1	2.8	2.6	2.4
国民经济	2.7	3.1	2.7	2.3
住房	0.2	0.2	0.1	0.1
教育	1.0	0.8	0.8	0.7
医疗	0.8	0.6	0.5	0.5
社会政策	5.8	4.8	5.1	5.0
偿还债务	0.6	0.6	0.6	0.7
转移支付	1.0	0.9	0.9	0.8

资料来源：О федеральном бюджете на 2014 год и на плановый период 2015 и 2016 годов.

国防支出的快速提高和医疗支出的大幅度下降，使俄罗斯国防支出与医疗支出之间的比值由 2013 年的 4.07∶1 扩大到 2016 年的 4.96∶1，使两者间的差距扩大 21.9%。

俄罗斯医疗财政支出占国内生产总值的比重受此影响也不断下降，将由 2012 年的 3.7%降至 2016 年的 3.4%，使其与其他国家医疗保障水平之间的差距进一步拉大。

俄罗斯对医疗保障体系的这种财政拨款模式，不仅违背了政府的施政承诺，更使俄罗斯《医疗发展规划》提出的“医疗保障支出占国内生产总值的比重在 2020 年达到 4.8%”的目标遭受重创。虽然俄罗斯也提出在支出总额减少的情况下，要以医疗机构的实际工作结果为导向，优化医疗资金的配置，提高医疗机构的工作效率和服务水平，但国家财政资金的缺位与重视程度的下降，必将给俄罗斯医疗保障事业的发展产生不可估量的负面影响。

俄罗斯在国防支出与民生服务支出方面的一增一减，从另一个侧面反映了俄罗斯国家发展战略的激变以及政府支出保障重点与优先发展方向的转换。对于俄罗斯政府发出的这一信号则需要我们在未来一段时期予以高度关注。

参考文献

［1］Указ Президента РФ. О совершенствовании государственной политики в сфере здравоохранения ［M］. от 7 мая，2012.

［2］Г.Э. Улумбекова. Система здравоохранения Российской Федерации：итоги，проблемы，вызовы и пути решения［J］. Вестник Росздравнадзора，2012，2.

［3］Счетная палата Российской Федерации. О федеральном бюджете на 2014 год и на плановый период 2015 и 2016 годов ［M］. 10. октября，2013.

［4］Поступление и расходование средств Федерального фонда ОМС.Федеральная служба государственной статистики，http：//www.gks.ru.

［5］Об исполнении бюджета Федерального фонда обязательного медицинского страхования за 2012год.Бюллетень трудового и социального законодательства Российской Федерации. 2013. № 10.

［6］Федеральный закон “Об обязательном медицинском страховании в Российской Федерации” от 29.11.2010 № 326-ФЗ，http：//www.consultant.ru.

［7］Федеральный фонд ОМС：источники доходов и направления расходования средств，http：//finanso-blog.blogspot.ru.

［8］Г.Э.Улумбекова. Как отвечает законопроект. Об основах охраны здоровья граждан в Российской Федерации ［M］. на вызовы системе здравоохранения：аналитическая справка，2011.

［9］Постановление Правительства РФ “О мерах по стабилизации и развитию здравоохранения и медицинской науки в Российской Федерации” от 5 ноября 1997 г. № 1387.

［10］Государственной программы Российской Федерации “Развитие здравоохранения” на 2013-2015 годы，Приказ Минздрава России от 19 февраля 2013 г. № 86а.

［11］Улюкаев А.，Куликов М. Глобальная нестабильность и реформа финансовой сферы России. Вопросы экономики，2010 . № 9.

［12］Об исполнении бюджета Федерального фонда обязательного медицинского страхования за 2012 год，http：//www.gks.ru.

［13］Улумбекова Г.Э. Здравоохранение России. Что надо делать：научное обоснование Стратегии развития здравоохранения РФ до 2020 года.М.：ГЭОТАР-Медиа，2010.

［14］Концепция развития здравоохранения и медицинской науки в Российской Федерации. М.，2005.

［15］Постановление Правительства РФ “О программе государственных гарантий бесплатного оказания гражданам медицинской помощина 2014 год и на плановый период 2015и 2016 годов” от 18 октября 2013 г. № 932.

[16] Постановление Правительства РФ “Об утверждении правил предоставления платных медицинских услуг населению” от 13.01.1996 № 27.

“一路一带”战略下中蒙经贸合作的法律保障

王培新[①]

[摘　要]“一带一路”战略下，中蒙经贸合作又出现新的契机。在国家层面，中蒙经贸发展的构架与合作规划已经建立。从理念、规划走向经贸合作的现实，法律制度的建设尤为重要。如何更好地从立法和司法两方面进行认识和实践，是今后发展中蒙经贸合作的关键性制度保障。

[关键词] 中蒙经贸合作；立法；司法

“一带一路”沿线涉及64个国家和地区，在我国提出“一带一路”战略后，其中绝大多数国家明确表示赞同。由此表明，各国在当前经济发展形势下对与中国发展经济关系的重视和对中国作为经济贸易合作伙伴的认同。同时，我国提出的策略与理念也符合沿线国家在经济发展过程中的诉求与愿望。蒙古国作为沿线国家之一，在习近平主席2014年8月21日访蒙开始，中蒙两国经贸关系进入了一个全新的发展阶段。2015年7月9日，习近平主席又与俄罗斯、蒙古国总统会晤，签署了三方合作中期路线图，在经贸合作方面，提出编制《中蒙俄经济走廊合作规划纲要》的设想，将中蒙经贸合作的发展又推进了一步。可见，在国家层面，中蒙经贸发展的合作规划与构架已经建立。同时，从理念、规划走向经贸合作的现实，法律制度的保障尤为重要。

---

① 王培新，内蒙古财经大学法学院教授，内蒙古人大常委会立法咨询顾问，研究方向：民商法。

一、立法保障

(一) 法律制度是中国与他国开展经贸合作的基础

1. 国与国之间开展经贸往来的重要制度支撑是法律

法律制度是一国维护经济持续稳定发展的基石，是国与国之间进行贸易往来的最坚实的保障，是构成一国投资环境的重要部分。近年来，中蒙贸易和投资关系中发生的多起纠纷，不仅反映出蒙古国在相关外国投资法律制度建设方面的不稳定和不完善，而且对外国投资者在蒙古国投资的信心产生了很大的动摇，稳定的立法应当成为其经济发展内在逻辑的主线。我国学者认为，“蒙方政府职能部门应发挥主导作用，完善相关政策法规，保障法律的稳定性和连续性。”对于目前作为蒙古国第一大贸易伙伴和投资国的中国，在外商投资方面的法制建设也在不断发展完善中，以《外商投资企业法》(包括《中外合资经营企业法》、《中外合作经营企业法》、《外资企业法》) 为指引，相应的关于外商投资企业在税收、环保等方面的法律制度体系基本形成。在 2015 年 1 月 19 日我国商务部公布《中华人民共和国外国投资法 (草案征求意见稿)》(以下简称 《外国投资法 (草案)》) 向社会公开征求意见，通过后将实现上述三法合一，新的对外资准入制度将会进一步推进和提升我国吸引外国投资的步伐和力度。

2. 法律渊源

法律渊源作为法律在形式上的来源，对于投资者掌握在外国进行投资活动及产生纠纷后的解决途径具有基本的指引作用。《蒙古国外国投资法》第二条规定：“关于外国投资的法规是由宪法、本法及符合上述法规的其他文件组成。蒙古国加入的国际公约中有本法以外的其他条款时，则执行国际公约条款。”《蒙古国外国投资法》第二十五条规定：“外国投资者与蒙古国投资者之间，外国投资者与蒙古国法人及自然人之间产生的与外商投资、外国投资企业业务活动有关的纠纷，如蒙古国参加的国际公约及双方签订的合同中无规定时，则由蒙古国法院裁决。”我国《外国投资法 (草案)》 比原来的三资企业法调整范围更加广泛，不仅包括在中国境内以设立企业方式进行投资，而且包括取得股权、融资、取得特许权、取得不动产权利等。在涉外纠纷的解决方面，首先应当按照其中规定的 “外国投资者在中国境内投资和经营活动中产生纠纷的，可依据相关法律法规通过协商、调解、投诉、复议、仲裁或者诉讼"等方式解决。从以上规定可见在双方经贸合作中，法律渊源包括：①国内法。中国与蒙古国各自国内法关于涉外商事活动的法律规定是两国进行商事往来的重要法律渊源。《蒙古国外国投资法》是外资在蒙古国投资须首先遵循的基本法律，一直以来被外国投资者关注，而且在2013年对其进行了修改。②双边条约及共同加入的国际公约。蒙古国与中国均为世界贸易组织成员国，在双方经贸合作中有义务遵守世界贸易组织规则，对其具有法律约束力。两国还共同加入华盛顿《解决投资争议公约》等。在中蒙双边条约方面，如中蒙两国政府《关于对所得避免双重征税和防止偷漏税的协定》、《中蒙汽车运输协定》、中蒙两国政府《关于鼓励和相互保护投资协定》、《关于在矿产能源领域开展合作的协议》以及习近平主席访蒙期间签署的关于在煤炭等能源合作、金融合作、交通合作等经济贸易合作方面的协议、备忘录都将成为中蒙战略合作伙伴关系框架下现实合作的主要法律渊源。

（二）各国法律规范是开展经贸合作的保障

1. 所属法系

在民商事法律制度上，蒙古国归属于大陆法系国家，成文法（制定法）是其法律的特点。法系提出的最初意义虽然在于对法学的比较研究，但同时对一国法律所属法系的认识有助于促进法律文化的了解与交流，也是掌握一国法律整体特点和格局的重要方面，从而有助于在他国进行法律实践。在开展中蒙贸易合作的过程中，对蒙古国作为大陆法系的成文法渊源的认识之外，其具有的如法典形式立法、以法官为重心的纠问式诉讼程序等特点的认识，都对于贸易的开展具有直接的现实意义。我国民商法律制度是否属于大陆法系还存在争议，但其对大陆法系国家相关制度进行的高度借鉴毋庸置疑，因此，可以说在两国进行经贸合作过程中能够达到在双方互相理解和接受法律规定的程度上更高，在法律的执行性上有更强的积极效果。

2. 关注我国与蒙古国双边经贸关系中的立法现状

中蒙经贸合作的历史不短，而且在当今形势下出现了迅猛发展的势头。从社会、经济、人文等角度，我国学者对蒙古国的制度性研究也开始活跃。与我国法学学者对英美法系、大陆法系代表性国家法律制度的研究相比，对与蒙古国双边关系中法律制度的了解与研究还不够充分，甚至是滞后的。中蒙法律制度全面的比较性研究还需要进一步深入。从我国学者目前的研究成果中可见，在双边贸易、矿产资源等方面的研究中成果较突出，同时建议今后应加强蒙古国《环保法》、《合同法》、《金融法》及《产品质量法》等方面法律制度的学术关注。从目前中蒙双边经贸合作的现实出发，我国对蒙古国投资是其中的重要方面。因此，加强各界对蒙古国立法的研究，也是促进双方合作认识和选择的重要前提。如中方主体在蒙古国投资矿业时，需要了解和遵守相关法律法规，在实践中也发生过一些中方当事人在蒙古国投资而不遵守当地环保法、金融法的案例，中方“有些企业为了加大利润降低成本而不惜以破坏环境为代价”，影响双边关系中的彼此信任与良性发展。

3. 蒙古国与我国重点合作领域的法律制度建设

（1）投资方式。《蒙古国外国投资法》第六条规定：“蒙古国的外国投资按下列方式实施：①外国投资者单独创办企业、开设分部。②外国投资者同蒙古国投资者合办企业。③外国投资者可依据蒙古国法规，以购买蒙古国企业股份、股票及其他有价证券的方式直接进行投资。④按照法规和租赁、产品分成合同规定获得的自然资源利用、加工方面的权利。⑤签订营销、管理合同，进行金融租赁和特许经营方式的投资。”我国现行的《三资企业法》仅从在我国设立外商投资企业的形式上进行了规定，但《外国投资法（草案）》对其规范的外国投资活动从多个投资方式角度进行了列举式规定。目前，双方合作侧重于中方在蒙方的投资，结合合作思路中涉及的经贸合作领域，我国主体都可以依照《蒙古国外国投资法》的上述规定进行在蒙古国的投资。

（2）重点合作领域。中蒙作为全面战略伙伴关系，确定了“矿产资源开发、基础设施建设和金融合作的三位一体、统筹推进的经贸合作思路”。以涉及其中的蒙古国矿产资源法律制度为例，虽然中国目前已成为蒙古国最大的外资来源国，并且主要集中在矿产资源开发方面，但与蒙古国现存的自然资源量相比，仍有大量的勘探开发空间。特别是在其铁路、公路、电力和通信网络等基础设施建设不断完备的情况下，将会促进其快速发展。在法律制度方面，除《蒙古国外国投资法》的上述规定外，《蒙古国矿产资源法》也是我国投资者进行矿产开发应当遵守的直接法律依据。其中第二条规定：“矿产法规由宪法、土地法、地腹法、保护自然环境法、国家安全法、本法及根据这些法规制定的其他法律文件组成。蒙古国参加的国际条约与本法有另指时，执行国际条约条款。”与我国立法技术及规律相比，蒙古国法律除在立法中指明与本法相关的法律外，同时侧重立法文件本身的综合性、全面性。在主体资格的限制方面，1997 年蒙古国大呼拉尔通过第一部《矿产资源法》，规定蒙古国公民、外国人、法人有权获得勘查许可证，到 2006 年 7 月 8 日通过的《矿产资源法》规定：“勘探和开采特别许可只授予依据蒙古国法律法规建立正在从事经营活动，向蒙古国纳税的法人。”这些法律规定都为开展中蒙在矿产资源上的开发提供了最基本的法律保障，是在以上重点领域开展合作的基础。

二、司法保障

司法是将立法付诸实施的活动。最高人民检察院检察长曹建明最近提出，随着国家自贸区建设、“一带一路”等重大发展战略的实施，涉外司法协助、法律争议解决等问题将逐步增多，检察机关要为此提供法律保障。最高人民法院发布了《关于人民法院为“一带一路”建设提供司法服务和保障的若干意见》（简称最高法《意见》）旨在大力加强涉外刑事、涉外民商事等案件的审判工作。同时提出要加强国际司法协助，积极支持发展多元化纠纷解决机制。2015 年 7 月 8 日，最高人民法院“一带一路”司法研究中心成立，为“一带一路”司法保障提供理论支持和学理支撑。可见，国家针对“一带一路”建设的司法保障的主旨与工作思路已经确立，中蒙经贸合作也将会在司法保障的大环境下得到发展。

（一）国内法

1. 民事方面

我国对涉外民商事案件处理的法律依据是《民商法》、《民事诉讼法》及相关司法解释等在内的涉外规范。在中蒙贸易的实践中，合同纠纷包括买卖合同、运输合同、租赁合同、劳务合同等均为典型的类型，其纠纷内容主要包括产品质量、合同解除等方面。因此，作为我国投资者，应当研究和关注蒙古国法律在解决合同纠纷方面的实体与程序法律制度。在实践中，前述提到的现象不仅是我国投资者不守信誉、有关观念淡薄的表现，而更应从违法或违约的高度上去认识和解决。包括“2013 年 1 月中国铝业就接到蒙古珍宝 TT 公司单方面拒绝履行协议，不再向中铝供应煤炭的通知”等蒙古国单方解除合同的案例也是如此。

2. 刑事方面

我国对涉外刑事案件处理的法律依据是《刑法》、《刑事诉讼法》及相关行政法规、司法解释等在内的涉外规范。最高法《意见》中特别指出：严厉打击暴力恐怖势力，严厉惩处海盗、贩毒、走私等跨国犯罪，妥善审理涉及国际经贸领域的刑事案件。同时，根据中蒙经贸合作的实践，包括贸易诈骗等刑事案件也是两国法律应当打击的重点对象。

(二) 双边条约及共同加入的国际公约

1. 司法协助机制的完善是推动中蒙国际司法合作的重要方面

中蒙两国于 1983 年签订的《关于民事和刑事司法协助的条约》，是两国进行司法协助实践的基础，在中蒙经贸关系的发展中也逐步积累起司法协助的实践。但在诸如民事案件法律文书的送达及执行方面的司法协助执行机制还需完善，其中包括涉外文书的送达、涉案财产的执行等方面还不能达到通畅，影响办案效率与质量，也对中蒙经贸关系的整体良性运行造成阻碍。因此，还需要两国在充分沟通的基础上，完善相关的司法协助机制。2013 年 5 月 2 日起实施的最高人民法院《关于依据国际公约和双边司法协助条约办理民商事案件司法文书送达和调查取证司法协助请求的规定》从中国方面为推动两国之间经贸纠纷的解决提供了有效途径。

2. 仲裁机制的建立与有效运行

中蒙两国作为《承认和执行外国仲裁裁决公约》的成员国，负有履行其规定的义务，双方应重视共同加入的国际公约作为解决双方纠纷的有效途径。我国《对外贸易法》对中国国际贸易促进委员会在开展对外贸易促进活动方面的职能和任务进行了规定，在我国《仲裁法》中确立了中国国际商会作为涉外仲裁机构的法律地位，其作为对外国主体与中国主体之间以及外国主体相互之间贸易契约争议的解决机构，在中蒙贸易纠纷的化解方面同样具有重要的作用。根据目前中蒙经贸合作发展的现实，还应考虑双边仲裁机制的建立，如在两国之间应签订《仲裁合作协议》。

总之，从中蒙两国的发展利益出发，在两国关系的构建中，以包括国内法、双边条约与国际公约为内容的法律制度，在立法和司法的层面进行关注与建设，是两国经贸合作持续良性发展的根本保障。

参考文献

[1] 娜琳. 中蒙煤炭领域合作与对策建议 [J]. 东北亚学刊，2013，2：26.

[2] 郑淑伟. 中蒙两国煤炭贸易未来发展的思考 [J]. 内蒙古民族大学学报（社会科学版），2013，1：90.

[3] 最高人民检察院检察长曹建明 2015 年 7 月 7 日在大检察官研讨班上的讲话。

[4] 许海清. 加快中蒙边境口岸发展的对策探讨 [J]. 未来与发展，2013，4：96.

"一带一路"战略下对蒙矿业投资的生态环境保护分析

落志筠[①]

[摘　要] 对蒙矿业投资一直以来都是中蒙贸易的主要组成部分，"一带一路"战略下，中蒙矿业合作的舞台更加广阔。然而，矿业活动与生俱来的对环境的污染以及对生态的破坏问题将严重地制约中蒙矿业合作。这就要求对蒙矿业投资应当符合蒙古国现有的生态环境法律制度要求，满足蒙古国保护生态环境的需求。

[关键词] 中蒙矿业合作；生态环境问题；环境权；环境保护优先

一、"一带一路"战略下对蒙矿业投资的新机遇

(一) 中蒙贸易合作的历史演进

中蒙贸易合作由来已久，却又曲折前行。1951~1991 年是中蒙双边贸易建立和恢复阶段，经历了初步发展、挫折、再恢复的过程。1991 年苏联解体后蒙古国经济陷入严重危机，对我国依赖性增强，我国与蒙古国的双边贸易额不断增长，至 1999 年，中国成为蒙古国第一贸易伙伴国，中蒙贸易合作快速发展。进入 21 世纪，中蒙贸易合作成果不断扩大，2013 年中蒙贸易额接近 60 亿美元，与 10 年前相比增长了 15 倍，中蒙贸易合作进入了稳步推进阶段。在中蒙贸易合作中，中方投资主要集中在蒙古国的矿业领域，包括矿产勘探、矿产开发，同时与矿业相关的基础设施建设、商业贸易等也是投资的重点。除此之外，蒙古国具

---

① 落志筠（1981—），女，山西朔州人，汉族，博士，内蒙古财经大学法学院讲师，主要研究方向：环境与资源保护法学。

有的畜牧业优势也是中国的重点投资领域，包括对畜产品、畜产品加工、饮食服务业的投资。

（二）“一带一路”战略为对蒙矿业投资提供了新的机遇

2013 年 9 月和 10 月，习近平主席提出了建设“新丝绸之路经济带”和“21 世纪海上丝绸之路”的战略构想，简称“一带一路”战略，其贯穿欧亚大陆，东连亚太经济圈，西接欧洲经济圈。“一带一路”战略是面对当今复杂的国际背景下提出的发展构想，目的是要推动沿线各国经济政策协调共赢，开展更加深入全面的区域合作，在区域经济合作中实现普惠、均衡、共赢。2015 年 3 月 28 日，我国发布了《推动共建丝绸之路经济带和 21 世纪海上丝绸之路的愿景与行动》，该文件表明，“一带一路”战略下，我国与周边各国将在传统能源资源勘探开发以及清洁、可再生能源领域的合作不断推进。这在全球矿业持续低迷的大背景下，无疑为矿业发展带来了极大的发展机遇。

2014 年 8 月 21~22 日，习近平主席对蒙古国进行了为期两天的国事访问。此次访问对深入拓展中蒙两国合作意义重大，两国领导人就矿产资源开发、基础设施建设、金融领域的合作进行了统筹推进。这期间矿产资源开发是“三位一体”战略的重要组成部分，并为此签订了包括《中华人民共和国国家发展和改革委员会与蒙古国经济发展部关于成立中蒙矿能和互联互通合作委员会的谅解备忘录》、《中国石油天然气集团公司与蒙古国石油局合作备忘录》、《中国神华集团、国家开发银行与蒙古国合作方关于甘其毛都——噶舒苏海图口岸铁路融资协议》、《中华人民共和国国家发展和改革委员会与蒙古国矿业部关于加强煤炭加工合作的谅解备忘录》在内的一系列法律文件。正如外交学院国际关系研究所副所长王帆表示的：“中蒙两国具有明显的地缘优势，双方在能源方面开展合作能够实现共赢。”由此，中蒙矿业合作进入了快车道。

二、矿业活动对矿业地生态环境的不利影响

“一带一路”战略下，我国与蒙古国就矿业合作将展开更加深入的合作，主要表现为我国将在蒙古国境内就煤炭等能源开发进行更加深入的合作，这就势必会对当地的生态环境产生影响。一般而言，矿业活动会从以下两个方面影响生态环境：

（一）矿业活动导致生态环境恶化

矿业活动是指对于赋存于地球内部或表面的矿产资源勘探、开发、利用的综合过程。在此过程中，由于矿产资源与其所赋存的土地密不可分，就决定了矿业活动对于矿产所依附的土地以及当地的生态环境产生或多或少的影响。首先，矿业活动大面积占用土地资源，导致土地资源的生态功能下降或丧失。矿产资源富存于地表或地下，要想实现对矿产资源的开发利用活动，必须要在土地上开展相应的行为，而土地的功能是多样化的，其既是矿产资源的赋存场所，又是其他动植物、微生物的生存空间。如果没有矿业活动，而是保持矿产资源的原有状态，则土地上的动植物、微生物等保持着固有的平衡。但是矿业活动的开展与动植物的生存往往是不相兼容的，矿业活动会挤占甚至破坏动植物的生存空间，也使土地原本具有的种植、养殖等经济功能和生态功能被迫让位于矿业开发。其次，矿业活动对地表植被的破坏也极其严重，进而影响地面生物系统的稳定。如前文所述，矿产资源与动植物共用有限的土地空间，而一旦开展矿业活动，就会影响原本动植物的生存状态。以我国为例，有数据显示，全国因采矿而破坏的森林面积累计已达 10.6 万平方米，破坏的草地面积累计达 15.7 万平方米，而且还在以每年 4000 万平方米的速度递增。矿业活动在造成如此大规模植被破坏的同时，对于栖息于此的动物而言无疑也是巨大的灾难。最后，矿业活动也会对当地的水体产生明显的影响。矿业活动属于极其耗费水资源的人类活动。以煤炭为例，内蒙古伊泰煤炭股份有限公司负责人透露，以目前的技术水平来看，一吨煤化工产品所需的水耗基本不可能低于五吨，其他矿业活动的耗水量也不容小觑。因此，矿业活动对于当地水资源的利用量是极其巨大的，若该矿业活动本身位于缺水地区，则这种需水量对于当地的水资源保护无疑会产生巨大的压力。

（二）矿业活动产生大量环境污染，加剧当地生态环境恶化

首先，矿业活动本身会产生大量的尾矿等固体废弃物，这些固体废弃物直接排放到环境中会大量占用土地，同时产生严重的土壤重金属污染、水污染。我国国内绝大多数小矿山没有排石场和尾矿库，废石和尾矿随意堆放，而美国历史上也因尾矿的大量堆放产生了诸如水牛湾惨案的溃坝事故。其次，矿业活动产生的废气和废水排放也会污染当地的大气和水。除了固体废物之外，矿业活动本身还会产生大量的废水和废气，这些污染物进入到生态环境中，会导致水污染和大气污染。如前文所述，矿业活动本身需要耗费大量的水资源，而这些被利用之后的水若不经无害化处理直接排放到环境中，则会产生严重的水污染。最后，矿业活

动产生的粉尘、煤烟等空气污染物也是导致当地空气质量恶化的重要原因。

可见，在“一带一路”战略下迅速推进的中蒙矿业合作中，我们作为投资方一定要考虑矿业活动给当地生态环境带来的负面影响，要积极采取相应措施减少或杜绝这种负面影响的产生，保护人类共同的家园。

三、蒙古国立法重视生态环境保护

（一）生态环境保护是蒙古游牧民族一以贯之的优良传统

蒙古国自古就有浓厚生态环境保护意识，早在蒙元以前就信奉“天父地母”，清后期就出现了包括《阿勒坦汗法典》在内的一系列生态环境法典。蒙古人作为一个游牧民族，环境是其生存的生命线。在他们长期的适应环境过程中形成了根深蒂固的生态环境保护思想。如游牧民族信奉的“萨满”教就崇拜自然，认为“长生天”是自然界最高的神。受萨满教和原始宗教信仰的影响，蒙古民族普遍信仰多神灵，认为神灵无处不在，自然界的高山、湖泊、森林均是神灵的寄居之地，因而人们敬畏大自然，忌讳任何伤害神灵和大自然的行为。而在他们自身的生活习惯中，也形成了忌讳污染水资源、伤害动物、损害植物的行为习惯。

（二）蒙古国现有立法重视生态环境保护

1921 年蒙古人民共和国成立后，就制定颁布相关环境保护的各项立法，至 1995 年实施《自然环境保护法》，蒙古国形成了较为完整的生态环境保护法律体系。[①] 蒙古国的生态环境保护法律制度体系十分严格，对于干扰生态环境的行为做出了较为严格的规制，突出表现在以下几个方面：

首先，《蒙古国宪法》和《蒙古国自然环境保护法》确立了公民环境权，具体

① 1992 年颁布的《蒙古国宪法》第一章第 4 条：“国家可使用土地所有者承担与其占有地相适应的义务，根据国家的特殊需要可更换或收回土地并给予补偿。该地的使用如与人民健康、自然保护和国家安全的利益相抵触，国家可没收之。”第七章第 16 条：“公民有权在清洁、安全的环境中生活，有权在环境受到污染，自然失去平衡时要求得到保护。”第七章第 17 条：“从事劳动、保护自身健康、抚养子女、保护自然环境是每个公民应尽的义务。”宪法确认了公民的环境权和环境义务。《蒙古国刑法典》第 23 章规定了违反环境保护法规的犯罪，具体到违反大气、狩猎、地壳使用、水、林业等法规的犯罪。

包括资源环境利用权、知情权、参与权以及环境损害救济权。[①] 环境权的法律化在全球尚属少数，蒙古国在法律上确认公民环境权充分体现出其权利优先的理念，对于保护公民环境权具有重大的意义。蒙古国在将公民环境权法律化的同时，还在《自然环境保护法》第一条“宗旨”中开宗明义地指出了“站在现代人与后代人的权益立场上”开展自然环境保护工作，不仅重视当代公民环境权的保护，还重视后代人的权益保护。这一先进的立法意味着中蒙矿业合作过程中要充分尊重公民环境权，接受公民环境权的监督。

其次，蒙古国设置了自然环境评估制度，即为生产目的利用自然资源的主体要自己出资做自然环境评估，包括对自然资源蕴藏量评估和对自然环境的影响的评估，前者在于摸清自然环境的原始状态，而后者是为了保存自然资源的原始状态防止其失衡。

最后，蒙古国确立了严格的保护自然环境，合理利用和恢复治理自然资源的通用办法。为了保护自然环境，严格要求禁止猎捕、采集、利用稀奇动物、植物；制定环境污染标准；鼓励无公害、无污染技术工艺的运用；建立保洁区保护环境。对于超出自然环境承受力而进行的排放要进行污染处理，并承担相应费用；对于污染物实行分类和定点处理。同时，蒙古国政府于 2009 年颁布的《矿产资源特别法》，划定了禁止开采矿产资源的区域，这些区域包括大面积原始森林地带、自然保护区、重要水源地以及江河、湖泊上游，均是对生态系统具有重要意义的生态敏感区域，在这些区域内，经济利益严格服从于生态利益，优先保护生态环境。

---

①《蒙古国宪法》第二章人权、自由中第 16 条规定：“蒙古国公民有保障地享有以下基本权利和自由：有权要求在清洁、安全的环境中生活，当环境受到污染、自然失去平衡时要求得到保护。”可见蒙古国将公民环境权作为基本人权予以规定。《蒙古国自然环境保护法》也直接规定了公民的环境权。其第四条规定：“自然环境保护方面公民的权利与义务。公民在自然环境保护方面享有以下权利：①由于肇事者的破坏行为影响到自然环境，造成公民身心健康和财产受到损害时，提起诉讼要求赔偿损失。②与违反自然环境保护法的行为做斗争，要求追究破坏自然环境肇事者的法律责任。③可以建立保护自然环境的民间组织、基金会，地方居民可以自愿联合保护和恢复，享受其利益。④可以要求有权威部门限制阻止对自然环境有害影响的一切行为，对自然环境有可能造成破坏的企事业单位停止颁发许可证。⑤可以自愿参加本法第三条二款八项所指原则组成的地方居民合作社来保护所在地的某项资源，并同时可依法利用和开发资源。”

四、对蒙矿业合作中需着重关注生态环境保护问题

“一带一路”战略开启了中蒙矿业合作的全新局面，但是，矿业活动本身对土地等生态环境的不利影响却很难完全避免，再加之之前对蒙投资的一些小型矿企的破坏环境行为使得蒙古民间出现对华企业的不满情绪，这要求新时期的对蒙矿业投资尤其要关注生态环境保护问题。

（一）严格执行环境保护优先原则与风险预防原则

环境保护优先，是指在人类与环境的关系中，对资源环境的开发利用要以环境保护为前提，在经济利益与环境利益相冲突时，应优先考虑环境利益。这项原则是在处理经济发展与环境保护宏观关系上的最高原则，离开环境保护优先而谈环境保护，最终都无法将环境保护真正落到实处。世界上许多发达国家已经在立法中作出了“环境保护优先”的战略选择，并且将其上升到法律原则，[①] 我国也在 2014 年修订的《环境保护法》中明确提出了“保护优先”的原则。除了国家立法外，国际社会上对于环境保护优先原则也极为重视。1982 年联合国大会通过了《世界自然宪章》，在该文件中也明确了环境优先原则的基本内涵，即首先世界各国要避免进行那些可能对大自然造成不可挽回损害的活动。其次，如果一定要进行可能对大自然构成重大危险的活动，那么在活动之前首先应当彻底调查，要证明该活动预期的益处将超过大自然可能受到的损害，如果活动的倡导者并不能完全了解该活动可能造成的不利影响，则该活动是不可以进行的。换言之，对自然环境的保护是处于优先地位的。环境保护优先原则不仅是我国环境保护法的基本原则，也应当在中蒙矿业合作中成为我们应当确立的首要原则，在处理矿业发展和生态环境保护问题上旗帜鲜明地保护生态环境，在生态环境可承受的限度范围内发展矿业。只有这样，才能真正实现经济效益、生态效益的统一。放弃或无视生态环境恶化的矿业开采行为是短视的，其不仅会破坏矿区当地的生态环境，使得矿业开发活动无法正常进行下去，长期下去，也会导致全人类生态环境

① 如日本在震惊世界的公害事件后，于 1970 年修改《公害对策基本法》时确立了环境优先原则；美国也在公害频发之后于 1969 年的《国家环境政策法》中将环境优先原则确立为环境法的基本原则；韩国 1990 年的《环境政策基本法》明确规定了在从事利用环境的行为时，应当对环境保全予以优先的考虑；俄罗斯于2002 年颁布的《俄罗斯联邦环境保护法》也确定了环境保护优先。

的恶化，丧失人类共同的美好家园。

预防原则，是指对开发和利用环境行为所产生的环境质量下降或者环境破坏等应当事前采取预测、分析和防范措施，以避免、消除由此可能带来的环境损害。这一原则的基本含义是对危害作充分的预测并采取各种措施防止危害的发生或将危害控制在允许的范围内。西方国家“先污染后治理”的老路使我们认识到以牺牲环境为代价的经济发展道路是不可取的，必须事先防范，防患于未然。“预期环境政策”最先由联合国环境规划署等组织在 1980 年起草的《世界自然资源保护大纲》中提出，该文件要求任何重大决定，如果可能影响环境，应当在其最早阶段就要将资源保护及环境要求充分考虑在内。另一重要国际组织“经济合作与发展组织”环境委员会也建议预防为主应成为各国环境政策的核心。为此，在 20 世纪 80 年代后期，预防原则在各国环境政策中越来越受到重视，并最终成为各国环境管理和立法的重要原则。中国 2014 年修订的《环境保护法》第五条则明确规定了“预防为主”原则。在中蒙矿业合作中，预防原则显然是必不可少的。这是因为矿业活动本身会对生态环境产生严重的破坏和污染，而这种污染和破坏并非绝对不可避免，如果我们事先预防、采取相应的防范措施，很多环境问题是可以被直接避免的，剩余环境问题也可在很大程度上得以减轻。面对蒙古国严格的生态环境保护制度以及蒙古国民众根深蒂固的生态环境文化理念，预防原则可以确保中蒙矿业合作在合乎法律与民约的前提下最大限度地实现中蒙双方的共赢。

（二）对蒙矿业投资应统筹规划矿产资源开发与生态环境保护

矿产资源开发活动不可避免地会造成生态环境问题，这就要求我们在环境保护优先原则和预防原则的指导下建立矿产资源开发与生态环境保护统筹规划。矿产资源开发活动本身会产生许多生态环境问题，而生态环境问题有其自身的特殊性，往往是污染、破坏容易，治理、恢复难，而且有一些生态问题是全局性、长期性的问题，不是短时间的恢复治理就能完成的。因此，制定科学合理的行动规划对于中蒙两国矿业合作尤为重要。

中蒙矿业开发与生态环境保护统筹规划应当综合考虑中蒙矿业合作的实际情况以及蒙古国本国的情况。蒙古国处于亚洲中部，是典型的内陆国家，具有典型的内陆大陆性气候，干燥少雨。草原占到国土面积的 50%，是一个草原国家，植物资源丰富。同时，蒙古国又是一个煤炭、石油、铜钼矿、金矿、萤石矿、磷矿储量丰富的矿产国家，其中铜矿探明储量居亚洲第一；煤炭、石油资源丰富。中蒙矿业合作是充分利用蒙古国的矿产丰富优势实现双边贸易的互惠共赢。在蒙古国勘探开发矿产资源，就势必会对当地的草原生态环境产生影响。在蒙古国尚未出现重大生态危机之前，可持续地利用这些矿产资源并合理保护当地生态环境，既为当代人谋求发展空间，又为后代人的发展留下了广阔的空间，这也是符合蒙古国关于生态环境保护的立法精神的。因此，要在科学评估蒙古国当地自然环境的基础上确立矿产资源开发利用的计划和规划，实现经济效益与生态效益的统一。

（三）加强中蒙民间生态文化沟通与交流，充分尊重蒙古国民众的环境权

中蒙两国有着漫长的边境线，且由于蒙古族这一民族因素，中蒙两国之间的沟通与交流应当能够更加顺畅。蒙古国与中国的蒙古族有着共同的民族传承，民族文化源远流长、灿烂辉煌。中蒙两国可以借助这种民族特色，鼓励和倡导社会公众积极参与两国的矿业合作和生态环境保护，并提供相关制度保障。在民族文化的基础上，中蒙两国应进一步扩大和加强两国生态文化沟通和交流，增强两国之间的信任和友情。中国应当对赴蒙投资的人员开展草原生态文化重点教育，了解并接受蒙古族源远流长的草原文化，保护中蒙两国人民之间的民族感情。同时加强与蒙古国民众的交流与沟通，尊重民族习惯与民族文化。切实开展两国间的民间交流与沟通，化解双方存在的误会，传递正能量，以民族感情为依托，真正实现兄弟民族的共荣共赢。蒙古民族历来崇尚保护自然，环境权作为一项基本权利体现在其宪法及环境保护法中，而且也深刻地贯穿于民众心中。为此，中蒙的矿业合作以及民间交流应当充分尊重蒙古国人民的环境权，尊重他们对生态环境的特殊情感，并将这一意识外化为行为，坚定地遵守蒙古国生态保护法律。

参考文献

[1] 杨涛，赵明昊. 经贸合作为中蒙发展注入新动力［N］. 人民日报，2014-08-16（3）.

[2] 张婧. 中蒙双边贸易合作发展的现状分析与前景研究［J］. 价格月刊，2015，1：36-39.

[3] 中蒙经贸关系的机遇与挑战［EB/OL］. http：//wsb.elht.gov.cn/hbj_xgyw/wsb_wscy/201101/t20110106_568915.html，2011-01-06.

[4] 渠爱雪. 矿业城市土地利用与生态演化研究［D］. 徐州：中国矿业大学博士学位论文，2009.

[5] 高耗水成为煤化工最大隐忧［N］. 经济参考报，2012-09-18（3）.

[6] 常青，邱瑶，谢苗苗等. 基于土地破坏的矿区生态风险评价：理论与方法［J］. 生态学报，2012，32（16）：5164-5174.

[7] 竺效. 论中国环境法基本原则的立法发展与再发展［J］. 华东政法大学学报，2014，3：4-16.

“一带一路”背景下中蒙俄跨境旅游的人才储备问题研究

张　薇[①]

［摘　要］“一带一路”的战略构想的实质是相关各国要共同打造互利共赢的“利益共同体”和共同发展繁荣的“命运共同体”。旅游业作为不同区域之间开展国际合作的先锋领域，具有强大的关联性，它上承宏观战略，下接市场动态，中促百业融合。在此背景下，中蒙俄跨境旅游的大力发展，势必为中蒙俄三方带来实惠，从而引航利益共同体的共同繁荣。但与此形成强烈反差的是中蒙俄跨境旅游人才的缺失。高校应该怎样前瞻式地培养旅游人才、政府该如何科学储备跨境旅游人才、三方合作机制该如何为跨境旅游人才的储备创造条件，是关系到“一带一路”战略构想走向落实、关系到民族地区及国家经济发展以及中蒙俄文化交流的重要课题。本文通过对中蒙俄跨境旅游的发展趋势与潜力分析，剖析了制约三方跨境旅游发展的核心矛盾之所在和跨境旅游人才的市场需求特征，指出高校作为相关人才的培养单位亟须转变办学理念、政府要积极出台措施以保障相关人才的储备、三方要进一步完善相关机制以确保储备人才有用武之地。

［关键词］一带一路；跨境旅游；人才储备

一、中蒙俄旅游发展趋势与发展潜力分析

2014 年至 2015 年上半年，我国旅游经济总体上仍然保持着持续较快的增长态势，旅游业作为经济新引擎的作用日益凸显。从 2014 年全年形势来看，我国旅游业已进入“大众旅游”阶段，人们出境旅游的意愿不断高涨。据中国产业信息网的数据显示，2014 年中国出境旅游首次突破一亿人次大关，达到 1.09 亿人

① 张薇（1979—），女，内蒙古财经大学旅游学院讲师，主要研究方向：旅游管理、教育心理学。

次，出境游客海外支出达到创纪录的1648亿美元，较2013年增加28%，其中，2014年，中国游客为俄罗斯贡献了10多亿美元，仅2015年上半年的赴俄外国游客中，中国人已占到16%。蒙古国的国内经济相对落后，使得蒙古国更加注重发展入境旅游。美丽的风景、游牧的生活特点等构成了蒙古国发展入境旅游得天独厚的优势。为了发展蒙古国的经济，蒙古国政府采取了一系列措施积极发展旅游业。中国、俄罗斯、韩国、日本和美国是蒙古国入境旅游的五大客源市场。据蒙古国官方报道，预计到2015年外国入境旅游者数量达到100万人次，旅游收入接近10亿美元的目标。从这些数据不难看出，中蒙俄跨境旅游市场目前规模尚未达到最佳，发展空间巨大，有着无比喜人的良好趋势和未来更为广阔的市场前景。

随着国家“一带一路”战略的实施，中蒙俄经济走廊正在积极建设中。中蒙俄跨境旅游，是友好邻邦交流交往、互联互通的手段。努力发展邻邦旅游，其意义远远超出经济的范畴，它对改善睦邻关系、促进地区经济合作与局势稳定具有深远意义，发展潜力巨大。

（一）游客源将从一线城市向二三线城市扩展，由边境沿线向内外辐射

近几年，随着中国经济的发展和国家相关政策的鼓励，中国居民旅游的热情持续高涨。据联合国世界旅游组织预测，到2015年底，中国出境和入境旅游人数将达到1亿人次，国内旅游人数将达到30亿人次，中国将成为世界第一大入境旅游接待国和全球最大的国内旅游市场，中国旅游业必将为世界旅游业的健康发展做出应有的贡献。随着边境旅游政策持续放宽，中蒙俄出境游口岸的增加，使得我国二三线城市游客出境更加便捷。中蒙俄跨境旅游不再是一线城市的专利，二三线城市收入尚可的居民对境外旅游的需求将逐渐提升。这类人群的旅游目的大多在于开阔视野，境外消费也趋向理性。而一线城市客源则向高端、深度游延展，比如美食、探险、冬季运动和境外自驾游等项目。与此同时，出入境旅游已不是中蒙俄边境沿线居民的事情，跨境游客源由边境沿线向内外辐射，越来越多的国民会青睐于跨境旅游。总体来看，三方出入境游客将继续增长。

（二）游客需求将呈现多元化、个性化和定制化趋势

随着人们个性意识的崛起和“80后”、“90后”年轻人正在成为出境旅游市场的重要推动力量，越来越多的人更希望来一次“背起包说走就走”的旅行。中国出境旅游市场的消费人群正经历着由体验型向享受型转变的转型期。体验型游

客注重的是走了多少个景区、景点，而享受型游客更关注对旅游目的地的个性化发掘和民俗了解。人们之所以追求这些新奇、变化、出乎意料和不可预测性的事物，是因为它们能给人们带来刺激和挑战，带来满足和愉悦，体验这种不确定性正是人们享受生活和理解生活的方式。一些在线旅游类产品，正努力开发新模式，使游客的出游方式更加智能化、自助化、多样化。比如，拼客 C2B（Consumer to Business）模式，即旅游者提出设计的旅游线路，并在网上发布，吸引其他相同兴趣的旅游者。通过网络信息平台，愿意按同一条线路出行的旅游者汇聚到一定数量，这时他们再请旅行社安排行程，或直接预订饭店客房等旅游产品，同时可以与旅游企业议价。这极大地培养和壮大了散客潜在的游客意向。有专家预言，未来的 3~5 年，以自订行程，自助价格为主要特征的网络旅游将会成为国人的旅游主导方式，与此相应的跨境旅游电子商务，也要实现从“以交易为中心”到“以服务为中心”，实现覆盖范围更广、成本更低廉并进一步增进互联与整合的旅游业通信交流平台，这将更广泛地满足中蒙俄旅游者的个性化出游方式。

（三）游客年龄结构趋于年轻化

2015 年上半年数据结果显示，25~34 岁中国出游人数最多，这一趋势在女性群体中尤为突出，女性出境游第二大年龄段为 45~54 岁的人群；男性出境游最大人群是 55~64 岁的人群，第二是 25~34 岁的人群。不难看出，出境游的第一大主力军是年轻人，这彰显着年轻一代提倡及时消费、追求品质生活的生活方式。出境游第二大人群是“50 后”、“60 后”，他们事业有成、有钱有闲，使出境旅游成为可能（如图 1 所示）。未来中蒙俄跨境旅游者仍会以此两大类人群为主，这意味着旅游企业要针对不同年龄段人群有针对性地进行旅游产品的开发与规划。

（四）旅游动机由“吃住行游购娱”向“商养学闲情奇”方向拓展

受人民币升值直接降低中国游客出境旅游成本等利好因素影响，近年来，中国出境游已然变成了购物游，中国公民已成为节假日境外最具购买能力的消费群体，将“吃住行游购娱”式的旅游动机表现到极致，“马桶盖”现象频频出现。随着商家对人们旅游需要的深入挖掘和散客自助游成为主流，旅游者需求呈现多样化态势，新的旅游动机逐渐形成，即在现有“吃、住、行、游、购、娱”旅游六要素基础上，又拓展出新的六要素“商、养、学、闲、情、奇”（商务旅游，养生旅游，研学旅游，休闲度假，情感旅游，探奇旅游），这成为中蒙俄跨境旅游商家下一步进行“高段位”创业和竞争的领域。蒙古国、俄罗斯作为旅游资源丰富的旅游目的地，与当前我国旅游消费者强烈呼吁健康旅游、原生态旅游、养

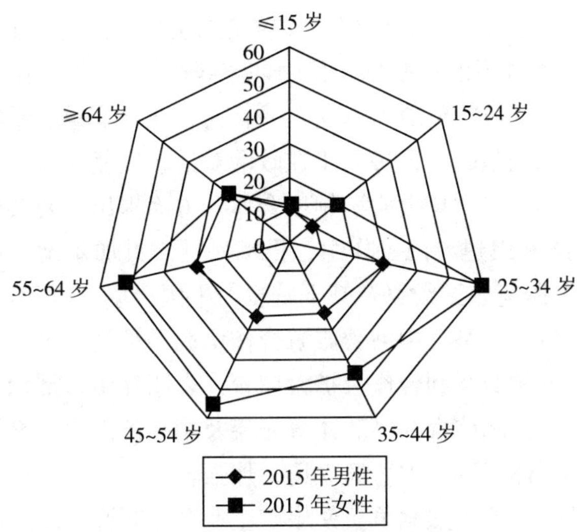

图 1　出境游客性别年龄构成

资料来源：根据全国 1231 家旅行社团队样本，全国百强社、OTA、特色旅游企业的调研结果及金棕榈咨询预测模型估算。

生旅游、探奇旅游等的心理需求相吻合。如果中蒙俄旅游合作态势良好，通过互办旅游推广周、宣传月等活动，联合打造具有丝绸之路特色的国际精品旅游线路和旅游产品，将在一定程度上促成、壮大我国国民这一现实需求，扩大三方国民的旅游规模。

（五）旅游新产品、新线路将更多涌现

受制于三方相关政策的约束，中蒙俄跨境旅游产品和精品线路不多。近年来，随着三方合作的深入，新产品、新线路陆续涌现，比如，2011 年 7 月开通的“草原之星”赴蒙古国旅游专列，使中国游客可以重温 300 多年前横跨亚欧大陆的“茶叶之路”；2014 年 8 月 4 日，俄方批准中国游客可以入境至与黑龙江省东南部绥芬河接壤的俄罗斯滨海边疆区自驾游，这标志着两国边境旅游资源的提档升级，中俄跨境汽车自驾游线路正式开通，两国游客可以从公路口岸自由报关，畅享自驾异国游。此外，2015 年 2 月，中俄朝三国商议将在图们江下游中俄朝交界地带打造一个“无国界”的图们江三角洲国际旅游合作区域，三国共同建设旅游休闲娱乐设施，探索“一区三国”管理模式，游客可凭有效证件自由进出国际旅游合作区，入区免签，离区免税。这可以称为旅游不分国界，旅游不分政治，旅游资源共享、优势互补的合作典范。

为了深入各方务实合作，2015 年 7 月，国家主席习近平同俄罗斯总统普京、

蒙古国总统额勒贝格道尔吉举行中俄蒙元首第二次会晤，批准了《中华人民共和国、俄罗斯联邦、蒙古国发展三方合作中期路线图》。三方意在将发展三国传统友好互惠关系作为外交政策的战略方向之一；愿在相互尊重、平等互助、睦邻友好、互不干涉内政原则基础上，进一步在政治对话、经贸、科技、人文交流等领域展开务实合作。其中在“扩大旅游领域合作”方面提出“要共同打造‘万里茶道’”国际旅游线路并组建专门工作组，推动发展“贝加尔湖（俄罗斯）—库苏古尔湖（蒙古国）”跨境旅游线路及其下一步与中国边境省区和“草原丝绸之路”相对接的工作。支持每年举办中俄蒙旅游合作协调委员会会议，还将会同有关体育协会推动体育运动领域互利合作，扩大体育代表团互访，推动中俄蒙运动员参与在三方境内举办的国际体育赛事。体育交流及相关条件由三方提前商定。鼓励三国体育组织在国际体育事务中协商立场，加强合作。不难看出，中蒙俄三方合作的深入与旅行社之间的激烈竞争，使旅游企业会不断开拓新产品、新线路，中蒙俄边境旅游将在新常态下有新发展趋势。

（六）中蒙俄跨境旅游电子商务更加广泛

作为旅游业转型升级的重要力量，旅游电子商务克服了传统旅游企业人工操作的各种问题，不仅可以为消费者提供突破时空界限的全天候、跨地域的资讯服务，还可以利用第三方权威认证，方便消费者的购买并解决了服务信誉问题；最重要的是，旅游电子商务提供的产品具有价格竞争力，能给消费者带来实惠，克服了由于距离带来的信息不对称问题。B2C、B2B、C2B、B2E 这些全新的旅游电子商务运营模式将逐渐取代传统旅游企业，因为它们能将旅游产业高关联化，把众多的旅游供应商、旅游中介、旅游者联系在一张大网中。旅游相关行业不仅可以借助同一网站招徕更多的顾客，还可以将原来市场分散的利润点集中起来，实现了银行、旅游中介商、旅游产品生产者、旅游者四方的共赢局面。

当前，全球经济增长，贸易、投资格局正在酝酿深刻的调整。通过建立中蒙俄旅游电子商务新秩序，三国人民可以直接通过旅游供应商实现在线直销、在线预订，给三方国民带来巨大实惠，有助于促进我国旅游产业结构转型升级，并直接带动我国物流配送、电子支付、电子认证、信息内容服务等现代服务业和相关制造业的发展，加快我国产业结构转型升级的步伐。

（七）跨境旅游企业服务内涵将进一步提升

传统旅游市场的服务由人来完成，服务人员对不同的业务有不同分工，就难免出现服务内容不连贯、服务水平不统一、服务功能难以兼顾个人需求等问题。

而旅游电商的发展带来的一些专利性技术，解放了人力，使得服务内容全面化、服务过程系统化、服务水平标准化、服务功能个性化。旅游电商概念下的旅游网站，其服务功能可以概括为以下三类：一是实现信息的汇集、传播、检索和导航功能，如景点、饭店、交通旅游线路等方面的介绍，旅游常识、旅游注意事项、旅游新闻、货币兑换、旅游目的地天气、环境、人文等信息以及旅游评价等，消费者可以根据这些信息灵活规划自己的旅游日程；二是实现旅游产品的在线销售；三是实现个性化定制服务。游客可以通过手机、PDA 个人数字助理这些可以装在口袋里的终端来完成旅游活动，实现了通过网络清晰地反映信息流、资金流的来龙去脉，满足了消费者快速、准确、全方位、多层面的消费需求。

未来中蒙俄跨境旅游势必将“大数据”、“虚拟实景”、“智慧体验店”这些行业技术综合运用起来，将让游客从视、听、触等感觉通道上更加全方位了解旅游产品，同时嫁接更多旅游衍生服务进来。

（八）中蒙俄跨境旅游资本投入将进一步加大

2014 年，旅游成为各路资本逐鹿的主战场，多元化投资格局加快形成，尤其是民间资本。一些大集团、大企业加速进军旅游业，跨行业的投资态势明显。比如，全国排名前五位的房地产企业加快布局旅游产业，主要投资旅游综合体、旅游度假区、高星级酒店等大型旅游项目；万达集团在全国并购 12 家旅行社，近年来累计投资超过 2000 亿元；万科集团也涉足旅游业，投资 400 亿元建设吉林松花湖国际度假区；恒大地产在重庆、广东、天津等地建设世纪旅游城，拥有在建、运营酒店 18 家。不仅如此，全国排名前 10 位的互联网企业中，有九家互联网企业试水投资旅游业。国内排名前 10 位的风险投资公司中，有八家涉足旅游业投资。能源、水利、电器、农业、保险等大型企业集团开始转型投资旅游业。同时，不少外资和股份制企业以直接投资、收购并购、参股入股等多种方式进军旅游业。仅 2014 年一年，国内民营企业投资旅游业资金为 4100 亿元，占全部旅游投资的 56%，投资热点从传统制造业、房地产业向现代旅游业转变。政府投资和国有企业投资占全部旅游投资的比例分别为 17.9%和 16.2%，政府和国有企业依然是旅游投资的重要主体；外商投资占全部旅游投资的 6.4%，同比增长 38.2%，外商投资旅游业的进程加快。总体来看，全国旅游投资呈现民营资本为主，政府投资、国企投资和外商投资为辅的多元化投资格局。目前看来，东部地区是全国旅游投资的重点，而中西部地区、边境地区投资尚未大规模开启，投资潜力巨大，尤其是蒙古国经济发展比较落后，融资的渠道狭窄，基础设施建设不足，阻碍了蒙古国旅游业的发展。总之，中蒙俄跨境旅游业正处于加快发展和转型升级的关键时期，投资需求大，热点领域多。

（九）中外知名企业双向并购，跨境旅游将走向世界

2014年，国内外知名企业双向发展。一方面，天巡网（Skyscanner）、普利斯林（Priceline）等境外企业看重中国旅游的市场规模和巨大潜力，竞相进入；另一方面，万达、海航、复星、绿地、安邦等国内企业也加紧海外并购的步伐。以携程、万达、京东、众信等为代表的知名企业围绕旅游“吃住行游购娱”的诸多环节加快了横向和纵向的兼并收购。2014年安邦保险以19.5亿美元的价格买下纽约华尔道夫饭店，锦江酒店收购欧洲第二大酒店公司法国卢浮酒店集团（Louvre Hotels Group），海航集团增持西班牙酒店集团（NH Hoteles）股份，携程从皇家加勒比购买游轮，复星欲收购法国的“地中海俱乐部”（Club Med），大连万达赴港进行首次公开募股（IPO），为旗下全球150个酒店融资。据不完全统计，2014年全国在线旅游领域共发生160起投融资事件，在线旅游融资规模达到300亿元。出境游成为在线旅游投资新热点，涉及预订平台、定制旅游、限时折扣等多个新业态。随着中蒙俄跨境旅游的深入，中国公司将继续“走出去”，更多的中国旅游企业将通过兼并收购、战略协议、海外上市等方式走向世界。有专家预测，2015年，中国旅游业会再洗牌。

二、制约中蒙俄跨境旅游业发展的核心矛盾分析

我国提出的建设中蒙俄经济走廊，就是要与蒙方倡导的“草原之路”倡议、俄方正在推进的跨欧亚大通道建设有机结合起来，这将为三个国家的发展提供新的平台。旅游业作为中蒙俄开展国际合作的先锋领域，具有强大的关联性，它上承宏观战略，下接市场动态，中促百业融合。在此背景下，中蒙俄跨境旅游的大力发展，势必为三方带来实惠，从而引航利益共同体的共同繁荣。但是，制约中蒙俄跨境旅游业发展的核心矛盾却不容忽视。只有理性客观地分析总结出问题所在，才能有效解决问题，促进旅游业健康发展。

（一）快速的行业发展速度与人才供应不足的矛盾

目前，俄罗斯和中国的游客流量逐年增加，中蒙俄跨境旅游业正处于加快发展和转型升级的关键时期，投资需求大，热点领域多。从乡村旅游产品、休闲度

假产品，到文化旅游产品、养生养老旅游产品以及在线旅游产品开发和智慧旅游产品的建设都将飞速发展。这就需要大量的中蒙俄跨境旅游人才，而当前相关专业人员不足。据俄罗斯媒体报道，为了向客人提供旅游服务，经常临时招募俄罗斯或中国的大学生工作。由于缺乏相关培训，导游在讲解时经常会混淆名称、日期、历史，如在旅游界享有盛誉的符拉迪沃斯托克要塞，可能是由于翻译困难，缺乏经验的导游经常将该要塞称为军事基地。不仅涉外导游人才不足，电子商务人才也青黄不接。旅游电子商务的出现，正逐渐弱化旅游业传统的中介机构，在线旅游已占据了传统旅行社的大量业务，导致现有的大小传统旅行社将重新洗牌。这使得传统旅游工作人员的待遇不能保障，而面对动态发展的在线旅游业务操作时，他们的教育背景又显得无力应对，导致高校培养的旅游人才学旅游却干不了旅游的工作。

在变与不变、发展与不发展的进程上，相关人才的引导、激励、培养、储备就成了一大现实问题。如果人才储备机制成熟，旅游电商人才、涉外导游人才、管理人才等大量涌现，将改变高校旅游人才“学旅游却不干旅游”和传统旅行社面对旅游电商的浪潮措手不及的状况，从而提高中蒙跨境旅游总收入，提高蒙古国、俄罗斯作为旅游目的地的地接能力和相应吃、住、行、游、购、娱的配套服务体系，增进中蒙两国的旅游外汇收入，增进双方的文化交流。

（二）跨境旅游企业工作职能的细化与人才培养目标全能化的矛盾

跨境旅游人才的实际岗位需求与人才培养的实际能力不匹配的矛盾是制约跨境旅游业发展的一大问题。依照旅行社相关业务流程转换而来的跨境旅游系统，其运行处理过程包含交易前、交易中、交易后三个不同阶段。细化来看，其工作职能主要有：①交易前处理阶段：包括线路设计、服务产品购买与整合、询价处理、开发适合的旅游产品、购买地接服务、建立旅游活动信息记录、与饭店签订住宿协议、进行人力资源管理等工作。②交易中处理阶段：从游客预订旅游产品开始，直到出团计调工作结束，包括预订与支付、订单和订金进行处理、回复、组团和计调等项工作。③交易后处理阶段：游客满意度调查、旅行社与饭店的账款结算和记账处理、银行转接账款处理、银行对账单冲销核验处理、旅游过程中出现的意外事件处理（责任认定、违约行为理赔）、对客户信息档案进行管理、对网络营销方法进行总结等工作。而这一切的实施与操作都是在电子商务平台下实现的。

不难看出，跨境旅游业是一个宽广、动态的行业，胜任中蒙俄跨境旅游工作需要务实、从具体工作入手。但是，一些高校没能从市场需求的角度对科技发展趋势、时代发展要求和人才的需求特征有敏锐把握，不从学科特点和地区特色细化培养目标，而是对于旅游人才的培养做“全能型”的专业定位，脱离了“专业化”而大谈“复合”，脱离了时代背景大谈“高级管理人才”。事实上，社会所需要的“复合”是立足于特定行业和岗位的一技之长基础上的“复合”；旅游管理人才是基于胜任基本工作之上的管理人才。人才市场入门的岗位首先需要的是“专”与“精”。这种大而全的全能性定位势必造成毕业生的知识与能力结构的分散性，导致毕业生“什么都会，又什么都不会”的专业自我迷失和技术能力流于表面的现实。

（三）旅游电商演进模式的快速更迭性与传统教育模式的相对稳定性之间的矛盾

目前在线旅游格局虽然粗放，但快速演进，旅游电商的一些新技术、新模式不断涌现，并购合作成常态。随着对游客个性化需求的准确把握，新的模式还会不断产生并快速更迭。可以说，有关电子商务的知识结构中，理论体系尚未形成，现存知识技能全部来自实践总结，并在实践中不断更新。例如，团购模式、社会化电商、移动电商以及跨境旅游电商的尝试，等等。

但是，与此形成强烈对比的是相关人才的培养教育模式却是相对稳定和传统的。这首先表现为高校旅游专业陈旧的理论体系。比如，一些相关教材仍将“电子商务”狭隘地理解为“网络营销”；教材中提到的案例也是多年前的内容，也许目前这些公司已经被收购与合并，甚至破产。其次表现为高校缺乏贴近实践经验的师资力量。讲授旅游电子商务课程的许多老师是从计算机、管理学、经济学等专业转型而来，知识上没有完成整合，懂技术的不懂旅游商务，懂旅游商务的又不能兼顾技术。学生在学完之后发现对各个领域的内容都一知半解，并不能将旅游业与电子商务有机结合起来，与实践和企业需求脱节严重。作为时代性很强的具有动态属性的旅游专业教学，只有进行彻底的教育教学改革，才能真正体现出课程的价值和人才培养的意义。如果教育教学未能紧跟形势，教育将充当扼杀学生成长、成才的刽子手。

（四）中蒙俄跨境旅游人才需求的宽广性与人才政策紧缩性的矛盾

中蒙俄跨境旅游需要的人才非常宽广，大致可以分为三种类型：一是能运用已有知识努力完成本职工作的“基础性”人才。这类人才是旅游企业人才组成中的最主要部分，大量的基础性工作由他们来完成。二是思维能力强，在专业研究上有所创造、对事物未来的发展变化有所预见的“创新型”人才。这类人才是旅游企业的中坚，是使企业实现创新和发展的重要力量。三是具有组织领导能力、协调沟通能力的“领导型”人才。这三类人才，都需具备全球的视野、先进的知识，还需具备较强的创新能力、沟通能力和国际竞争能力，能在参与经济全球化进程中做出积极贡献。如果会使用俄语或蒙语交流将更能提高工作效率。

然而，中蒙俄跨境旅游人才的储备，仅靠“栽培”显得时间过长。不论是对现有企业员工的继续教育，还是对高校旅游专业学生的培养，都具有滞后性，不能马上任用。因此，“空降”人才，即引进国际人才，是不可缺少的手段。然而政府对相关人才的储备尚未出台便利措施，尚未很好地为相关人才发挥效能提供便利条件，这使得相关人才少之又少。如果政府、企业、国家相关部门能够转变观念，逐步摆脱传统的国籍、户籍、人事档案的束缚，从国内外引进智力和人才，引进以后不需要追加很多的投资，马上就能创造价值，发挥作用，这是一条花钱少、见效快、受益大的途径。

三、中蒙俄跨境旅游人才储备的对策与建议

中蒙俄跨境旅游人才的培养储备是一项综合性的系统工程。近年来，党中央、国务院高度重视旅游业发展。2014 年习近平总书记对旅游业发展和相关人才储备作出了一系列重要指示，比如，积极推进在驻外使馆设立旅游参赞；选派各级旅游部门的优秀干部到世界旅游组织挂职交流；与世界旅游组织联合培训发展中国家旅游人才；在全国开展寻找最美导游活动以加强行业精神文明建设；以导游援藏和旅游人才援藏、援疆为重点开展西部旅游人才援助；完成旅游行政干部培训和旅游业青年专家遴选以推动旅游职业教育改革；等等。

不仅我国积极推进跨境旅游人才储备工作，中蒙俄三方也不遗余力地商议着各项务实合作。2015 年 7 月，三方领导人会晤批准的《中华人民共和国、俄罗斯联邦、蒙古国发展三方合作中期路线图》战略文件中就提到有关人才储备的很多战略部署，在扩大科技领域合作方面，“要支持三方在科技人员交流与培训、科技园区建设、共建联合实验室、共办科技交流活动等方面开展合作”。在边境和地方合作方面，“三方商议要定期举办地方和边境合作论坛（研讨会）；继续支持在中国二连浩特市举办中俄蒙经贸合作洽谈会；推动三方加强地方和友城交往；加强边境地区执法安全合作，促进边境地区的发展繁荣”。在人文合作方面，“三方研究扩大三方学术和教育中心合作，加快建立中俄蒙三方学术和智库交流机

制，为三方合作提供智力支持；加强中俄蒙三方文化领域合作，联合举办文化节等活动，支持三方专业文化团体、文化机构之间建立直接联系，鼓励三国文化艺术领域专家学者之间的交流合作；研究在蒙古学和佛教领域开展三方学术合作”。

在国家各项利好政策频出、中蒙俄各项合作积极开展之际，高校、企业、地方政府该如何配合国家政策积极推进中蒙俄跨境旅游的具体工作，现提出以下建议：

（一）高校要积极转变办学理念

转变中蒙俄经济增长方式和跨境旅游业的发展，归根结底要依靠提高劳动者素质。技术、设备、资金和项目可以引进，少量高级专业人才也可以引进，但大量高素质的跨境旅游劳动者是无法引进的，必须靠地方高等教育体系培养。中蒙俄跨境旅游业人才储备的不足，首先要归因于高校相关人才培养方式的落后。高校作为培养人才的“孵化器”，对人才的培养普遍具有延时性特征，即我们今天社会需要的人才，须等到四年大学毕业之后才能效力于社会，而这四年的时间是跟不上社会需求的新变化的。因此高校教育怎样做到前瞻式培养是一个重要问题。针对中蒙俄跨境旅游发展的时代背景，现提出“高校旅游人才的培养模式不破不立”的思想。具体内容如下：

1. 培养目标应依据学科优势进行合理定位

人才培养目标定位是由高等教育的发展程度、社会经济发展程度、企业对人才的需求程度、学科特色和学校自身的程度等综合因素决定的。从理论意义上讲，高校教学体系需要一定的稳定性和持续性，需要循序渐进的变化。但由于中蒙俄跨境旅游发展的迅速性及旅游电商发展的动态性特征，旅游专业要对人才培养目标有一个理性定位，要去寻找动态与稳定之间的平衡点。定位合理，就是确定了教育活动的方向，是对受教育者应达到的人格状态作明确的设想和规定。这为教师科学合理地制定教学计划和选择教学方法提供了依据，使教师的教育行为有价值、有意义，避免出现教育行为的盲目性和机械性。

中蒙俄跨境旅游需要既懂得电子商务应用的技术手段，又要熟悉旅游企业的业务运作流程，还需要有国际化视野与沟通能力。尤其是在“一带一路”的战略背景下，相关人才更需具备“创新性”、“实务性”、“复合型”特征。高校只有提供不同特色、多角度、多侧面、多种类、高质量的服务才能符合国家、社会对人才的需求。因此，高校不能一谈旅游电商就大量开设计算机课程，就搞网页制作；一谈跨境旅游，就大开外语类课程；一谈旅游管理，就大开管理类课程。确立人才培养目标应依托优势学科背景、结合时代发展对人才的需要，凸显旅游服务的不同侧重点，要将人才、专业做合理定位，再理性设置课程。

2. 课程体系设计要促进个体的个性发展

总体来看，中蒙俄跨境旅游需要大量懂得中蒙俄三国文化、有旅游产业大局观念和网络经营意识、能胜任旅游企业运营以及具体岗位工作的人才。如果高校仅仅进行对人才批量式生产，将丧失对人才的人性化培养。这就要求高校针对不同学习阶段，将通识教育和专业教育、专才教育相结合，比如，培养方案中应加大专业选修课的课程门数，以拓展学生的视野。专业选修课程可以按照面向岗位群的网络营销、商务网站建设与管理、客服管理等模块安排一些课程套餐；也可以按照中蒙旅游、中俄旅游、国际化旅游等几个模块安排。学生可以依据自己的个性特点、兴趣爱好自由选课，教师也实施因材施教，比如，对于自信、乐观、进取、豪爽外向的胆汁质气质类型的学生，他们对信息比较敏感，善于说服他人，喜欢追求经济效益和个人成就，不妨引导其向市场拓展方向培养；对于伶牙俐齿、有亲和力、热情机敏的同学，不妨引导其向客服管理、涉外导游方向培养；对于逻辑思维能力强、钟爱 IT 技术的学生，可以引导其向旅游商务网站建设与管理方向发展。在个性化培养过程中，学生自我意识趋向理性，对于自主构建知识结构和个性化学习发挥着重要作用。

此外，“互联网+”时代下人们旅游方式的转变，催生了很多智能化的旅游助手工具。如景区智能导游系统：将景区导游电子化，它有 GPS 精准定位功能和全程真人语音讲解功能，提供专业播音员的多语种解说，能将语音、文字、图片结合，让游客移步换景；还有景区全景手绘地图、线路推荐功能，为游客规划景区最佳游玩线路，省时省力全面玩转景区。可以说，智能化旅游助手真正实现了“把导游装进手机里”。因此，对于跨境导游的培养方案和课程设计要专门留出课时，针对这些新生事物进行教学，使得学生一毕业就可以胜任岗位工作。

3. 师资力量需加强国际交流与合作

2014 年 6 月教育部发布了“600 多所本科高校将转向职业教育”的改革声音，这意味着国家意在加大实践教学以终结人才培养与市场不对接的扭曲格局。作为交叉性、时代性、动态性发展很强的旅游专业，其教学内容更应该与国家政策、地区特色以及现有企业合作靠拢。这就需要高校创造条件为教师提供进修的机会，要让教师到企业中学，同时注重引进行业企业的专家、一线工作者担任兼职教师，从而建立起一支结构合理、理论与实践相结合的“双师”队伍。甚至高校可以与合作企业建立实训基地，企业不仅对大学实习生进行免费培训，而且这部分毕业生实习期满后就成了企业的优秀后备干部。教师在企业中挂职锻炼，从企业的模拟实践中丰富教学经验。学生能实现在校“顶岗实习”和零距离的创业实践，并真正感受到企业的工作氛围。企业以较低的成本获得学校人力资源，进行项目开发与岗位培训。这种“学习中有工作，工作中有学习”的“校企结合”形式对于学生、教师、企业与学校是共赢的。

此外，高校要进一步“走出去”，要分批分期派高校各专业教师到蒙古国、俄罗斯去实地考察，加强师资力量的国际交流，才能紧跟行业步伐，积累教学案例。可以尝试成立中蒙俄跨境旅游专业方向的试点招生，培养方案由三方商定。

4. 学业评价的考核标准要多元化

中蒙俄跨境旅游培养的是实用型人才、创新型人才，这就要求教育者对学生的学业评价不能以考代评，要明确并实现学业评价的考核、鼓励、诊断多元功能；评价的领域要多元化，要淡化“考住、难倒、选拔、分类”这些色彩，评价视野要由课堂扩大到课外，由智力因素扩展到非智力因素，由专业技能扩展到非专业技能，由“是什么”的陈述性知识向“怎么做”的程序性知识和策略性知识转变，比如，怎样开跨境网店、怎样做跨境微商、怎样设计跨境网页。要反对学生用单一的、固有的、常规的心理定式应付时事问题，要考查学生对中蒙俄旅游电商前沿问题的思考，培养学生的“不唯上，不唯书，只唯实”的学习意愿和新意的想象及发散思维，从而实现教学的聚合思维与考核的发散思维之间的平衡发展。因此，学业评价的时间不妨拉长时距。因为人文类课程的精妙就在于它在不断地假设着、诠释、预测着“互联网+”背景下的人类世界，而这些假设与诠释需要酝酿，如果在规定的考试内作答，学生急于完成，新思想就不会产生。因此，学业评价的时间跨度亟须改革。可以将考试的时间放宽，一上午、一天、一周甚至一学期的创业等。这样的学业评价不囿于教材，学生自己体验、研究企业家创业的艰辛和欢乐。虽然其见解可能达不到完美，但他们会认识到任何科学里都没有封闭性的结论，明白知识并不存在于封闭的教材之中，从而形成一种“真理是永无止境”的探究精神。

（二）企业需完善人力资源管理

企业要有的放矢地进行人才资源规划。在明确了人才战略之后，进一步完善人才招聘、评估、培训、提拔、激励等一系列人力资源管理制度。先规划，后规定，以期完成旅游企业国际化人才的储备。这就要求企业由内而外做好如下工作：

1. 对内

对内打造一支职业经理人队伍。这就要求企业加强对现有人员的培训，强化管理理念，为员工晋升和发展提供必要的支持；要建立员工培训、晋升、发展的体系和机制，使优秀的员工在满足岗位需要的同时在公司能够得到锻炼和提高，使员工个人发展与企业发展同步，适合企业发展的需要，培养一批对公司有认同感、归属感的人才，从而提高企业的核心竞争力；企业还要实施人才激励开发机制；要逐步建立企业与高校、科研机构的合作机制，探索项目共建、共同研发、课题攻关、开展培训、讲座讲学等多种合作渠道，推进产学研的结合，从而实现合作共进，优势互补，资源共享。

2. 对外

对外要加强对紧缺人才的引进。通过人才引进提升现有的人员整体层次和激活现有的竞争机制，优胜劣汰，创造良好的人才成长氛围；企业还需关注行业人才动态走向，及时了解行业内人才流动情况，拓宽思路，加大人才引进力度；对于优秀人才做好定向跟踪、沟通和交流工作，形成后备人才库；要制定各部门、区域营销中心人才引进计划，对于人才引进工作有步骤跟进，具有前瞻性。

此外，企业可以通过制度创新来吸引人才。比如，中蒙俄跨境旅游具有明显的季节性特征，夏季是旅游旺季，那么在涉外导游员用工形式上，就可以尝试日薪制的方式。日薪制工作者的劳动关系不进企业，而由企业委托的人才服务机构来管理。人才服务机构根据用人单位的用工需求，公开组织招聘，一经用人单位录用，应聘者即与人事中介机构签订劳动协议和合同。日薪制工人不同于过去意义上的“临时工”，他们的合法权益有着充分的保障。

（三）政府需出台相应人才激励政策

搞好人才储备工程建设，既能缓解相关专业大学生就业难，又能为中蒙俄经济走廊建设贡献力量，一举两得，意义非凡。在 2015 年 6 月内蒙古自治区政府发布的《内蒙古自治区人民政府关于加快推进“互联网+”工作的指导意见》中提到了“加强人才支撑”的重要思想。文件指出，“各级政府要加大对互联网紧缺人才的引进和培养。凡在国内外知名互联网企业或机构有三年以上工作经历且担任中高级以上职务、带项目来我区创业的管理人员或核心技术人员（团队），按企业发展规模和创新水平，当地政府给予不低于 30 万元的创业资金支持。建立人才激励机制，结合‘草原英才’计划，对做出突出贡献的高端人才及其团队，自治区财政一次性给予团队不低于 50 万元经费资助，对团队研发和产业化项目给予优先立项支持，对团队核心成员职称评定、家属就业、子女入学、落户等方面提供绿色通道。各高校要加大互联网行业相关专业人才的培养力度，积极调整专业课程结构，加强对计算机专业应用技能型人才的培养，保障本土人才供给。强化职业教育和技能培训，引导我区一批普通高校和职业技术学院向应用技术院校转型，建立一批实训基地。鼓励互联网、云计算企业设立培训机构，与我区互联网相关产业园合作共同设立培训机构或实训基地，或与高校合作建设实训基地，由自治区有关部门认定验收后，自治区相关专项资金给予一定数额的一次性奖励”。

不难看出，在“一带一路”的时代背景下，政府在国家战略思想的指导下正积极推进各项工作。除文件提到的措施之外，现提出以下一些建议：

1. 政府的人力资源管理部门，要在人才的引进、交流、轮换以及继续教育培养方面加强工作

政府应变行政管理为宏观指导调控，从早期简单的制定优惠政策转向科学、规范的制度安排，引导企业、社会和个人共同参与管理人才队伍的建设。同时，政府部门须简化办事程序，提高工作效率，做好人事部门审批审核制度改革，放松户籍的跨地域管制，消除人才流动的体制性障碍，打破人才身份、所有制等限制，尽快建立和完善人才流动过程中的一系列配套制度，如养老保险、工伤保险和医疗保险制度，等等。建议政府加强有关中蒙俄跨境旅游人才优惠政策的宣传和执行力度，通过各管理委员会和各大企业网站的辐射作用，传递最新人事政策和相关信息。政府的商务主管部门，要在旅游文化商品的贸易交流方面给予支持，对跨境贸易人员提供便利。政府的文化主管部门，要主动开展“走出去”的文化交流，使得跨国旅游演艺产业成熟化、规模化。

2. 成立政府跨境旅游协调委员会

可以成立政府跨境旅游协调委员会，下设人才储备中心，由政府各厅局级部门组成，定时召开联席会议，以实施人力资源的调配与协调，做好互通有无。

3. 完善人才的激励机制

要积极推出各项举措创造创业环境，比如，财政支持大学生创业，开展跨境电商项目评比活动，组织旅游创新创意创业大赛，支持设立多种形式的旅游创新创意创业基金，推动建设旅游科技创新孵化园等，并对相关人才实施奖励。

4. 充分利用“云课堂”计划

2015 年国家旅游局将出台导游员“云课堂”计划，地方政策也要与高校合作创建并完善具有地方特色的导游研修“云课堂”，利用互联网通信技术和云平台技术，为导游员搭建一个开放、便捷、公益的专有学习平台和空间。导游员可以突破地域限制，随时利用移动终端进入课堂学习。地方政府要努力推进“云课堂”创新工作手段，利用高校精品课程，开展丰富多彩的课程（视频）征集、导游知识经验分享、导游讲解比赛等线上和线下活动，鼓励和引导导游员和旅游专

业学生不断学习。

5. 形成旅游行业新兴力量的智力支持基础

地方政府要配合国家政策整合各方面的智力资源，积极构建“中蒙俄跨境旅游智库”，吸纳一大批线上旅游企业和旅游行业网络媒体企业中的旅游信息、网络营销、旅游大数据以及电子商务专家，形成旅游行业新兴力量的智力支持基础。通过旅游智库的大量基础研究工作，跟进并推动在全国旅游行业的变化，形成研究旅游的良好氛围，为旅游业发展提供理论支撑。

6. 政府要加大人才扶持力度

国家要在2015年编制全国旅游人才中长期发展规划，实施国家万名旅游英才计划，并要在全国范围内扶持一批旅游院校的旅游专业。地方政策要配合国家政策继续实施旅游业青年专家的遴选与培养工作，开展旅游行业重点人才培训，推动旅游职业教育改革与发展；政府要鼓励企业和个人冠名，在普通院校和职业院校设置奖学金，奖励品学兼优且有志于旅游事业的学生；此外，启动地方政府旅游系统先进集体、劳动模范和先进工作者评选表彰工作也显得不仅必要，而且必须。

四、结束语

人才的重要性及人才储备对企业、社会、国家乃至国际关系的发展起到了决定性作用。建立健全“一带一路”背景下的中蒙俄跨境旅游电商人才储备机制不仅是理论与模式，更是方向与目标。面对国内外形势的新变化，确立大力发展邻邦旅游的战略是时代的要求。中国有条件和义务，充分利用“地利”、“天时”，积极促进“人和”的外部环境，采取积极有效举措与周边国家和地区合作，在亚洲地区创造邻邦旅游发展的典范，真正践行“旅游让世界受益”的目标。

参考文献

[1] 杜杰. 旅游电子商务的需求和机理解析 [J]. 旅游纵览（下半月），2014，8.

[2] 甘丽. 新形势下旅行社业转型升级发展对策研究——以贵州省为例 [J]. 旅游纵览（下半月），2014，7.

[3] 刘淇，彭迪波. 跨境电子商务领域借鉴“负面清单”模式的可行性分析 [J]. 价值工程，2014，32.

[4] 梁青玉，刘增论. O2O 营销模式在我国旅行社的应用研究 [J]. 中国商贸，2014，31.

[5] 高燕，雷金瑞. 智慧旅游背景下高等院校旅游专业的服务意识与路径研究 [J]. 兰州文理学院学报（社会科学版），2015，3.

[6] 姜薇，陈一开，徐妍，谢印成，田真平. 电子商务对旅游服务贸易影响研究及策略探讨——以携程为例 [J]. 商业文化，2015，9.

[7] 努力实现“一带一路”建设良好开局 [EB/OL]. 中央政府网，2015-02-01/2015-02-03.

“那达慕”与“丝绸之路经济带”建设

色音巴雅尔[①]

[摘　要] “一带一路”建设是面对复苏乏力的全球经济形势和纷繁复杂的国际和地区局面，我国发出的融通古今、连接中外的谋求世界和平发展的一项重要举措。然而，古代“丝绸之路”最早是通过“草原丝绸之路”和“沙漠丝绸之路”（也称“绿洲丝绸之路”）来实现的。通过这条路径，东、西方在经贸、文化、人员上的交往虽然经历过多种形式不同的历史演变过程，但延续至今从未间断过。正因如此，“丝绸之路”的延续与我国北方诸多少数民族共同创建的，被称为“中华文化三大主源和动力源泉之一”的“草原文化”形成了千丝万缕的、不可分割的密切关系。

“那达慕”是“草原文化”的象征性“符号”载体，“丝绸之路”与“草原文化”之间的密切关系为“那达慕”提供了走向“丝绸之路”沿线各国的前提条件。为此，本文提出，依据“那达慕”固有的文化内涵，借助现代生态观念和科技手段，打造出一个“高度弘扬生态文明理念的那达慕”，并以其市场开发的途径推向“丝绸之路”沿线各国去，为内蒙古自治区与“丝绸之路”沿线各国之间搭建起文化、经贸、人员进一步加强来往的桥梁，为“新丝绸之路经济带”建设作出贡献的设想。文中在揭示传统“那达慕”文化内涵的基础上，确定了“高度弘扬生态文明理念的那达慕”的“宗旨”和“精神”，论证了这一设想的可行性和必要性以及市场开发的模式等。最后提出所打造的“高度弘扬生态文明理念的那达慕”可把内蒙古自治区文化、经济、生态、体育等资源整合到“那达慕”这一“文化品牌”上，为自治区的现代化发展做出贡献，并以其市场开发途径推向“丝绸之路”沿线各国得到共同开发。这一过程不仅可为“中蒙俄经济走廊”的建设提供可操作的得力措施，同时必然对“一带一路”建设起到积极的促进作用。

[关键词] 那达慕；生态文明；丝绸之路

---

① 色音巴雅尔，内蒙古财经大学，教授。

一、前言

习近平总书记在2013年9月和10月分别提出建设“新丝绸之路经济带”和“21世纪海上丝绸之路”（以下简称“一带一路”）的战略构想。这是一个跨越时空的宏伟构想，从历史深处走来，融通古今、连接中外，顺应和平、发展、合作、共赢的时代潮流，它承载着丝绸之路沿途各国发展繁荣的梦想，赋予古老丝绸之路以崭新的时代内涵。这是在当前面对复苏乏力的全球经济形势和纷繁复杂的国际和地区局面，我国发出的谋求世界和平发展的一项重要措施。正因为如此，这一倡议得到了全球各国的广泛关注，同时也极大地调动了国内各省、市、自治区以及相关地区投入“一带一路”建设的高度热情。

我国古代“丝绸之路”是连接亚欧非几大文明的贸易和人文交流通道，是东西方合作交流的象征。然而，古代“丝绸之路”最早是通过“草原丝绸之路”和“沙漠丝绸之路”（也称“绿洲丝绸之路”）来实现的，从地理位置考察，这一路径区域正与被称为“中华文明三大主源和动力源泉之一”的“草原文化”的创建者——我国诸多北方少数民族的生息地范畴相互重合。古代“丝绸之路”悠久的传承是与当时北方诸多少数民族的相继生成、兴起和轮番登上历史舞台以及战乱、扩张、迁徙、相融乃至消亡等起伏跌宕的社会发展变化交织在一起而形成的纷繁复杂、波澜起伏的一个历史过程。但从文化视角分析，古代“丝绸之路”的传承虽有起伏波折，但始终保持了绵延未断的局面，使其成为了横贯东起蒙古高原，西至黑海平原这一万里草原的大动脉，曾对东西方经济文化的交流、交融以及对“丝绸之路”和“草原文化”的繁荣发展起到了巨大的推动作用，从而使得“草原文化”与“丝绸之路”之间形成了千丝万缕的不可分割的密切关系。正是与这一历史的密切关联，在当今建设“新丝绸之路经济带”时，把“草原文化”的集大成者——我国蒙古族为主体的内蒙古自治区推向了“一带一路”（至少是陆上“新丝绸之路”）建设的最前沿。

根据内蒙古社会科学院课题组研究成果得知，“那达慕”被确定为“草原文化”重要的象征性“符号”之一。“那达慕”是“基于传统游牧文化和原始信仰体系，以搏克、赛马、射箭等传统‘三项竞技’为核心内容，融传统体育、宗教、服饰、建筑、饮食、歌舞、诗词、经济等文化为一体，通过竞技、仪式、展示、表演、交流等符号活动模式达到一种综合效应的民俗喜庆集会活动”。“那达慕”对蒙古族的社会、文化、经济、军事、教育以及民族凝聚力的增强、民族个性的形成等方面均产生了深远的影响，可以说“那达慕”是值得继承和发展的珍贵文化遗产。正是“那达慕”这种浓厚的文化内涵和可成为“草原文化”的“符号”载体性质以及“草原文化”与“丝绸之路”之间历史上形成的密切关系，让我们看到了在“那达慕”现代社会条件下得以继承和发展过程中完全可以将其推向“丝绸之路”沿线各国，使“那达慕”起到在内蒙古自治区与“丝绸之路”沿线各国之间建立起文化和经贸来往和沟通中良好桥梁的功能，从而可为“新丝绸之路经济带”建设作出重要的贡献。为此，本文通过继承和升华理念把传统“那达慕”打造成高度弘扬生态文明理念的文化产品，并通过对市场开发途径和对“新丝绸之路”建设中的可行性和必要性以及社会价值方面进行分析和探讨。

二、打造一个高度弘扬生态文明理念的“那达慕”

借助蒙古族传统体育文化活动“那达慕”这一平台，达到为“新丝绸之路经济带”建设做出应有贡献的目的，梳理有关历史问题是很有必要的。13 世纪蒙古帝国所属四个汗国的国界与“古丝绸之路”沿线各国的国土范畴是基本重叠的，这一历史过程长达 400 余年。当时因国界的统一，东西方文化和经贸来往达到了极高的水平，然而因为战乱也曾给沿线国家的人民带来过杀戮和灾难。面对上述历史事实，我们以一种什么态度把“那达慕”推向“新丝绸之路经济带”建设过程中，我们举办的“那达慕”是否符合“丝绸之路”沿线各国的共同利益，是否能够受到“丝绸之路”沿线各国民众的欢迎等是必须认真考虑的问题。

对于有关态度问题，经国务院授权，国家发改委、外交部、商务部于 3 月 28 日联合发布的《推动共建丝绸之路经济带和 21 世纪海上丝绸之路的愿景与行动》（以下简称《愿景与行动》）框架思路所提出的一样，即“‘一带一路’是促进共同发展、实现共同繁荣的共赢之路，是增进理解信任、加强全方位交流的和平友谊之路。中国政府倡议，秉承和平合作、开放包容、互学互鉴的理念，全方位推进务实合作，打造政治互信、经济融合、文化包容的利益共同体、命运共同体和责任共同体”。然而考虑到 13 世纪蒙古帝国的征战给当地民众所带来的灾难，在实际操作中我们应以真诚反思，乃至忏悔和谦卑的态度也是必需的。不然我们得不到当地民众的谅解。

对于我们推向“丝绸之路经济带”的“那达慕”是否符合“丝绸之路”沿线各国人民的共同利益，能否得到“丝绸之路”沿线各国人民的欢迎，我们提出“依据传统‘那达慕’的固有的文化内涵和价值体系，打造出一个‘高度弘扬生态文明理念的那达慕’”这一设想。这一设想是依据“继承是创新的源泉，创新是继承的延续”原则，也是对传统“那达慕”的改造和升华过程。所以对其可行性和必要性进行认真的分析和阐述是必需的。

对创建出一个“高度弘扬生态文明理念的那达慕”的可行性和必要性问题，从解释“那达慕”的文化内涵着手进行阐释，即分别从传统那达慕的仪式、男子三项竞技、歌舞、祝赞词、乌力格尔等主体项目的文化内涵分析入手。

（一）那达慕的仪式

对于“那达慕”仪式的文化内涵，从“敖包祭祀”后所进行的“那达慕”中开始阐释。“敖包”是蒙古民族先民的原始信仰“萨满教”的祭祀场所。“敖包祭祀”承载着人们对天父、地母、名山、名水、雷电、风雨等各路神灵以及祖先的敬仰和感恩，同时祈求灾害、疫病、战乱少一些，期望风调雨顺，万物生灵都得到关爱，民众有个和谐共荣的生活等的意愿和诉求。可以说“敖包祭祀”是个充满“自然崇拜”理念的祭祀活动。祭拜仪式后，就举行“那达慕”庆贺一下。有人说，“那达慕”是个“悦神悦己”的活动是很有道理的。诚然，蒙古民族在有关的时令季节、议事聚会、军事活动前后也常有举办“那达慕”的习俗。不过从蒙古人每天喝第一碗奶茶、宴席上接到敬酒时都会做出“敬天、敬地、敬祖先”的简约性手势仪式，然后才能饮这碗茶和喝下这杯酒可见，“敬天、敬地、敬祖先”这一理念深深地扎根在蒙古族人民的内心世界里。从而可以推测，不管是什么类型的“那达慕”，“自然崇拜”理念都占据首要地位。显然，这类“仪式”中也显示着浓厚的宗教色彩。然而随着岁月的延伸和时代的变迁，在民众心目中这个过程的宗教色彩逐渐在淡化，而在长期的与大自然相适应的物质生产、生活技能以及认知体系上形成的“崇尚自然、关爱生命、和谐共生”等生态理念逐渐占据了重要地位。同时，这也给“那达慕”的传承奠定了思想和伦理观念基础。

（二）“那达慕”的“男子三项竞技”

“男子三项竞技”是“那达慕”主要项目之一。对此，有位学者的评论是，“无论是激烈的赛马比赛、竞争拼搏的摔跤运动，还是生气勃勃的射箭，都是草原民族肢体语言的表述。这个以牧业为生计方式、以草原为家园的民族在节日里用自己民族独有的方式表述着民族精神”。这是“跻于世界之林的蒙古族在追求一种壮美，一种阳刚之气，一种生命的博大与永恒。的确，这是对生命的礼赞，是生命的张扬。人们常常把奥林匹克运动定位于这样几个词汇：出类拔萃、参与、奋进、诚信、和平、激励、友谊、荣誉、尊重、团结、活力。这些词汇同样也概括出‘那达慕’的文化精神。‘那达慕’以其高度的公共性、组织性和历史性而展示于世”。从上述评价中我们可以看到，在寒冷干旱的生态环境下，险恶未知因素居多的蒙古高原上求得生存过程中形成的蒙古族的体育文化与西方的充满居多险恶未知因素的海洋文化基础上形成的体育文化在精神追求上十分相仿。

然而蒙古族体育文化中还蕴含着深厚的生态理念，这是西方体育文化不具备的因素。蒙古式摔跤中有一种习俗是引人注目的。这个习俗是：通过既定的仪式对那些成绩特别卓著的摔跤手们佩戴最高荣誉的“江嘎”（荣誉结环）。被授予最高荣誉的“江嘎”的摔跤手们在他所生长的“努图格”（近似于故乡）民众心目中，是生命力得以延续和发展的象征性符号载体，是民众心目中的英雄，期望“江嘎”们在面对自然灾害和战乱时英勇无畏，敢于担当，恪守信义，担负起保护“努图格”安康的重大责任。尤其在早期游牧民众的认识中“江嘎”是保佑“努图格”的生命力得以延续和发展的“神灵”附体和化身。正因为如此，这些被授予最高荣誉“江嘎”的摔跤手中，如果某位声望特别高的人过世后，他们的遗骨和遗物将被送到庙宇中供奉起来，甚至有些庙宇中还有供奉这些摔跤手的专设佛位，也有在其后嗣家中专设佛位（贡日巴）供奉的现象。对于上述这种带有浓厚宗教色彩的认知，从游牧民众的习俗中还可以得到另外一种解读，即人们在牧区与牧民交往时，就会发现牧民所说的“努图格”的内涵是比较宽泛的。牧民所说的“努图格”是由这个区域内的山山水水、赖以生存的大草原以及路边的一草一木等自然环境组成，同时还包括在这里生息的人们和人们所饲养的多种畜群以及野外的飞禽走兽和弱小动物等诸多成分构成的综合体。与此同时，还可以从牧民对“努图格”（故乡）的山、水、草原抱以感恩的心情去敬仰和爱护，对于饲养的家畜像对待家庭成员一样尽其所能地关照以及狩猎时要避开动物的繁殖期，不许伤害那些交媾中的、怀孕的、幼小的动物，不许破坏草地，不许污染水源等生活生产中必须遵守的诸多禁忌中领悟出这样一种认知：牧民心目中构成“努图格”（故乡）的诸多成分是以其相互依存的关系而形成的一个“命运共同体”，而且这一“命运共同体”的各个组成部分都得到和谐相生，这个“命运共同体”的生命力才能强盛。只有强盛生命力的“命运共同体”，方能养育出获得最高荣誉“江嘎”的摔跤手。牧民们还有一种习俗，即塑造一些能够象征“命运共同体”生命力得以延续和发展的诸多“符号”载体去敬仰和寄托自己的心愿，如上述佩戴最高荣誉的“江嘎”的摔跤手就是其中的一种，还有对摔跤手的“达日赫拉乎”,[①] 对人和动、植物的“翁戈拉乎”,[②] 对牲畜的“斯特日勒乎”[③] 等。其实“敖包祭祀”也属这类习俗的一种，只不过它的内涵更宽泛一些。这些习俗的形成都与游牧民族从远古时期所信仰的萨满教有关，如果把这些习俗的宗教因素剥离就会发现，这些习俗的真实内涵与“世界的存在是‘人—社会—自然’复合生态系统，世界原本不是纯客观的自然，也不是脱离自然的人，而是‘人—社会—自然’的有机整体，它是一个活的系统。如果把人与自然分割开来，把生物与环境分割开来，那它便不再有生命。它们是相互联系、相互作用、不可分割的整体”等生态哲学观的意蕴基本上是很相符的。这便是获得最高荣誉“江嘎”摔跤手被民众敬仰中所体现出来的实质性生态文化内涵。

“那达慕”的“男子三项竞技”摔跤、赛马、射箭是在游牧民族的生存技能和生产技艺基础上形成的体育竞赛项目。所以“那达慕”的“男子三项竞技”还担负着长辈对晚辈进行“生存技能和生产技艺”传授和道德教育的功能。在冷兵器时代,“男子三项竞技”是军事训练和杀敌的主要手段，在蒙元帝国时期“男子三项竞技”是帝国将军和大臣乃至帝位继承者必备的重要技能，同时“男子三项竞技”也是蒙古族强身健体和在庆典娱乐上表达内心情感时不可或缺的重要途径，从而使“男子三项竞技”具备了生态物质文化的“多功能性、简约性、高效性、生态性”等基本特征。

（三）“那达慕”的歌舞、祝赞词、乌力格尔

歌舞：蒙古民族是个能歌善舞的民族，所以歌舞是“那达慕”上不可或缺的重要内容之一。

蒙古民族在其悠久的与大自然相适应的狩猎和游牧生活中创建了一种把自己情感与大自然相融在一起的歌唱方法，即“长调歌”,“长调歌”又被人们称为“天籁之声”。蒙古人对“长生天”的敬仰和感恩、对风调雨顺的期盼、对故乡的赞美、对心爱骏马的赞颂、对人和家畜安康的祝福等，都要用这个“天籁之声”来表述。更有那神奇的“呼麦”。关于“呼麦”起源的传说是这样讲述的：“在远古的时候，金色的阿尔泰山上的冰雪已经融化，形成了许多奔腾的河流，其中有

---

① “达日赫拉乎”是通过应有的仪式，授给那些佩有最高荣誉“江嘎”的、成绩卓著的年长摔跤手的荣誉称号。授勋后基本不再亲自上场比赛了。但莅临到哪届“那达慕”现场，都应受到尊重和得到最高的待遇。

② “翁戈拉乎”是蒙古民族固有的一种民间习俗。是指选择特殊的动植物或人（或者是人工制作的类似玩偶）通过应有的仪式认定其为某一“神灵”的附体。

③ “斯特日勒乎”是蒙古民族固有的一种民间习俗。是指选择品相最优秀的一头（只）牲畜，象征性地敬献给天、地诸神。期望这一牲畜能够躲避灾害和死亡，生命得以延长。

一条叫'额格尔'的河流，水流湍急，奔泻千里，路经山谷和悬崖时，伴随着河谷和深林中百鸟鸣啭声、猿啼虎啸声以及长风猛击崖壁的回音声，发出美妙绝伦的共鸣声，使游猎牧人惊叹不已。经游猎牧人进行长期模仿和练唱，练就出腔鸣、鼻腔鸣、腹鸣、口鸣和丹田鸣等不同的共鸣和发声，从而可以将声音表现为多声部的合奏，其表现的内容丰富无比，其间杂有几十种风的声音、雷鸣闪电，金属脆响的深林之音，更有高山大河中空灵明快的自然之音，还有那虎啸狼嚎的粗野之声……也有猎牧人祭祀苍天的窃窃私语之声。”所以，每当“呼麦”高手演唱时，就会立刻把你带到大自然中去，去感受心灵巨大的震撼。

蒙古族更是一个擅舞的民族。考古学家们从阴山岩画和乌兰察布岩画中分析出多种舞蹈姿态。其中有宗教舞蹈、动物崇拜舞蹈、图腾舞蹈、狩猎舞蹈、娱乐舞蹈，等等。随着时光的延续和时代的变迁，蒙古族创建了多种舞蹈。不过后来的舞蹈都与上述舞蹈有着根系上的联系。

至此，我们可以得到这样一种认知，传统“那达慕”的“歌舞”是蒙古民族与大自然心灵对接的途径。

祝赞词：传统“那达慕”就是在高亢的“乌日雅”（祝赞词的一种）引领下开展的各项活动，尤其是“男子三项竞技”的开始阶段、比赛过程、赛后的封号、发奖等都是在“伊如歌勒钦”（他们是民间口头文学家）热情洋溢的“祝赞词”烘托中进行的。“祝赞词”虽然是种口头传承的民间文化形式，但其中体现着蒙古族的审美价值观，对好与坏、美与丑、善与恶的态度，对故乡的赞美与关怀以及对民众共同遵守的禁忌的遵守，等等。因而可以说，“祝赞词”是民间的一种用生动活泼的方式进行生态伦理观自我教化的良好途径。

乌力格尔（讲故事）：口口相传自己的历史和文化是游牧蒙古民族的一大特征。所以传统“那达慕”上讲“故事”是必不可少的内容。部族时期“聘请著名的歌手和著名的说书人以及游走的历史讲述者来渲染其文化氛围和欢庆气氛是“那达慕”的重要内容之一。按蒙古人的传统习惯，“唱了多少歌，讲了多少故事是评价那达慕规模的重要标志之一”。

从有关统计得知，在国内外有记载的蒙古民族的“英雄史诗”、传记故事达到550部以上，已整理出版的就有300多（篇）部。这些传记史诗的故事和情节是多种多样的，但在叙事结构、所表达的内涵上著名的史诗《江格尔传》最具代表性。《江格尔传》讲述的是人们心目中的英雄与自然灾害和恶势力象征“莽盅嘶”之间争战的系列故事。民众心目中的英雄们通过艰苦的努力战胜“莽盅嘶”的目的是为了保卫自己美好的故乡“保木巴”。“保木巴”是个四季如春、风调雨顺、没有自然灾害、没有战争、没有疾病、人们能永葆青春、过上幸福生活的好去处，是游牧民族向往的"生态家园"。

总之，从上述对"那达慕"的文化内涵的探析中可以得到这样一种认知：蒙古族的传统"那达慕"是在其丰富多彩的外在表现形式下，蕴含着"崇尚自然、关爱生命、和谐共生"的生态理念，同时还体现着"崇尚英雄、竞争进取、追求欢乐幸福"等积极的人文精神，是充满"生态人本主义"[①] 生态和谐伦理观的体育文化活动。

综上所述，从"那达慕"文化内涵的探讨中可得出："崇尚自然、关爱生命、和谐共生"这一理念是"那达慕"文化核心价值观的体现，是"那达慕"文化的灵魂所在。这也是游牧民族在寒冷、干旱、生态环境恶劣的蒙古高原上，追求与生态环境相适应的生存过程中形成的首要生态伦理观，是草原文化"以自然为主导的人与自然的和谐统一"价值观在"那达慕"这一体育文化上的具体体现。从而使它成为"那达慕"近千年来没有间断的被继承下来的主要原因所在，也是可以把我国蒙古族传统"那达慕"打造成为一个"高度弘扬生态文明理念的那达慕"这一设想可行性的依据所在，这是由"那达慕"自身的生存状态所决定的。

"良好生态环境是最公平的公共产品，是最普惠的民生福祉。"古代"草原丝绸之路"也是当今"新丝绸之路经济带"建设的必然通道。它东起蒙古高原东部，西经南西伯利亚、中亚，进入黑海北岸的南俄草原，直达东欧的喀尔巴阡山脉。这条草原通道位于北纬 40°~50°的中纬度地区，除了局部有山脉丘陵以外，其地势较为平坦，生态环境基本相近，其中不少地区生态环境十分脆弱，虽然地域辽阔、资源丰富，但自然地理条件和经济发展水平差异较大，生态环境非常容易受到破坏。所以保护生态环境必然是"丝绸之路经济带"建设可持续发展的首要考虑因素，也是基础保证条件。所以把"高度弘扬生态文明理念的'那达慕'"推向"丝绸之路经济带"建设中是符合"丝绸之路"沿线各国普惠民生福祉这一共同利益的。这也是打造一个"高度弘扬生态文明理念的'那达慕'"，并使其推向"丝绸之路经济带"建设这一设想可行性的依据所在。

依据考古学界的诸多发现和研究成果，学者们认为，从青铜器时代开始"草原丝绸之路"上就有了东西方在人员、物资、文化方面的来往，并在后来的匈奴的西迁、突厥的东移，尤其成吉思汗及其子孙们所建立横跨欧亚大陆的蒙元大帝国等历史过程，"草原丝绸之路"地带出现过无数次的多元文化的产生、发展、碰撞、相融等过程，从而造成了"丝绸之路"沿线多国之间在语言文字、文化习俗、生活方式、经济结构以及民族特性等方面具有互通性和认同感的文化现象。

---

① 李想. 发端于生态文明——人与自然和谐共生研究［M］. 北京：中国致公出版社，2011.

就从喜爱的体育活动种类来看，摔跤和赛马都是蒙古人和中亚、西亚多数国家的共同喜好，阿拉伯人对“猎鹰”的着迷、对“赛骆驼”的尊崇也与我国北方少数民族的习俗相似，加之民间喜好的歌舞，乃至传记故事的形成中都存在着千丝万缕的联系。如果把在游牧文明基础上形成的、充满草原风情的“那达慕”推向“丝绸之路经济带”建设过程中，必然会受到“丝绸之路”沿线各国民众的欢迎。

以上观点是打造一个“高度弘扬生态文明理念的‘那达慕’”并把它推向“丝绸之路经济带”建设的可行性的阐述。除此之外，就像众所周知的那样，工业革命的300年间，人类对赖以生存的大自然进行了掠夺性的开发。这一过程，一方面给人类带来了现代化的物质和精神生活；另一方面，也带来了大自然的无情报复和惩罚，即废水、废气、废物泛滥、能源枯竭，等等。同时为了资源的抢夺而形成的国家之间的战争、不同民族之间以及各阶层之间的隔阂、贫富之间的仇视，等等。总之人类社会的发展已出现了难以持续的问题。对此现状生态学家提出：“21世纪是世界历史的大变革时代。……选择一种新的生存方式，建设新文化——生态文化，这是人类最重要的抉择。生态文化，作为人类新的生存方式，是人类与自然和谐发展的文化，是人类文化发展的新阶段。”同时，对于如何建设生态文化方面，有些学者提出：“生态文化不仅仅是‘选择’、‘更新’，更是‘挖掘’、‘恢复’，生态文化不只存在于未来，也存在于我们人类已有的财富中。现在需要的是，一方面要重新选择，进行一次‘工业革命’的革命；另一方面，就是回过头来，重新发现、认识、恢复、改造我们传统文化中的生态文化的成分，将其作为我们谋求继续生存发展的主要手段之一。”学者们的论述使我们认识到，浓浓体现着生态理念的“那达慕”与时代发展需求之间的契合点，认识到传统“那达慕”所体现出来的“崇尚自然、关爱生命、和谐共生”等生态理念在生态文化建设中可成为重要精神资源的文化价值。从而可知，打造一个“高度弘扬生态文明理念的‘那达慕’”是符合时代发展的必然要求的。

与此同时，《中共中央国务院关于加快推进生态文明建设的意见》中指出：“生态文明建设是中国特色社会主义事业的重要内容……资源约束趋紧，环境污染严重，生态系统退化……已成为经济社会可持续发展的重大瓶颈制约。”还提出：“把生态文明建设放在突出的战略位置，融入经济建设、政治建设、文化建设、社会建设各方面和全过程。”从而可知，生态文明建设在我国的当前发展中所具有的重要现实意义。同样，“丝绸之路”沿线的中亚、西亚地区，多数国家属内陆国家，这些国家在生态环境比较脆弱和地下埋藏资源较为丰富，且地下资源亟待开发等境况都与我国西部和北方地区比较相似。所以，当前保护生态环境，避免生态环境的恶化，在开发地下资源时，不能走西方发达国家所走过的“先开发、后治理”之路，必须在开发伊始就与“生态足迹”的补偿相结合，采用绿色发展、循环经济、低碳经济、弘扬生态文化之路，这是符合经济带相关国家当前乃至未来发展需求的。从而可认为打造一个“高度弘扬生态文明理念的‘那达慕’”，并把它推向“丝绸之路经济带”建设过程中是符合我国乃至“丝绸之路”沿线各国经济发展共同的现实要求的。

三、“那达慕”的市场开发与“丝绸之路经济带”建设

体育既是一项重要的公益事业，也是一项具有广阔前景的新兴经济产业。《国务院办公厅关于加快发展体育产业指导意见》（以下简称《指导意见》）中提出：“……大力发展体育健身市场、加强群众体育俱乐部建设、加强对民族民间传统体育项目的市场开发、推广。”同样，自治区政府为了发展体育产业，正在策划建立“体育产业聚集区”的方案。国务院《指导意见》的颁发给“那达慕”市场开发提供了政策导向。自治区建设“体育产业聚集区”方案的实施，必然会给传统“那达慕”的现代化改革和市场化运作搭建起重要的发展平台。尤其，国家向文化界和体育界购买服务的政策出台，确实给“那达慕”的产业开发带来了大好的发展良机。

然而，“文化是社会的灵魂，价值观是文化的核心”。我们对“那达慕”这一社会文化活动进行市场开发之际，首先要明确其文化的核心价值观是非常必要的，否则就会出现所开发的项目成为无源之水，使其在延续过程中失去方向和丧失发展动力，这也是当前文化开发中经常出现的问题。为此我们依据“那达慕”固有的文化内涵和借助顾拜旦等人在现代“奥运会”初始阶段就制定的“奥林匹克宪章”[①] 以及“宗旨”和“精神”，获得了现代“奥运会”百年兴盛发展的原始动力的经验，要首先确定“高度弘扬生态文明理念‘那达慕’”的“宗旨”和“精神”，保证其发展的方向和所遵守的思想基础不变。

“那达慕”的“宗旨”：通过“那达慕”来让人们树立起“崇尚自然、关爱生命、和谐共生”的生态理念，促进人的身心共同发展和生命力得到增强，从而为

① 李艳翎. 奥林匹克运动全书［M］. 北京：国际文化出版社，2001.

建设一个包容和谐和团结友爱的人类社会做出贡献。

“那达慕”的“精神”：“关爱大自然”应成为“那达慕”首要精神。

科学、进步、创新、公平竞争等也是现代“那达慕”必须遵守的精神。

崇尚英雄，敢于承担，恪守信义以及开拓进取和追求欢乐幸福等理念来教育年青一代是“那达慕”特有的品格和精神，也是区别于其他体育文化的标志所在。

在所确定的“宗旨”和“精神”基础上，我们可以借助自治区政府所策划的“体育产业聚集区”这一平台，建立起一个具有“以政府主导，市场化运作”功能的“那达慕委员会”这一执行机构。遵照国家购买服务条件下，可以多方引资(在这里应当提出的是内蒙古自治区诸多的风能、光能等新能源企业和各类生态企业以及借助自治区特有的生态资源而发展起来“伊利”、“蒙牛”、“小肥羊”等企业，它们与“高度弘扬生态文明那达慕”的文化理念是相同的，所以联合起来资助和赞助“那达慕”都是分内的事；另外，内蒙古自治区还有诸多的大型厂矿企业，它们当前都在国家严格的环保政策要求下逐步走向“循环经济”、“低碳经济”之路，并都有不同程度的成就，我们可以与自治区环保机构相结合，在“那达慕”上予以宣传和表扬，这是我区大型厂矿企业与“那达慕”得到共赢的途径；更重要的是，打造“高度弘扬生态文明理念的那达慕”是完全为政府的生态文明建设服务的具体措施，只要做得符合要求，按照“购买服务”政策，政府出面埋单是必然的。所以，“高度弘扬生态文明那达慕”的多方引资之路是很广泛的)。在此基础上，招进应有的文创人才、企业管理人才、中介工作人员等，以现代生态观念和现代科技的声、光、电技术，用于“那达慕”的开、闭幕式和各种文化专场活动中，把传统“那达慕”仪式，打造成为高度弘扬生态文明的文化产品；同时把“那达慕”的摔跤、赛马、射箭等比赛项目与浓厚体现着“关爱大自然”理念的“祝赞词”、“歌舞”、“讲故事”等有机结合，打造出体现“崇尚英雄”信念的、显示出“敢于承担、恪守信义”品格的、表现出“开拓进取和追求欢乐幸福”等积极人文精神的、具有显著民族特色的体育赛事。与此同时，还可以与影视传媒以及IT行业相结合，开发出“‘那达慕’风采”、“动漫‘那达慕’”、“‘那达慕’故事”等系列“体育生态文化品牌”产品，使“高度弘扬生态文明理念的‘那达慕’”走向网络开发是大有前程的。

上述过程也必然会带动摔跤、赛马、射箭以及有关体育项目的产业开发，民族歌舞、文化艺术等文化产品的产业开发。还可以促进对草原旅游、民族餐旅、民族服饰、民族医药、民族工艺等产品的商业化运作和对民族传统项目给予赞助和投资产业之间的互动和共同发展。同时可以把“体育产业聚集区”作为“那达慕"产业开发的"孵化器",并借助经济学的"增长极理论"[①]的极化效应动力,辐射周边地区,使这一事业得到更广泛的发展。

在上述基础上,把"高度弘扬生态理念的、含有鲜明民族特色和充满活力的以及处处体现商机的那达慕"推向"丝绸之路"沿岸各国,邀请他们来观看,欢迎他们来亲自参加比赛,也希望他们来投资;同时,也可以把"那达慕"引到"丝绸之路"沿线各国去进行,与他们共同开发,从而达到建立起自治区与"丝绸之路"沿线各国间人员、文化、经贸相互来往的机制。

《愿景与行动》的合作重点提出:以政策沟通、设施联通、贸易畅通、资金融通、民心相通为主要内容。我们认为,把高度弘扬生态文明的"那达慕"推向"丝绸之路经济带"建设过程是实现《愿景与行动》中提出的传承和弘扬丝绸之路友好合作精神、广泛开展文化交流、加强旅游合作、扩大旅游规模、积极开展体育交流、支持沿线国家申办重大国际体育赛事的具体实施过程,也是为双多边合作奠定坚实的民意基础,通过民心相通来夯实"一带一路"建设的社会根基的具体实现过程。

打造出高度弘扬生态文明理念的"那达慕",并以市场化开发途径推向"丝绸之路经济带"建设过程是通过文化自信、文化自觉、文化自强来增强文化核心影响力,并把它融入到国际合作过程中,促进"丝绸之路"沿线各国间的文化合作,达成广泛的文化共识,促进文化实体和产业联盟的形成以及对"一带一路"建设国际软环境的改善,也会对凝聚力和向心力的巩固、影响力的增强等方面产生积极的影响。

总之,打造高度弘扬生态文明理念的"那达慕",并以市场化开发途径推向"丝绸之路经济带"建设过程中,必然对《愿景与行动》中提出的"高举和平发展的旗帜,主动地发展与沿线国家的经济合作伙伴关系,共同打造政治互信、经济融合、文化包容的利益共同体、命运共同体和责任共同体的重要举措"的实施会起到实质性的推动作用。

打造高度弘扬生态文明理念的"那达慕",并以市场化开发途径推向"丝绸之路经济带"建设过程,也是传统"那达慕"在现代社会条件下得以继承和发展,并克服其单一民族性和开展地域狭窄等局限性,实现其走出草原、走向城市、走向国际的重要途径。

打造的"高度弘扬生态文明理念的那达慕",可把内蒙古自治区文化、经济、生态、体育等资源整合到"那达慕"这一"文化品牌"上,为自治区的现代化发

① 刘静,向勇. 文化产业应用理论 [M]. 北京:金城出版社,2011.

展做出贡献；并以其市场开发途径推向“丝绸之路”沿线各国，使其得到共同开发。这一过程不仅可为“中蒙俄经济走廊”的建设提供可操作的得力措施，同时必然对“一带一路”建设起到积极的促进作用。

参考文献

[1] 白红梅. 文化传承与教育视野中的蒙古族那达慕［D］. 北京：中央民族大学博士学位论文，2008.

[2] 邢莉. 蒙古族那达慕人文精神［J］. 实践（思想理论版），2010，5：52.

[3] 余谋昌. 生态文明论［M］. 北京：中央编译出版社，2010.

[4] 孛尔只斤·吉尔格勒. 游牧文明史论［M］. 呼和浩特：内蒙古人民出版社，2002.

[5] 阿拉腾敖其尔. 传统那达慕［M］. 呼和浩特：内蒙古文化出版社，1986.

[6] 金海. 论草原文化的基本价值体系，生态和谐与草原文明［M］. 北京：民族出版社，2007.

[7] 葛根高娃. 蒙古民族的生态文化［M］. 呼和浩特：内蒙古教育出版社，2004.

[8] 袁贵仁. 坚持先进文化方向　树立正确的价值观［M］. 北京：北京师范大学出版社，2012.

内蒙古借力专利技术贸易推动中蒙贸易结构产业升级的可行性研究[①]

孙志伟[②]

[**摘　要**] 我国“一带一路”战略构想确立了蒙古国的重要地位，但中蒙贸易的进一步发展面临着许多矛盾和问题，究其原因就是因为蒙古国进出口商品分布集中，产业结构、贸易结构单一，产品质量、产品附加值和劳动生产率低、国际竞争力微弱，亟需先进的技术，特别是农牧、矿产加工、能源等领域的技术，而我国目前拥有许多相关领域的成熟技术，特别是专利技术。本文从专利技术贸易的角度出发，分别从中蒙专利技术贸易的必要性、可行性和拟定研究的内容三方面来说明中蒙专利技术贸易对我国的对外贸易、对内经济；对蒙古的经济及其发展、对我国专利技术转化成现实的生产力，实现专利的价值所具有的战略意义。

[**关键词**] 中蒙贸易；技术贸易；产业结构升级；专利技术

一、引言

随着经济全球化深入发展，区域经济一体化加快推进，全球经济增长和贸易、投资格局正在酝酿深刻调整，亚欧国家都处于经济转型升级的关键阶段，需要进一步激发区域内发展活力与合作潜力。2013 年 9 月和 10 月由中国国家主席习近平分别提出建设“新丝绸之路经济带”和“21 世纪海上丝绸之路”，即“一带一路”的战略构想。在 2014 年 9 月，上合组织杜尚别峰会期间，习近平主席

① 此论文为国家知识产权局项目成果。

② 孙志伟（1976—），女，内蒙古赤峰市人，现为内蒙古财经大学计算机信息管理学院副教授，主持并参与多项研究课题，主要研究方向：知识经济。

提出建立“中俄蒙三国经济走廊”。通过交通、货物运输和跨国电网的链接，打通三国经济合作的走廊建设，推动“一带一路”的战略目标。蒙古国位于亚洲中部，在东南西三面与中国接壤，北面与俄罗斯为邻，处于“中蒙俄经济走廊”的中间地带，地缘位置十分重要，具有天然的地理优势，是“一带一路”北线的重要支点。蒙古国在未来中国发展战略中的地位凸显，中国同蒙古国之间的经济互动发展显得尤为重要。

由于地域及民族方面的原因，蒙古国与中国的经贸往来具有得天独厚的优势。1998 年，中国成为蒙古国第一大投资国，1999 年起，中国成为蒙古国第一大贸易伙伴。但是中蒙贸易的进一步发展仍然面临许多矛盾和问题。主要原因就是因为蒙古国进出口商品分布集中，产业结构、贸易结构单一。蒙古国已经意识到自己产业的问题：产品质量、产品附加值和劳动生产率低、国际竞争力微弱，但同时又缺乏先进的技术，单靠自己国家的力量开发和加工丰富的畜产品、矿产资源很困难。所以为了未来在现有的比较优势基础上形成自己的竞争优势，实现调整产业结构，把贸易结构从原材料、半成品的出口升级到成品出口为主导的对外贸易战略，蒙古国就急需引进大量国外先进的生产技术。而我国目前正好拥有大量的相关技术，特别是专利技术。在这种供需市场和规模已经形成的形势下，我国可以利用在技术方面拥有的优势，通过专利技术贸易推动中蒙边境贸易的产业升级，从而达到调整产业结构、改善对外贸易结构、改善中蒙贸易关系和扩大贸易规模的目的。

二、中国与蒙古国技术贸易的必要性

（一）我国与蒙古国扩大贸易规模的需要

中国是蒙古国的第一大贸易伙伴，两国间的贸易额占蒙国贸易总额的一半以上，因此中蒙贸易的发展情况基本左右了蒙古国贸易发展的方向。从中蒙贸易发展的现状来看，2011~2013 年，增长速度缓慢，2013 年还出现了些许的下降。2014 年受两国政治关系的影响，中蒙贸易突破了 70 亿美元，达到 73.1 亿美元，同比增长 22.7%，其中出口 22.2 亿美元，同比下降 9.5%，进口 50.9 亿美元，同比增长 45.1%。中蒙贸易的发展在一定程度上促进了蒙古国贸易的整体发展。但 2014 年中蒙贸易额只有 73 亿美元，与中国接壤的其他国家相比总体来说太少，据中华人民共和国商务部统计，2014 年中边贸易额达到 836.4 亿美元，中泰贸易额为 726 亿美元，中俄贸易额为 952.85 亿美元。中蒙的贸易量与中蒙两国边境毗邻、经济互补的特点不匹配。

（二）中蒙贸易结构调整的需要

中蒙贸易的进一步发展仍然面临许多矛盾和问题。根据蒙古国统计局的数据，2014 年蒙古国出口额为 43.8 亿美元，中国成为蒙古国的最大出口国，占出口总额的 92.6%。但蒙古国受到自身资源禀赋影响，主要出口到中国的产品多为铜、煤、金、牲畜、畜产品、羊毛、皮革等初级产品。2014 年上半年蒙古国对华出口商品中，铜矿精粉、原煤、铁矿石等能源矿产产品占到总贸易额的 70%以上，蒙古国对中国出口排在前三位的是铜矿精粉、原煤和铁矿石，均为工业原料，分别占蒙古国对中国出口总额的 43.24%、19.64%和 9.13%；羊绒及羊皮革制品出口额为 1835 万美元，占蒙古国对中国出口总额的 0.81。蒙古国历年出口的能源矿产品中，铜矿石、原油、煤炭、锌矿石、铁矿石等几乎全部进入中国市场，畜产品包括皮草和羊绒等几乎 90%以上流入中国（如表 1 所示）。

表 1　2014 年上半年蒙古国对中国出口的主要商品

单位：百万美元

出口产品	出口额	占比（%）
铜矿精粉	985.88	43.24
原煤	447.76	19.64
铁矿石	208.11	9.13
锌矿精粉	48.45	2.13
萤石粉	12.86	0.56
梳绒	4.55	0.20
羊绒	3.17	0.14
牛、马皮革制品	2.63	0.12
绵羊皮革制品	5.85	0.26
山羊皮制品	9.33	0.41

资料来源：蒙古国统计局。

中国同时也是蒙古国最大的进口伙伴国，2013 年蒙古国的进口总额为 67.38 亿美元，中国占其进口总额的 27.6%。蒙古国工业基础薄弱且不成体系，机械、石化、电子等制造业产品和大部分轻工业产品不能自给，只能依赖进口。蒙古国从中国进口的产品呈现多样化特点，在居民生活和工业生产领域均有涉及，主要以机械设备、燃料、工业消费品、化工品、建材、粮食、蔬菜水果、糖、茶等轻工产品为主。形成这种中蒙贸易结构的主要原因在于蒙古国主要利用资源禀赋的比较优势，出口产品以资源密集型为主，同时中国对蒙古国的能源矿产存在着巨大的进口需求，所以中蒙贸易呈现持续逆差（如图1所示）。另外，蒙古人的环保意识比较强，总是认为大量矿产资源的开发破坏了蒙古国的生态环境并由此迁怒于中国投资者，尤其对中国企业到蒙古国开发资源，视为掠夺其资源，在蒙劳务人员被视为抢其饭碗，从而使中蒙贸易关系和贸易规模受挫。究其原因就是因为中蒙进出口商品分布集中，产业结构、贸易结构单一，未来深化中蒙贸易关系，调整中蒙贸易结构，增加对中出口商品的技术含量成为蒙古国发展的当务之急。所以，用科技推动产业结构升级和中蒙贸易问题的解决是十分必要和刻不容缓的。

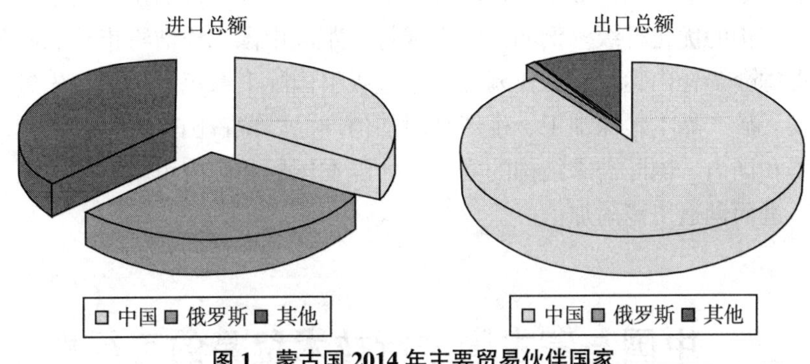

图1　蒙古国2014年主要贸易伙伴国家

（三）蒙古国自身产业结构优化升级的需要

世界产业经济正向着全球化方向发展，新的科技和信息技术革命引发的浪潮正逐步引起世界各国产业结构系统发生急剧的调整。高科技和高附加值产业的比重在整体国民经济中的比重上升，这样的现代化的过程就是产业经济结构的优化升级。

蒙古国作为世界发展中国家之一，仍处于国际分工格局中的较低层级，自身不存在完整的产业体系，经济结构严重不合理，产业结构落后、层次低，产业技术水平差，技术力量异常薄弱，仍处于工业化的初级阶段，经济主要是粗放型和资源耗竭型的增长模式。畜牧业在农业结构中占主导地位，但畜产品精加工能力差，轻工业及第三产业不发达。国内基础设施薄弱、国内产业单一、环境污染等因素，制约其可持续发展。另外，因缺乏完整的工业链，使蒙古国的产业结构面临着较大的外部风险，蒙古国以往的工矿业贸易主要为粗放式的原材料出口，单一的出口结构易被国际大宗商品市场价格所左右。近年由于全球矿产资源供应日渐过剩，中国调整产业结构对能源需求放缓以及国际能源价格的波动等原因，导致了蒙古国外贸收入出现了较大的波动，这在一定程度上给经济规模相对弱小的蒙古国带来了宏观经济波动性风险。蒙古国已经意识到自己产业结构单一的问题，产品质量、产品附加值和劳动生产率低、国际竞争力微弱，但同时又缺乏先进的技术，单靠自己国家的力量开发和加工丰富的畜产品、矿产资源很困难。所以为了未来在现有的比较优势基础上形成自己的竞争优势，实现调整产业结构，把贸易结构从原材料、半成品的出口升级到成品出口为主导的对外贸易战略，以加快转变经济增长方式，增强蒙古国特色产业在国际国内市场的综合竞争实力，进一步实现蒙古国经济持续稳健地发展，蒙古国在煤化工、坑口电厂、煤制天然气、石油开采、矿产品深加工等领域急需引进大量国外先进的生产技术，来加快产业经济结构的优化升级。例如，蒙古国将在距离中国二连浩特市约 230 公里的东戈壁省省会赛音山达建立工业园区，希望吸引国际上绿色、环保、先进的生产技术，发展矿产品本地深加工、生产高附加值产品。蒙古国只有充分适应现代高科技发展和国内、国际需求结构的变化，才能在国际和国内市场上获得更大的竞争优势，进而创造出高附加值。

三、中国与蒙古国进行技术贸易的可行性

（一）国家间关系有利于双方合作

东欧剧变苏联解体后，蒙古国走上了重返亚洲的道路，而中国就是它在亚洲的首选国家。近年来蒙古国政府高度重视中蒙关系特别是经贸关系的发展，为此采取了一系列措施。中国国家主席习近平 2014 年 8 月访问蒙古国，将两国关系提升至“全面战略伙伴关系”。并且中国和蒙古国签署了包括铁路、基础设施建设、金融等 30 多项合作协议，《中华人民共和国政府与蒙古国政府经贸合作中期发展纲要》、《中国人民银行与蒙古银行人民币/图格里克本币互换协议》、《中国石油天然气集团公司与蒙古国石油局合作备忘录》等。蒙古国领导人反复强调要把发展对中国的经济技术合作放在与俄罗斯同等重要的地位。此外，中国与蒙古国的合作基本上是纯经济目的不附带政治条件。此举深受蒙古国政府的欢迎，因此中蒙合作具有良好的社会政治环境的支持。

（二）经济发展水平相近，区域梯度差小有利于技术贸易关系的建立

根据梯度推移理论，新技术、新产业总是发生在高梯度区，然后由高梯度区向低梯度区逐级扩散。推移之所以能够进行，一方面是因为扩散有其内在动力和外在压力，愿意进行；另一方面是由于接受地区存在着接受扩散的引力场，主要有劳动力场、资源场、区位场。落后地区一般缺乏资金和技术，主要靠这三个场的引入吸引高梯度地区的新产业、新产品、新技术扩散到本地区去。在产业与技术扩散的过程中遵循梯度差最小原则，也就是说，地区间梯度差越小地区之间的经济技术合作就越容易进行。从与蒙古国存在有利区位的东北亚各国经济发展水平来看，日本是高度发达的资本主义国家，是世界上仅次于美国的第二经济强国，应属于第一阶梯。韩国是“二战”后发展起来的新兴工业化国家，2014 年国内生产总值（GDP）达 13218.6 亿美元，人均国民总收入（GNI）增至 2.8180 万美元，位于全世界第 14 位，正在向发达国家迈进，应属于第二阶梯。这两个国家是东北亚地区资金、技术及技术密集型产品的主要供应者和劳动密集型产品及部分传统资本密集型产品的主要吸收者。俄罗斯目前经济正处于调整和恢复阶段，但其资源和技术优势仍不可忽视；中国自改革开放以来经济持续高速发展，但由于基础差，仍属于发展中国家。这两个国家是资金、先进技术及技术密集型产品的主要吸收者和资源（主要是俄罗斯）、劳动力和劳动密集型产品（主要是中国）及部分技术的供应者，应属于第三阶梯。朝鲜和蒙古国原有基础差，近年来经济发展十分缓慢，在世界范围内属于落后国家，是食品、日用品、机械产品、资金及技术的吸收者和原材料及初级产品的供应者，属第四阶梯。中国与蒙古国梯度差小，与东北亚其他国家相比，经济技术合作关系更容易建立。

（三）资源与技术的互补性为技术贸易提供了具体的方向

蒙古国自然资源非常丰富，迄今为止，已探明的矿产有 80 多类和 6000 多个矿点，主要有铁、铜、钼、煤、锌、金、铅、钨、锡、锰、铬、铋、萤石、石棉、稀土、铀、磷、石油、油页岩矿等，其中，蒙古国的铜、磷、萤石、煤和石膏的探明储量居世界前列，开发潜力巨大。煤炭蕴藏量约为 1520 亿吨、铜 2.4 亿吨、铁 20 亿吨、磷 2 亿吨、黄金 3100 吨、石油 80 亿桶。蒙古国森林面积为 1530 万公顷，森林覆盖率为 8.2%，木材总蓄积量为 12.7 亿立方米。森林中有大量的野果、松子、蘑菇、木耳和药用植物，并生长着 3 万多种沙棘类灌木。蒙古国有 400 多种植物、70 多类或 140 多种哺乳动物、390 多种鸟和 70 多种鱼。

蒙古国的技术创新低及科研领域投资少。据了解世界各国科学技术方面的投资占国内生产总值比例平均数据是1.1%，而近三年的平均数据显示出蒙古国科学技术方面的投资仅占国内生产总值的0.2%，从而显现出蒙古国的科学发展对本国的社会经济影响不大，科技部门对国家经济增长的贡献率较低，因此蒙古国的技术创新发展水平比其他国家低很多，投入的资金非常有限且利用不当。在矿山领域中，勘探的技术设备、采矿的技术设备以及对初级产品加工的设备均缺少科技研发，在矿产勘探、开采、加工、石油冶炼等方面的专业人才缺乏，劳动力的供给和需求严重失衡，致使其他国家投资或援赠高新设备，自己也无法使用。除此之外，医疗、畜牧等其他领域也是同样的境况。2013年蒙古国教科文部对科技实力进行的评估表明：所有出口产品中，45%的没有技术含量，52%是低技术产品，3%是中低技术产品。蒙古国在矿产资源国际合作中越来越不愿单纯出口原材料，主张深加工并出口附加值高的产品，为此希望得到国外的技术转让。

相对于蒙古国的情况，中国对蒙古国的自然资源需求巨大：蒙古100%的煤炭，90%的铁矿石和70%的铜都出口到中国，仅煤炭就占我国进口煤炭总量的1/10，蒙古国计划未来的20年内向中国出口煤炭10亿吨，平均每年出口达5000万吨；但中国在矿产开采深加工、石油开采加工、清洁能源及农牧业种植养殖等方面的技术、设备、人才与蒙古国地区相比却占据绝对优势，随着中国科技水平的不断提高，中国已经在部分技术领域如航空、生物、家电、农业等处于国际领先水平。在专利领域，2014年国家知识产权局共授权发明专利23.3万件，其中，国内发明专利16.3万件，占总量的70.0%；国外来华发明专利7.0万件，占总量的30.0%。内蒙古自治区专利授权量为4031件，这些专利中有相当一部分具有农牧、矿产特色，并且中国技术转让价格较低，许多技术对蒙古国更加适用。例如，蒙古国有丰富的油气资源，但却不能进行石油冶炼，几乎全部成品油都要从俄罗斯和中国进口。中国这些领域的技术相对成熟、完整，有先进成套设备的设计与制造能力，能为蒙古矿产资源的勘探、开采、深加工提供先进适用的技术。蒙古国农牧业技术落后，以粗放型农牧业为主，粮食等产品基本不能自给，对蔬菜、粮食、水果、禽肉、禽蛋等相关技术有较强烈的需求，中国可以转让现代化的农牧业机械制造、高产量种养殖业、农产品深加工等技术。蒙古国是世界上羊绒出口大国，但是蒙古国羊绒加工技术非常落后，基本上是原料出口。中国的毛纺、印染技术水平先进、实用，而且价格也便宜，符合蒙古国企业的需求。由此看来中蒙双方具有极大的资源与技术的互补性，对于蒙古国急需的中方技术，中国可以主动减少技术出口限制，扩大技术出口的领域与范围，降低技术使用费，或以技术入股，从而吸引蒙古国对中国扩大资源开放，以技术换资源。中国的这些优秀的技术可以通过中蒙的技术贸易转化成实际的生产力实现技术价值，从而为国家的产业升级特别是内蒙古自治区的产业升级、改变中蒙贸易结构单一、总体贸易规模不大的现状、为贸易发展做出贡献。

（四）中蒙技术贸易可以摆脱中蒙贸易的瓶颈制约，开创新的合作模式

物流与通道是毗邻国家经贸发展的关键因素，但一直以来，中蒙间虽然共有4710公里的边境线、若干个对接口岸，境内却只有连接北京和莫斯科的国际大通道，铁路和公路建设严重滞后，运输路线长，运费高昂，两国交接的口岸设施落后，通道不便与物流不畅问题始终是制约两国经贸发展的重要因素。其中既有客观原因，又有人为因素。客观原因是蒙古国经济发展落后，资金短缺，对国内基础设施建设投入严重不足，导致国内基本的交通设施不完善，使其既不能依托其区位优势发展转口贸易，拉动国内经济的发展，又使国内丰富的能源矿产资源因为运输设施的不完善，提高了其成本，降低了其竞争能力；人为因素也是造成中蒙间通道不便的重要因素，主要体现在中蒙间铁路轨距的不同。因历史原因，蒙古国对中国有极强的防备心理，其现有的铁路都是按照俄罗斯的宽轨标准修建的，而中国铁路的修建都是采用国际标准轨距，导致凡是出入二连浩特和满洲里的火车，都需要底盘换装或货物重新装卸，由此导致每吨货物将增加成本2~4美元。据蒙古国《日报》2014年5月26日报道：因蒙方连接中国的铁路采用宽轨，近三年来蒙各煤炭企业因此多支出了一万亿图格里克（约合34.5亿元人民币）运输费，收入损失4000亿图格里克（约合13.8亿元人民币）。而通道不畅、运输成本提高，不仅限制了中蒙贸易的发展，也降低了蒙古国能源矿产资源整体的竞争能力。

基于此，未来为了突破通道不便、物流不畅、物流成本过高对中蒙经贸关系发展的制约，中蒙双方可以通过技术贸易途径来实现两国的互联互通，并且可以辐射到农业、畜牧业、矿产、能源、医疗、基础设施建设等领域，摆脱物流及基础设施给中蒙贸易发展带来的桎梏，同时可以改善我国对蒙投资与贸易基本只围绕蒙古国能源矿产资源而展开，合作形式及合作内容单一，合作模式缺乏创新的现状，改善中国给蒙古国留下的对其掠夺资源、抢其饭碗的印象，增强中蒙经贸发展的后劲，开创新的中蒙合作模式。

四、中国与蒙古国技术贸易前期拟定研究内容——以内蒙古自治区为例

将专利技术转化为出口的商品，这不但使专利技术转化成现实的生产力，实现专利的价值，改变我国的产业结构，改变我国对蒙古国出口商品单一的现状，还可以提升出口商品的档次，调整两国贸易商品的结构，提高我国出口产品的国际综合竞争力和创汇能力，为中蒙贸易发展提供了新的有效路径；还可以使中蒙两国建立较长时间的合作关系，实为一举三得。内蒙古自治区在中蒙贸易中具有地缘优势，经济、文化又与蒙古国有很大相似性，相关产业领域专利技术数量相应多一些，所以我们以在中蒙贸易额中占最大份额的内蒙古自治区为研究对象。

（一）内蒙古自治区是我国贯彻实施国家发展战略的重要桥头堡

因为内蒙古自治区的独特地理区位和经济特点，国务院 21 号文件将内蒙古自治区的发展上升到国家战略层面，明确了内蒙古自治区在国家发展战略中的定位：把内蒙古建成我国向北开放的重要桥头堡和充满活力的沿边经济带。要达到这一目标，内蒙古自治区可以凭借内连八省，外接蒙古国的独特的区位优势，与蒙古国相似的自然条件，依托口岸城镇和经济通道，坚持扩大对外经贸合作的具体建设思路，促进中蒙经贸合作战略的深入实施，为中蒙经贸发展做出贡献。

内蒙古自治区在中蒙贸易中具有非常重要的作用，从贸易总量来看，具有支撑作用。近年来，中国内蒙古自治区与蒙古国的经贸关系发展迅猛。2010~2014 年内蒙古自治区商务厅数据显示，内蒙古自治区对蒙古国贸易额占中蒙贸易额的比重很大，达到 1/3 左右。2014 年内蒙古自治区与蒙古国贸易额达到 40.97 亿美元（如表 2 所示），同比增长 29.8%，2015 年前 7 个月，内蒙古自治区与蒙古国贸易额为 20.89 亿美元，同比增长 6.1%，蒙古国已经连续三年成为内蒙古自治区第一大贸易伙伴国。2015 年内蒙古和蒙古国投资贸易洽谈会上，中蒙两国企业签订贸易投资合作协议 19 项，协议金额达 4.17 亿美元。来自中国内蒙古自治区的 143 家企业同蒙古国相关方面就经贸、能源矿产、农业、科技、金融等领域进行了对接洽谈，签署协议涉及航空运输、矿业投资、公路建设、蓄能电站、畜牧业养殖和农业种植等，签约数量和金额远超 2014 年。这可以说明内蒙古自治区在中蒙贸易中起着中坚力量。我国对蒙古国发生贸易时，所有的货物都要经口岸

通过，中国与蒙古国的边境口岸主要涉及 2 个省，15 个口岸（内蒙古自治区开放 11 个，新疆开放 4 个），单从口岸的数量可以发现，内蒙古自治区的口岸占有绝对优势。从过货量来看，内蒙古自治区所占比例高达 95%以上，仅 2015 年前 7 个月，二连口岸对蒙古国进出口总值达 80.1 亿元人民币，这说明中国对蒙贸易的商品绝大多数是从内蒙古自治区口岸通过的，从这里可以明显地体现出内蒙古自治区在中蒙贸易中的支柱作用。

表 2　中国与蒙古国 2010~2014 年对外贸易发展情况

单位：亿美元

年份	2010	2011	2012	2013	2014
蒙古国对外贸易额	61.77	114.2	111.2	106.3	110
中蒙贸易额	39.8	64.3	66	59.56	73.1
内蒙古与蒙古国贸易额	17	28.5	32.6	31.56	40.97

资料来源：商务部网、内蒙古商务厅网。

（二）在以内蒙古自治区为例推进中蒙专利技术贸易的过程中需要做的工作

1. 对专利技术进行调研

在内蒙古自治区内进行调研，明确内蒙古自治区目前在各领域共有多少专利项目以及目前实际生产中应用的情况，从而掌握内蒙古自治区对于特色领域的专利技术供给有哪些以及了解这些技术的运用成熟度、运用范围和目前相关的知识产权政策法规，得到调研报告。

2. 对蒙古国产业结构进行调研

了解蒙古国目前的产业发展战略，产业技术的态势，产业链的位置、产业内技术创新的位置等情况，明确目前蒙古国对于哪些专利技术具有价值诉求，最后依据其价值诉求的迫切程度划分出技术等级。

3. 分析专利技术的适用性

结合两方调研的情况，依据蒙古国对专利技术的价值诉求及相关领域和我方的实施能力，找到中蒙专利技术的供需，将其对接，并划分等级，制作中蒙专利技术贸易供给—需求等级表，详细分析出这些专利技术在蒙古国内应用的优势和劣势，得到调研报告。

4. 实现专利的价值诉求

运用博弈论及激励机制理论，研究在中蒙两国的政策及知识产权法律的框架下，如何通过如许可贸易、特许专营合同、顾问咨询、技术服务与协助、国际工程承包等不同的途径，使不同等级的专利技术贸易有效实现，使专利使用方式与专利的价值诉求相对应。

5. 设计并制定实现的途径

设计并制定在支持有效实现途径过程中，知识产权管理者应匹配的相关技术贸易市场运行的政策，如如何应对中蒙专利贸易壁垒、如何有效保护我们的知识产权、如何进行有目的的中蒙专利技术储备、如何引导有目的的专利技术开发等。通过对这些既符合激励相容又符合参与约束的政策的合理设计，不但刺激中方对于专利技术输出，而且也鼓励蒙方对于中国专利技术的运用，从而达到既实现我们的专利技术的转化和价值的目的，又实现调和两国贸易矛盾，调整两国产业结构、贸易形势和贸易结构的目的，达到两国贸易和产业升级的双赢。为政府、专利管理者、专利持有者提供有效的政策参考。

通过以上的论述，中蒙之间进行专利技术贸易，既有其必要性，又有极大的可行性。使专利技术成为出口的商品，这不但可以使专利技术转化成现实的生产力，实现专利的价值，改变我国的产业结构，改变我国对蒙古国出口商品单一的现状，还可以提升出口商品的档次，调整两国贸易商品的结构，提高我国出口产品的国际综合竞争力和创汇能力，同时通过中蒙专利贸易的平台、专利技术的使用可以使其更完善，甚至发展出新的技术，使原有技术增值，从而有益于我国现有专利技术的再发展和完善。专利技术贸易对我国的对外贸易，对内经济，对蒙古国的经济及其发展都具有极大的战略意义，需要我们深入细致地进行研究，为政府、专利管理者、专利持有者提供有效的参考建议。

参考文献

[1] 于洪洋，[蒙] 欧德卡巴殿君. 试论“中蒙俄经济走廊”的基础与障碍 [J]. 东北亚论坛，2015，1：96.

[2] 杨文兰. 对当前中蒙经贸关系发展的几点思考 [J]. 国际商务论坛，2015，4：33–36.

[3] 张序强，王金辉，董雪旺. 中国东北地区与蒙古国经济技术合作 [J]. 世界地理研究，2000，3：82–87.

[4] 长青，赵洪彬，朝克. 内蒙古自治区专利事业发展现状分析及对策研究 [J]. 科学管理研究，2011，5：57–60.

[5] 台格旺登. 蒙古国科学技术发展概况 [J]. 科学学与科学技术管理，2005，12：26–31.

[6] 李靖宇，雷杨. 蒙古国矿产资源分布与中蒙两国合作开发前景论证 [J]. 世界地理研究，2010，1：138–146.

[7] 王富强. 蒙古国畜牧业经济发展现状、问题及对策探讨 [J]. 内蒙古科技与经济，2008，12：5–6.

推进“旅游+互联网”服务“一带一路”

王香茜[①]

[摘　要]“旅游+互联网”是国家提升旅游竞争力的重要举措，也是服务“一带一路”的重要措施。地方政府及旅游企业能否借力互联网，调整发展战略意义重大。目前，我国旅游企业基于“旅游+互联网”的工作取得了明显的成效，但仍然存在许多问题。本文认为“旅游+互联网”是旅游发展的必然趋势，旅游企业要在整合互联网与旅游资源的基础上，围绕“旅游+互联网”的目标及存在的差距，寻找推进“旅游+互联网”环境下旅游企业的发展对策，更好地服务“一带一路”。

[关键词]“旅游+互联网”；资源整合；融合发展；“一带一路”

一、引言

最近，国家旅游局局长李金早在“开明开放开拓，迎接中国旅游+新时代”中提出：推进“旅游+”，服务“一带一路”。

“旅游+”是指充分发挥旅游业的拉动力、融合能力以及催化、集成作用，为相关产业和领域发展提供旅游平台，插上“旅游”翅膀，形成新业态，提升其发展水平和综合价值。在此过程中，“旅游+”能有效地拓展旅游自身发展空间，推进旅游转型升级。

“一带一路”是中国“走出去”的全球化战略，这一战略对于旅游业的影响是史无前例的，国家旅游局还把2015年定为“丝绸之路旅游年”，这是旅游业贯彻落实“一带一路”战略构想的重要举措。未来，我国的旅游业发展将在很大程

① 王香茜，内蒙古财经大学旅游学院，教授，研究方向：旅游信息化管理、旅游企业管理。

度上服务于这一战略。

李金早把推进旅游与国家重大战略结合，指出：“旅游+五化”（旅游+新型城镇化、旅游+新型工业化、旅游+农业现代化、旅游+信息化、旅游+生态化）发展战略大有作为；李金早还指出：要发挥“旅游+”的积极作用，推进“旅游+服务”“一带一路”；在热点领域推进“旅游+互联网”，用信息化武装旅游。

但是，长期以来我国旅游业的整体竞争力偏弱，尤其是在信息化和利用互联网方面，围绕推动“旅游+互联网”跨产业融合，国家旅游局出台了《关于促进智慧旅游发展的指导意见》，近期还将举办“旅游+互联网”大会，营造“旅游+互联网”的良好发展环境。

在“一带一路”战略下，“旅游+互联网”是旅游业提升整体竞争力的重要路径，也是旅游服务“一带一路”的重要举措。

二、“旅游+互联网”服务“一带一路”的必然趋势

互联网正在以人们始料未及的速度改变着旅游组织方式、市场经营模式，“旅游+互联网”意味着产业与技术在进行融合，这一变革是大势所趋，因此“旅游+互联网”，才能更好地服务“一带一路”。下面几则例子显示了旅游企业与互联网的融合发展趋势。

2015 年 4 月 23 日，众信、恺撒、中国国旅、华远旅游、凤凰旅游、海涛假期等 17 家国内主流旅行社，联合发布声明称：“我们共同决定，停止向途牛旅游网供货 2015 年 7 月 15 日及以后出发的旅游产品。”之后，途牛绕过出发地的旅行社批发商和供应商，直接向目的地的地接社、资源方采购产品和服务，并建立海外目的地服务中心；众信则积极发展自己的直客渠道（入股线上零售、建立线上直销渠道“掌上店铺”、打造直客品牌体验店等）。

就在途牛网刚刚平息了 17 家旅行社全面抵制风波后不久，4 月 29 日，华住酒店集团（原汉庭）突然对外发布声明称，“由于携程、艺龙、去哪儿三家线上代理商（OTA）出现了价格倒挂等违背约定的行为，华住决定暂停与其的合作关系，直至其整顿好各自的价格管理”。

5 月 2 日，湖南旅游饭店协会发布“严正声明”称，去哪儿网在没有得到相关酒店任何许可的前提下，单方面实行客房五折促销，属单方恶意违规行为。由于双方协商未成功，湖南 200 多家酒店已停止向去哪儿网供货。

从4月23日17家旅行社联合抵制途牛，到4月29日华住酒店集团单挑携程、艺龙、去哪儿，再到5月2日湖南旅游饭店协会抵制去哪儿，在短短10天之内，线下供货商与线上代理商的“断供”大战让人目不暇接。

旅游市场的厮杀博弈，反映出线上线下旅游企业融合发展的趋势，旅游从业者必须改变现有思维模式，用互联网思维构建旅游发展新模式。

（一）旅游与信息化的融合

旅游与信息化的融合，包括在泛旅游产业融合中。泛旅游产业融合旅游包括“食、住、行、游、购、娱”六大要素，传统旅游是旅行社将旅游要素组合卖给游客的旅游方式。目前，单一特性的消费内容已无法满足人们的消费需求，旅游产业出现了泛化趋势，农业、工业、服务业都加入到旅游范畴。泛旅游产业的各产业之间有很强的融合趋势，融合之后的产业结构将形成很高的附加值和溢出效应。泛旅游产业通过提供具备吸引力的体验内容结构，吸引人们聚集，从而产生极大的区域聚集，泛旅游产业的出现对区域经济转型升级有巨大的带动作用（如表1所示）。

表1 泛旅游产业分类

旅游+文化	农业	乡村旅游
		观光农业
		休闲农业
		农副产品旅游商品化
		农家乐
	工业	工业旅游
		工矿业遗产旅游
		旅游装备制造
		旅游用品制造
		旅游工艺品、纪念品设计、制造
	服务业	文化旅游
		会展旅游
		购物旅游
		运动康体旅游
		休闲旅游
		养老旅游
		旅游金融、保险
		交通、住宿、餐饮、信息服务等

（二）旅游线上线下融合

传统的旅游经营模式就是常规的组、接团操作运营模式。我国目前大部分旅行社都是以传统业务为主，这种模式及格局，直接导致地域性旅游产品严重同质化，价格竞争激烈，利润空间缩小；随着携程等一批在线企业的成功，改变了传统旅游经营的盈利模式，在线旅游企业的盈利模式对实体旅游企业带来了更大的冲击；线上企业在不断的发展中也受到来自线下的断供。传统（线下）模式、线上模式都是旅游发展到一定阶段的产物，“互联网+”的环境下，线上线下的融合模式是未来旅游业发展的主要模式。旅游企业要抓住机遇、改革创新，不断创新线上线下融合模式，促进新业态的发展（如表2所示）。

表2　旅游经营模式的变化

	供应	销售	消费	营销
过去	要素企业	旅行社	游客	传统手段 目的地营销
现在	要素企业	旅行社 在线企业 要素企业APP	游客、部分DIY	打包产品卖给线上 在线营销，目的地APP 要素企业APP

由表2可知，传统旅游模式和新的旅游模式的竞争点主要在渠道和营销。2015年2月中国互联网络信息中心（CNNIC）发布《第35次中国互联网络发展状况统计报告》。报告显示，截至2014年12月，在网上预订过机票、酒店、火车票或旅行度假产品的网民规模达到2.22亿，较2013年底增长4096万人，增长率为22.7%，我国网民使用在线旅行预订的比例由29.3%提升至34.2%。在网上预订火车票、机票、酒店和旅行度假产品的网民分别占比26.6%、13.5%、13%和7.6%。与此同时，手机预订机票、酒店、火车票或旅行度假产品用户规模达到1.34亿，较2013年12月增长8865万人，增长率为194.6%，我国网民使用手机在线旅行预订的比例由9.1%提升至24.1%。值得注意的是，手机在线旅行预订是移动端增长速度最快的商务应用，手机火车票预订对其用户规模增长贡献最大。

因此，谁拥有渠道似乎就掌控行业。携程、同城、去哪儿纷纷组合旅游要素，将产品直接卖给游客，并在预订服务模式、盈利模式、网站技术、组织管理模式、营销模式等多方面实现了创新；而多家旅行社也打包产品卖给在线企业，实现线下向线上的融合。

三、资源整合："旅游+互联网"服务"一带一路"的关键

"旅游业是一个资源产业，一个依靠自然禀赋和社会遗赠的产业"（墨菲，1985）。企业可以凭借着占有独特丰富的旅游资源赢得游客的认同并取得良好的经济效益，如何丰富企业的资源，提高企业的竞争力，线上线下企业分别有不同的做法，但归根结底是资源占有。

（一）传统线下企业资源整合方式

我国线下旅游企业资源整合一般经历三个发展阶段：资源占有、资源外取、资源优化。

1. 资源占有

改革开放之初，我国旅游企业普遍处于"小、弱、散、差"的状况，功能普遍单一，实力和市场运作能力远不能满足旅游企业发展的需要，大多数企业资源的占有基本沿袭体制改革以前的状况，计划经济体制的影响至深。一个企业，一个酒店或景区，让企业通过自身的力量达到资源占有的质变，存在一定困难。如何通过兼并、联合、相互持股等方式进行资产重组，形成有一定数量和一定规模的旅游企业集团，在此基础上达到对旅游资源的快速占有，是旅游业发展的重要出路。

2000 年前后，我国推动组建一批旅游集团公司，一定程度上改变了资源的占有方式，实现了旅游资源的跨行业、跨地区的联合，有效地提高了旅游产业的集中度，企业经营方式由原先的分散经营转变为集约经营。

2. 资源外取

旅游资源的外取可以改变原有旅游资源的结构种类，外取旅游资源成为旅游企业增加企业竞争力的有效措施。旅游企业只有打破地域和行业壁垒，进行区域化资源整合与联动，才能有长足的发展。

地域结构的优化要求旅游资源存量或新开发的旅游项目，都要置于企业旅游资源结构体系中，合理配置用以增加整体功能。外取式资源方式最终使单一资源结构体系向多层次资源结构转换。

3. 资源优化

资源不等于产品，真正构成游客吸引力的，是产品的吸引力。资源如何转化为产品，是旅游产品设计的关键，也是旅游资源优化必不可少的步骤。作为旅游产品，最重要的不仅仅是吸引物本身，还必须形成全面满足游程时间内旅游活动的综合需求，满足游憩过程的审美与快乐延伸组合的需要。

随着竞争手段的升级，旅游竞争更多的是建立在质量、品牌、营销、服务等基础上的高层次竞争，后天优势对旅游市场竞争的决定性作用越来越突出，作为旅游企业，旅游发展方式从资源占有转化为对资源的优化上来。

企业的资源优势，就是企业的竞争优势。在旅游资源的开发利用上，传统发展模式采取的是掠夺式经营方式；而在数量、质量、效益结合型的发展模式下，则要求旅游企业发展根据旅游市场需求的变化，合理安排旅游资源的开发利用，既注意旅游产业规模的适度扩张，又注意旅游类型的多样化，以满足日益多样化的旅游需求，保证旅游资源的持续利用。成功的企业往往善于根据市场机会组合资源，并塑造成消费者认同的独特能力，实现资源向价值的转化，这些企业也就创造性地培育出核心竞争力。

（二）“旅游+互联网”时代线上企业资源整合方式

互联网时代，旅游者到达旅游目的地的方式除传统的组团社、地接社这一路径外，还有其他的路径（如图 1 所示）。

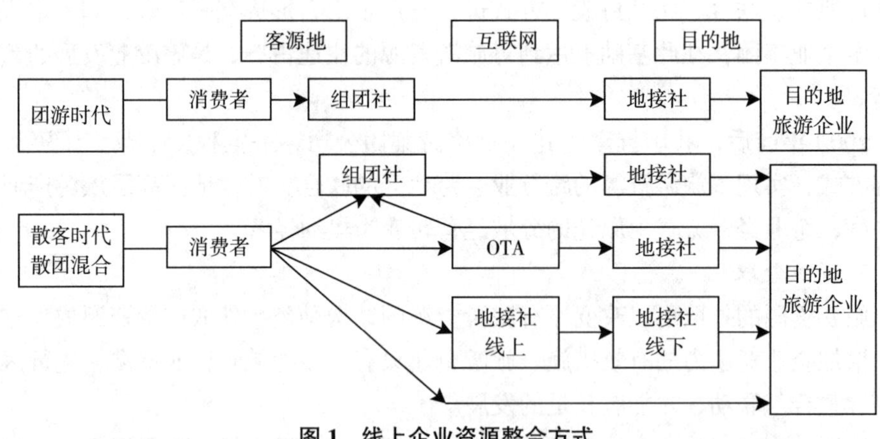

图 1　线上企业资源整合方式

下面以携程、途牛、八爪鱼为例说明线上企业的资源整合方式。

1. 携程

携程创立于 1999 年，总部设在中国上海，在北京、广州、深圳等 17 个城市设立分支机构，2008 年在南通设立服务联络中心。2010 年，携程旅行网战略投资台湾易游网和香港永安旅游，完成了“两岸三地”的布局。2014 年，投资途风旅行网，将触角延伸至北美洲。作为中国领先的综合性旅行服务公司，携程成功整合了高科技产业与传统旅游行业，被誉为互联网和传统旅游无缝结合的典范。其主要业务包括：

（1）机票、酒店、景区门票在线预订。1999 年 10 月携程酒店预订量创国内酒店分销业榜首；2004 年 10 月建成国内首个国际机票在线预订平台；2013 年 4 月携程全球门票预订平台上线。

（2）度假产品和服务的提供。2009 年 2 月携程推出“自由·机+酒”产品；2014 年 4 月携程发布“景+酒”套餐；2012 年 7 月携程开创旅游产品“钻级标准”。

（3）由线上向线下渗透。2011 年 2 月携程旅行网与香格里拉酒店集团签署分销合作协议；2011 年 12 月携程与万豪进一步加强全球伙伴合作关系。

（4）由在线旅游代理向移动旅行社（MTA）发展。2013 年 9 月 12 日，携程发布携程旅行 5.0 客户端，新客户端在丰富机票、酒店资源的基础上，推出了动态打包式自由行套餐，并且增加了攻略社区的微游记功能。这也意味着携程正式由线上代理商（Online Travel Agency，OTA）转型成了移动旅行社（Mobile Travel Agency，MTA）模式。

由此我们看到，携程正在向超过 2.5 亿会员提供集无线应用、酒店预订、机票预订、旅游度假、商旅管理及旅游资讯在内的全方位旅行服务，其资源整合方式正在由线上向线下渗透，企业转变为线上线下（OTO）企业。

2. 途牛

2006 年 10 月借助互联网的力量，于敦德和严海锋把旅行社搬上了互联网，颠覆了传统旅游业，通过采集筛选整合旅游资源，为旅游者提供一站式预订服务。

（1）跟团游产品在线零售分销商。2007 年途牛开始为旅行社提供在线旅游产品预订平台；2008 年途牛网开始设立旅行社，尝试建立“网站+呼叫中心+落地”的模式；2014 年途牛在线跟团旅游市场排名第一（专攻旅行社产品的线上销售），所占市场份额超过 20%。

（2）自营产品为主。途牛网的成功在很大程度上依赖于其旅游线路，由于途牛开发出各大旅行社没有开发出的旅游线路市场，这一块的获利比率相对较高。

（3）出境游为主。途牛网最新财报显示，2014 年跟团游营业收入（以全额确认）为 34 亿元人民币（合 5.533 亿美元），较 2013 年增长 81.4%。这一增长主要是由于包括欧洲、北美、韩国、日本等在内的出境目的地旅游需求的快速增长以及国内游的增长。

(4) 向上游终端资源渗透。途牛拥有 3000 家以上的合作单位，强化与供应商、旅游批发商合作。

途牛是最贴近旅游本质的旅游类网站。途牛网在整个模式中所扮演的是网络零售商的角色，通过整合各家旅行社的旅游路线供顾客网上比较、预订，途牛网作为上游供应旅游产品的旅行社和下游消费者的中介，通过给旅行社搭建平台，从中赚取差价利润。

3. 八爪鱼

八爪鱼在线旅游发展有限公司成立于 2011 年，是全国首家“在线旅游发展有限公司”。

(1) 旅游产品种类齐全。“八爪鱼在线旅游”是目前国内唯一具备国内短线、国内长线、出境旅游、自由行、机票预订、租车、门票等全线旅游产品的在线同业分销平台。平台同时上线产品超 8000 条。

(2) 境内外供应商 1000 余家，拥有国内、出境、入境三大业务中心及行政、销售、传媒等六大支持部门。

(3) 覆盖华东地区 5000 个分销终端，并设有大型旅游集散中心，并在多座城市设有 24 小时城市旅游候机楼等国内领先的配套设施。

(4) 八爪鱼采用标准化体系为旅游行程提供最有力的保障，引领国内旅游标准化、智慧旅游趋势。

八爪鱼在线旅游开创旅游电子商务新商业模式，基于现代化互联网技术，对旅游资源进行整合，打破传统旅游业同业分销的瓶颈，以线上产品和网上交易为核心，以销售终端为渠道，创造旅行社垂直分工体系共同价值。

线上线下商业融合模式是大势所趋。理论意义上，线上线下商业模式分为两个层面，即“线下到线上”(Offline To Online) 和“线上到线下”(Online To Offline)，企业可以在不同的运营时期用不同的线上线下融合模式。旅游 O2O 是实践移动化与旅游相结合最好的方式，只有充分发展的旅游 O2O 才能实现旅游业所期望的“智慧旅游”。当然，线上线下模式也有很多问题，如何更好地运用线上线下需要企业从战略层面上来思考。

四、“旅游+互联网”服务“一带一路”的对策

呼包鄂榆是“一带一路”建设的内陆旅游城市群，呼包鄂榆的旅游发展对于

“一带一路”发展关系重大，以旅游发展较好的鄂尔多斯为例，目前仅局限于自身线上线下的融合，还没有行业内的融合，更没有跨界融合，为了更好地借力“互联网+”发展我国旅游业，笔者提出如下推进“旅游+互联网”，服务“一带一路”的发展对策：

（一）目标与差距

李金早在《开明开放开拓，迎接中国旅游+新时代》指出：2050年，我国将成为初步富裕型国家，实现从全面小康型旅游大国到初步富裕型旅游强国的新跨越，我国旅游发展的综合竞争力、旅游文明程度将进一步提升，将实现旅游现代化、国际化、信息化和品质化。

推进“旅游+互联网”，用信息化武装旅游。围绕推动“旅游+互联网”跨产业融合，国家旅游局出台了《关于促进智慧旅游发展的指导意见》，采用PPP模式建设国家智慧旅游公共服务平台，制定了景区电子门票管理导则标准，启动旅游应急指挥平台建设。近期将举办“旅游+互联网”大会，支持国家智慧旅游试点城市和智慧旅游试点景区建设；推动在线旅游平台企业发展，形成旅游业新生态圈；支持有条件的旅游企业开展互联网金融探索，拓宽移动支付在旅游业的应用；会同有关机构发行实名制国民旅游卡，落实法定优惠政策和特惠商户折扣；放宽在线度假租赁、旅游网络购物、在线旅游租车平台准入许可和经营许可制度等政策，营造“旅游+互联网”良好的发展环境。

而大多数旅游企业“旅游+互联网”基本以在线营销为主，以鄂尔多斯为例主要体现在以下两方面：

1. 网络平台建设

网络平台建设如鄂尔多斯旅游网、鄂尔多斯旅游局电子政务网、鄂尔多斯旅游资讯网、东胜旅游网等政府主导的网站，还有景区为主的内蒙古响沙湾旅游景区官网、内蒙古成吉思汗陵官网，还有地方民营旅游集团为主的东联旅游网等，这些旅游网络平台的构建一定程度上推动了鄂尔多斯旅游业的发展。

2. 新媒体的运用

新媒体运用包括微信、微电影、移动端微电影营销或者跨界合作等方式。如2011年鄂尔多斯旅游局建立新浪微博号，2012年入选新浪中国旅游官方微博前30位。根据新浪官方微博2015年3月10日显示鄂尔多斯市旅游局发布资讯8141条，微博关注人数为15万，通过四年来不断的努力，成为了内蒙古自治区第一旅游官方微博。2014年3月鄂尔多斯旅游局为广大游客提供更多方便快捷的旅游信息服务，正式开始使用“鄂尔多斯旅游”微信公众号。同时，手机软件鄂尔多斯旅游（APP）与广大游客见面，主要功能包括：全市整体旅游业介绍、旅游资讯、旅游咨询、旅游企业简介、在线预订住宿、门票、订餐以及预订旅游线路等电子商务服务，为广大游客提供全面的咨询，方便游客了解和体验鄂尔多斯。

（二）“旅游+互联网”，服务“一带一路”的发展对策

1. 培育一批线上线下多种融合的旅游企业集团

据艾瑞数据统计，2014 年中国在线旅游市场交易规模达 3077.9 亿元，同比增长 38.9%。在线旅游代理市场营收规模为 39.5 亿元，同比增长 21.0%。旅游市场的融合发展是大势所趋，旅游企业的转型是必行之路，没有任何选择的余地，作为政府要大胆尝试培育一批新的旅游集团，这些新的旅游集团包含多种要素、线上线下互动融合、商业模式灵活多样，要打造“资源+渠道”的最优组合。未来鄂尔多斯成功的旅游企业集团，既要拥有强大的线上揽客能力，更要具备优秀的线下服务能力。

2. 培育以度假为中心的旅游目的地

观光是指去参观名胜，休闲是指余暇时的休息和娱乐，度假是指旅行或在某地度过假期，度假可以是静态的，也可以是动态的；对于游客而言，度假既可以选择观光产品，也可以选择休闲产品，因此打造“聚合观光、动态度假”的旅游目的地是未来主要选择（如图 2 所示）。对于政府而言，不存在观光和度假的转换，观光是度假，休闲也可以实现度假，应建立宜观光则观光、宜休闲则休闲的观点。同时，深入挖掘旅游目的地品牌形象，以促进旅游目的地度假旅游核心区的形成（如图 3 所示）。

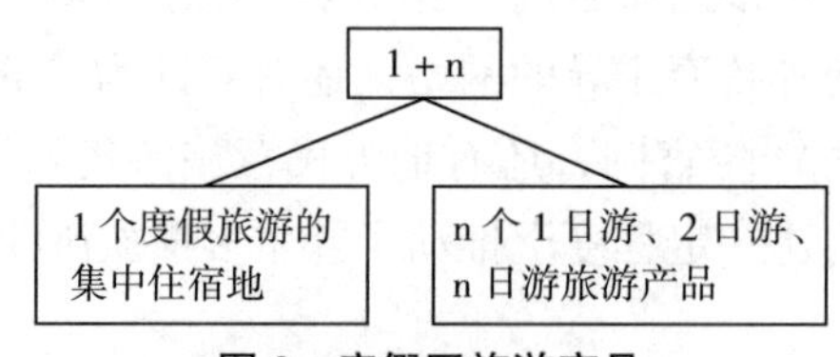

图 2 度假区旅游产品

同时，深入挖掘鄂尔多斯旅游目的地品牌形象，以促进鄂尔多斯度假旅游核心区的形成。鄂尔多斯旅游以“成吉思汗长眠地，鄂尔多斯蒙古风”为总体旅游形象，实施“天骄圣地、大漠风光、民族风情和休闲旅游文化名城”四大类旅游产品建设。鄂尔多斯旅游品牌建设初见成效，但是很多方面需要深度的挖掘。比如产品的同质性、精品休闲度假旅游、季节因素的影响、旅游和文化的深度结合

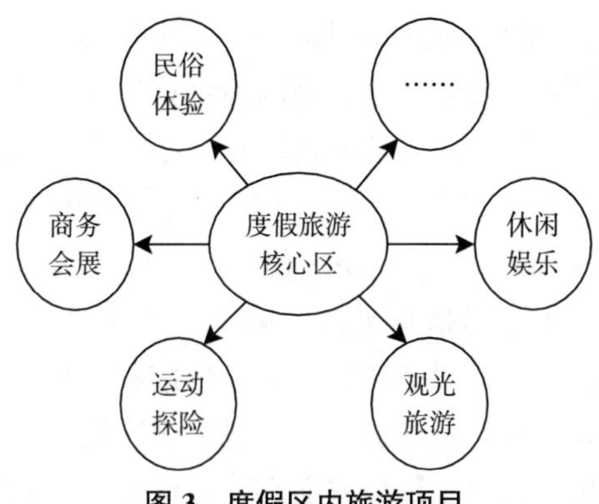

图3 度假区内旅游项目

等问题。鄂尔多斯的旅游业需要加强鄂尔多斯旅游与成吉思汗文化、鄂尔多斯民俗文化、蒙古族文化的结合，发挥文化创意旅游，打造多功能旅游产品，加快旅游产品的结构转型，深入建设北方休闲度假基地，走一条丰富多彩旅游发展之路。

3. 旅游线上与线下（O2O）融合

O2O是指通过线上购买，线下体验，线下与线上结合的模式。旅游行业可以完美地通过线上线下模式进行结合，旅游业的发展也适应这种模式。从百度的直达号，去哪儿的投资号码百事通，旅游业六大要素线上和线下结合逐渐走向深入，驴妈妈和携程都明确表示旅游线上线下的发展方向，7月14日淘在路上与吉祥航空合资3亿元成立“淘旅行”，旅游业的线上线下是大势所趋。

对于鄂尔多斯旅游的线上线下，完善线上线下的一体化，线上和线下缺一不可，需要紧密结合。线上可以随时随地地浏览、参考、预订、支付、评价旅游产品；线下可以让客户亲自感受无形的服务，从而增进感情，加强联系，也就是线上信息流加线下服务流相互支撑。通过完善线上的营销推广，对酒店、餐饮、交通、景区和旅游相关方面建立完善的电子网络和统一的平台，政府主导搭建智慧旅游平台建立畅通无阻的信息流。其次完善线下服务环节，完善服务细节，在整个线下的旅游过程中对服务规范化、流程化建立一套有效的机制，从而体验完美周到的服务，推广鄂尔多斯旅游品牌。

4. 建立互联网营销思维促销

旅游网站是旅游者搜寻信息、关注旅游目的地以及购买旅游产品的首选之地，也是旅游企业和旅游者沟通的桥梁，网站是旅游网络营销的根据地。旅游网站推广的手段很多，如网上促销、网络广告、搜索引擎、电子邮件、社会化媒体、网上旅游社区、APP移动应用、在线视频等，通过不同的手段能有效地推广旅游网站，其中，最主要的就是搜索引擎优化。优化搜索引擎排名、参与竞价排名、关键词优化等，在网站和多家知名的网站进行链接和反链接。另外，通过事件营销和传统媒体相互合作增加旅游网站的知名度，宣传旅游网站。

利用新媒体营销。每一种新媒体的出现都是一种思维方式的转变，比如对"鄂尔多斯旅游"微信订阅号：第一是定位，企业的发展目标、市场、消费者类别、搭建何种平台等。第二是搭建平台。第三是"吸粉"，也就是需要推广公众号，需要有人关注公众号。第四是转化，引导微信账号里的那些想了解旅游产品的游客去花钱、去消费。第五是维护，二次或者多次购买，或者引流到手机 APP 上购买旅游产品。这五个方面，每个方面都需要设计成结构化的流程，那样才能发挥微信账号的作用。

5. 挖掘消费者需求，提供个性化服务

旅游产品的无形性，体验式的消费，决定了消费者在购买旅游产品时需要参考别人的意见。如今，个性化的消费需求和网络媒体改变了广大游客的出游方式。旅游企业如何利用互联网、社交媒体、智能手机、网站、论坛等为消费者提供个性化的服务，面对有迹可循的互联网平台，旅游企业可以通过社交化的媒体平台以及注册信息将旅游者划分为不同的群体，同时依靠网站用户的分享内容、用户偏好和访问记录，对所有数据进行分析、综合和整理，以最终整合的结果为中心，加上定向技术提高用户体验度和电子邮件针对性地推送游客感兴趣的信息，制定精准合适的旅游营销策略，提供个性化服务。如携程线下体验店"24 小时日不落中文服务热线"以及地面服务事业部，满足客人一站式服务的全部需求。

当然，网络媒体本身是个工具，需要文化渗透在里面吸引游客，网络媒体的艺术美感、艺术气息以及特色的文化才是打动游客、吸引游客的地方。

6. 大力培养复合型人才，组建高素质旅游团队

未来的旅游网络营销需要三个面对：面对互联网、面对手机移动端进行营销、面对机器学习。很多旅游企业在旅游网站的建设、微博和微信平台的建立运营推广、手机 APP 等的发布都一直跟着时代的脚步。这些平台建立的根本目的是为了满足旅游者的消费需求，但是发挥的效果却没有达到预期值。

互联网时代旅游发展需要跨界人才，希望能既懂旅游业，也要懂互联网，最好再懂一点资本运作、消费者心理、市场营销等，总之旅游业的发展需要大量专业复合型人才。目前鄂尔多斯旅游专业人才缺乏，鄂尔多斯市政府采取优惠政策，吸引人才，完善人才培养机制，积极组建高素质、多学科、多领域的复合型人才团队。

参考文献

[1] 李金早. 开明开放开拓，迎接中国“旅游+”新时代［EB/OL］. http：//www.qianlong.com，2015-08-19.

[2] 郝康理.“互联网+”时代下对旅游业几大核心问题的思考［EB/OL］. http：//www.fashion.ifeng.com，2015-07-04.

[3] 李玲. 携程投资同程、途牛　在线旅游将进入寡头时代［N］. 中国旅游报，2014-05-05（11）.

[4] 张涛. 途牛网发力在线特卖　打造旅游行业唯品会［N］. 中国商报，2014-06-27（14）.

[5] 屈丽丽. 途牛同程口水战：商业模式是关键［N］. 中国经营报，2014-11-12（2）.

创新与转型

代工企业从模仿创新到自主创新转型的路径选择与策略建议[①]

王生辉[②]

［摘　要］为了改变在全球价值链中的低端锁定状态，代工企业需要从以流程创新和产品创新为内容的模仿创新转向以功能创新和链条创新为内容的自主创新。要实现这样的转型，处于不同类型全球价值链中的代工企业，应该根据价值链特征、产业状况、市场需求及企业资源和能力等方面的要求，选择合理的转型路径。同时，为了保证转型的成功，代工企业还需要从树立战略意图、加大要素投入等方面采取一系列切实可行的策略。

［关键词］全球价值链；代工企业；模仿创新；自主创新；路径选择

摆脱对外部技术的简单模仿，实现从模仿创新到自主创新的战略转型，既是企业增强竞争力的现实选择，也是转变经济增长方式，实现我国经济可持续发展的必然要求。特别是对于大量以代工方式切入到全球价值链中的中国企业而言，由模仿创新走向自主创新是改变在全球价值链中被低端锁定的状态、摆脱贫困化增长的必然选择。

已有的研究从整体上对我国企业从模仿创新到自主创新的转型路径进行了辨析和探索（陈劲等，2010），但是对于主要在全球价值链中从事加工与装配、创新活动受跨国公司引导与制约的代工企业如何开展自主创新，尚缺乏有针对性的分析。本文以全球价值链中的产业升级理论为切入点，在指出模仿创新的局限性与自主创新的必要性的基础上，探讨代工企业可能面临的转型路径，并提出实施这种转型可以采取的策略建议。

---

① 基金项目：国家社会科学基金项目“从模仿创新到自主创新的路径选择”（项目编号：12BGL012）；高等学校博士学科点专项科研基金博导类资助课题“跨国研发中心嵌入与中国开放式 NIS 演化路径的理论与实证研究”（课题编号：20130016110003）。

② 王生辉（1972—），中央财经大学商学院，管理学博士，研究领域：市场方向，跨国经营与管理，企业技术创新。

一、代工企业模仿创新的局限性与自主创新的提出

自20世纪80年代以来，越来越多的跨国公司从强化自身竞争优势入手，将核心技术和关键部件的研发、生产以及品牌管理、分销渠道发展等活动掌握在自己手中，而把非核心部件的生产及成品组装等环节配置到发展中国家，从而构建起由跨国制造商或购买商主导的全球价值链体系。这种以产品内分工为突出特征的全球价值链，使得具备基本生产能力的发展中国家企业能够借助于劳动力成本的优势，利用代工模式承接跨国公司委托外包的生产、组装等活动，在尚没有形成研发和国际营销能力的情况下实现生产经营的国际化（Humphrey，2004）。

在全球价值链中，为了获得更多更稳定的代工合同、享有更大的价值份额，代工企业需要通过创新以实现产业升级。一般认为，发展中国家的代工企业沿着全球价值链存在四个依次发生的升级机会，即流程升级、产品升级、功能升级和链条升级（Humphrey，Schmitz，2002b），在这四种升级的背后，分别是流程创新、产品创新、功能创新和链条创新四种创新活动发挥着支撑作用，如图1所示。

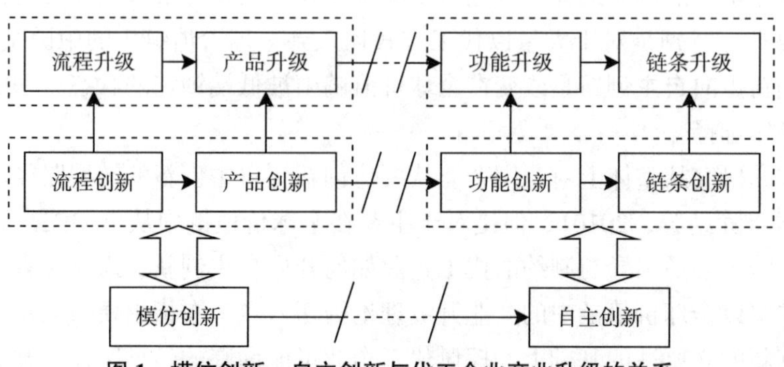

图1　模仿创新、自主创新与代工企业产业升级的关系

流程创新指的是代工企业改进、重组和引进新的生产工艺（或生产系统），创新的结果是提高价值链的生产效率，实现流程升级；产品创新指的是企业引进新产品、改进旧产品、扩充产品品种，创新的结果是提升价值链中的产品质量水平、档次和丰富程度，实现产品升级。这两类创新活动都是以跨国公司的指导和技术转移为主要创新源，具有明显的模仿创新的特征，具体表现在两个方面：首

先，跨国公司会通过主动的知识转移，要求和指导代工企业进行被动的生产工艺和产品设计的模仿，其手段既包括直接的外显知识转移，如向代工企业提供产品图纸、技术规范说明、质量控制手册以及设备使用指南等，也包括间接的隐含知识转移，如派员工到代工企业与当地员工一起解决实际中的技术和管理问题、邀请代工企业的员工到跨国公司进行培训和实习等。其次，跨国公司也会默许和容忍代工企业在一定限度内主动观察和模仿跨国公司通常不会积极转移的隐含知识和外显知识，如通过与跨国公司的互动，了解和领悟跨国公司产品设计的理念和方法；通过对跨国公司所提供的样品或关键零部件进行分拆和研究，进行复制和改进（王生辉等，2009）。

通过以流程创新和产品创新为基本内容的模仿创新，代工企业可以掌握先进的生产技能和产品改进方法，使跨国公司获得成本更低、质量更高的产品和更快的产品交货速度，提高全球价值链的运营效率，进而使得代工企业与跨国公司之间的代工关系更为稳定和紧密。但是，这种模仿创新也具有明显的不足，主要表现为创新过程受跨国公司的主导，创新的结果虽然带来了代工企业的流程升级与产品升级，但却并未改变企业处于加工、组装等低增值环节的境况。同时，由于模仿创新中所学习到的知识具有高度的专用性，往往只适用于与特定跨国公司的代工关系，无法提高代工企业对跨国公司的讨价还价能力（Saliola，2009），反而使得代工企业对跨国公司的依赖性进一步增强，更深地陷入了全球价值链中的低端环节锁定状态。

要从根本上改变在全球价值链中的分工地位，代工企业必须在流程创新和产品创新之外，实施功能创新和链条创新。功能创新指的是代工企业加大研发投入和产品设计的力度，积极开展营销活动，逐步培育起自身的核心能力，摆脱在全球价值链中处于低端生产环节的功能定位，进入到附加值更高的研发、设计、营销等环节，实现功能升级；而链条创新则是指企业在功能创新的基础上，抓住新产业出现的机遇，进入到资本和技术要求更高的新的价值链，实现链条升级。与流程创新和产品创新的模仿创新属性不同，功能创新和链条创新是典型的自主创新，其自主性主要表现在两个方面：首先，功能创新和链条创新的目标和结果是彻底改变代工企业在全球价值链中被跨国公司支配和盘剥的状态，在技术上拥有自主知识产权，在运营上建立自主品牌。其次，跨国公司会对这两类创新活动保持高度警觉，并采取诸如加强知识产权保护、利用专利池策略、签订知识排他性使用合同等方式加以阻隔和制约（刘志彪等，2007）。因而，代工企业不能寄希望于通过跨国公司的知识转移而实现功能创新和链条创新，必须依靠自己的力量，在积极培育自主创新能力的基础上完成。[①]

二、代工企业从模仿创新到自主创新转型的路径选择

从以流程创新和产品创新为内容的模仿创新转向以功能创新和链条创新为内容的自主创新，是代工企业创新模式的一次转型。要完成这样的转型，企业面临的一个重要问题是选择何种转型路径。

在全球价值链的研究上，一般根据驱动力的不同将其划分为购买商驱动型和制造商驱动型两大类别（Gereffi，1999）。这两类价值链在核心能力、产业类型、自主创新的目标等方面都存在着明显的差异（见表1），使得代工企业在向自主创新转型的过程中，也面临着不同的可能路径。

表1 两种类型全球价值链的比较

	购买商驱动型全球价值链	制造商驱动型全球价值链
价值链驱动力	商业资本	产业资本
核心能力	设计、营销	研究与开发
自主创新的主要目标	形成自主设计能力、拥有自主品牌	拥有自主知识产权的关键或核心技术
产业分类	非耐用消费品和部分耐用消费品	耐用消费品、中间品、资本品

资料来源：在Gereffi（1999）基础上编制。

（一）购买商驱动型全球价值链中从模仿创新到自主创新的路径选择

在购买商驱动的全球价值链中，具有强大品牌优势和国际销售渠道的跨国品牌营销商和跨国零售商处于主导地位，他们在产品设计和营销方面掌握了核心能力，而将产品的生产环节委托给代工厂商。在纺织服装、鞋、玩具等非耐用消费品行业和部分耐用消费品行业中，耐克、阿迪达斯、宜家、沃尔玛等企业主导的价值链就属于这种类型。在这类价值链中，自主创新主要是围绕产品设计和市场

① 由于链条创新是在功能创新的基础上发生的，是功能创新在新产业上的应用和延伸，因而，本文以下所探讨的向自主创新转型，主要聚焦于功能创新。

营销这两类活动进行。因而，代工企业在向自主创新的转型中，最理想的路径是营销能力与设计能力的均衡成长，即企业在着力提升产品设计能力的同时，采取各种手段培育品牌、建立销售渠道，增强营销能力。不过，由于代工企业资源的限制以及不同价值链在结构、所面对的终端市场需求等方面存在差异，要从模仿创新进入到自主创新，比较现实的选择是优先发展营销能力的营销拉动型路径或优先培育设计能力的设计推动型路径（如图 2 所示）。

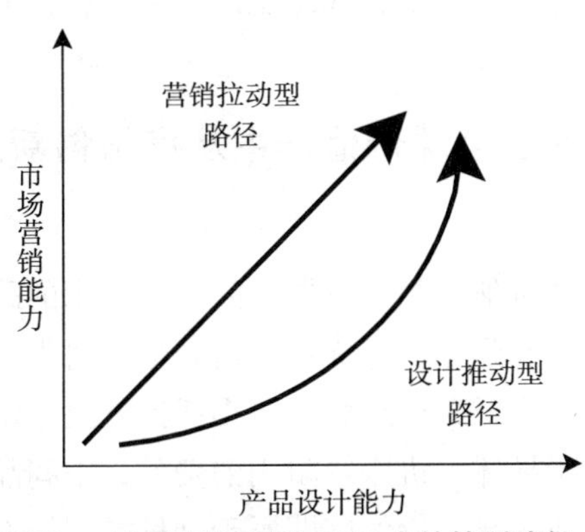

图 2　购买商驱动型 GVC 中的转型路径

1. 营销拉动型路径

营销拉动型路径指的是代工企业在模仿创新的基础上，把主要资源优先用于市场研究、培育营销队伍、建立和开拓营销渠道、进行品牌的建设和推广等，从而形成有较强竞争力的市场营销能力。这种路径主要适用于跨国零售商主导的全球价值链，在这种价值链中，顾客对产品结构和功能的需求偏好差别不大，且变动不频繁，代工企业在模仿创新阶段所掌握的设计知识能够满足进入市场的基本需求。另外，虽然跨国公司的竞争优势主要集中在品牌和营销渠道等方面，但是由于市场的集中度普遍较低，代工企业存在开辟新渠道、建设和推广自有品牌的市场空间。随着营销能力的提升和市场的扩大，企业会面临顾客在产品价格、档次、特色方面的新要求、新问题，而这又会拉动产品设计能力的进一步提升。我国东南沿海地区的部分家居和卫生洁具代工企业就是在营销能力不断提升的拉动之下，进入了自主创新的轨道。

2. 设计推动型路径

设计推动型路径指的是代工企业会把产品设计能力的提高作为突破口，在通过代工已经积累的产品设计经验的基础上，深入挖掘顾客差别化的需求，充实产品设计和开发力量，形成行业领先的设计能力。这一路径主要适用于跨国品牌营销商主导的价值链。在这类价值链中，不同国家、不同地区的顾客需求呈现多样化、层次性的形态，跨国公司虽然在设计和品牌方面具有优势，但却存在他们没有进入或者没有予以充分重视的市场缝隙，针对这些市场推出有价格优势或功能特色的产品，能够对特定顾客群形成较强的吸引力。随着顾客需求的扩大，企业再进一步强化渠道和品牌建设，以期更好地为顾客服务，获得更大的市场空间。如宏碁、华硕等我国台湾地区的笔记本电脑代工企业，就是采用这一路径，在设计能力不断增强的推动下，实现了从代工生产向创建自主品牌的战略转型（瞿宛文，2007）。

（二）制造商驱动型全球价值链中从模仿创新到自主创新的路径选择

在制造商驱动的全球价值链中，掌握产品核心技术的跨国制造企业处于主导地位，他们在通过研发不断强化自身优势的基础上，对生产供应链进行全球垂直分工，将非核心部件的生产或最终组装环节委托给发展中国家的代工企业。在家电、汽车、智能手机、半导体、机床等耐用消费品、中间品和资本品行业中，丰田、惠普、英特尔等企业主导的价值链即属于这种类型。在这类价值链中，代工企业可以选择辅助技术强化型路径，重点围绕辅助技术进行改进、完善，寻求在价值链中地位的提升；也可以选择核心技术突破型路径，加强对产业核心技术的攻关，彻底摆脱对跨国公司主导的全球价值链的依赖（如图 3 所示）。

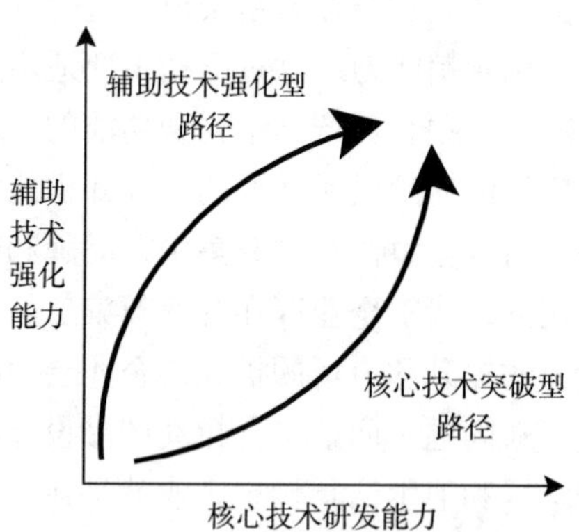

图 3　制造商驱动型 GVC 的转型路径

1. 辅助技术强化型路径

在辅助技术强化型路径下，代工企业创新的重点是对产品非核心的配套技术进行开发、改进，并围绕跨国公司的核心技术申请一系列的配套专利，即所谓的

“外围专利战略”。这一路径适用于那些产业核心技术比较成熟和稳定的行业，在这种行业中，来自发展中国家的代工企业研发实力相对较弱，在短期内无法打破核心技术被跨国公司牢牢掌握的局面。不过，代工企业加强辅助配套技术的创新，会带来产品成本的显著降低或产品质量的明显改善，增强与跨国公司的讨价还价能力。作为全球电子产品代工的龙头，富士康集团每年都会围绕所代工的产品申请上千项专利，这些专利虽然不属于核心技术，却普遍具有较高的知识含量和难以替代性，对于富士康竞争能力和盈利能力的提高发挥了重要的作用。

2. 核心技术突破型路径

在核心技术突破型路径下，代工企业创新活动的重点是在核心技术的研发上投入大量资源，通过自主研发、构建研发联盟等方式，在现有产品核心技术上取得突破，摆脱对全球价值链中主导企业的技术依赖；或者是抓住新一代技术来临的“窗口期”所提供的机会，掌握关键的新技术，开发出具有自主知识产权的新一代产品并成功实现商业化。这一路径适用于核心技术壁垒相对比较薄弱的产业以及原有核心技术进入生命周期的后期、新一代技术正在出现但尚未形成主导设计的产业。这一路径虽然对企业的资源和研发能力具有很高的要求，但一旦在核心技术上获得突破，将会对企业的发展和竞争力的提升发挥决定性的作用。韩国的现代汽车在为日本汽车企业代工的过程中，就是通过不断加大研发力度，逐步掌握了发动机、变速箱等部件的核心技术，从而成长为世界级的汽车厂商。

三、代工企业实现从模仿创新到自主创新转型的策略建议

从模仿创新到自助创新的路径，指出了代工企业实现自主创新可能的轨迹，但是，要真正实现这一创新模式的转变，代工企业需要采取一系列切实可行的策略。

（一）树立自主创新的战略意图

自主创新是从根本上改变代工企业在全球价值链中不利的分工地位，形成自主知识产权或建立自主品牌的必由之路，但是，因其面临投入大、不确定性程度高且容易招致所在价值链主导企业的战略遏制等困难，因而，很多代工企业的创新活动往往停留在围绕代工生产和组装的模仿创新，主观上存在着开展自主创新

的惰性。实践证明，如果发展中国家的企业长期停留在简单的加工、组装环节，缺乏自主创新能力，必然陷入所谓的“贫困化增长”（卓越、张敏，2008）。对于要摆脱这种境况、实现沿全球价值链不断升级的企业来说，必须树立强烈的、开展自主创新的战略意图。尽管这种战略意图与代工企业现有的能力存在一定的差距，但这种差距恰恰也是企业加大投入、努力提升自己资源和能力水平的动力所在。同时，明确的战略意图也会引导企业制定合理的向自主创新转型的策略，正确认识和积极克服在实现自主创新过程中所遇到的风险和障碍。

（二）加大自主创新的要素投入

代工企业的模仿创新主要是在全球价值链主导企业的指导下实施的，创新活动的知识含量相对偏低、对资源和要素投入的要求不大。而要实现从模仿创新到自主创新的战略转型，企业就必须加大创新要素投入的力度，特别是资金和人才方面的投入力度。在资金方面，代工企业既要强化自身“造血”功能、积极扩大自有资金的投入，也要积极拓宽资金投入的渠道，争取政府专项创新资金和银行贷款、吸收社会风险机构投资以及吸引技术入股等，努力形成以企业为主体的多元投资体系。特别是对制造商驱动型的全球价值链来说，在向自主创新的转型过程中，通常需要大量的研发经费，因而是否有充足的资金保障将在很大程度上决定转型的成败。在人才方面，购买商驱动与制造商驱动两种全球价值链所倚重的创新人才存在一定的差异，市场研究、品牌运营、渠道管理以及产品设计人才是前者向自主创新转型的关键，而研究与开发人才则是后者能否成功的保障。无论是哪种人才，企业一方面要制定有吸引力的薪酬、晋升等政策积极从外部招聘和引进；另一方面要加强内部的培养，通过在职培训、参加各种学术与科技交流等方式，不断提高人才的整体水平与质量档次。

（三）采取多种自主创新的组织方式

代工企业从模仿创新向自主创新的转型，并不意味着所有创新活动都由代工企业独立来完成，在这一过程中，企业可以采取多种组织方式，利用内外部多种资源。在购买商驱动型的全球价值链中，企业除了自身不断积累营销和设计能力之外，还可以通过以下几种方式来完成目标：①通过并购海外已有的品牌，在短期内形成品牌资产、提高品牌运营的能力和水平。②与海外企业建立合作品牌，发挥双方在不同领域的优势，寻求市场突破点。③与提供设计服务或营销服务的服务供应商合作，在合作与互动中获得、消化和吸收各种有价值的知识。④在海外建立设计或营销机构，聘用熟悉当地文化、市场需求的设计或营销人才，通过机构、人员的国际化带动自主创新的进程。在制造商驱动型的全球价值链中，企业在加大内部研发力度的同时，也可以通过以下几种方式来完成目标：①与高校、科研机构加强合作，通过项目委托开发、协议联合开发、合办研究机构等形式，加强产学研合作。②并购拥有专利或核心技术的企业，在获得相关知识产权的同时，也为进一步的技术能力提升打下基础。③与其他企业，特别是行业领先的企业组建股权式或非股权式战略联盟，在获得更多技术资源的同时，进行知识的融合与创新。④在海外设立技术研发中心，监测技术发展的最新动向，学习和吸收当地先进的技术知识（Pananond，2013）。

（四）改变代工企业的组织学习方式

在模仿创新中，代工企业的组织学习是一种边际搜寻倾向下的学习（March，1981），学习的内容主要是工艺流程与产品设计的改进，学习的方式主要是干中学、用中学。在向自主创新转型的过程中，代工企业学习的内容转向与市场运营和技术研发有关的知识，组织学习的方式也需要转向探索性的学习，如从研发中学、从市场中学、从第三方中学等。从研发中学的重点是新的技术知识，它是一种基于科学、技术与创新（STI）的学习模式（Jensen et al.，2007），尤其适用于生产商驱动型的全球价值链；从市场中学的重点是营销知识，代工企业通过与顾客的互动、分销渠道的互动、市场研究机构的互动，能够更好地了解市场需求的动向和走向、掌握渠道和品牌管理的技能，这种学习对于购买商驱动型全球价值链具有重要意义；从第三方中学对于两种类型下的全球价值链都具有重要意义，企业通过与其他企业、大学和科研机构等第三方的合作，吸收和借鉴对方有价值的知识资产，能够从更广阔的范围内获取各种知识，了解和把握技术与市场发展的走向，为技术与营销能力的增强提供更多的机会。

（五）进行自主型价值链的培育和发展

随着自主创新能力的增强，代工企业应该逐步降低乃至摆脱对跨国公司主导的全球价值链的依赖，培育和发展自身所主导的新的价值链体系。这是因为，一方面，随着自主创新活动的开展，代工企业对原有全球价值链体系中的全球购买商或制造商会形成越来越直接的竞争威胁，后者经常采取的措施是减少乃至取消代工合同，在对代工企业形成知识封锁、避免核心知识和技能泄露的同时，也试图对代工企业生存和发展的空间形成挤压。面对这种境况，代工企业客观上不得不在原有价值链体系之外构造新的价值链。另一方面，随着自主创新能力的增强，代工企业主观上也不甘于在原有价值链体系中的依附者角色，必然会谋求建立由其所主导的新的价值链体系。当然，在构建自主型价值链的初期，本土代工企业与成熟的跨国公司相比通常还缺乏足够的竞争力，因而，这种价值链可以更多地依托于国内市场和国内供应商的本土价值链，随着企业自主创新能力的进一步增强，再逐步向区域型价值链和全球价值链演化和发展。

四、结论与进一步的建议

在跨国公司主导的全球价值链体系中，代工企业通过模仿创新，可以实现流程升级与产品升级，但是，如果要进行功能升级和链条升级，进入到价值链中附加值更高的环节和盈利性更高的产业链条，代工企业就必须实现从模仿创新向自主创新的转型。在可能的转型路径上，处于购买商驱动型价值链与处于生产商驱动型价值链中的代工企业分别面临着不同的选择，而每一种选择分别有自己适用的条件。同时，为了实现这一转型，代工企业需要采取一系列有针对性的策略。

需要强调的是，代工企业从模仿创新到自主创新的转型，固然需要作为创新主体的企业自身加大投入和采取有效的战略，但是政府在这一过程中也发挥着不可替代的作用。具体来说，首先，政府应该进一步制定和完善有关代工企业融资的政策，加大对代工企业技改的资金支持力度，缓解代工企业在研发方面的资金压力。其次，针对代工企业技术能力普遍较低、研发活动基础薄弱等问题，政府应从完善国家创新体系入手，一方面加大基础研究和教育方面的投入力度，为企业的自主创新活动提供良好的外部知识基础和高质量的人才保障；另一方面要积极鼓励大学、科研机构与企业开展各种形式的合作，使代工企业能够借助“外脑”加快技术进步、能力提升的进程。另外，政府应积极促进研究设计、管理咨询、品牌营销、仓储物流等生产者服务业的发展，推动行业协会的培育和完善，以便从外部为代工企业实现自主创新提供亟须的信息、智力和其他资源支持。

参考文献

[1] Humphrey, J.. Upgrading in Global Value Chains [Z]. World Commission on the Social Dimension of globalization, 2004.

[2] Humphrey, J., Schmitz, H.. Developing Country Firms in the World Economy: Governance

and Upgrading in Global Value Chains [R]. Duisburg: University of Duisburg, 2002.

[3] Saliola, F., Zanfei, A.. Multinational Firms, Global Value Chains and the Organization of Knowledge Transfer [J]. Research Policy, 2009, 38: 369-381.

[4] Gereffi, G.. International Trade and Industrial Upgrading in the Apparel Commodity Chain [J]. Journal of International Economics, 1999, 48: 37-70.

[5] Pananond, P.. Where Do We Go from Here? Globalizing Subsidiaries Moving Up the Value Chain [J]. Journal of International Management, 2013, 19: 207-219.

[6] 陈劲，王方瑞，中国本土企业自主创新的路径模式探讨 [J]. 自然辩证法通讯，2007，3：49-58.

[7] 王生辉，孙国辉. 全球价值链体系中的代工企业组织学习与产业升级 [J]. 经济管理，2009，7：39-44.

[8] 刘志彪，张杰. 全球代工体系下发展中国家俘获型网络的形成、突破与对策 [J]. 中国工业经济，2007，5：39-47.

[9] 瞿宛文. 台湾后起者能借自创品牌升级吗？[J]. 世界经济文汇，2007（5）：41-69.

[10] 卓越，张敏. 全球价值链中的收益分配与“悲惨增长”——基于中国纺织服装业的分析 [J]. 中国工业经济，2008，7.

国际代工企业自主创新：内涵、特征与维度[①]

张京红[②]

[摘　要] 国际代工企业的自主创新是一个从高度依赖跨国公司的模仿创新向主要依靠自身力量开展创新的动态演化的过程，在创新源、创新活动的开展、创新产出的知识产权、创新收益的分配等方面都有其特定的含义。与主要依赖跨国公司作为知识来源、创新过程受跨国公司高度控制的模仿创新相比，国际代工企业的自主创新表现出不同的特征。在创新活动的维度选择上，以产业升级为导向，国际代工企业的自主创新可以划分为生产流程创新、产品技术创新和市场运营创新等三种类型。

[关键词] 国际代工企业；自主创新；含义；特征；维度

一、引言

自20世纪80年代以来，随着经济全球化的发展，国际分工越来越多地从传统模式向产品内分工转换，跨国公司全球生产体系呈现明显的非一体化趋势（卢锋，2004）。根据不同区位的资源禀赋优势构建全球价值链体系，已经成为当代跨国公司运营的突出特征。在这样的背景下，我国东部沿海地区的众多企业发挥自身的比较优势，以代工模式切入到全球价值链中，通过承接跨国公司外包的生产组装环节，在自身获得稳定业务来源和收入来源、实现企业成长的同时，也为

① 基金项目：国家社会科学基金项目："从模仿创新到自主创新的路径选择"（项目编号：12BGL012）。高等学校博士学科点专项科研基金博导类资助课题："跨国研发中心嵌入与中国开放式NIS演化路径的理论与实证研究"（项目编号：20130016110003）。

② 张京红（1975—），北京语言大学汉语学院，经济学博士，主要研究方向：跨国公司管理、国际经济与贸易。

推动我国经济发展、增加税收、解决就业问题发挥了积极作用。

但是，在跨国公司主导的全球价值链体系中，研发、核心零部件的设计与制造、营销等高增值活动牢牢掌握在国际大采购商或制造商的手中，我国本土的国际代工企业基本上被“锁定”在低增值的组装或装配环节（刘志彪等，2007）。跨国公司运用各种价值链治理手段，不断挤压代工企业的利润空间，使得后者处于“悲惨增长”的境地（卓越等，2008）。同时，随着国内劳动力成本和其他资源要素成本的上升，我国代工企业在承接国际生产外包方面的传统优势逐渐弱化（刘志彪，2005），正在面临着来自越南、柬埔寨、孟加拉等国家的企业强有力的竞争。面对这种局面，通过自主创新提高技术能力、从价值链的劳动密集型组装环节向其他知识、技术密集型的环节跃迁，已经成为学术界与企业界的共识（王海燕等，2007）。不过，对于国际代工企业自主创新的内涵是什么、国际代工企业自主创新的特征有哪些、国际代工企业自主创新应该侧重于哪些维度，现有的研究并没有给出答案。本文将在已有研究的基础上，尝试厘清上述问题，从而为我国国际代工企业自主创新活动的开展提供理论上的借鉴与启示。

二、相关研究回顾

代工生产多年来一直是企业国际化经营与管理领域的重要研究议题（瞿宛文，2007）。所谓代工，指的是受托厂商（国际代工企业）按委托厂商（品牌客户）的委托合同加工制造产品，使用委托厂商的品牌，由委托厂商销售或经营的生产方式（杨桂菊等，2007），包括原始设备制造与原始设计制造两种模式。在原始设备制造（Original Equipment Manufacture，OEM）模式下，国际代工企业仅从事加工制造活动，而在原始设计制造（Original Design Manufacture，ODM）模式中，国际代工企业除了制造生产活动之外，也开展产品的设计工作（瞿宛文，2007），又被称作高级代工。采用代工模式，众多中国本土企业在自身不具备研发能力和国际营销能力的条件下获得了进入海外市场的途径，并为通过模仿和学习跨国公司的经验和技能、沿全球价值链向高增值活动升级并创建自主品牌提供了可能。例如，格瑞夫（Gereffi，1999）曾提出，发展中国家本土企业在全球价值链中可以自动实现如下升级：进口零配件进行装配→整个生产过程的自主进行→设计自己的产品→在地区或全球市场上销售自主品牌产品。但是在现实中，跨国公司会采用战略隔绝机制和“俘获型”治理机制（Humphrey，2000），将代工企业“锁定”在低增值的生产环节和简单的产品设计环节。代工企业要改善自身在全球价值链中的地位，获得更大的价值分配权利乃至于创建自主品牌，就必须从简单的模仿创新向自主创新转型。

自主创新是产生于中国情境下的一个概念，国外并没有对等的表述（刘国新等，2007），国内也没有公认的、统一的内涵界定。在已有的各种界定中，一般都强调企业创新活动开展的主导性或创新成果的自主性，例如，自主创新是在创新主体主导下的创新（吴贵生等，2010）、自主创新是指依靠自身力量独自研究开发而进行技术创新的活动（杨德林等，1997）、自主创新是创造了自己知识产权的创新（柳卸林，1997）、获取核心技术和知识产权是自主创新的关键（刘建新，2006）等。在进行内涵界定的同时，一些学者探讨了企业自主创新的模式、类型、途径等问题。例如，徐冠华（2006）提出，自主创新包括三个方面的活动：原始性创新、集成创新和在引进国外先进技术的基础上的消化吸收和再创新；罗赳赳等（2007）将自主创新划分为原始创新、二次创新、合作创新和独立创新等四种类型；柳卸林、游光荣和王春法（2006）从自主创新的路径出发，将自主创新划分为原始创新、完全利用引进、引进基础上创新、先自主后借助引进创新和将自主技术与引进技术相集成的创新。

一些学者注意到了国际代工企业进行自主创新的重要性和现实意义，并对此进行了相关研究。在宏观层面上，佟家栋等（2007）提出，发展中国家要获得技术进步和改善国际分工地位必须开展自主的技术创新；陈清泰（2009）认为，我国企业参与全球分工应立足自主创新。具体到代工模式，王海燕等（2005）提出，中国企业应在“传统贴牌”的基础上，通过“新型贴牌”提高自主创新能力，并逐步形成自有品牌；汪建成等（2008）采用案例研究方法，通过归纳格兰仕技术能力构建和企业升级的路径，总结出其“技术引进—消化吸收—自主开发”的自主创新路径。

总体来看，相对于一般意义上的企业自主创新，国际代工企业的自主创新还没有引起足够的关注，相关的研究无论从广度还是深度上还有待进一步加强。事实上，由于代工模式的特殊性，使得国际代工企业的自主创新在内容、特征和活动的维度上，必然会有不同于其他企业的表现和要求。对这些问题加以探讨和分析，对于推动代工企业的自主创新活动，具有十分重要的现实意义。

三、国际代工企业自主创新的内涵

如前所述，国内现有对企业自主创新的内涵界定，或者强调创新活动的独立开展（吴贵生等，2010；杨德林等，1997），或者强调对创新成果的自主拥有(柳卸林，1997；刘建新，2006)。这种界定的方式比较适合已经具备较强初始技术能力的企业。相对而言，大部分从事代工生产的企业是凭借劳动力、土地、能源等生产要素的成本优势而切入全球价值链的，自身并不具备研发、设计等方面的初始技术能力。在从事代工生产的过程中，跨国公司出于降低从代工企业进行采购的成本、稳定代工企业的供货质量、加快交付速度等方面的考虑，会对代工企业进行必要的培训和技术指导，推动其开展相应的创新活动（王生辉等，2009)，但是这种创新的知识来源基本上来自跨国公司，同时，创新过程和创新活动的范围受到跨国公司的高度控制，使得大多数国际代工企业并不具备立刻独立开展创新活动或在现阶段就完全拥有创新成果的现实条件。因此，认为自主创新是独立开展创新或完全自主拥有创新成果的静态观点并不适合现实情境下的中国代工企业。

本文认为，国际代工企业的自主创新，是代工企业为了增强创新能力，改善在全球价值链中的分工地位并获得更强的价值分配权力，从高度依赖跨国公司的模仿创新向主要依靠自身力量开展创新活动的一个动态演化的过程。这一内涵包括以下几方面的内容：

（一）在创新源方面

在创新源方面，国际代工企业的自主创新是从完全依靠跨国公司的知识转移，到更多地依靠自身进行知识创造的过程。在承接跨国公司代工订单的过程中，跨国公司会通过提供技术标准、质量标准、操作规范、产品设计图纸等方式，对代工企业进行外显知识的转移；同时，在必要的时候也会通过现场指导和培训、共同解决生产中出现的问题等途径，向代工企业进行隐含知识的转移（陶锋，2011)。这两类知识转移也成为大多数国际代工企业进行模仿创新的主要来源。国际代工企业依靠这两类知识来源所开展的创新活动，虽然有助于生产效率的提高，但却具有典型的模仿创新的特征，且创新的成果具有高度的专用性——只适用于特定的作为委托厂商的跨国公司，并不会改善代工企业在全球价值链中的地位。而自主创新模式的一个重要表征，就是创新源从完全依赖跨国公司的外部知识转移转向更多地进行自身知识的创造，这种知识的创造，包括在“干中学”的过程中领悟到的技术诀窍，但更多的是在加大科技人员和科技经费投入的基础上，通过对生产流程的研究和产品开发技术的研究所获得的知识产出。这些技术诀窍和知识产出往往具有更强的独占性，对于改善国际代工企业在全球分工中的地位也具有更高的价值。

（二）在创新活动的开展方面

在创新活动的开展上，国际代工企业的自主创新是从受跨国公司的高度控制，到更多地由自我主导的过程。在依赖于跨国公司的模仿创新模式下，跨国公司一方面会容忍、鼓励和支持国际代工企业在生产技术和产品开发方面进行必要的创新，以提高加工制造能力和对客户订单的响应能力；另一方面又会对国际代工企业创新活动的领域和范围保持高度的警觉和严格的限制，以免其对跨国公司核心的业务领域形成威胁（Humphrey，2002）。而在自主创新的模式下，国际代工企业更多的是自主决定创新的方向、领域和范围，对创新活动掌控更大的主导权，只有这样才有可能摆脱在全球价值链中被“低端锁定”的状态。

（三）在创新知识产权方面

在创新产出的知识产权上，国际代工企业的自主创新是从基本上不具备自主知识产权，到更多地掌握知识产权的过程。由于创新源高度依赖跨国公司，且在创新活动上缺乏主导权，因而在模仿创新的模式下，国际代工企业基本上不会获得有自主知识产权的创新成果。在自主创新的模式下，由于创新源内化与创新活动主导性双重力量的推动，国际代工企业会更多地掌握创新成果的知识产权，其表现可以是生产流程或产品设计方面的专利，也可以是技术秘密、技术诀窍等。知识产权掌握程度的高低，是衡量国际代工企业自主创新水平的一个重要指标。

（四）在创新收益的分配方面

在创新收益的分配上，国际代工企业的自主创新是从基本上不享有创新收益，到更多地获得创新收益的过程。由于模仿创新并不会从根本上动摇跨国公司在全球价值链中的地位、削弱跨国公司的价值分配权利，因此，模仿创新在生产效率提高等方面的收益更多的是被跨国公司所攫取。在自主创新的模式下，一方面，国际代工企业可以凭借专有的技术知识和技术能力，增强其在全球价值链既有环节的不可替代性，强化价值分配的地位，从而获得更多的创新收益（俞荣建，2010）；另一方面，代工企业可以在自主创新的基础上向价值链中增值更高的价值环节跃迁，从技术研发和营销活动中获得更加丰厚的利润。

四、国际代工企业自主创新的特征

与主要依赖跨国公司作为知识来源、创新过程受跨国公司高度控制的模仿创新相比，国际代工企业的自主创新呈现如下几个突出的特征：

（一）国际代工企业的自主创新是企业家精神推动下的主动性创新

由于代工生产具有对企业综合能力要求相对较低、运营模式简单、货款回收风险低等方面的特点（陈柳等，2006），使得很多国际代工企业缺乏自主创新的动力，创新活动只是停留在为满足跨国公司的要求而进行的模仿创新的层面，实质上是一种反应性的被动创新。与之形成对照的是，自主创新是一种积极的主动性创新，其目的并不仅是为了满足代工业务的要求，而是以提高技术能力、提升企业竞争力和盈利能力作为创新活动的取向。这种主动创新行为的背后，是企业家精神推动的结果。正如熊彼特所指出的那样，企业家精神是企业技术进步的助推器，它表现为企业具有冒险性、先动性和创新性的一种战略导向（Covin，Slevin，1989），同时也表明了企业先于竞争者进行技术创新、勇于承担风险以及率先追逐新市场机会的战略姿态（Covin，1991）。这种导向和姿态，正是推动国际代工企业自主创新的主要力量。

（二）国际代工企业的自主创新是开放性创新

虽然国际代工企业的自主创新是一个逐渐摆脱对于跨国公司的创新依赖的过程，但这并不意味着这种创新是封闭的。认为自主创新就是完全依靠自己力量创新是一个认识上的误区（郑刚，2012）；相反，国际代工企业的自主创新是一种开放性的创新，这种开放性表现为除了依靠自身力量进行知识创造、获得创新成果外，国际代工企业还应该积极吸收利用各种可能的外部知识来源，进行知识的集成与融合。具体来说，第一，要在与跨国公司的互动中，采用各种方式获取跨国公司的非意愿性知识转移（王生辉等，2009），将从跨国公司的被动式学习转化为主动式学习。韩国三星电子等企业的案例表明，从跨国公司的主动式学习对于培育国际代工企业的核心竞争力具有非常重要的战略意义（Cyhn，2000）。第二，要积极与大学、科研机构进行合作创新，通过项目委托、联合建立设计中心、研发实验室等途径，汲取大学和科研机构在技术创新方面的成果。第三，东南沿海的很多国际代工企业所在地区已经形成了相关的产业集群，利用产业集群的分工优势和知识流动特征，加强与集群内的其他企业互动，对国际代工企业的自主创新也会产生积极的推动作用（刘有金，2006）。

（三）国际代工企业的自主创新活动具有层次性

自主创新并不意味着一定要在核心技术上获得突破，特别是对于技术水平参差不齐的国际代工企业来说，自主创新活动应该具有明显的层次性。首先，从整体代工企业的横截面来看，对于那些技术基础薄弱、技术投入能力不强的国际代工企业，其自主创新可以围绕相应产业的辅助性技术展开，通过外围技术的创新活动，逐步积累技术经验，增强技术实力，在全球价值链中获得讨价还价能力的边际性提高；对于那些已经具备一定技术基础、投入能力相对较强的国际代工企业，则可以针对行业的关键技术和核心技术谋求突破，实现向价值链的高增值环节升级，甚至是创建自主品牌。其次，从单个国际代工企业纵向发展来看，在不同的发展阶段，自主创新的方向、重点也会有不同层次水平的差异，这种差异恰恰反映了国际代工企业自主创新动态演化的属性。

（四）国际代工企业的自主创新具有战略性

国际代工企业自主创新的战略性突出表现在自主创新直接影响到代工企业在全球价值链中的价值分配权利与国际分工地位。如前所述，通过自主创新，国际代工企业可以掌握创新成果的知识产权，并借此改善自身在全球价值链收益分配中的弱势地位，获得更大的价值分配权利，摆脱“悲惨增长”的境地。同时，随着自主创新能力的增强，国际代工企业可以沿全球价值链实现从流程升级到产品升级再到功能升级的跃迁，由价值链的低端向“微笑曲线”的两端延伸，改变自身在国际分工中只能从事加工装配的角色，从“低端锁定”转换为“高端参与”。

五、国际代工企业自主创新的维度

国际代工企业的自主创新是以产业升级为导向的创新，而这种产业升级也就是前文所提到的从流程升级到产品升级再到功能升级的跃迁。根据哈姆夫瑞

(Humphrey) 和丝切梅特 (Schmitz, 2000b) 的观点，流程升级指的是对工艺和生产流程进行改造以提高生产效率；产品升级指的是能够改进现有产品或设计新产品；功能升级指的是进入全球价值链的高价值环节，从事研发和品牌营销。从产业升级这一导向出发，国际代工企业的自主创新可以划分为三个维度，即生产流程创新、产品技术创新和市场运营创新。这三个维度分别会对不同的升级模式产生直接的影响，同时，处于不同创新发展阶段的企业在三个维度的选择上也会各有侧重 (如图 1 所示)。

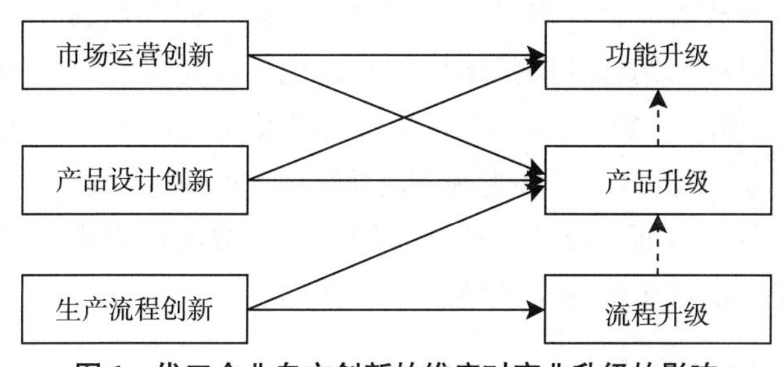

图 1　代工企业自主创新的维度对产业升级的影响

(一) 生产流程创新

对于大部分在现有阶段从事代工生产的企业来说，加强生产流程创新是在赢得订单的竞争中获取优势并增强生产环节价值分配权利的必然选择。事实上，流程创新一直是代工企业谋求制造业竞争优先权的核心范畴。斯凯尼 (Skinner, 1969) 最早提出，制造职能会对企业的竞争能力发挥关键作用。他认为较短的交货周期、稳定的交货、良好的产品质量和可靠性、生产批量上的柔性、快速和低成本的新产品生产能力是制造类企业竞争的关键 (Skinner, 1974)。海耶斯 (Hayes) 和瓦黑瑞特 (Wheelwright, 1984) 将这些关键因素称为竞争优先权。从制造业竞争优先权的视角出发，国际代工企业的生产流程创新，就是要在外部知识学习和内部工艺开发、生产流程再造的基础上，重点围绕以下几个方面进行创新：第一，降低产品生产成本，包括降低劳动力投入成本、原材料成本和一般管理费用，缩短产品生产周期等 (Zhao et al., 2002)。第二，提高产品质量，包括将次品率降到最低、提升所生产产品的稳定性、耐用性等 (Phusavat 和 Kanachan, 2007)。第三，增强生产的柔性，包括能够根据跨国公司的要求，及时对生产规模、产品组合的变化和设计上的调整作出反应 (Dangayach 和 Deshmukh, 2003)。第四，缩短产品的交付期，包括缩短生产前置时间、加快交货速度等 (Spring and Boaden, 1997)。通过流程创新，代工企业一方面可以顺利实现流程升级，另一方面也为产品升级创造了条件。

（二）产品设计创新

流程创新是国际代工企业在原始设备制造模式下提高竞争力的重要手段，而产品设计创新则会有效推动国际代工企业向高级代工模式，即原始设计制造的转型。在产品设计创新活动中，国际代工企业可以采用两种模式。第一，在跨国公司委托生产产品的基础上，通过逆向工程和自主研发，对原有产品在功能、特征等方面进行调整和改善，设计出具有一定自主知识产权含量的改进型新产品。这种创新可以是针对产品结构开展的结构创新，也可以是围绕产品构成开展的部件创新（王生辉，2007）。第二，企业可以加大研发投入和研发活动的力度，形成较为完整的产品设计能力，并在此基础上设计出全新的产品。通过产品设计创新，国际代工企业一方面可以实现产品升级，另一方面也为其实现功能升级、彻底改变其在全球价值链中的分工地位奠定了基础。

（三）市场运营创新

从代工生产走向自主品牌，是众多国际代工企业的战略追求，也是从根本上改变代工企业的国际分工地位、创建由中国本土代工企业主导的全球价值链的必然要求。要做到这一点，企业除了要从技术本身加大创新活动的力度外，还要着眼于市场，在市场运营方面开展自主创新活动，积极培育企业的市场营销能力。作为企业的三大核心技术能力之一（Meyer 和 Utterback，1993），很多学者的研究也都明确地将营销能力作为企业技术创新能力及自主创新能力的范畴（许庆瑞，2000；夏志勇等，2008）。对于国际代工企业来讲，要开展市场运营方面的创新，首先，要加强对国内外市场的调查和研究，准确把握顾客的需求。技术上的研发必须密切配合市场需求，才可能创新出市场需要的产品。因而，有学者认为，国际代工企业研发除了技术开发活动之外，也必须包括营销层面对市场需求的研究（瞿宛文，2007）。其次，国际代工企业应该在从事代工的过程中，利用各种可能的机会和渠道，努力构建自己的海外分销网络。分销网络的形成，对于代工企业摆脱对跨国公司的订单依赖、自主走向国际市场具有非常重要的战略意义。最后，国际代工企业要通过有效的品牌沟通和传播，努力提升自主品牌的知名度，培育良好的品牌形象，克服不利的原产地形象带来的负面影响，逐步在国际市场上形成有价值的品牌资产。市场运营方面的创新，在进一步推动企业实现产品升级的同时，也是国际代工企业的功能升级不可或缺的一项重要活动。

参考文献

[1] Humphrey, J., Hubert Schmitz. Governance and Upgrading: Linking Industrial Clusterand Global Value Chain Research [R]. Brighton: University of Sussex, 2000.

[2] Humphrey, J., Hubert Schmitz. Developing Country Firms in the World Economy: Governance and Upgrading in Global Value Chains [R]. INEF Report Heft 61, 2002.

[3] Covin J. Q., Slevin D. P.. A Conceptual Model of Entrepreneurship as Firm Behavior [J]. Entrepreneurship Theory and Practice, 1991, 16 (1): 7-25.

[4] Covin, J. G., Slevin, D. P. Strategic Management of Small Firms in Hostile and Benign Environments [J]. Strategic Management Journal, 1989, 10: 75-87.

[5] Cyhn, J. C.. Technology Development of Korea's Electronics Industry: Learning from Multinational Enterprises Through OEM [J]. The European Journal of Develop Research, 2000, 1: 159-187.

[6] Skinner, W. Manufacturing-missing Link in Corporate Strategy [J]. Harvard Business Review, 1969, 5-6: 136-145.

[7] Skinner, W. The Focused Factory [J]. Harvard Business Review, 1974, 5-6: 113-121.

[8] Hayes, R.H., Wheelwright, S.C., Restoring Our Competitive Edge: Competing through Manufacturing [M]. New York: Wiley, 1984.

[9] Zhao, X., Yeung, J.H.Y., Zhou, Q. Competitive Priorities of Enterprises in Mainland China [J]. Total Quality Management, 2002, 13 (3), 285-300.

[10] Phusavat, K., Kanchana, R.. Competitive Priorities of Manufacturing Firms in Thailand [J]. Industrial Management and Data Systems, 2007, 107 (7): 979-996.

[11] Dangayach, G.S., Deshmukh, S.G.. Evidence of Manufacturing Strategies in Indian Industry: A Survey [J]. International Journal of Production Economics, 2003, 83 (3): 279-298.

[12] Spring, M., Boaden, R.. One More Time, How Do You Win Orders: A Critical Reappraisal of the Hill's Manufacturing Strategy Framework [J]. International Journal of Operations and Production Management, 1997, 20 (4): 441-467.

[13] 卢锋. 产品内分工 [J]. 经济学季刊，2004，1.

[14] 刘志彪，张杰. 全球代工体系下发展中国家俘获型网络的形成、突破与对策——基于GVC与NVC的比较视角 [J]. 中国工业经济，2007，5.

[15] 陈宏辉，罗兴. “贴牌”是一种过时的战略选择吗——来自广东省制造型企业的实证分析 [J]. 中国工业经济，2008，1.

[16] 卓越，张珉. 全球价值链中的收益分配与“悲惨增长”——基于中国纺织服装业的分析 [J]. 中国工业经济，2008，7.

[17] 刘志彪. 全球化背景下中国制造业升级的路径与品牌战略 [J]. 财经问题研究，2005，5.

[18] 王海燕，周元. “新型贴牌”与自主创新 [J]. 中国软科学，2007，9.

[19] 瞿宛文. 台湾后起者能借自创品牌升级吗？[J]. 世界经济文汇，2007，5.

[20] 杨桂菊，阎海峰. 国际代工关系中本土代工企业的风险及防范策略 [J]. 国际经贸探索，2007，3.

[21] 刘国新，李兴. 国内外关于自主创新的研究综述 [J]. 科技进步与对策，2007，2.

[22] 吴贵生，张洪石，梁玺. 自主创新辨析 [J]. 技术经济，2010，9.

[23] 杨德林，陈春宝. 模仿创新、自主创新与高技术企业成长 [J]. 中国软科学，1997，8.

[24] 安同良，王文翌，王磊. 中国自主创新研究文献综述 [J]. 学海，2012，2.

[25] 柳卸林. 企业技术创新管理 [M]. 北京：社会科学文献出版社，1997.

[26] 徐冠华. 关于自主创新的几个重大问题 [J]. 中国软科学，2006，4.

[27] 柳卸林，游光荣，王春法. 自主创新公务员读本 [M]. 北京：知识产权出版社，2006.

[28] 罗赳赳，田新民，康力. 企业自主创新模式研究与选择 [J]. 科技进步与对策，2007，5.

[29] 佟家栋，彭支伟. 从“干中学”到“加工中学”——经济全球化背景下的国际分工、技术外溢与自主创新 [J]. 南开学报（哲学社会科学版），2007，6.

[30] 汪建成，毛蕴诗，邱楠. 由 OEM 到 ODM 再到 OBM 的自主创新与国际化路径：格兰仕技术能力构建与企业升级案例研究 [J]. 管理世界，2008，6.

[31] 陶锋. 国际知识溢出、吸收能力与创新绩效——中国代工制造业升级的研究 [M]. 北京：经济科学出版社，2011.

[32] 俞荣建. 基于全球价值链治理的长三角本土代工企业升级机理研究 [M]. 杭州：浙江大学出版社，2010.

[33] 郑刚. 浅谈自主创新的若干认识误区 [J]. 自然辩证法通讯，2012，3.

[34] 陈柳，刘志彪. 代工生产、自主品牌与内生激励 [J]. 财经论丛，2006，5.

[35] 刘友金. 集群式创新与创新能力集成—— 一个培育中小企业自主创新能力的战略新视角 [J]. 中国工业经济，2006，11.

[36] 王生辉. 企业非突破性自主创新模式研究 [J]. 科学管理研究，2007，6.

[37] 夏志勇，林聪，何林. 中国大企业自主创新能力的实证测度与分析研究 [J]. 科学学研究，2008，6.

跨国公司东道国分部竞争力指标体系研究

李煜伟[①] 杨智寒[②] 张 帅[③]

[摘 要] 随着跨国公司在华投资水平的不断提高，东道国的子公司的企业竞争力逐步加强，形成自身独特的竞争能力。本文根据前人已有研究成果，运用资源基础、能力理论和动态能力理论，研究跨国公司在华子公司的特点，总结分析企业竞争力的影响因素，进而建立客观的跨国公司东道国分部竞争力指标体系，为跨国公司在华企业的进一步研究打下基础。

[关键词] 跨国公司；竞争力；指标；东道国

一、引言

近年来，全球跨国公司在我国的投入逐渐增加，子公司的规模也逐渐扩大，所涉及的资金数额也与日俱增。自 2000 年以来，外商直接投资（FDI）金额在一亿美元以上的案例屡见不鲜，有些更是达到 10 亿美元以上。联合国贸易和发展会议（UNCTAD）对全球海外资产进行了统计，统计结果表明，自 2003 年以来，外资在华投资在外商投资总额中的比例基本都在 5%以上（除 2008 年受国际金融危机的影响降为 5%之外），而且不少年度超过 10%，其中 2006 年最高，达到 15.5%。

根据国家商务部最新资料统计，《财富》500 强企业中已经有 400 多家投资我国内地，投资项目达 13850 多个。另外根据商务部统计，在 2009 年全球跨国投

① 李煜伟，中央财经大学商学院副教授，研究方向：跨国企业管理与区域经济。
② 杨智寒，中央财经大学商学院跨国公司管理硕博连读生硕士二年级。
③ 张帅，中央财经大学商学院跨国公司管理硕博连读生博士一年级。

资下降40%的情况下，2010年前七个月中国实际使用外资金额达583.54亿美元，同比增长20.65%。最新统计数据显示，2015年1~8月，全国设立外商投资企业为16827家，同比增长10.7%；实际使用外资金额为5252.8亿元人民币（折853.4亿美元），同比增长9.2%。目前在华投资的跨国公司在投资的深度和广度上都不断加强。跨国公司进入中国，带来的不仅有资金、技术，而且也有现代化的企业管理经验和公司治理结构等先进的理念。跨国公司也从对华投资中获得了丰厚的回报，在中国的投资成为很多跨国公司主要的盈利来源和增长点。跨国企业在华子公司的竞争力不仅在跨国企业的整体程度上得以体现，更从中国市场环境和规模程度上不断加强，形成自身独特的竞争优势。

尽管目前学术界对企业竞争力研究的文献比较丰富，比如，比较权威的美国《财富》发布的《世界500强企业》报告，它从跨国企业销售、利润、资产和就业等方面来分析微观企业竞争力；也有学者提出用“价值链分析法”、“波士顿矩阵法”、“因素分析法”、“杠杆管理法”和“专家评估法”等来度量企业竞争力，这些方法的共同特点都是用综合加权法或是成本综合比较法来界定企业国际竞争力（王核成，2001；薄湘平、尹红，2005；王东、彭胜文、王凯化，2006）。但针对跨国企业海外子公司的竞争力并没做过多研究，特别是从微观企业的角度对跨国企业在华子公司的竞争力进行估算的研究不多见。

本文根据前人已有研究成果，运用资源基础论、能力理论和动态能力理论，研究跨国公司在华子公司的特点，总结分析企业竞争力的影响因素，进而建立客观的跨国公司东道国分部竞争力指标体系，为跨国公司在华企业的进一步研究打下基础。

二、文献综述

从理论上讲，企业竞争力研究是现代企业战略管理的分支，企业战略的根本目的是为了提高企业在目前和未来竞争的有利地位。彼特（Porter，1990）在《国家竞争优势》中认为，企业竞争力是指企业在国际市场上以全球战略的姿态进行竞争的能力。国内学者金碚（2003）指出，企业竞争力是指在竞争性市场中，一个企业所具有的能够比其他企业持续地、更有效地向市场提供产品或服务，并获得盈利和自身发展的综合素质。

企业竞争力包含五个基本含义：①企业所涉及的市场环境是竞争的和开放的

市场。②企业竞争力的实质是一个企业同其他企业相比较的生产率。③企业竞争力体现在消费者价值和企业自身利益两个方面。④企业竞争力是企业所具有的综合素质和能力。⑤竞争力是企业生存和发展的长期决定因素，但是企业经营的成败也不是只由其竞争力决定的。诸如市场条件、外部环境的偶然性变动、企业决策的不确定性后果等，也会对一个企业的经营成败产生重大的甚至致命的影响（金碚，2001）。

对于企业竞争力，不同学者从不同角度进行了研究。其中，资源基础论根据企业的各项资源进行细分研究，进而体现企业的竞争优势。20 世纪 80 年代，以伯格·沃纳菲尔特（B.Wernerfelt）的经典论文《企业资源基础论》的发表为标志，资源基础论逐渐成为企业竞争力研究的主流观点。资源基础论学者侧重于从资源的差异性来分析企业的优势，认为市场结构与市场机会等外部因素会对企业的竞争优势产生一定影响，但并不是决定因素。企业间存在有形资源、无形资源和积累知识的差异，企业竞争优势源泉应是企业的特殊资源，拥有优势资源的企业能够获取超出平均水平的收益（尼古莱，1998）。

企业资源的内容十分丰富，包括所有的资产、能力、组织过程、企业的性质、信息、知识等。为更确切地理解资源的含义，可将资源进一步分为三大类：物质资本资源、人力资本资源、组织资本资源。物质资本资源包括企业的厂房设备、技术、地理区位以及原材料的供给情况等；人力资本资源包括企业的培训、经验、知识、关系、员工的能力等；组织资本资源包括企业内部的正式组织结构、正式和非正式的计划、控制和协调系统、企业内部及企业间的非正式的关系等。

一个有持续竞争力的企业的成功，不仅是因为其有独特的资源，更重要的是因为其隐藏在资源背后的配置、开发、使用和保护资源的能力，这是产生竞争优势更深层次的因素（张炜，2002）。从资源的角度看，跨国企业的竞争力主要体现在：第一，充分利用全球各地资源差异所带来的经济效益。第二，实现全球各分支机构的资源和信息共享，特别是知识的共享。第三，全球调配资源可以提高资源的利用效率。也就是说，企业要想通过跨国经营获得企业竞争力，就不能把视野仅仅局限在企业内部资源，而更应关注企业外部资源的可获得性，内部资源、能力与外部资源的相互结合性以及资源的跨国传递与利用的效率性。

这一理论不仅打破了传统的“企业黑箱论”，而且把经济学和管理学有机地结合起来，既从本质上认识和分析企业，又植根于企业经营管理的内部事项。企业竞争优势来源于具有异质性特征的企业核心资源，这些异质性的核心资源形成了某种被模仿或者复制的隔离机制，从而保持了企业竞争优势的可持续性。

子公司作为一个相对独立的经济实体，其要在市场竞争中获得持续的优势，离不开不可替代的异质性资源，子公司使用资源的效率决定了子公司的最终竞争力情况。

从20世纪80年代中后期开始，一些学者对资源基础理论进行了批判性的继承和发展，把企业内部特征和能力作为研究对象，提出了广义资源的观点：把组织协调和企业文化视为主要资源；把人力资本、组织资本和社会资本纳入资源体系中，它们共同成为决定企业竞争优势的因素（安德鲁·坎贝尔，1999）。

在超强竞争的经营环境下，企业凭借资源实力所积累的竞争优势会被快速的技术创新所侵蚀，因此，企业必须迅速响应外部需求，及时调整内部资源配置。在此背景下，动态能力理论（Dynamic Capabilities Perspective）获得了快速发展。提斯（Teece）等从可复制性和可模拟性方面对动态能力的属性进行了研究，提出企业基于当前的资源位置和历史路径所形成的特有的基于流程的能力，即动态能力，是企业竞争力的来源。动态能力对于企业竞争力的影响非常重要。金（A.King）和塔奇（C.L.Tucci）的研究发现，企业原有的经验积累对于其顺利进入新的市场、迅速发展竞争优势具有积极作用。伍滕（L.P.Wooten）和克雷（P.Crane）认为人力资本也会产生重要影响，而布莱勒（M.Blyler）和科夫（R.W.Coff）均认为社会资本是企业竞争力的核心内容之一。阿德内尔（R.Adner）和赫法特（C.E.Helfat）综合考察了各类资源要素，认为企业竞争力主要受到人力资源、社会资本和管理层认知三个潜在因素的影响。这三类因素单独或者共同起作用，决定了企业战略性和操作性管理决策，并进而对竞争力产生重要影响。梅切尔（J.T.Macher）和莫厄里（D.C.Mowery）从学习的三个角度（经验积累、知识表述、知识编码）研究发现：研发团队构成的多样性、研发人员与生产人员交流的密集度和信息技术分布的广泛性都有利于提升企业学习和解决问题的成效，整体提高企业优势。亚当斯（G.L.Adams）和拉蒙特（B.T.Lamont）将组织的资源分为基于组织学习的资源和基于资本的资源，强调了组织学习能力对于企业（尤其是企业创新）的影响。

因此资源基础理论和企业能力论都强调企业内外部的资源和能力等对建立企业持续竞争优势起着决定性作用，基于资源基础观，企业是异质性的生产资源和能力的集合，具有优越资源和能力的企业将会比其他企业表现得更优秀。我们研究跨国公司东道国分布的企业竞争力需要从分布的内外部，结合资源基础论和能力论中所提及的各项指标，进行研究统计，进而才能客观地形成竞争力指标。

三、跨国公司在东道国的竞争力

作为“跨国公司理论之父”的海默（Stephen H.Hymer，1960），在其博士论文中首次提出以企业竞争力为中心的直接投资，开创了跨国公司竞争力研究的先河。这一理论经过其导师金德尔伯格（Kindleberger）及其他学者的发展，形成了众所周知的“垄断优势理论”。“垄断优势理论”认为跨国公司特有的资源垄断或寡头是其形成竞争力、实现跨国经营的必要条件。根据沃纳菲尔特（Wernerfelt，1984）对资源的广义界定：“任何能够被视为给企业优势或劣势的东西”，那么无论能力还是动态能力，都可以被视为企业的一类资源。跨国企业通过特殊的资源形成竞争优势。

随后，不同学者从不同方面研究跨国企业的竞争力。斯塔福得和威尔士（1972）研究跨国公司组织结构、资源利用效率和对外部市场的适应性；巴特雷特和高绍尔（1986，1988，1989）、高绍尔和诺瑞亚（1993）以及高绍尔和维斯尼（1993）研究突出组织协调的重要性以提高资源利用率；考库特（1984）研究得出跨国公司利用规模经济、学习能力和子公司网络的灵活性，从而最大限度地拥有全球化的资源并且高效地利用资源以实现竞争能力的提高。

跨国公司子公司在东道国是个外来者，处于一种不太熟悉、不太和谐的政治、经济、社会和文化环境当中，在经营过程中会遇到很多不利因素的影响，因而跨国公司需要具备某种（些）胜过当地企业的优势，才能在国外成功地经营。因此，研究子公司的竞争力不同于研究一般企业的竞争力，需要在资源基础论和能力理论的基础上，挖掘出子公司特有的公司资源，分析其对子公司竞争力的影响。

分析跨国公司为什么要到海外进行投资经营和如何在海外投资经营时，不约而同地会注意到跨国经营的资源拥有情况和组织效率。传统的理论研究主要解释公司的竞争优势形成的原因和表现程度，而企业发展到一定程度会跨国经营，子公司在东道国相比本土企业有诸多不利因素，子公司如何在东道国成立并发展，形成自身独有的竞争力是值得我们研究的。从传统理论出发，在公司资源和能力的基础上，分析研究特有资源的形成和使用效率是跨国公司东道国分布研究的核心内容。

四、竞争力指标的理论基础

通过上文的文献回顾我们了解到，主流跨国公司理论解释跨国公司行为的主要逻辑是：跨国公司子公司在东道国是个外来者，处于一种不太熟悉、不太和谐的政治、经济、社会和文化环境当中，在经营过程中，与本土企业相比，会有许多不利的因素，因此跨国公司子公司要想在不同的东道国环境下取得竞争优势或是具有较高的竞争力，则跨国公司自身必须具备一种或几种“传统优势”。而传统的跨国公司理论认为，跨国经营是公司发展到一定阶段并在母国具有一定的竞争优势并将这种优势在海外进行延伸的行为。

从资源的角度来看，跨国公司的竞争力主要体现在以下几个方面：第一，跨国公司能够充分利用全球各地资源差异所带来的经济效益。第二，跨国公司能够实现全球各分支机构的资源和信息共享，特别是知识的共享。第三，跨国公司在全球调配资源可以提高资源的利用效率。资源基础论的学者认为，公司要想通过跨国经营获得竞争力，就不能把视野局限在企业内部资源上，而更应该关注企业外部资源的可获得性，内部资源、能力与外部资源的相互结合性。然而，因为跨国公司所处外部环境的复杂性，并不能通过创建一个评价体系对跨国公司从外部环境所获得的资源进行客观的评价，如果单纯地从资源基础论出发对跨国公司子公司进行评价会有失偏颇。

（一）能力基础论建构的一/二级指标

在跨国公司直接投资理论中，邓宁（J.H.Dunning）的国际生产折衷理论（OLI）分析范式（1977）为分析跨国公司的直接投资行为提供了一个较为完整的分析框架。在该分析框架中，邓宁认为企业优势是国际直接投资的必要条件，因此相比资源基础论，更应该从内部关注跨国公司能够有效利用不同国家优势外部资源（区位优势）的能力。在能力基础论中，学者们会认为，企业能力是企业拥有的为实现组织目标所需的技能和知识，从能力基础论的角度出发能够解释同一个东道国的同一类型的跨国公司子公司为什么会有不同的经营绩效，具有相同资源的跨国公司子公司在资源的使用效率方面存在着差异，这就是跨国公司子公司在能力上的差异，是产生竞争力的深层次原因。因此，以能力基础论为基础构筑本文的指标体系能够较为客观地反映跨国公司子公司在东道国的不同程度竞争力形成的原因。

能力论并没有将资源基础论的观点完全否定，而是在其基础上将资源基础理论进一步完善和发展，提出了广义资源的观点：把组织协调和企业文化视为主要资源；把人力资本、组织资本和社会资本纳入资源体系中，它们共同成为决定企业竞争优势的因素（安德鲁·坎贝尔，1999）。而在跨国经营这类超强竞争的经营环境中，公司凭借资源实力所积累的竞争优势会被快速的技术创新所侵蚀，因此企业必须迅速响应外部需求，及时调整内部资源配置，这些有效率的调整依赖于企业内部不同职能间的协调。综上，本文构筑的一级指标以跨国公司子公司在东道国的职能部门设置为基础，能够较为全面地反映跨国公司子公司在东道国整合不同方面资源的能力。而在不同职能部门中，将能力进行进一步的细分成为本指标体系所构筑的二级指标。

（二）资源基础论建构的三级指标

能力基础论所阐释的是公司有效利用资源的能力，而从资源基础论的角度来说，企业是一个资源集合体。企业资源的内容十分丰富，包括所有的资产、能力、组织过程、企业的性质、信息、知识等。为更确切地理解资源的含义，可将资源进一步分为三大类：物质资本资源、人力资本资源、组织资本资源。物质资本资源包括企业的厂房设备、技术、地理区位以及原材料的供给情况等；人力资本资源包括企业的培训、经验、知识、关系、员工的能力等；组织资本资源包括企业内部的正式组织结构、正式和非正式的计划、控制和协调系统、企业内部及企业间的非正式的关系等。这些资源都有较为客观的衡量计算方式，作为有效使用资源能力的客观反映是可行的，因此，本文将资源的具体衡量方式作为指标体系中的三级指标。

五、指标体系的构建

（一）指标体系

这一部分，基于竞争力指标的理论基础，对本文所构筑的指标体系进行更为详细的阐述。首先，按照跨国公司子公司的职能部门设置，本指标体系提出：财务竞争力、营销竞争力、运营竞争力、人力资源竞争力、技术和创新竞争力、社会责任竞争力六个一级指标。

1. 财务竞争力

财务部门作为跨国公司子公司其他职能部门的支持部门，为其他部门提供资金的资源，主要反映跨国公司子公司在东道国进行融资、资产运作等方面的竞争力。根据不同文献的总结大致可以将融资能力和资产运作能力细分为以下几个方面：财务规模、资产营运能力、资金安全竞争力、盈利能力竞争力和发展能力竞争力。

2. 营销竞争力

在经典的营销理论中，营销是以消费者为基础的企业职能，企业满足消费者需求的能力高低即企业营销能力的高低，而企业营销战术的竞争力蕴含在营销组合中，包括产品/服务、价格、渠道、销售促进四个方面。综合营销经典理论和现有研究将营销竞争力细分为：市场份额、产品指标、客户群状况、渠道状况、品牌、促销、价格和公共关系等方面。

3. 运营竞争力

运营竞争力包括了企业所具有的生产规模情况，其能为多大的客户群提供自己的产品，还包括企业的生产效率以及基础设施水平上的竞争力。

4. 人力资源竞争力

跨国公司在东道国的竞争力还有很大一部分是与其人力资源相关的，跨国公司要想在东道国培养起较高的竞争力并进行长期发展，在工作人员的招募、培训及薪酬制度等方面都要有较严格的标准。因此，管理人员本土化程度和本土员工接受培训情况成为评价人力资源竞争力的重要方面。

5. 技术和创新竞争力

衡量企业在技术和创新方面的竞争力是非常直观的，主要是从企业在技术和创新上所具有的投入以及产出就能客观地对企业在这方面的竞争力进行评价。

6. 社会责任竞争力

跨国公司子公司在东道国的社会责任体现了跨国公司子公司与不同利益相关者之间的关系。利益相关者理论认为，公司的最终目标不应该是单纯地实现利润的增加，而是为不同利益相关者创造利益。这部分因为股东利益、员工利益、消费者利益等在其他二级指标中有所体现，因此该一级指标主要从环境保护、公益事业、诚信经营和就业保障等方面进行评价。

（二）竞争力评价方法

1. 竞争力评价方法概述

企业竞争力评价方法主要表现为两种。一是基于客观评价方法的竞争力评价研究。例如，林乐芬（2004）、张广宏（2012）运用主成分分析法对农业上市公司竞争力进行了评价；中国企业管理全球竞争力评价体系研究与应用课题组运用EMGC评价方法构建了企业竞争力评价模型；陈蔓生（1999）、张颖（2007）运用模糊综合评价的方法对企业核心能力进行了评价；于宏国（2011）运用多指标模糊测评方法对知识服务型企业竞争力进行了测评。二是基于主观评价方法的竞争力评价研究。例如，林汉川和管鸿禧（2005）采用层次分析法（AHP）对我国中小企业行业竞争力进行了评价。

以上两种评价方法或侧重于主观判断，或侧重于客观数据。然而，这些综合方法中有很多定性指标，不同研究者对定性指标的选择或估算差异很大。因此，这些方法对企业国际竞争力的度量和评价不可避免地具有一定的主观性。在层次分析法、主成分分析法、因子分析法、模糊评价法等几种有代表性的指标权重确定方法中，应用较多、影响较大的当属层次分析法。

2. 层次分析法确定权重

因为本指标体系具有多指标系统评价的特点和评价目标要求，根据所掌握的文献，较多学者均采用层次分析法作为最后评分的计算方法。第一步，通过专家法构造1~9评分的两两比较矩阵；第二步，计算两两比较矩阵中最大特征根对应的标准化后的权向量作为指标的影响权重；第三步，计算各个层次评价要素和评价指标的组合权重；第四步，对指标权重进行单层和多层组合一致性的检验。

通过上述分析方法，确定各测量指标和评价要素之间的权重后就能对指标进行计算，就能按照本指标体系对跨国公司子公司在东道国的竞争力进行较为客观的计算和评价。

六、结论及展望

在现有的竞争力指标体系中，与财务指标相关的“硬指标”是实践和学术研究中较为关注的内容。各类财务指标是企业目前运营状况的真实反映，其中的一些财务指标也可以反映企业未来的增长预期。选用“硬指标”进行竞争力评价是非常好的一个基础，但仍然存在一些问题：第一，其指标的选取是相对稳定不变的，虽然从总体上看这对某一企业乃至行业的长期发展具有战略意义，但同时这也很难从微观角度深刻分析企业的经营现状和发展潜力。第二，指标体系的选择过多采用定量性的硬指标，过分强调了客观性，忽略了软指标对于企业的影响，忽略了企业未来发展的潜在因素。这样的评价比较所得到的企业竞争力排名显然有点粗糙和简单。

一些指标评价体系在关注常规的财务数据的基础上，也开始关注与企业生存和发展相关的其他重要方面的竞争力，例如，市场占有竞争力、市场开拓能力、产品质量竞争力、研究开发能力、创新能力、知识运营能力、知识资源储备能力、跨国经营能力等方面。在这些竞争力的评价中，有些指标可以通过企业的客观数据进行衡量，有些指标并不能进行客观计算，需要行业中的专家、学者和消费者来共同进行主观评价。

在指标体系构建时，可以考虑从利益相关者理论的角度出发，因为一个企业的成功会涉及不同的利益相关者，不同利益相关者都参与到企业竞争力的评价中包括客观的财务指标，也包括利益相关者对企业的主观评价，这样构建的评价体系应该会更为全面和准确。

参考文献

[1] Arora. A., A. Gambardella. Domestic Markets And International Competitiveness: Generic and Product-Specific Competencies in the Engineering Sector [C]. SSRN Working Paper, 1996.

[2] Barney J. Firm Resource and Sustained Competitive Advantage [J]. Journal of Management, 1991, 17: 99-120.

[3] Birger Wernerfelt . A Resource-Based View of the Firm [J]. Strategic Management Journal, 1984, 5 (2): 171-180.

[4] D. Jorgenson, M. Kuroda. Productivity and International Competitiveness in Japan and the U.S., 1960-1985 [A]. By Bert G.Hickman. International Productivity and Competitiveness [C]. New York: Oxford, 1992.

[5] Dcbson, P., Starkey, K.. The Competitive Advantage of Nations [J]. Journal of Management Studies, 1992, 29 (2): 253-255.

[6] G. Hamel. The Concept of Core Competence [A]. G. Hamel and A. Heene. Competence-Cased Competition [C]. New York: Wiley, 1994.

[7] Hamel G., Prahlad C. K. Competing in the New Economy [J]. Strategic Management Journal, 1996, 17: 237-242.

[8] Igor Ansoff. Strategic Issue Management [J]. Strategic Management Journal, 1980, 1 (2):

131-148.

[9] Igor Ansoff. The Emerging Paradigm of Strategic Behavior [J]. Strategic Management Journal, 1987, 8 (6): 501-515.

[10] Jay B. Barney.The Resource-Based Theory of the Firm [J]. Organization Science, 1996, 7 (5): 469.

[11] Michael E. Porter. From Competitive Advantage to Corporate Strategy [J]. Harvard Business Review, 1987, 5-6: 143-145.

[12] Michael, Spence, Healther A., Hazard. International Competitiveness [M]. U.S.: Ballinger Publishing Company, 1988.

[13] Oral M. A Methodology for Competitiveness Analysis and Strategy Formulation in Glass Industry [J]. European Journal of Operational Research, 1991, 68: 9-12.

[14] Penrose. E. T. The Theory of the Growth Of the Firm [M]. oxford: Basil Blackwell, 1959.

[15] Porter, M.E. Competitive Advantage [M]. New York: Free Press, 1985.

[16] Prahalad. C.K., Hamel. The Core Competencies of the Corporation [J]. Harvard Business Review, 1990, 5-6: 79-91.

[17] Richard P., Rumelt, Strategy. Structure and Economic Performance [M]. Harvard Business School Press, 1974.

[18] RugmanA.M., D' Cruz, R.. The "Double Diamont" Model of International Competitiveness: the Canandian Experience [J]. Management International Review, 1993, 2: 179.

[19] 安德鲁·坎贝尔，凯瑟琳·萨默. 核心能力战略：以核心竞争力为基础的战略 [M]. 严勇，祝方译. 大连：东北财经大学出版社，1999.

[20] 郝云宏. 中国大型企业国际竞争力研究 [M]. 北京：中国财政经济出版社，2002.

[21] 胡大立. 企业竞争力论 [M]. 北京：经济管理出版社，2001.

[22] 金碚. 论企业竞争力的性质 [J]. 中国工业经济，2001，10.

[23] 郎诵真，包昌火. 竞争情报与企业竞争力 [M]. 北京：华夏出版社，2001.

[24] 刘小怡等. 中国企业国际竞争力："入世"的冲击与对策 [M]. 武汉：武汉大学出版社，2001.

[25] 李卫东. 企业竞争力评价理论与方法研究 [D]. 北京：北京交通大学博士学位论文，2007.

[26] 聂辰席. 企业竞争力评价方法及其应用研究 [D]. 天津：天津大学博士学位论文，2003.

[27] 裴长洪. 利用外资与产业竞争力 [M]. 北京：社会科学文献出版社，1998.

[28] 彭丽红. 企业竞争力——理论与实证研究 [M]. 北京：经济科学出版社，2000.

[29] 任荣伟. 风险企业竞争力的实证研究 [D]. 广州：中山大学博士学位论文，2003.

[30] 王素君. 企业竞争优势演进与跨国经营发展问题研究 [D]. 广州：华南农业大学博士

学位论文，2003.

[31] 张华胜. 基于企业核心能力的国际竞争力研究 [D]. 北京：北京航空航天大学博士学位论文，2001.

[32] 张炜. 核心竞争力辨析 [J]. 经济管理，2002，12.

[33] 张金昌. 国际竞争力评价的理论和方法研究 [M]. 北京：经济科学出版社，2002.

新常态背景下我国区域经济发展与新疆企业国际化对策分析①

张海霞② 李季鹏③

[摘 要] 当今世界正发生着复杂深刻的变化，国际金融危机的深层次影响继续出现，世界经济缓慢复苏、发展分化，国际投资贸易格局和多边投资贸易规则酝酿深刻调整，各国面临的发展问题依然严峻。在现行经济发展形势下，新疆维吾尔自治区作为"丝绸之路经济带"的核心区，作为我国向西开放的重要窗口，发挥其独特的区位优势，进一步深化与中亚、南亚、西亚等国家交流合作，形成丝绸之路经济带上重要的交通枢纽、商贸物流和文化科教中心，是目前我国区域经济发展的重点。

[关键词] 丝绸之路经济带；区位优势；区域经济发展

一、新常态下我国区域经济发展背景分析

自 2013 年 9 月 7 日，习近平主席在访问哈萨克斯坦时提出建设"丝绸之路经济带"战略以来，我国更加致力于提高与亚欧非大陆及附近海洋的互联互通能力。其中，政策沟通作为重要保障，设施联通作为优先领域，贸易畅通作为双边、多边合作的重点领域，资金融通为"一带一路"沿线国家经济的发展提供了重要支撑。沿线国家民心相通作为一种社会力量，其主要发挥了根基作用。这些

---

① 新疆企业发展研究中心：《新疆本土企业国际化发展战略研究》（项目编号：XJEDU050214B01）新疆财经大学校级科研基金资助（博士基金），项目名称："基于低碳经济视角的中国 OEM 企业转型升级战略研究"（项目编号：2013BS006）。

② 张海霞，新疆财经大学工商管理学院 2014 级研究生，硕士，研究方向：财务管理。

③ 李季鹏，新疆财经大学工商管理学院副教授，博士，新疆财经大学新疆企业发展研究中心研究员，研究方向：财务管理。

对于加强我国与“丝绸之路经济带”沿线国家的经济合作，为基础设施建设和互联互通能力的提高提供了政策保障，从而使得陆上“丝绸之路经济带”沿线国家可以依托国际大通道，将其中心城市作为支撑，充分发挥重点经贸产业园区的平台作用，为我国与沿线国家共同打造新亚欧大陆桥，中蒙俄、中国—中亚—西亚、中国—中南半岛等国际经济合作走廊提供了政策保障；此外，对于“海上丝绸之路”国家将重点港口作为节点，为我国与“海上丝绸之路”国家共同建设通畅安全高效的运输大通道提供了现实可能性。这些措施将极大地提高我国经济和世界经济关联度，使得我国区域经济发展与“丝绸之路经济带”沿线发展中国家的经济发展成为世界经济发展不可或缺的组成部分。

二、新常态背景下我国区域经济发展与新疆企业国际化的优势分析

（一）宏观优势分析

1. 政治基础

“一带一路”战略实施以来，沿线国家的互动往来日益密切，各国高层领导互访日益频繁，降低了各国“主权敏感性”，从而使得我国企业与各国市场之间的合作日益密切，我国经济的发展与沿线发展中国家的经济成为一个密不可分的整体，战略伙伴关系全面升级。

2. 现实基础

在新时期，中亚五国已经将经济发展的重点转向非资源领域，目前优先发展的方向主要包括加速推进创新工业化发展，促进传统矿产、油气等资源开采领域的发展，保障城市化、交通和能源三大板块的基础设施建设。其中，俄罗斯新型工业化道路确立占据领先地位的产业有制药、高科技化学、复合材料与非金属材料、航空工业、信息通信技术、纳米技术以及原子能与宇航工业。这不仅为我国转移过剩产能、优化产业结构、经济转型升级提供了现实基础，同时也为我国经济发展开辟新的市场提供了现实基础。

3. 物质基础

新疆维吾尔自治区与中亚五国在经济结构、产业结构和产品结构等方面有较强的互补性。新亚欧大陆桥的建成为新疆维吾尔自治区和中亚五国的贸易往来、

经济合作以及过境运输的进一步加强奠定了坚实的物质基础。中亚五国经济在该时期发展速度较快，国内市场不断扩大，民众的购买力不断增强，为新疆维吾尔自治区与中亚五国发展贸易提供了良好的条件。此外，新疆维吾尔自治区经济的快速发展，为中亚五国的出口提供了广阔的市场，而且我国对石油、天然气以及其他原材料的需求，需要不断从中亚五国进口。这一系列因素，使得我国与中亚五国在新疆维吾尔自治区霍尔果斯口岸和阿拉山口口岸过货量大大增加。

4. 市场环境

“一带一路”战略构想顺应了国际经贸合作与经贸机制转型的需要。“新丝绸之路经济带”和“21 世纪海上丝绸之路”的战略构想的相继提出，引起了国内与“丝绸之路经济带”沿线发展中国家、地区乃至全世界的高度关注和强烈共鸣，沿线国家积极入世为我国实现对外开放格局、实现战略升级转型提供了坚实的物质基础，即新的市场“落脚点”。

5. 丝绸之路经济带建设与欧亚经济联盟建设对接

我国与俄罗斯相继签署了《中俄两国关于深化全面战略协作伙伴关系、倡导合作共赢的联合声明》、《关于丝绸之路经济带建设与欧亚经济联盟建设对接合作的联合声明》的协议，达成了能源、交通、航天、金融等领域的多项合作。将中方丝绸之路经济带建设同俄方欧亚经济联盟建设对接，有助于从战略高度，以更广阔视野全面扩大和深化两国务实合作，深化利益交融，促进共同发展振兴，为中俄全面战略协作伙伴关系继续保持高水平发展注入强大动力。

6. 沿线国家积极响应

从 2013 年中国提出“一带一路”战略构想，到 2014 年由中国牵头成立亚洲基础设施投资银行并建立丝路基金以提供强大的资金支持，由“一带一路”战略连接起亚太、欧洲、非洲等多个经济圈，将打造世界上最长、最具发展潜力的经济大走廊。“一带一路”战略的实施，从海陆空全方位贯通中国东中西部地区，改变了“东快西慢、海强陆弱”的格局，提供了一个包容性发展平台，将亚太、欧洲、非洲等经济圈串联起来，其整合辐射作用将对全球经济产生深远影响。“一带一路”战略实施以来，得到了沿线各个发展中国家的积极响应，沿线国家大多是新兴经济体和发展中国家，总人口约 44 亿，经济总量约为 21 万亿美元，分别约占全球的 63%和 29%。这些国家要素禀赋各异，发展水平不一，互补性很强。建设“一带一路”，有利于中国与沿线国家进一步发挥各自比较优势，促进区域内要素有序自由流动和资源高效配置。

（二）微观环境优势分析

1. 基础设施互联互通

“一带一路”战略的实施，先行的是交通基础设施的互联互通，其具体化为公路、铁路、航运等领域的联通项目，这给当地的基础设施建设企业带来了庞大的市场机会。“一带一路”沿线的国家与地区，尤其是欠发达国家与地区，通过“一带一路”战略，改善其落后的基础设施建设。基础设施建设的项目先行，为我国进入各国市场提供了现实基础。

2. 国际产能合作

推动国际产能和装备制造业合作，是新阶段下以开放促进发展的必由之路，既有利于顶住经济下行压力，实现经济中高速增长，也是与全球经济深度融合，在更高层次上嵌入世界产业链条，实现优势互补、合作发展的共赢之举。

3. 贸易投资提升

新疆维吾尔自治区作为连接“中巴经济走廊”和“丝绸之路经济带”上的一个重要节点，在中国向西开放的西北方向上依托上海合作组织，在西南方向上依托中国—东盟自由贸易区，计划构建的三条新的跨国经济带，即从新疆的喀什一直延伸到巴基斯坦瓜达尔港的“中巴经济走廊”，横贯东西、连接欧亚的“新丝绸之路”以及“中缅孟印经济走廊”战略构想，使中国建设“丝绸之路经济带”有了支点。“中巴经济走廊”和“丝绸之路经济带”的建设将会促进新疆维吾尔自治区贸易和投资的再度活跃，不仅将改变中国的地缘政治格局，使中国可以直接面向阿拉伯海和波斯湾，而且将为新疆维吾尔自治区特别是南疆带来新的战略发展机遇。

4. 自贸区和贸易投资便利化

“一带一路”战略的实施为自贸区的建设提供了政策和现实的保障，自贸区作为我国对外开放的战略平台，为实现我国与沿线发展中国家多领域的合作发挥了重大的作用，极大地促进了区域一体化建设。同时，自贸区的建设为消化我国过剩产能，提供了一个重要的平台。过剩产能的输出，有利于提高产能的利用效率，同时为解决“一带一路”沿线发展中国家基础设施落后、互联互通能力差等问题提供了物质保障。有利于推动海外直接投资，鼓励我国以基础设施和设备出口为主的企业以更加积极的态度参与国际竞争，在全球市场寻找新的“落脚点”，实施全球化战略。

5. 新的投融资平台——亚投行

亚投行作为实现“一带一路”战略目标的手段，其建设是各国政府基于政治上的考量，以政府为担保，为亚洲地区基础设施建设和互联互通提供贷款，带动当地经济发展是亚投行运行的主要目的。从其本质来看，亚投行作为“一带一路”沿线发展中国家共同的融资平台，致力于解决这些发展中国家资金需求大，国内资金有效供给不足的问题。亚投行的建立，将打破长久以来制约“一带一路”沿线国家在基础设施建设、互联互通建设等方面的融资瓶颈，增加有效资金供给、解决资金不足问题，为进一步改善当地投资环境提供现实可能与物质基础。

三、影响我国区域经济发展和新疆企业国际化的不利因素分析

目前，从世界经济发展的格局看，企业的国际化不仅要求国际化的市场，还要包含国际化的供应商、国际化的人才、国际化的投资。综合各个方面，就制约新疆企业国际化的发展因素的分析，可以定位于：生态环境的制约，导致地域影响力弱；国际化企业的成功必须依托政府的服务和支持，但政府的服务意识不强；合作方的目光短浅。其具体可以概括为以下几方面：

（一）基础设施互联互通能力差

新疆维吾尔自治区作为“丝绸之路经济带”的核心区，承担着我国向西运输的重要职责，是我国与中亚、西亚、欧洲诸国运输产品、提供服务等商品流通的中转站。但是，新疆维吾尔自治区向西铁路通达能力不足且通道制约明显，目前仅霍尔果斯口岸和阿拉山口与中亚实现了铁路通畅。此外，在空港建设方面的不足主要表现为：通往中亚、欧洲的国际航线少，通达城市有限，航空中转及枢纽作用未充分发挥作用且通信成本高、质量差，严重影响了新疆企业与中亚、西亚、南亚的商品流通。

（二）签证办理困难导致贸易投资水平低

目前，我国区域经济发展中最具代表性的新疆企业，与“丝绸之路经济带”沿线国家的贸易往来仍存在“一关二检”、签证、关税和投资等各方面的诸多限制，大通关协作机制尚未建立，人员往来管理严格且限制较多。沿线国家腐败现象严重、海关官员更换频繁且滥用职权现象严重，关税不稳定且不明朗，使

得我国企业在进入这些市场过程中面临极大的不确定性，可能导致项目搁置、贸易投资难以得到有效的发挥等问题。此外，中国企业到沿线国家办理签证手续复杂且耗时，大大影响了项目的有效运行，增加了我国企业与沿线各国贸易往来的难度。

（三）人员素质较低

新疆企业发展的外部环境并不乐观，人才缺乏，周边国家并不富裕，决定了其客户的有限性。根据对新疆维吾尔自治区本土企业的调查研究发现，高新技术企业存在“高新技术人才严重缺乏，且高新技术人才流失严重”的问题，地理位置和政治环境的特殊性，使得新疆当地缺乏良好的人才环境，导致高级人才流失。此外，人才资源开发理论的研究严重滞后，缺乏吸引人才、留住人才的理念与举措。人才资源市场尚未完全建立，且调节作用不大，人才资源未得到适当的配置。新疆企业要“走出去”，必须到同行业内最优秀的企业学习，脱离与周边发展速度相同的企业，才能真正发展。

四、关于推动我国区域经济发展与新疆维吾尔自治区本土企业国际化的对策建议

市场并不是影响我国区域经济发展和国际化道路的主要因素，其主要因素的优势在于产品的性价比。投资客户在乎的是设备的性价比，其中包含技术水平、制造能力、设备运行、质量管理、厂家承诺的服务、服务人员的素质等。尤其国外客户最重视国际第三方的审核，并会采取措施对质量体系、供应商进行尽职调查。由于国外客户采取制度化的手段，所以，与国外客户合作的企业，必须获得专业第三方认证、国际认证机构的认可、标准化的要求等。因此，提出以下几点对策：

（一）积极利用我国国内和国际市场推动联动发展、形成区域合作

目前，我国应该与“丝绸之路经济带”沿线国家建设双边合作机制。我国要为沿线发展中国家的基础设施建设提供帮助，同时为转移、消化我国的过剩产能提供可能，进而提高双方的互联互通水平。此外，要大力促进多边合作机制的建立，充分利用上合组织平台和亚行倡导的中亚区域经济合作（CAREC）机制共同

推进“丝绸之路经济带”建设。同时，我国政府应该积极协调督促哈方加快中哈霍尔果斯国际边境合作中心哈方建设，尽早发挥霍尔果斯国际边境合作中心的综合功能，实现中亚区域内的贸易便利化、自由化、方式多样化和水平现代化。

（二）不断完善国内基础设施建设，推动国内经济一体化发展，降低交通运输成本，形成纵横交错、互相连接的沿海、沿边交通运输网

政府应该加强铁路、公路、航空和管道等各种能够提高我国与“丝绸之路经济带”沿线国家互联互通能力的运输方式多样化的建设，大力促进各种运输方式的转换衔接，发展多式联运、集装箱运输、甩挂运输和沿线国家中心城市配送。同时加快现有铁路公路货站和机场等交通运输设施间的联运设施建设，从而实现多种运输方式的无缝连接，达到全面降低运输成本、形成一体化和全方位的交通运输网络。

（三）发展向中亚和西亚的雁阵模式，使经济向中亚、西亚辐射，大力发展低碳经济

构建雁阵模式的核心是产业转移。根据劳动力成本和各国的自然资源禀赋相对比较优势，在未来几年内，中国的劳动力密集型行业和资本密集型行业依次转移到“一带一路”周边国家将成为一种必然趋势，从而形成以中国为雁首、高加索和中东七国为雁翼、中亚为雁身、其余五国为雁尾的升级版雁阵模式。同时，高铁在内陆国家的发展将弥补地理上的不足。印度、蒙古国等国家由于劳动力成本偏低且劳动力丰富，更适合承接纺织品行业。中东七国拥有大量的石油等资源，适合承接石油加工及炼焦业、化学及化学制品、橡胶及塑料制品行业。中亚五国中矿产资源丰富，地域宽广，更适合发展金属及金属制品、运输工具及设备。高加索地区具有一定的工业基础且工资水平较高，适合承接电气电子和光学设备、机械设备行业。大力发展低碳经济，加强绿色产品与低碳产品的生产，积极应对低碳壁垒。

（四）完善人才培养机制、留住精英人才

我国企业应该紧扣“一带一路”建设，充分发挥装备制造优势。并且积极探索创新方法，灵活采取贸易、投资、园区建设、技术合作等多种方式，提高对外合作水平；加强有效协同，探索联合出海，形成“走出去”合力；强化风险防控，确保稳健经营和资产安全；狠抓质量品牌建设，积极履行社会责任，树立央企良好形象。综上所述，其关键在于加快培养和引进国际化人才，夯实“走

出去”的人才基础。

一个企业成功的关键在于核心即领袖人物的魄力和远见卓识，领导人物的天分很重要，同时也离不开后天的不断学习以及优秀的高管团队的协作。企业应该完善人才培养机制、建立人才培养机构、设立人才培养计划，吸收培养人才，使人尽其才。进一步完善企业内部激励机制，充分承认和体现员工的价值，使员工得到应有的尊重和地位。企业应该努力创造以人为本的企业文化，给员工充分授权，给其自主完成工作的机会。企业应该建立一套完整的员工业绩考核系统，并做到透明、公开、公平、公正，及时对员工的工作业绩进行考核评价。

参考文献

[1] 林跃勤. 新丝绸之路经济带构想：难题与出路 [J]. 中国社会科学报，2013，10.

[2] 曾锁怀，王卫. 中国新疆与中亚五国的边境贸易 [N]. 新疆日报，2005-09-22 (2).

[3] 曾锁怀，车海龙. 新疆：“十一五”期间外经贸全面提速 [J]. 大陆桥视野，2011，1.

[4] 吾兰·木哈买提别克. 中国新疆与哈萨克斯坦边境贸易现状及经济效应分析 [D]. 乌鲁木齐：新疆师范大学硕士学位论文，2012.

[5] 陈树德. 共同谱写“一带一路”建设新篇章 [N]. 人民政协报，2014-10-11 (10).

[6] 高虎城. 深化经贸合作、共创新的辉煌——“一带一路”战略构建经贸合作新格局 [J]. 国际商务财会，2007，7.

[7] 张桂林，何宗渝. 渝新欧铁路打造“升级版”激活丝绸之路经济带 [J]. 大陆桥视野，2014，4.

[8] 余波. 中国海关通关管理模式研究 [D]. 成都：西南交通大学博士学位论文，2009.

[9] 竹效民. 中哈霍尔果斯国际边境合作中心发展前景及意义探析 [J]. 中共伊犁州委党校学报，2007，1.

“一带一路”背景下新疆企业跨国经营的机遇与挑战

周燕华[①]

[摘　要]“一带一路”战略为新疆企业跨国经营提供了潜在的市场需求，也为新疆企业比较优势发挥和技术创新能力提升提供了可能；但同时，竞争加剧、人才匮乏和服务机制不足也影响了新疆企业的跨国经营。因此，培养企业国际竞争力、国际商务人才和提升社会服务成为“一带一路”背景下新疆企业成功实现跨国经营的必要条件。

[关键词] 一带一路；新疆企业；机遇；挑战

一、引言

2013年，习近平主席提出建设“丝绸之路经济带”和“21世纪海上丝绸之路”的战略构想（以下简称“一带一路”），即在古丝绸之路的基础上，以现代化交通和信息网络为基础，加快对外开放步伐和区域贸易自由化进程，东向辐射亚太经济圈，西向辐射欧洲经济圈，以推进横跨亚欧大陆的经济大走廊的形成。“一带一路”战略构想的提出，为亚欧区域合作注入了新的活力，也得到了沿线国家的积极响应。新疆维吾尔自治区是东西两大经济圈的重要枢纽和节点，也是北、中、南三大通道的交汇之地，2015年被正式定为“丝绸之路经济带”的核心区，“一带一路”战略的实施必将对新疆企业的跨国经营带来巨大的影响。

① 周燕华，新疆财经大学工商管理学院。

二、新疆企业跨国经营现状

近年来，伴随着“西部大开发”等战略的提出，新疆企业跨国经营发展迅速。跨国经营主要以投资型和契约型两种经营方式为主。

（一）经营规模

从对外直接投资来看，新疆企业对外直接投资规模不断扩大。2005 年，新疆企业对外直接投资额仅为 5280 万美元；2009 年，新疆企业对外直接投资额达 28619 万美元；2013 年，新疆企业对外直接投资额达 39968 万美元；2014 年，新疆企业非金融类投资额达 58884 万美元，同比增长 47.3%。

从契约型经营来看，新疆企业对外经济合作发展迅速。2005 年，新疆企业完成对外承包工程营业额 10840 万美元，新签对外承包工程合同八份，合同额 5364 万美元。2009 年，新疆企业完成对外承包工程营业额 44890 万美元，新签对外承包工程合同 40 份，合同额 14700 万美元。2014 年，新疆企业完成对外承包工程营业额 217309 万美元，同比增长 9.2%；新签对外承包工程合同 124 份，合同额 177071 万美元，同比增长 49.5%。①

（二）地区分布

自 2003 年新疆金风科技股份有限公司在中国香港设立第一家境外子公司开始，至 2008 年年底，新疆维吾尔自治区有对外直接投资企业 72 家。截至 2014 年 6 月，新疆维吾尔自治区拥有境外投资主体企业 251 家，设立境外分支机构 340 个。2014 年，新疆企业对美国、澳大利亚、南苏丹、德国、俄罗斯、格鲁吉亚、卢森堡、哈萨克斯坦、吉尔吉斯斯坦、蒙古国、塔吉克斯坦、泰国、乌兹别克斯坦、伊朗、中国香港等 15 个国家（地区）的 39 家境外企业进行直接投资。但新疆企业投资地区相对比较集中，即以新疆维吾尔自治区邻近国家如中亚五国等为主，在中亚国家投资又有近八成分布在哈萨克斯坦和吉尔吉斯斯坦——地理位置的邻近为跨国经营程度有待提高的新疆企业提供了区位优势，而与中亚国家良好的政治关系、具互补性的经济结构也为新疆企业向邻近国家的跨国经营提供

① 数据来源：《新疆统计年鉴》。

了必要条件。

（三）经营领域

新疆企业对外直接投资领域相对集中，主要集中于商务服务业和采矿业，这两个行业投资额占总投资额的87%。从契约型经营来看，新疆企业对外承包工程以电力工程建设和石油化工项目为主，其中，哈萨克斯坦、吉尔吉斯斯坦、赞比亚完成营业额占新疆维吾尔自治区对外承包工程总额的70%；特变电工和中石油西部钻探完成营业额分别占新疆维吾尔自治区对外承包工程总额的53.2%和27.1%。

（四）大型股份制企业和民营企业成为主力军

在新疆企业对外直接投资进程中，新疆维吾尔自治区大型股份制企业和民营企业发挥了重要作用。以2014年为例，华凌集团对外直接投资为15703万美元，占新疆维吾尔自治区对外直接投资总额的26.6%；广汇石油对外投资12351万美元，占新疆维吾尔自治区对外直接投资总额的20.1%。再如2009年，“新疆广汇”收购哈萨克斯坦斋桑油气田项目，总投资达6.8132亿美元。一批有技术、有经验的大型股份公司和民营企业如“金风科技”、“新疆美克”、“三宝”、华凌集团等跨国企业在海外市场找到了新的发展空间，为东道国带去资金、技术和管理经验，在创造就业岗位、促进当地经济发展的同时，也为新疆企业的跨国经营树立了标杆。

三、“一带一路”战略为新疆企业跨国经营带来的机遇

（一）潜在市场需求为新疆企业跨国经营提供了发展空间

中亚国家能源资源富集，市场广阔且潜力巨大。受原苏联产业结构的影响，中亚大多数国家轻工产品生产匮乏，交通、能源、电信等基础设施建设有待提高。伴随着经济的快速发展，中亚国家对纺织、服装、食品、医药等轻工产品需求强烈，而国内供给相对不足，现仍大多依赖进口；反之，中亚国家石油、天然气及铁、铜等矿产资源储量较为可观——这与新疆经济产业结构形成了极强的互补性，为新疆企业的跨国经营提供了较大的发展空间。

（二）新疆企业跨国经营的比较优势凸显

1. 利好政策优势

伴随“一带一路”战略的实施，中央对新疆维吾尔自治区政策扶持力度不断增强，从基础设施改善到重点项目扶持，从项目扶持到干部援疆，政府利好政策倾斜为新疆企业跨国经营提供了有力的人、财、物的支持。如政府加快推进互联互通建设步伐，积极推动与中亚国家间建成铁路、公路、航空、电信、电网、能源管道的互联互通网络，发展与中亚国家的资金流、物流、人流和信息流等方面的合作，激活新的经济增长点等，都无疑为新疆企业跨国经营提供了巨大的市场机遇。

2. 区位优势

“一带一路”战略的实施，新疆维吾尔自治区所具有的独特的区位优势将为新疆企业跨国经营提供广阔的市场。新疆维吾尔自治区地处欧亚大陆腹地，与哈萨克斯坦、吉尔吉斯斯坦、塔吉克斯坦三国接壤，与乌兹别克斯坦和土库曼斯坦隔国相望，作为中国向西开放的桥头堡和亚欧大陆通道的重要枢纽，新疆维吾尔自治区所具有的特殊的地理位置使新疆维吾尔自治区跨国企业在“一带一路”战略实施中发挥重要的不可替代的作用。

3. 自然资源优势

新疆维吾尔自治区拥有丰富的自然资源，土地面积约占全国陆地总面积的 1/6，优越的光热水土资源为新疆维吾尔自治区农业发展提供了先天优势，储备巨大、种类齐全的矿产资源和原材料资源等为新疆维吾尔自治区工业发展提供了必要条件。太阳能、风能等新型能源丰富，这使得新疆企业跨国经营具备“先天”垄断优势。

4. 人文优势

新疆维吾尔自治区是一个少数民族聚居的地区，作为东西方多元文化的交汇点，维吾尔、哈萨克、柯尔克孜、塔吉克等多个少数民族经过长期的相融共生使得新疆维吾尔自治区形成了独特的地域文化和民族文化。伴随“一带一路”建设，与中亚国家民族文化相似性、语言相通性、血缘相亲性、风俗接近性等特点都为新疆企业跨国经营带来便利条件。

（三）“一带一路”战略为新疆企业技术创新能力提升提供可能

“一带一路”的建设也为新疆企业技术创新提供可能。近年来，新疆维吾尔自治区技术研发和应用能力不断提升。以专利申请量为例，2008 年专利申请量为 2412 件；2012 年专利申请量增长到 7044 件；2014 年专利申请总量又创历史新高，达 10210 件。伴随“一带一路”建设，全球竞争加剧，产品生命周期缩短为新疆企业技术创新带来了巨大的动力和压力。而新疆企业跨国经营程度的加深，也将带动人才和资本的国际流动、企业间国际技术合作的加深，而带来的技术溢出效应也将在一定程度上促进新疆企业技术创新能力的提升。

四、“一带一路”战略为新疆企业跨国经营带来的挑战

（一）竞争加剧

“一带一路”建设在促进新疆企业“走出去”的同时，也带来了国际知名跨国企业的“引进来”，这将使得企业竞争加剧，竞争内容、竞争形式、竞争手段不断升级。而在不确定的市场竞争中，竞争规则的改变使得竞争结果具有更多的不确定性。这给缺少国际竞争力的新疆企业的跨国经营带来了一定的难度。

（二）人才匮乏

近年来，新疆企业跨国经营步伐加快，但与之相对应的是“国际商务人才瓶颈”限制其国际化步伐。中国企业家调查系统曾公布一份问卷调查研究显示，中国企业国际化中面临的主要困难，排在第一位的就是“缺乏合格的国际化人才”，比第二位高出 24 个百分点。[①] 国际化人才的缺乏，直接导致企业在“走出去”的过程中，经营活动实施效果受到严重影响，企业管理效率低下，影响企业整体战略的顺利实现。企业开拓海外市场，需要高层次国际商务人才，既满足语言沟通需要，又拥有一定的市场开拓能力和国际商务知识，同时，能在激烈的技术竞争中脱颖而出，还要具备一定的管理才能。再者，考虑到边境国家民族文化的特殊性，少数民族国际商务人才将具有更好的市场潜力，这种人才对企业而言，是可遇而不可求的。因此，解决人才瓶颈成为新疆企业跨国经营的一道难题。

（三）服务机制有待提高

1. 信息服务

新疆维吾尔自治区特殊的地理位置，使得新疆企业很难在很短的时间内获取

---

① 资料来源：新浪新闻，http：//news.sina.com.cn/c/sd/2010-12-04/003621579733_3.shtml.

行业内最新、最有价值的信息。具体表现在：有合作意向的企业找不到合适的合作伙伴；有投资意向的企业找不到合适的投资领域；有知识技术需求的企业找不到合适的知识服务商……信息沟通不畅使得企业对外竞争力大大削减，无法有效地利用外部资源满足自身发展的需要，久而久之，企业缺乏主动性和创新性，错失市场良机。

2. 基础设施服务

新疆企业跨国经营主要面向中亚市场。中亚各国一直忙于调整国内产业结构，恢复国内经济，基础设施建设资金投入乏力。以口岸为例，中亚国家口岸大多远离城市，基础设施相对落后，道路失修破坏严重，车辆通行能力不足，通关效率较低，口岸功能相对薄弱，这在一定程度上影响了新疆企业的跨国经营。

3. 跨区域投资服务

为加强贸易投资，新疆维吾尔自治区与中亚国家高层频繁接触，但中低层人员互动相对较少。因各国存在经济文化政策的差异性、投资方式的差异性、贸易壁垒等，使得人员之间缺乏相互了解和沟通，经手人员对政策理解力度不足，这些均在一定程度上影响了新疆企业跨国经营的效率和效果。

五、"一带一路"背景下新疆企业跨国经营发展建议

（一）加强修炼内功，提升新疆企业的国际竞争力

企业成功的跨国经营在一定程度上依赖于企业是否拥有一定的国际竞争力，如品牌是否具有比较竞争优势、技术是否具有先进性等。仅凭自然资源优势、政策优势等对新疆维吾尔自治区跨国企业而言，根本难以应对进入国际市场后政治、经济、文化差异等带来的市场不确定性产生的竞争压力。因此，如何优化企业自身价值链，为顾客创造更多的价值，成为新疆企业跨国经营首先要思考的问题。

具体路径表现在以下两方面：

1. 强化品牌培育和建设

一个知名品牌的培育需要经历知名度、美誉度和忠诚度三个阶段，而这样一个品牌建设周期需要花费几十年甚至几百年的时间。仅仅依靠"贴牌"虽然能获得一时的生存和发展，但生存空间会因竞争而越来越小。且各国居民消费偏好存

在较大的差异性，因此，克服自我参照意识，根据当地宗教信仰和文化传统设计开发产品，逐渐创建自己的品牌，从无到有，从品牌知名度到拥有消费者的口碑，一步步做强，优化企业价值链，注重接近顾客，了解顾客需求，以提升品牌竞争力，成为企业跨国经营的关键。

2. 以集聚方式提升技术竞争力

现代企业的竞争已不局限于单个企业的竞争，而更多地表现为供应链的竞争，即如何在合适的时间，以合适的价格，将合适的产品运送到合适的顾客手中。因此，集中企业自身核心竞争力、与上下游企业或行业内企业或顾客联盟，共同研发，既竞争又合作，通过集聚来提升企业竞争力，成为企业可持续发展、获取国际竞争力的有效途径。

（二）加快国际商务人才培养

国际化商务人才，从高校中获取是一件相对困难的事。因此，新疆企业需要考虑从自我培养开始，即从全球化的视野，根据项目所在地、项目内容和项目要求，有的放矢，充分考虑语言、适应能力、市场开发能力、技术能力和管理能力等综合素质的要求，实现人才素质的综合提高以满足企业发展的需要。同时，建立良好的人才激励和绩效考核机制，以吸引、发现、培育和留住优秀的国际商务人才。再者，充分发挥团队的作用，以弥补个体人才匮乏的不足。

（三）提升社会服务

1. 法律制度服务

法律制度服务即加强与有关国家针对双方经贸合作等活动签订相关合作协议，如投资保障、避免双重征税、给予司法协助、交通运输等协定，以实现互利互惠，削减投资成本和贸易壁垒，并扩大示范效应，以真正实现“互利互通”。同时，在条件成熟时，推动相关领域在协商的基础上建立统一标准，如通关标准、产业行业标准、物流运输标准等，以标准的统一来实现政策的沟通和市场的衔接。

2. 物流服务

政府需考虑加速建设从河西走廊到中东欧的“丝绸之路经济带”，重视中亚国家口岸的基础设施和配套设施建设。同时，鼓励企业积极参与基础设施投资。再者，加快物流企业发展，如发展国际多式联运贯通工程，建立运输企业质量信誉考核制度，鼓励中小民营运输企业建立发展联盟以提升物流服务水平。

3. 信息流服务

因海外市场环境具有较大的不确定性，如中亚国家政策具有多变性，而新疆地理位置相对较偏僻，信息沟通不畅影响企业国际化经营。因此，政府可考虑建立健全信息网络服务体系，加强与驻外机构的联系，加强国内外银行、企业间的信息交流，拓宽信息来源，从不同层次、不同渠道为企业提供各国政府政策法规、经济政策、文化习俗等信息，以为新疆企业顺利跨国经营提供相应的信息服务。同时，充分发挥亚欧博览会和欧亚论坛等平台作用，创建有效的信息中介，打造新的交流合作平台以提升信息服务水平和质量。

参考文献

[1] 南晓芳等. 基于四维视角的新疆企业国际化进程研究 [J]. 新疆财经，2015，3.

[2] 阿不都斯力木·阿不力克木. 新疆对中亚国家投资现状及评价分析 [J]. 黑龙江对外经贸，2010，7.

[3] 秦海英. 新疆企业“走出去”参与国际竞争合作的思考 [J]. 经济研究参考，2011，33.

[4] 孙兰凤. 新疆企业境外投资的若干思考 [J]. 新疆大学学报（哲学人文社会科学版），2009，3.

丝绸之路经济带核心区建设中新疆企业转型升级的路径思考[①]

王海芳[②]

[摘　要] 当前丝绸之路经济带核心区建设中新疆企业面临着三大优势：区位优势、资源优势、文化优势。同样也遇到四个难题：成本不断增加、技术创新研发能力普遍较弱、人力资源整体素质支撑不够、知识产权保护环境不够完善。新疆企业的转型升级可以有四种转型和四种升级的路径：商业模式转型、经营模式转型、企业战略转型、经营渠道转型、技术创新升级、产品结构升级、品牌传播升级、信息化管理升级。

[关键词] 丝绸之路；新疆企业；转型升级

2013 年 9 月 7 日，习近平总书记在哈萨克斯坦纳扎尔巴耶夫大学演讲时首次提出了共建“丝绸之路经济带”的倡议，这为中国对外开放勾勒了新的蓝图，并且为新一轮的向西开放、西部大开发提供了历史机遇。2015 年 3 月底，国家三部委联合发布《推动共建丝绸之路经济带和 21 世纪海上丝绸之路愿景与行动》，新疆维吾尔自治区被国家赋予“丝绸之路经济带”建设核心区的战略定位。这给新疆企业提升自身能力参与核心区建设，加快企业转型升级步伐带来了大好机遇，新疆维吾尔自治区的企业要抓住机遇、认清问题，适时地思考转型升级的模式和路径问题。

① 本文系新疆教育厅哲学社会科学重点研究基地新疆企业研究中心重大项目“新疆民营企业转型升级与可持续发展研究”（项目编号：XJEDU 050213A01）和自治区社科项目“新疆民营企业转型升级影响因素与对策研究”（项目编号：13CGL029）的阶段性研究成果。

② 王海芳，新疆财经大学工商管理学院副教授，博士，硕士生导师，研究方向：企业战略与知识创新。

一、丝绸之路经济带核心区建设中新疆企业的优势

新疆维吾尔自治区的地缘优势和资源优势决定其是"一带一路"交通和能源通道的关键节点，新疆企业迎来了核心区建设的黄金期。新疆维吾尔自治区处于亚欧大陆的中心位置，是亚太与欧洲两大经济圈的重要节点和枢纽，新疆维吾尔自治区的企业将要担当起两大经济圈的核心资源、能源、劳动力配给整合的功能，这必将带来新疆维吾尔自治区整体企业能力提升的历练机遇和平台。就资源开发来看，新疆维吾尔自治区拥有丰富的各种资源和能源，是我国重要的能源生产区，能源合作将成为"一带一路"建设的突破口，而新疆企业参与国际能源合作开发、加工利用的前景非常广阔。同时新疆维吾尔自治区是东西方文化的交汇点，新疆与中亚国家文化共生的人文优势是新疆企业进一步"走出去"开展区域合作十分有利的条件。

（一）区位优势

在地理区位上，新疆北临蒙古国、俄罗斯，西接哈萨克斯坦、吉尔吉斯斯坦、塔吉克斯坦，南靠阿富汗、巴基斯坦、印度，面向中亚 13 亿人，同时背靠中国内地 13 亿人，处于 26 亿人口的巨大市场的中心，成为继北美、欧盟、东亚经济圈后世界第四大经济圈——中西南亚经济圈重心；是丝绸之路经济带中国段东连西出的战略高地，是从中国东海岸连云港到达荷兰鹿特丹的第二亚欧大陆桥的必经之地，是连接俄罗斯、哈萨克斯坦等国家的国际能源安全大通道。

（二）资源优势

1. 农业资源优势显著

新疆维吾尔自治区的粮食生产在国民经济中一直占有突出的地位。棉花以其纤维长、色泽白、质量好受到国内外用户的青睐。瓜果更是久负盛名，特别是驰名中外的哈密瓜、吐鲁番无核白葡萄、库尔勒香梨、阿克苏冰糖心苹果等，甘美可口、品质优异，使新疆素有"瓜果之乡"的美称。此外，糖料、油料、蔬菜、啤酒花、桑蚕、药材等，不仅产量高，质量也很出色。新疆维吾尔自治区是我国的第二大牧区，目前，已拥有不少优良的草食家禽品种，如享有盛名的新疆细毛羊、新疆褐牛、伊犁马等。新疆维吾尔自治区的细羊毛产量约占全国总产量的

25%，羊肉产量居全国第二位。

2. 矿藏充裕、种类齐全

新疆维吾尔自治区已发现4000多处矿产地、138种矿产，已探明储量的矿产117种，其中居全国首位的有五种，居全国前五位的有24种。石油储量现居全国第三位，据预测，全自治区石油资源总量约为500亿吨（占全国的1/3以上），天然气资源总量约为13万亿立方米，新疆维吾尔自治区的煤炭资源预测总量为2.19万亿吨，占全国的40%，居全国首位。还有储量丰富的黑色金属矿、贵金属和有色金属矿、稀有金属矿等。此外，新疆维吾尔自治区玉石有13种，和田羊脂白玉等驰名中外。

3. 旅游资源丰富

新疆维吾尔自治区旅游资源非常丰富，沿丝绸之路，分布着全国重点文物保护单位12个，省级重点文物保护单位118个，历史文化名城一座，寺观庙宇两万多个。草原岩画、石人古墓群南北疆都有分布。冰川、冰塔林、雅丹地貌、冰山湖、高山湖、天鹅湖及29个各种类型的自然保护区，构成新疆奇异的自然风光。

（三）文化优势

新疆维吾尔自治区自古以来就是多民族聚集地区，同时又是佛教、道教、摩尼教、伊斯兰教、景教、基督教、天主教等多宗教信仰地区，随着古丝绸之路的开辟和发展，成为古代东西方文化交流的主要通道和枢纽，新中国成立后在宗教信仰自由的国策下，多种宗教在新疆并存与传播，呈现多元、开放、融合的特点，为各民族人民安居乐业和经济发展打下坚实基础。境内众多少数民族临国界而居，与邻国俄罗斯、印度、哈萨克斯坦等在文化、民族、宗教等方面有着相似性，传统友谊源远流长，有着广泛的文化认同，为新疆维吾尔自治区对外经济发展和区域发展提供了文化动力。

丝绸之路经济带核心区建设中新疆维吾尔自治区具备很好的地理位置、自然资源、文化等优势，新疆维吾尔自治区各企业要以此为契机加快形成大开放的经济格局，当好建设丝绸之路的主力军，争取把新疆维吾尔自治区建设成为经济带上重要的交通运输中心、商贸物流中心、文化科技中心等，成为经济带上的核心区。在新的发展时点上努力融入“丝绸之路经济带”的建设之中，融入向西开放的进程之中，这将有利于形成新疆企业实现自身发展的新空间，有利于引入新的动力促进企业的发展。

二、在丝绸之路经济带核心区建设中新疆企业转型升级面临的难题

坚持稳中求进，坚持宏观经济政策连续性、稳定性，提高针对性、协调性；根据经济形势的变化，适时适度进行预调和微调；要稳中有为，要统筹稳增长、调结构、促改革，“稳”字当头，这是中央 2015 年下半年经济工作的总基调。可以预计未来几年我国经济都将保持在合理区间范围内增长，经济下行风险依然存在，地方政府债务压力依然巨大，系统性金融风险发生的可能性仍然没有消除。在国内外严峻形势的多重压力下，丝绸之路核心区建设中，新疆企业的发展也会遇到很多的难题，转型升级成为新疆企业可持续发展和不断壮大的必由之路。

在对 189 家新疆维吾尔自治区各类型企业进行座谈调查和问卷调查过程当中，企业家们普遍反映仍然存在政府监管与服务不规范、技术创新的财政支持落实不到位、企业融资较为困难、人才流动性大影响企业稳定经营、企业家缺乏变革动力和战略思维、企业文化依旧难以形成等一系列问题，严重影响了企业的转型升级。根据已有的调研结果显示，丝绸之路核心区建设中，新疆企业在转型升级的过程中主要面临如下四大难题：

（一）企业转型升级的成本不断增加

企业转型升级需要大量的各种资源的投入，在当前通货膨胀和要素价格大幅度增长的情况下，企业转型升级的成本不断增加。目前导致新疆企业经营成本偏高的因素主要集中在原材料及能源成本、土地成本、劳动力成本和税费负担四个方面。在原材料及能源方面，石油、煤炭、钢铁、水泥等原材料和初级产品的价格虽然有所下降，但是由于新疆企业多依赖这些能源，这部分成本占比一直很高。在商业和工业用地成本方面，近年来新疆维吾尔自治区的大型投资项目一直不断，商业地产和工业用地的租金售价持续走高。在今后比较长的时期内，通货膨胀可能持续偏高，劳动力要素成本会不断上升；同时随着政府对环境保护和节能减排的要求不断提升，新疆企业发展原来依靠低劳动力成本、低附加值、低价格、高污染、高能耗的“三低两高”的发展模式已经很难维持下去，未来新疆企业要加入西亚、中亚的建设中，必须要提前练兵，增强自身能力，必须进行发展模式转型。为使新疆企业转型升级的过程顺利进行，新疆维吾尔自治区的企业家

们普遍反映希望政府加强对通货膨胀的管理和调控。

（二）企业转型升级的技术创新研发能力普遍较弱

根据对189家企业调查结果显示，仅有5.33%的企业在过去三年中建立了自己的研发机构，73.18%的企业产品技术含量有待提高。由于新疆维吾尔自治区地理位置偏远等天然的劣势，再加上新疆维吾尔自治区多数企业家缺乏知识产权意识，新疆企业自身条件难以吸引所需要的技术型人才，企业自主创新能力整体较弱，一些企业家依然不能摆脱机会主义行为，这就造成了大多数新疆企业的产品仍是劳动或资本密集型产品，且劳动密集型产品占绝大多数。这其中的主要原因是，首先，企业内部管理机制不利于吸引人才、培养人才和激励创新，导致技术人才匮乏，创新能力薄弱。其次，企业缺乏技术创新的专项支持资金。大多数企业希望得到政府专项科研资金支持，然而政府的科技投入体制更倾向于将大部分资金投向高等院校和政府所属的科研机构，投向企业的数量还是不足。最后，知识产权保护不到位。企业的技术研发前期投入大，投资风险也高，创新出来的产品上市之后很容易被别的企业模仿，致使企业蒙受经济损失。因此，在相关法律法规空白或界定不清、对侵权行为打击力度不够等情况下，企业在技术创新上的动力和积极性不高。

（三）企业转型升级所需的人力资源整体素质支撑不够

多数的新疆企业尤其是民营企业都存在整体人力资源素质不高的问题。新疆民营企业当中除了个别集团化发展的企业诸如广汇、特变电工、华凌、美克、金风科技以及一些从事科技行业的企业人才素质较高之外，大部分中小型企业的管理人才和基层员工的学历普遍偏低，高技能、高层次人才较为匮乏。在对189家企业调查中发现，企业员工中高中及以下学历者超过60%。此外，在调研中我们发现，不少民营企业家片面强调自身的工作经验和人脉资源，对于加强系统的理论学习和接受先进的管理理念积极性不高。虽然多数新疆维吾尔自治区企业家和管理者知道人才对企业发展很重要，但对于企业培养适合的人才却缺乏信心，主要忧虑在于人才培养的周期很长，更担心人才流失问题。在调研过程中发现，新疆维吾尔自治区许多民营企业的基层人员流动率非常高，有的人员流失率甚至超过了50%。企业的经营管理时常因为人员的流动而变得混乱，规范化的管理制度难以建立，企业文化更难以形成。

随着新疆维吾尔自治区社会经济的快速发展，企业人才不足的情况也在逐渐得到改善，目前已经有许多在内地和国外求学的大学生和研究生们愿意来新疆企业工作，但是和内地一线、二线大城市相比吸引力依然不足，新疆企业对于高技能、高素质、高学历的人才仍然缺乏足够的条件保障。新疆维吾尔自治区的稳定和繁荣发展才是新疆经济、人民收入水平缩小与全国平均水平差距的现实选择，也只有这样才能吸引更多的人才来到新疆企业，为新疆维吾尔自治区的经济建设和社会发展服务。

（四）企业转型升级中技术创新成果的知识产权保护环境不够完善

长期以来新疆维吾尔自治区的多数企业都处于中低端的制造业和服务业，在产业链的中下游徘徊，许多企业仅仅依靠新疆维吾尔自治区的天然资源“靠山吃山”，技术创新不足是普遍的问题。这一方面源于新疆维吾尔自治区的地理位置偏远，难以在科技创新层面与内地先进企业建立广泛的合作；另一方面新疆维吾尔自治区的知识产品保护的环境不够完善，影响了部分科技型企业的创新意愿。调研中发现部分新疆维吾尔自治区科技型企业遇到的主要难题就是知识产权保护问题，企业想进一步把技术市场化和产业化，但目前的情况是，大量的“山寨”产品严重扰乱了市场，出现劣币驱逐良币的现象，严重影响技术回报和进一步的技术开发。企业建议加强创新成果的知识产权保护。

调研中企业普遍提出，转型升级是具有战略意义的长期重要任务，企业转型升级要根据自身特点和基础条件实现逐步创新转变。企业转型升级需要企业和政府共同长期艰苦努力，需要政府加快完善经济转型升级的市场环境和政策环境，加快对企业转型升级支持政策体系的建设。

三、丝绸之路经济带核心区建设中新疆企业转型升级的思路及路径

（一）新疆企业转型类型及路径

1. 商业模式转型

商业模式是企业资源配置的基本模型和蓝本，是指导企业进行价值创造和经营的基本思路和商业逻辑框架。为了满足消费者不断变化的需求及适应竞争不断升级的环境，新疆企业需要思考商业模式转型。当前新疆企业的商业模式转型就是运用创造性商业策划，尤其是利用当前主流的电子商务、金融衍生手段或外观

设计与主流消费文化接轨创新等手段，推动营销，巩固市场占有率并广泛挖掘客户需求价值。商业模式转型是企业适应当前环境变化，具有现实和深远意义的探索和思考。丝绸之路核心区建设中，新疆企业商业模式转型需要夯实以下五个步骤：

（1）依据顾客价值主张确定战略定位。首先需要确定企业的“顾客价值主张”。这种“顾客确定价值主张”的目的在于选准那些“最有潜力提供长期利润增长的目标客户”，为他们解决某个重要问题或重要需求，提供的方式包括产品或服务。

（2）发掘盈利点——找到盈利模式。“定位”解决以后，企业就应该制定盈利模式，即从哪里去盈利，并以什么样的模式去盈利，怎样获得更多的盈利点。当前，互联网的出现改变了基本的商业竞争环境和经济规则，也根本改变了人类社会生活形态和消费习惯。这种改变要求新疆维吾尔自治区各行各业的企业快速反应，探索适应这一变化的各类商业模式。

（3）建立壁垒，构筑具有核心竞争力的关键资源和能力。一个好的商业模式设计，如果没有战略控制手段，就像一艘航船底下有一个漏洞，会使船很快沉没。为了保证利润可持续增长，业务模式不容易被复制，新疆企业在进行商业模式设计的时候，必须同时寻求和建立自己的战略控制手段，这是一个非常关键的问题。

（4）构建业务系统，确定业务模式。在定位、商业模式、核心资源和能力控制明确后，企业必须确定要从事哪些经营活动，达到什么样的预期目标，并结合自身资源和能力，确定将哪些业务进行分包、外购或者与其他公司协作生产和协作经营。确定这些非常关键，能够避免企业盲目地四处出击，不能很好地整合社会资源，业务组织效率不高、利润低等问题。

（5）设计资金链管控模式，构建自由现金流结构。建立商业模式的目的是让企业价值最大化、股东回报最大化，因此，当前新疆的企业需要思考如何实现轻资产、高回报的运作，这是商业模式设计成功与否的关键。

2. 经营模式转型——重构企业价值链

丝绸之路核心区建设中，新疆企业发展还面临很多的任务，在这其中如何面对和拯救那些曾经为新疆维吾尔自治区经济发展立下汗马功劳的、传统的生产低附加值产品的企业，如何推动这些企业顺利转型，如何帮助它们拯救利润，这是当前涉及新疆维吾尔自治区发展稳定和长治久安的重大课题，也是丝绸之路建设的核心问题。这种类型的企业是产业结构升级中可能遭淘汰的企业，且又是转型难度非常大的企业。这类企业转型的思路有如下几个步骤：

（1）明确企业价值活动构成。首先，我们需要对企业价值链的基本原理充分理解；然后再仔细分析企业价值活动，确定价值点重组方法；再将企业放入行业中观环境和国际宏观环境中去，重构价值链，再造运营流程，重新进行权力体系分配，才可以满足战略调整和运营模式转型需要。

（2）选择合适的竞争战略，谋求转型突破。企业竞争一般采取两种不同方式：一是成本竞争；二是差异化竞争。依据企业面对的客户和市场以及产品类型，选择一种竞争战略，并且长期坚持这种战略。

（3）整合价值链，从供应链中寻求转型突破。有五种可能的价值链整合方式，这需要企业很好地分析思考和确定。一是企业内部价值链，从采购到销售的完整过程；二是企业内部价值链向上游延伸至供应商价值链，形成采购战略联盟的价值链；三是从企业销售开始，向下游延伸至分销系统和客户的价值链，这实际上构成了品牌运营商价值链模式；四是从制造业的采购环节开始一直到销售分销环节，这构成一个完整的品牌化的生产经营企业，比如，很多制造企业自己建立分销渠道和零售连锁店；五是上中下游产业链联动，打造一个完整供应链体系的价值链模式。

（4）创造学习型组织是企业经营模式持续转型的关键。价值链运营模式重构后，因为价值链重组必然涉及组织结构调整和流程重组，必然涉及权力体系的重新分配和利益格局的调整，这种调整和重组是需要牺牲一部分利益的，因此，新疆企业的转型需要企业家和员工不断地学习，在不断变化的外部环境中，顺应市场，不断进行价值链的重组和完善，才能真正实现转型成功。

3. 企业战略转型

当前世界经济已进入“战略制胜”的时代，发展战略成为影响企业绩效的重要因素。美国的一项研究结果表明，采用战略管理观念的企业比不采用战略管理观念的企业成功率更高，有高达 80% 的企业依靠改变战略方向来提高盈利能力。具体来说，当前丝绸之路核心区建设中，新疆企业应实施以下几个方面的战略转型：

（1）延伸式转型。企业发展到一定的程度，必然要在现有的业务基础上进行延伸，以保持企业的可持续发展。丝绸之路核心区建设中新疆企业的延伸式转型可以有两种情况：一种是沿着技术延伸，也就是实施产品开发战略；另一种是沿着市场延伸，也就是可以实施市场开发战略。这两种延伸战略，都需要企业找到一个“支点”，企业在某一个市场上有了根据地，有了客户基础，或者在某个专业领域有了技术储备，有了产品基础，所以延伸时可以事半功倍，能够打开市场，获得更高的市场占有率和消费者的认可，提升产品的知名度，实现企业的转型成功。

（2）多元化转型。多元化转型就是企业从单一业务转向其他行业或者领域的战略，分为相关多元化转型和非相关多元化转型。相关多元化转型是企业经营范围拓展到与以前经营的产品、市场、技术和人员相近的范围；非相关多元化转型是指企业的经营范围扩大到与以前经营的产品、市场、技术和人员完全不同的范围。在采用多元化战略转型时，新疆维吾尔自治区的企业需要注意三个问题：第一，企业必须先成为某一个细分市场的老大，成为消费者心目中的龙头企业，这样才具备多元化转型的资格和条件。第二，要根据企业的战略规划与设计打造生物链（产业链），根据战略目标配置相关资源，有些自己不具备的资源可以通过整合的方式获取。第三，各个业务之间必须存在逻辑关系，起到相互支撑、互相帮助作用，而不是完全独立、互不相干的多元化。也就是首先明确为什么做多元化转型，能否帮助企业建立竞争优势。其次是目标选定之后要明确实现的路径，即通过什么方式进行多元化转型，是通过兼并收购还是自建的方式，哪种方式能够实现战略目标。最后才是实施多元化战略。这三步有严格的逻辑关系，缺一不可。

（3）聚焦式转型。聚焦式转型战略就是从大而全、小而全转化为大而专、小而专的一种战略，又称归核化战略。由于缺乏总体规划，新疆维吾尔自治区的很多企业出现大而全、小而全的情况，就是做很多业务，但是各个业务在本行业都很不起眼，这样很难形成企业的核心竞争力，也很难在丝绸之路核心区建设中有更大的作为。一家企业不可能什么都做，主要专注做一类产品，并做出一个与众不同的好产品，就可以打动部分消费者，就可以用这个产品去开拓市场，赚取利润，成为消费者心目中的首选。一旦在细分市场站稳脚跟，就可以成为小池子里的大鱼，成为某一个细分市场的老大。这样就便于建立根据地，逐渐壮大自己。聚焦有多重途径，一般包括市场聚焦、产品聚焦、地域聚焦、应用聚焦、客户聚焦五种。市场聚焦是选定一个相对比较小的细分市场，特别是高端市场进行精耕细作，从大众化市场转向小众市场；产品聚焦是做一款或者两款拳头产品，就像苹果手机一样，不以数量和品种制胜，而是把一款产品做到极致，在竞争激烈的市场上占有一席之地；地域聚焦是锁定一个特定的区域，根据这个区域的特殊情况进行特殊处理，比如，一家做焊条的企业根据某个地区酸雨比较严重的特定条件，在焊条里加入防酸雨的化学成分，得到区域市场的认可；应用聚焦是侧重于某一个特定应用场合，在普通产品基础上根据某种场合的特殊需要进行特殊处理，成为专用产品；客户聚焦就是抓大放小，不要对所有的客户一视同仁，要区别对待，把大客户牢牢地把握住，提升服务内涵，提高客户满意度，甚至让客户产生依赖。通过以上五种聚焦的方式，提升新疆企业的产品竞争力，实现企业的转型。

（4）差异化转型。差异化转型就是通过差异化地提供产品或服务，赢得竞争，使企业从大众化产品转向小众化产品的战略。当前新疆维吾尔自治区的很多行业的多数企业提供的产品都出现了同质化的现象，各个企业之间竞争白热化，动不动就上演价格大战，让整个行业的企业都受到打击，利润越来越薄，导致企业出现半死不活的现象。而差异化战略可以避开正面冲突，提高产品的价格，降低竞争的强度，突出品牌的个性，容易被消费者辨识。企业要作差异化战略，需要从战略和战术两个方面去实现。首先，在战略层面上，要设计与众不同的商业模式，有与众不同的品牌定位，与现有产品和品牌区别开来，也就是按照市场的逻辑去梳理企业的战略。其次，在战术层面上，企业的各级管理人员要经常深入一线，定期走访最终消费者，观察消费者需求的微小变化，了解消费者的痛点和痒点，从而掌握“未被满足的需求”，设计出差异化的产品。企业通过战略和战术上的思考和实践，认真调研和规划，才能真正实现满足小众的需求，提升企业的利润率，实现企业的转型。

4. 渠道模式转型

当前由于信息网络技术的快速发展，消费者对信息获知的渠道和方式越来越多，对产品体验和认知越来越理性，购物越来越多元化，消费者对购物环境的要求越来越高，以上这些需求要求企业加快渠道转型和变革。丝绸之路核心区建设中新疆企业的渠道转型可以有以下五种模式：①渠道扁平化。扁平化最典型的模式就是厂商减少经销商和批发商环节，有条件的话直接采取连锁直营或加盟方式进行经营。②渠道品牌化。渠道品牌化是渠道里面的商家自主运作品牌，再向上游整合供应商，实现专业化的品牌连锁销售的模式。③渠道集成。渠道集成就是把传统渠道与新兴渠道很好地结合起来，充分利用各种渠道的优势，创造一种完全不同的经营模式。新兴渠道可以细分为：综合性连锁、品牌专卖店、集团采购、网上订购等。④渠道关系伙伴化。渠道关系伙伴化是渠道合作创新的另一种形式，包括渠道合作伙伴合同式关系体系、管理式关系体系、所有权式关系体系。⑤决胜终端。终端是实现销售的最重要一站，终端运作的方法很多，决胜终端的根本思路就是真正实现“促销向沟通”、“产品向需求、“渠道向方便”、“价格向价值”的转变，并且能够有效地控制货物的“流向”、“流量” 和“流速”。

（二）新疆企业升级思路与路径

1. 技术创新升级

丝绸之路经济带核心区建设需要企业的创新发展，需要一代又一代企业家和一批又一批的优秀企业。企业的技术升级的具体路径主要有六种：①以实用技术创新为突破口，专注于细分领域的技术突破。②引进模仿，方向创新，进行反向技术升级。③星期天工程师制——低成本合作，锐意创新。星期天工程师制是企业聘请行业内的技术专家，利用周末等假期时间到企业进行专题性技术交流合作，或者聘请退休专家团，为企业专项攻关提供方法和策略。这一方式在新疆企业中非常适用。④“产学研”一体化，互利共赢，开放式创新。“产学研”一体化是技术升级的有效途径，无论是大型国有企业，还是中小型民营企业，此举都可能给新疆企业带来很好的技术突破。⑤开放式网络创新，聚集全球智慧力量。互联网技术高速发展后，企业的技术创新不再停留在实验室，各种各样依靠互联网、整合全球资源的技术创新模式层出不穷。⑥强化技术管理，提高技术转化成功率，降低质量损失成本。

2. 产品结构升级

如果说技术是利润的引擎，那么产品则是增长的基石。主营业务要增长，综合毛利要提高，产品结构升级是关键。产品结构升级可以从以下六个方面来做：①完整地理解产品的概念，并充分地开发、提升客户体验和产品附加值。一个完整的产品概念包含三个层次：一是核心产品；二是有形产品；三是辅助产品。三者相辅相成，构成一个完整的系统，缺少任何一个，都可能影响产品溢价和销售。②功能升级，品类创新，发现增长新蓝海。③调整和优化产品结构，设计好产品组合，提高综合毛利率。无论是商业流通企业，还是制造企业，都必须充分地考虑产品组合，通常产品有四类：形象产品、核心产品、竞争产品、利基产品。不同类型定位不同，企业必须充分考虑产品的角色分工，既抢占市场份额，又赚取合理的利润。④准确定位，抢占价格带，推出拳头产品，抢占市场份额。企业在推出产品时，必须对产品进行准确定位，锁定价格点，抢占主导价格带，赢得市场认可。⑤提炼卖点，针对目标客户精准诉求。⑥产品升级必须充分考虑渠道的匹配性。

3. 品牌传播升级

一个企业有了技术支撑，有了产品保障后，还只是有了一个健康的体格，要具备高贵的精神气质，还必须全面提升内在素养和外在形象，这就是企业和产品的包装，只有包装精美了，才能溢价销售出去。新疆企业品牌传播升级的具体路径如下：①找准品牌核心价值。品牌传播，首先就是找准企业的核心价值，找准了企业的核心价值，就找到了诉求的灵魂，否则企业的传播活动会出现资源浪费。②系统思考“知名度、美誉度、忠诚度”。在丝绸之路经济带建设中，品牌建设是一项系统工程，一定要正确地看待和认知。如果说知名度注重广告效应的话，那么美誉度一定更注重质量和口碑传播，忠诚度则更注重服务和客户沟通。

只有三者有机地形成一个整体，才能达到更好的品牌推广效果，才能确保渗透率和忠诚度都高。③科学地进行品牌延伸，智慧地占位整合。④锁定目标客户，明确策略，找准接触点，整合传播才能四两拨千斤。整合传播分为四种：不同工具的整合、不同时间的整合、不同空间的整合、不同利益关系者的传播整合。

4. 信息化管理升级

中国的人口红利逐渐消失，制造成本、运营费用越来越高，要想在丝绸之路经济带核心区建设中生存发展，获取良好的利润，新疆企业必须推进信息化、智能化管理升级。只有不断信息化，才能逐步实现组织结构扁平化，才能逐步替代人工作业，才能更好地提高企业经营管理水平，改善上下游客户关系，提高服务效率，加快市场反应速度，打造核心竞争力，实现企业的升级。信息化管理升级不是一蹴而就的，必须科学规划、有序推进，可以从以下四个方面展开：①扎实地做好各项工作的原始数据积累，理顺各项工作的管理流程。新疆维吾尔自治区的多数民营企业都有不注重数据和信息积累的问题。多数企业并没有保存完整的员工工资、绩效考核、培训等基本的数据，导致出现管理混乱和运行效率低下的问题，所以新疆企业信息化管理工作就是要扎扎实实地做好原始数据的积累，确保数据统计真实有效。②系统规划，逐步实施，按阶段推进企业的内部信息化建设。企业可以在开始阶段着眼于生产制造、工艺设计、成本控制环节的信息化工作，然后再逐步渗透到企业日常管理的各个环节和细节中。③上下游整合协同，构建符合企业自身特点的信息化系统。在企业的内部信息化建设好的基础上，可以考虑企业上下游整合协同问题。企业根据所处行业的特点，在上游可以建立供应商管理和询价系统，在下游可以建立客户关系管理和销售过程管理系统，从而构建符合企业自身特点的完善的 ERP 系统。④布局"云"的世界，抢占行业市场先机。当前，世界知名企业以及国内优秀的企业都将注意力集中到云计算上，布局面向未来的大数据处理系统。新疆维吾尔自治区的企业在这方面也要做大量的工作，跟上时代的步伐，做好抢占未来市场的准备。

参考文献

[1] 王玉梅. 中国企业转型升级的若干技术创新问题研究 [M]. 北京：企业管理出版社，2014.

[2] 毛蕴诗，张伟涛，魏姝羽. 企业转型升级：中国管理研究的前沿领域——基于 SSCI 和 CSSCI（2002~2013 年）的文献研究 [J]. 学术研究，2015，1：72–82.

[3] 辜胜阻，杨威."十二五"时期中小企业转型升级的新战略思考 [J]. 江海学刊，2011，5：81–88.

[4] 路永华. 我国中小企业转型升级研究综述 [J]. 管理观察，2014，2：24–25.

[5] 杜群阳，项丹，俞斌，李凯. 中国工业经济转型升级研究——2011《中国工业经济》青年作者学术研讨会观点综述 [J]. 中国工业经济，2011，10：27-36.

[6] 梁渊，李季鹏. 成长经济视角下新疆民营企业发展路径研究 [J]. 企业经济，2015，1：154-158.

[7] 郭元珍，孙雅. 新疆本土企业低碳成长影响因素及对策研究 [J]. 新疆社会科学，2014，6：45-50.

[8] 何玲，王玉召，骆晓华. "一带一路"将如何改变新疆 [J]. 大陆桥视野，2015，5：40-41.

[9] 程惠芳，陈旺胜. 工业行业龙头企业文化发展调查 [J]. 浙江经济，2010，8：27-28.

[10] 刘琳秀. "一带一路"背景下新疆面临的机遇和挑战 [J]. 经济论坛，2015，4：41-43.

[11] 马莉莉等. 丝绸之路经济带发展报告 2014 [M]. 北京：中国经济出版社，2014.

产业与行业

“一带一路”背景下内蒙古自治区茶叶之路文化产业群构建研究

张晓玲[①]

[摘　要] 建设“一带一路”需坚持文化先行的思路。要抓住“一带一路”战略的历史机遇，积极推进内蒙古自治区茶叶之路文化产业的发展。文章梳理了内蒙古自治区茶叶之路文化产业的历史文化基础，分析了茶叶之路历史中的文化现象，给予内蒙古自治区茶叶之路文化以较为确切的定义。文章指出，内蒙古自治区茶叶之路文化不仅是丝绸之路文化的重要外延，也是草原文化的组成部分，还是中华文化的有益补充。充分发挥茶叶之路文化的作用，是内蒙古自治区顺利推进“一带一路”建设的需要。

[关键词] 一带一路；茶叶之路；文化产业；内蒙古自治区

当前中国正着力推进“一带一路”战略，强化国际国内合作开发。前文化部部长蔡武指出，在建设“一带一路”的进程中，应当坚持文化先行，通过进一步深化与沿线国家的文化交流与合作，促进区域合作，实现共同发展。内蒙古自治区作为贯彻国家战略的基本区域，要发挥其联通俄蒙的区位优势，积极融入国家“一带一路”战略，全力增加出海通道，构筑向北开发的文化产业群。

茶叶之路是继古代丝绸之路衰落后，在欧亚大陆兴起的又一条新的国际贸易路线。归化（今呼和浩特）作为清代茶叶贸易的大型集散地，为茶叶之路的畅通和各民族文化的融合发挥了重要作用。然而，很长一段时间，茶叶之路逐渐淡出人们的记忆，不再得到学界应有的重视。茶叶之路在 20 世纪八九十年代才又重新纳入国内学者的视野，但成果仅限于为数不多的几篇论文。[②] 直到最近几年，

---

① 张晓玲（1984—），女，汉族，山西忻州人，经济学博士，内蒙古财经大学经济学院讲师，研究方向：中国近代经济史。

② 田树茂，田中义. 山西商人开辟的茶叶之路［J］. 文史研究，1992，3.

才陆续出现了一些专门研究成果[①]。此后，茶叶之路研究主题日渐丰富[②]。国外也有关注茶叶之路的研究者[③]。但目前关于茶叶之路的研究大多还处于知识和经验性描述状态，甚少将其提升到文化产业的层面进行研究，更未有将茶叶之路放在“一带一路”战略大背景下进行探讨的。缘此，本文将对“一带一路”背景下构建内蒙古自治区茶叶之路文化产业群进行探讨，以期为内蒙古自治区经济发展、沿边开放合作提供理论支撑和决策参考。

一、内蒙古自治区茶叶之路文化产业的历史文化基础

中国对外茶叶贸易历史悠久。宋元丰年间就有关于茶叶贸易的记载。茶马互市的开设使得茶叶贸易得以发展。明代，归化已成为著名的茶马市场。至清代，茶叶贸易达到鼎盛。归化北通外蒙，西经新疆，可通中央亚细亚，其贸易范围极广，而俄蒙各地居民又以饮茶著称，故而，归化成为茶叶贸易的重要中转站。史载：归化是“阴山为屏，黑水为带，东控北平（北京），西连甘（肃）新（疆），南为山西门户，北扼蒙古之咽喉之四冲要域”。[④] 据康熙末雍正初时人张鹏翮称：“归化城外番贸易，蜂集蚁屯，乃卫剧扼要之地。”[⑤] 又据19世纪末俄国人波兹德涅耶夫描述，归化的大宗贸易自古以来就以茶叶为主，而茶叶中又以砖茶为主。其砖茶主要运往蒙古国，尤其是乌里雅苏台地区。[⑥] 可以说，没有归化就没有万里茶路。

清末，在归化城设庄的山西大茶商主要有12家，为“兴隆茂、长盛川、元盛川、大德成、宝聚川、巨真川、巨盛川、天恒川、三玉川、大德华、天顺长、义兴”。[⑦] 每年砖茶交易额在五万箱左右。归化城行销最多的砖茶是二四砖茶、三

---

① 目前所见的当属邓九刚的《茶叶之路——欧亚商道兴衰三百年》，该书第一次以茶叶之路为主线，全方位、立体描绘了这条重要商道的历史进程和文化演变。

② 包括茶叶之路上的中俄茶叶贸易、晋商个案与茶叶之路、茶叶之路的作用、晋商与茶文化、茶叶之路的路径、晋商茶叶之路中的贸易量等问题。因著述较多，兹不赘述。

③ 如美国学者艾梅霞对茶叶之路的兴衰及周边历史文化环境的变迁作了细致的考察与全景式的描述。

④ 政协呼和浩特市新城区委员会. 呼和浩特新城区文史资料（第二辑）[Z]. 2007.

⑤（清）张鹏翮. 奉使俄罗斯日记 [M]. 上海：神州国光社，1946.

⑥ 陈弘法. 俄国人笔下的呼和浩特 [A]. 中共呼和浩特市委党史资料征集办公室，呼和浩特市地方志编修办公室. 呼和浩特史料 [Z]. 1984.

⑦ 归化城之茶贸易 [J]. 中外经济周刊，1926，146.

九砖茶和米砖茶。其中，三九砖茶销量最大，约占总销量的 70%，尽销外蒙；二四砖茶占 20%，归化本地及内蒙行销各半；米砖茶约占 10%，主要销往新疆。[①] 归化不仅容纳了大量著名的砖茶商号，砖茶种类繁多，交易规模大且集中、频繁，而且过往的茶叶经营者均须在归化城交税，在此登记、缴税后，才可将茶叶运往蒙古、新疆等地。据史料载，清同治七年（1868 年）正月，总理各国事务的恭亲王等奏："臣等查华商赴蒙古等处贸易，以茶叶为大宗，除在各关口输纳正税外，均在多伦厅同知、察哈尔都统、绥远城将军等衙门请领部票，注明该商姓名、货色及所往之蒙古部落，以便稽查。"[②] 这体现出归化在蒙汉经济交往中的重要地位，也反映出清政府对于绥远城作为蒙汉交流的重要交通要道的认可。显而易见，当今的内蒙古自治区虽然并不产茶，但与茶叶之路有着深远而密不可分的联系。

（一）为西口正名——归化是真正的西口

1. 军事地位不能证明杀虎口是西口

归化在茶叶之路中的重要地位让我们重新思考关于"西口"的地域界定问题。当前，关于"西口"到底在何处，一直有争议。不少学者通过大量资料进行考证，特别是通过分析军事地位，认为山西右玉县杀虎口是真正的"西口"[③④]。他们把诸多关于杀虎口驻军资料作为佐证杀虎口是西口的主要证据。

我们来看清代绥远城的军事驻防。清乾隆二至四年（1737~1739），原"归化城"东北五里处建造了一座军事驻防城，史称"绥远城"。据《清史稿》载："绥远城驻防将军一人。乾隆三年，置建威将军。乾隆二十八年，兼司土默特蒙古事务。初置都统一人，管土默特二旗。副都统一人。康熙三十三年，置归化二人。乾隆二年置绥远二人。乾隆二十八年，分驻二城。寻省绥远一人。协领五人。佐领六十有四人。防御二十人。骁骑校六十有九人。"[⑤] 又据《绥远全志》载："绥一城也，而疆界最远，绥官一属也，而公最多，何者，一城之外至于十二厅十三旗之地，东暨于察哈尔，西迄于阿拉善之界皆将军所辖。即垦务所届，盖延袤至数千里之遥。已将军而下，协领五，佐领二十，防御骑校各二十。员员各有署，署各有方与，夫庙院营防之属多莫于此。"[⑥]《大清会典》亦载："绥远城驻防将军一

---

① 归化城之输出入货物 [J]. 中外经济周刊，1926，156.

② 孟宪章. 中苏贸易史资料 [M]. 北京：中国对外经济贸易出版社，1991.

③ 刘建生. 浅析西口在北路贸易中的历史地位[J]. 中国经济史研究，2007，4.

④ 张喜琴."西口"考辩[J]. 中国经济史研究，2009，3.

⑤ 赵尔巽等. 清史稿（卷 84~卷 130）[M]. 长春：吉林人民出版社，1995.

⑥（清）高赓恩等. 绥远全志（全）[M]. 台北：成文出版社，1968.

人，兼辖右卫及归化城。……右卫城，守尉一人，驻劄右玉县。乾隆三十二年，裁副都统改设。右卫原设副都统四人，裁留左、右翼二人。二年，裁一人，同将军改驻绥远城，留一人，管辖本卫官兵。是年，设城守尉，副都统并裁。"[①] 绥远城建立后，原驻山西右玉的右卫将军移防常驻绥远新城。山西右卫的"绥远城将军"率八旗满、蒙、汉军 3900 名移驻此地（绥远城）。[②] 又据《绥远全志》载："乾隆二年，绥远城将军遵奉：勅书兼管右卫官兵、归化城、土默特官兵。如有需用绿旗官兵之处，于大同、宣化二镇绿旗官兵内听其酌量调遣。乾隆五年，副都统汪渣尔奉奏：谕旨将杀虎口驿站事务交绥远城建威将军兼管稽查。乾隆九年，经巡查归绥太仆寺员外郎保全奏奉：谕旨归化城、土默特地方安设卡伦，着令建威将军派委官员、兵丁不时前往巡查。"[③]

不难看出，绥远城不仅驻兵级别高、种类繁、数量多，且绥远城将军的职权范围很大。除直接管辖绥远城满、蒙、汉八旗驻军及其家属人口的军政、民政，还兼辖内属蒙古归化城、土默特两旗，统辖外藩蒙古乌兰察布、伊克昭两盟，还有征调宣化府、大同两镇绿营兵，杀虎口驿站和土默特卡伦官兵之权，还有节制沿边道、厅，指挥山西巡抚所监三关提督等权力。据此可以说，从军事地位角度佐证"杀虎口是西口"是片面的。相反，归化城有比杀虎口更为重要的军事功能和地位。

2. 从经济功能分工角度为西口正名

通过梳理史料，我们可发现茶叶之路在晋北有一个重要分叉。茶叶从南方起运至山西，在距大同西南 34 英里处分为两路：一部分直接运往归化厅，另一部分运往张家口。[④] 又据史料载："大部分的茶叶经由恰克图运往俄国市场。这种茶叶……在樊城起岸后，装大车运往张家口。运往归化厅供蒙古销售的茶叶……从老河口以骡子和大车运往山西省靠长城口外一个重要城市归化厅，然后由归化厅分销于蒙古全境。"[⑤] 艾梅霞亦写道："三玉川在呼和浩特的分号作为大盛魁的代理人把茶叶销往蒙古。茶叶之路上的张家口还有一个分号，负责把茶叶卖给我们称之为'后路'的商号。后路的商号主要分布在蒙古和俄国交界处的恰克图和蒙古中部的库伦。"[⑥] 可以看出，归化城与张家口在经济功能上有重要的分工，即归化城主要负责蒙古全境及西北地区茶叶的集散，而张家口则主要负责运往恰克图

① (清) 王轩等. 山西通志 [M]. 北京：中华书局，1990.
② 内蒙古自治区旗县情大全编纂委员会. 内蒙古自治区旗县情大全·呼和浩特市 [Z]. 1992.
③ (清) 高赓恩等. 绥远全志 (全) [M]. 台北：成文出版社，1968.
④ 姚贤镐. 中国近代对外贸易史资料 (1840~1895) (第二册) [M]. 北京：中华书局，1962.
⑤ 清圣祖实录 (卷 122) [M]. 北京：中华书局，1986.
⑥ [美] 艾梅霞. 茶叶之路 [M]. 范蓓蕾，郭玮等译. 北京：五洲传播出版社，2006.

的茶叶销售。归化城与张家口在茶叶之路上具有同等重要的地位。

还有几条史料可作为归化是西口的佐证。俄国人波兹德涅耶夫曾写道：归化城是西口，并看到当时管家的运输车辆上标的地名是“西口”。[①] 又据史料载：“晋商经营西北商务有蒙俄两部，而其总汇之处皆在东口、西口。东口者，张家口也，北至库伦、恰克图等处。西口者，绥远城也，西北至包头、宁夏、新疆、伊犁、塔城、科布多、乌梁海及俄属各地。”[②] 民国《绥远概况》如此描述：“自中俄尼布楚条约通商之后，所有丝茶等重要贸易，东则集中于张家口以达库伦；西则经本省以转运西北各区；陆路贸易，斯为枢纽。”[③] 结合前文所述归化与张家口两地的茶叶运销方向及纳税情况，再结合张家口与归化在地理位置上的东西对应，我们可以判定：归化是可以作为与东口张家口相对应的西口的。

（二）茶叶之路历史中的文化现象

明确了归化在茶叶之路中的重要地位，并且确定了茶叶之路上的“西口”就是归化。我们来讨论内蒙古自治区茶叶之路历史中的文化现象。

第一，从地域来看，在茶叶之路上，汉口、归化、张家口是三个重要的茶叶集散地。归化是晋商进行对蒙茶叶贸易的重要交通孔道，是“西口”，也是茶叶之路文化现象的核心区域之一。“内蒙古茶叶之路文化”以归化为中心，向西北至科布多、乌里雅苏台、库伦等蒙古腹地，向西经宁夏、甘肃等地至迪化，向东则与张家口联系直至恰克图及俄国等地，向南延伸至山西及茶叶之路沿线各地。由此来看，在地域上，茶叶之路有文化所需要的核心区域和波及范围。而这一文化现象是在核心区文化与茶叶之路涉及地区文化的相互融合过程中形成的。这一文化现象表现为图 1。图 1 显示，归化、张家口、汉口是茶叶之路文化的三个核心区域，而其他区域为这三个核心文化区的发散。

第二，从影响及表现形式来看，茶叶之路承载的不仅是茶叶，而且承载了跨地区的民族融合与文化发展。茶叶之路把中国茶文化深远地传播到了蒙古国、俄国，较大程度地影响了他们的日常生活。据史料载：“查中国制造砖茶，向用茶末，以为运销蒙古之用；缘蒙古民族，游牧为生，居处无恒，因是制茶为砖，既便于携取，且具有货币性质也。”[④] 显然，砖茶对于蒙古人日常生活的重要性甚为

---

① ［俄］波兹德涅耶夫. 蒙古与蒙古人（第 2 卷）（中译本）［M］. 呼和浩特：内蒙古人民出版社，1983.

② 山西商人西北贸易盛衰调查记［J］. 中外经济周刊，1925，124.

③ 绥远省政府. 绥远概况（下册）［Z］. 第九编商业，1933.

④ 孟宪章. 中苏贸易史资料［M］. 北京：中国对外经济贸易出版社，1991.

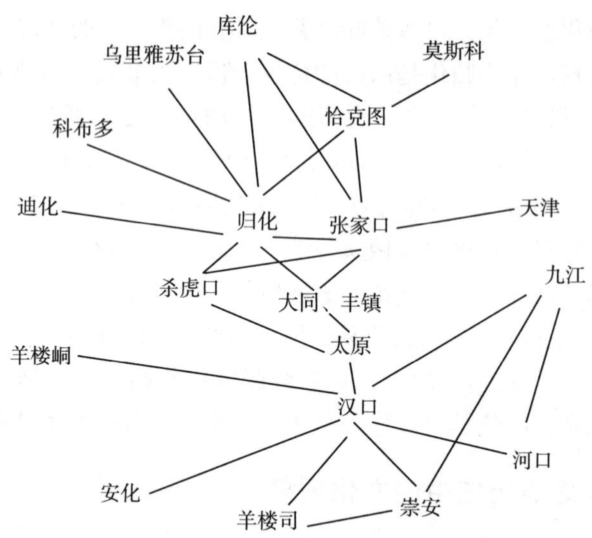

图 1　茶叶之路文化核心区及波及范围图

惊人。据载："蒙民交易多用食物交换，或以砖茶为准，或以皮张计算。"① 清蒙古学者罗布桑却丹亦写道："砖茶也作价用于交换，一块砖茶长一尺、宽五寸、厚五分，其价银五钱。"② 蒙古人甚至有"宁可三日无食，不可一日无茶"的生活习惯，及"父母去世，下葬的时候总是在头下枕一块茶叶"的丧葬习俗。此外，在蒙古部分地区还举行名为"会年茶"的宴会。③ 罗布桑却丹指出："蒙古人非常重视茶。蒙古人自古把茶当成食品。还把每年七月当作采茶月……红茶、花茶、砖茶都来自南方。"④ 过年时，媳妇们要向长辈们献茶。⑤ 在结婚等喜宴上相互送礼物时，哈达是礼物之首。没有哈达，可以用布和茶代替。一块砖茶可顶替五两白银。⑥ 显而易见，茶叶之路不仅把茶叶带到了塞外，也把茶文化带到了蒙古族中间。它不仅对蒙古族的饮食习惯产生了影响，而且较大程度影响了他们在喜宴、丧葬、节日、礼节、交易时的日常行为。茶文化已经渗透进蒙古族人民的日常生活当中。

---

① 东方杂志社. 蒙古调查记［M］. 上海：商务印书馆，1923.
②③④⑤⑥（清）罗布桑却丹. 蒙古风俗鉴（汉译本）［M］. 赵景阳译. 沈阳：辽宁民族出版社，1988.

二、茶叶之路文化的内涵及特征

茶叶之路何以被称作文化，目前没有学者做过明确界定。综合上述论证，笔者搜寻并确定茶叶之路文化现象的各种因素，为茶叶之路文化做出如下定义：内蒙古自治区茶叶之路文化是以归化为核心、晋蒙俄茶叶贸易为基础的，明清时期多民族文化交融的一种特有的民俗文化现象，是历史文化与经济融合的象征。它不仅是丝绸之路文化的重要外延，也是草原文化的组成部分，还是中华文化的有益补充。内蒙古茶叶之路文化的特征如下：

（一）内蒙古自治区茶叶之路文化是丝绸之路文化的重要外延

古代丝绸之路不仅是中国与欧亚非各国之间商业贸易的通道，更是沟通东西方文明的桥梁。丝绸之路在推动东西方思想交流、文化交融，全球经济一体化、人类文明多样化方面发挥了十分重要的作用。而茶叶之路是继丝绸之路之后的又一条贯通中国与欧亚各国的重要贸易路线。茶叶之路文化覆盖的区域与丝绸之路经济带亦有多处重叠。不论是丝绸之路还是茶叶之路，内蒙古自治区都处于重要的核心区域。因此，内蒙古自治区茶叶之路文化必然成为丝绸之路文化的重要外延。

（二）内蒙古自治区茶叶之路文化是中国传统文化的补充

中华民族的茶文化是中国传统文化的重要组成部分，亦是中国人文化生活不可缺少的部分。中国人素来以茶待客，以茶馈人，以茶代酒，以茶供佛，逐渐形成一套庄严肃穆的茶礼。但相对于南方及中原地区而言，中国茶文化在北部边疆发展相对缓慢。茶叶之路则把中国茶文化传播到北部边疆及蒙古国、俄国一带。以归化茶叶贸易为核心的内蒙古自治区茶叶之路文化成为中国茶文化的有益补充。它在传播传统中国茶文化及促进蒙汉文化交流融合中起到了重要作用。因此，它足以成为中国传统文化的重要补充，亦是对其的拓展与传承。

（三）内蒙古自治区茶叶之路文化是草原文化的重要补充

草原文化是内蒙古自治区各族人民以及历史上曾经生存繁衍在这片土地上的各民族人民所创造的物质文明、精神文明的总称。游牧文化、民族文化则是草原文化的重要组成部分。在绵延万里的茶叶之路上，运输茶叶的主要工具是马车和骆驼。而骆驼则是从归化至蒙古国的主要交通工具。一队队骆驼穿过沙漠、草原，越过戈壁，将中国的茶文化远播至蒙古国及俄国各民族当中。驮运造就了茶叶之路前所未有的繁荣。可以说，没有驮运就没有茶叶之路。驼文化是草原文化的重要内容。因此，茶叶之路文化和草原文化亦有着密不可分的联系。茶叶之路文化应该也必然成为草原文化的重要补充，从而进一步丰富草原文化内涵。

（四）内蒙古自治区茶叶之路文化产业是开放交流的产业

茶叶之路途经全国若干省份，分支后在归化汇合，再进行对蒙贸易。这条茶叶之路，使归化的对外联系不仅局限于国内，还拓展到蒙俄。茶叶之路搭建起了一条归化与外界联系的桥梁，不仅展示了归化与外界相互交流的意愿，而且表达了汉族与其他少数民族尤其是蒙古族人民彼此交往的愿望。内蒙古自治区茶叶之路文化在不断发展和开放交流的过程中，展现出蒙汉民族的创新精神和浓厚的民族特色，不仅能够带动内蒙古自治区经济社会的跨越式发展，而且必将推动内蒙古自治区文化产业的发展。

（五）内蒙古自治区茶叶之路文化产业是多民族融合的产业

茶叶之路绵延万里，但这万里茶路并非浪漫之旅，一帆风顺。能够成功到达茶叶之路终点，不仅需要惊人的开拓进取精神，还需超强的意志和信念，更需要蒙古族、回族、俄罗斯族等民族兄弟的援助。此外，清政府还在茶叶之路沿线设有驿站，驻少量军队，确保茶叶之路畅通。如绥远城就是清政府设置的驻防城之一。这条茶叶之路体现了各民族团结一致、对抗灾难、克服困难的大无畏精神。茶叶之路是多民族共同努力的结果，展示了中华文化博大精神的特点与内涵。

（六）内蒙古自治区茶叶之路文化产业是诚信的产业

穿梭于茶叶之路上的商队主要是山西人。晋商不仅有商人的精明强干与开拓精神，而且有着诚信团结的传统精神。话剧《立秋》中有一段家训：“天地生人，生一人当有一人之业；人生在世，生一日当尽一日之勤。勤奋、敬业、谨慎、诚信。”这段话精辟地概括了晋商的精神。在“勤奋、敬业、谨慎、诚信”这八个字中，“勤奋、敬业、谨慎”是晋商成功的基础，而“诚信”则是晋商精神的核心和灵魂。“诚信”是中国传统文化中的一种核心价值观。今天，我们构建茶叶之路文化产业品牌，必须突出展示晋商诚信大于一切的精神，充分展示中国传统文化中的诚信观念。

三、构建茶叶之路文化产业群的路径

显而易见，归化曾经为沟通东西方文明，促进不同民族、不同文化相互交流和合作做出过重要贡献。大量不同民族的商队、游客、学者、地方使节在这里会聚、川流不息，推动中西方文明共同进步。尽管茶叶之路文化因茶叶贸易而起，但还包含贸易、经济、饮食与民族融合等内容。因此，借助“一带一路”历史机遇，以茶叶为载体，把茶叶之路文化与现代商贸、旅游相结合，开发现代特色产业，讲述归化与茶叶之路文化发展的故事，应该成为内蒙古文化产业群建设的创新。构建内蒙古茶叶之路文化产业群可从以下几方面努力：

（一）树立茶叶之路文化品牌意识

内蒙古自治区并不产茶。因此，相对于内蒙古自治区其他文化形式如草原文化、红山文化、河套文化等而言，有人对于内蒙古自治区构建茶叶之路文化品牌的意识淡薄。当前，内蒙古自治区已经开始重视茶叶之路。虽如此，相对于茶叶之路沿线的其他省份如湖北、山西等而言，不论是学界还是政界以至民间，人们对于茶叶之路的认识观念还较为滞后。如 2001 年，一位学者随武汉电视台两位导演来内蒙古电视台洽谈拍摄电视纪录片“茶叶之路”的合作事宜。据该学者称，内蒙古电视台反应冷淡，根本没有认识到呼和浩特在 19 世纪中俄、中蒙茶叶贸易中承南接北的重要地位，有的人甚至对当年山西旅蒙商还有不敬之词，内蒙古旅游部门对俄方已经开通中俄茶叶之旅毫无所知。[①] 构建茶叶之路文化产业群，首先还是要在观念上提高认识。茶叶之路对于内蒙古自治区而言，是一种有别于草原文化、红山文化等本土文化的宝贵的历史文化资源。我们相信，通过茶叶之路文化产业群的构建，内蒙古自治区定可以找到新的经济增长点。

（二）借助“一路一带”契机，找到茶叶之路文化与丝路文化的契合点

茶叶之路文化与丝绸之路文化一脉相承。它们都是古代中国文明与欧亚文明交流、融合的代表。它们的文化内涵虽不同，但其形式、作用有相似之处。从文

① 刘晓航. 整合资源，回归历史，打造中俄茶叶之路旅游线［J］. 农业考古，2006，2.

化积淀角度看，两种文化覆盖区域都是东西方文化交流融合的区域，其文化资源具有多元共生的特征。在“一带一路”战略影响下，找到茶叶之路文化与丝路文化的契合点，进一步升级茶叶之路文化，拓展丝路文化的外延，是内蒙古自治区融入“一带一路”战略的关键。

（三）立足草原文化，加强茶叶之路文化产业建设

立足草原文化，挖掘内蒙古文化，形成文化产业集群。内蒙古自治区草原文化、红山文化、驼文化、科尔沁文化、契丹辽文化、河套文化、察哈尔文化、土默特文化、昭君文化、鹿城文化、成吉思汗文化、蒙古族歌舞民俗文化、召庙文化等民族文化影响深远，文化资源开发前景广阔。草原文化是内蒙古最具特色的文化。内蒙古自治区茶叶之路文化产业群建设离不开以草原文化为核心的内蒙古文化产业群体的一体化建设。草原文化历史悠久，民族特色鲜明，内涵丰富，而茶叶之路文化又与草原文化有着深远的联系。茶叶之路文化群建设不仅能够进一步传播草原文化的丰富内涵，而且其对外开放的特征也必将使其成为内蒙古自治区对外交流的又一张新名片。

（四）打造茶叶之路文化产业集聚发展平台，实现茶叶之路文化产业化、产业文化化

从文化产业的属性来看，它既具有文化属性，又具有经济属性。鉴于此，构建茶叶之路文化产业群需打造一条优质的文化产业链，充分实现产业资源的整合与集聚发展。不仅要注重上游的文化产品研发，中游的生产制作，还需下游市场营销的强大支持。因此，茶叶之路文化内涵不仅需要不断加以完善和创新，提升茶叶之路文化的附加值，而且需构建一个产业链全方位立体化的品牌，搭建一个真正能够可持续发展的茶叶之路文化产业集聚园区，实现茶叶之路文化产业化、产业文化化，使这一文化产业具有无限的生命力。

（五）整合茶叶之路沿线资源，建设“茶叶之路经济带”

茶叶之路历史悠久，途经区域较多，跨越中蒙俄三国。内蒙古自治区应整合本区及区外乃至国外的文化资源，与区内外联手举办文化活动，把本区茶叶之路文化品牌推向省外乃至国外市场。通过资源共享联手开发茶叶之路文化产品，共同打造“茶叶之路”国际品牌。积极整合沿线区域旅游资源，构建茶叶之路国际旅游品牌，赋予其文化内涵，激活茶叶之路文化要素市场。在加强茶叶之路文化产业品牌创新的同时，还要加强茶叶之路沿线城市商贸物流等领域的合作，建设

"茶叶之路经济带"，促进区域性茶叶之路文化产业的一体化发展。

（六）打造茶叶之路文化产业出口平台，积极促进茶叶之路文化产品出口

当前，国内的文化产品出口渠道较为庞杂，尚无公共服务平台。这也使得不少文化产品出口受限，影响文化产品销售。茶叶之路展示了中蒙俄对外贸易、国际交往的历史文化传统。中蒙俄三国人民亦能找到共同的爱好及文化契合点。所以，内蒙古应该打造茶叶之路文化产业的出口基地与平台。内蒙古自治区茶叶之路沿线城市可每年举办国际茶文化活动，或者茶叶之路沿线城市文化旅游，或推出茶叶之路文化相关书籍、电影、电视、舞台剧等，或兴建或修复与茶叶之路文化相关的历史建筑如博物馆、古商道、驿站、集市、店铺、会馆、庙宇、人物故居等，推动茶叶之路文化产品出口。

（七）继承晋商经营文化，提高政府服务意识

茶叶之路是一种历史文化现象，而创造这一历史奇迹的主要是山西商人。晋商企业是传统民营企业的典范。他们的经营创新曾为世人所瞩目。今天，我们构建茶叶之路文化产业品牌，不仅要体现晋商的经营文化，更要继承晋商的经营文化。我们需正确定位政府职责，由原来的行政主导转型为服务主导，树立政府服务意识，减少政府干预，树立市场意识，积极鼓励民营文化企业发展，发挥文化企业自主性，促进公平竞争，为民营文化企业的发展松绑。这不仅是在文化产业群构建上对晋商经营文化的良好继承，也是为了更好地发展当前的茶叶之路文化产业。

参考文献

[1] 蔡武. 坚持文化先行，建设"一带一路"[J]. 求是，2014，9.

[2] 国家发展改革委、外交部、商务部. 推动共建丝绸之路经济带和 21 世纪海上丝绸之路的愿景与行动 [EB/OL]. 人民网，http：//world.people.com.cn/n/2015/0328/，2015-03-28.

[3] 邓九刚. 茶叶之路——欧亚商道兴衰三百年 [M]. 呼和浩特：内蒙古人民出版社，2000.

[4] [美] 艾梅霞. 茶叶之路 [M]. 范蓓蕾，郭玮等译. 北京：五洲传播出版社，2006.

[5] 吴团英. 关于草原文化研究几个问题的思考 [J]. 内蒙古社会科学（汉文版），2013，1.

[6] 刘高等. 草原文化与现代文明研究 [M]. 呼和浩特：内蒙古教育出版社，2007.

"草原丝绸之路经济带"视域下的中蒙旅游产业合作

王葱葱[①] 张智荣[②]

[摘 要] 草原丝绸之路建设为边疆民族地区的经济发展带来了前所未有的机遇。本文着眼于中蒙旅游产业合作，并将其置放于"一带一路"的国家战略之下进行考察，通过分析中蒙旅游业现状、双方合作的基础与路径，意在指出，中蒙旅游产业合作能够为草原丝绸之路建设提供有力抓手，建构草原丝绸之路经济带能够为中蒙旅游产业合作提供广阔前景。

[关键词] 草原丝绸之路；中蒙；旅游产业合作

自2013年9月、10月习近平主席分别提出构建"丝绸之路经济带"与共同建设"21世纪海上丝绸之路"（以下简称"一带一路"）的战略构想以来，关于丝绸之路问题的研究已经成为国内学界关注的焦点。历史上连接东西方经济、文化的丝绸之路主要有四条通道：第一条是"沙漠丝绸之路"，即从中原的西安、洛阳出发经河西走廊、新疆，穿越中亚沙漠地带及绿洲地带进入欧洲，正是今天中国倡导的"丝绸之路经济带"的主线，也被称之为"绿洲丝绸之路"；[③] 第二条是西南丝绸之路，即经过中国的四川、贵州、云南、广西、西藏，经过东南亚进入印度进而借助南亚通道进入西亚以至更远地区的丝绸之路；[④] 第三条是草原丝绸之路，即经过内蒙古、蒙古高原的草原地带，经过西伯利亚和中亚北部进入东欧和欧洲中心地带的通道；第四条则是海上丝绸之路，即以中国的东南沿海为基地，经过东海、南海，进入印度洋借道苏伊士运河进入欧洲的地中海，中途经过

---

① 王葱葱（1972—），男，现为内蒙古财经大学旅游学院讲师，文学博士，研究方向：当代文学文化批评、旅游管理。

② 张智荣（1962—），男，内蒙古财经大学教授、硕士生导师，主要研究方向：文化产业、市场营销学。

③ 胡鞍钢，马伟，鄢一龙."丝绸之路经济带"战略内涵、定位和实现路径［J］.新疆师范大学学报（哲学社会科学版），2014，2.

④ 陈万灵，何传添.海上丝绸之路的各方博弈及其经贸定位［J］.改革，2014，3.

中南半岛的东南亚、南亚的印度及西亚的阿拉伯等国家进入欧洲地区。当前，学术界对于以新欧亚大陆桥为中轴的丝绸之路经济带的研究较为成熟，而对于草原丝绸之路经济带的研究则相对较少，且大多侧重于传统经贸合作。本文着眼于中蒙旅游产业合作，并将其置放于“一带一路”的国家战略之下进行考察，意在指出，草原丝绸之路建设为边疆民族地区、特别是内蒙古自治区旅游业加速发展带来了前所未有的机遇。通过提升中蒙旅游产业合作水平，能够为两国今后的文化交流与文化产业合作搭建良好平台，并最终达到互利共赢的目的。

一、中蒙旅游产业合作的战略意义

2014 年 8 月，习近平主席访问蒙古国期间，与蒙古国总统发表联合宣言，将中蒙两国关系提升为全面战略伙伴关系，这不仅开启了中蒙两国关系的新篇章，也给中蒙两国产业合作带来新的机遇。

蒙古国是亚洲中部的内陆国家，地处蒙古高原。北与俄罗斯为邻。东、南、西三面与中国有长达 4670 多公里的边界线。蒙古国是一个名副其实的草原之国，现有人口 275 万，其中，蒙古族约占全国人口的 80%。中蒙两国是山水相连的邻国。自 1989 年两国恢复正常外交关系以来，双边关系不断提升，于 2011 年确立战略伙伴关系，目前处于历史最好时期。中国是大国，而蒙古国是小国，小国对大国的担忧惧怕心理是挥之不去的阴影。《蒙古国家安全构想》规定，蒙古国对某一国家的经济依存度不能超过 30%，某一外国移民数不能超过蒙古人口总数的 1%。这是人口只有 200 多万，仅有两个邻国的内陆国家的特殊国情所决定的。而当前，蒙古国对华贸易依存度过高，在蒙古国注册成立的外资企业 12118 家，来自 112 个国家和地区，其中，中资企业 5951 家，占 49.11%。自 2005 年开始在蒙外国直接投资剧增，占总存量的 90%，同期中资流量占总存量的 88%。[①] 此外，中蒙贸易结构不尽合理，中方投资多集中在矿产领域，中国在蒙古国投资地质勘查勘探开采及石油行业企业有 136 家，占到中国对蒙古国直接投资总额的 70% 以上。中国的对蒙投资过分集中在矿产领域，而大部分矿产品未进行任何加工直接出口到中国。这样的投资结构不但引起蒙古国政府及知识界精英的担忧，而且直接引发了蒙古国民众的普遍不满，认为中国只想得到廉价的矿产资源，而

① 胡格吉勒图. 有关内蒙古自治区向蒙古国开放的若干思考［J］. 北方经济，2015，1.

没有顾及蒙古国的可持续发展[①]（如图 1、图 2 所示）。

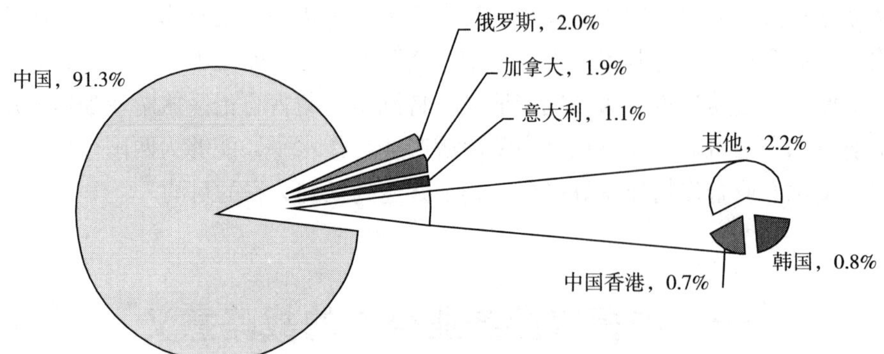

图 1　2011 年蒙古国产品出口国家（地区）分布情况

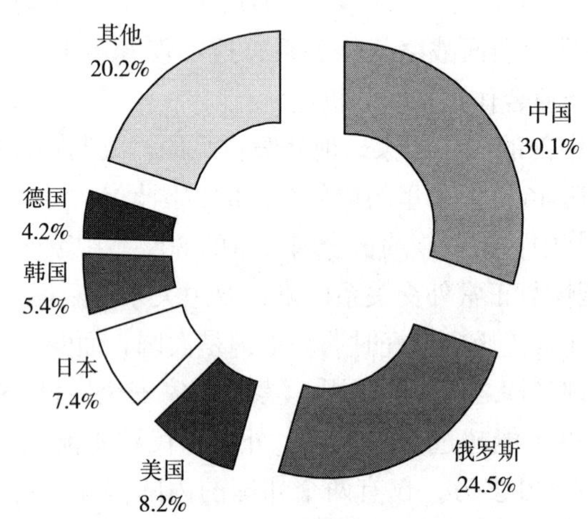

图 2　2011 年蒙古国进口产品国别分类

因此，中蒙经贸也面临着调整结构的问题。习近平主席多次强调指出，国之交在于民相亲，搞好跨国产业合作，必须得到各国人民的支持，必须加强人民的友好往来，增进相互了解和传统友谊，为开展区域合作奠定坚实的民意基础和社会基础。打造中蒙俄经济走廊，是我国“一带一路”战略的重要组成部分，增进两国文化交流，促进两国人民间的文化认同是构建草原丝绸之路经济带的首要前提。

① 图门其其格，王悦歆. 中蒙经贸合作的现状、问题及对策［J］. 财经理论研究，2013，4.

但是，跨国文化交流与产业合作有别于一国之内不同地区间的经贸合作，文化宣传、文化交流、文化产品走出国门时是蕴含着文化属性的，必然会带来国家间文化的交流与碰撞、交汇与融合。雷蒙·威廉斯将文化定义为“社会秩序得以传播、再造、体验及探索的一个必要的表意系统（signifying system）”，即社会意义的生产。[①]“文化”特定的意识形态属性使“文化例外”的思想原则得到普遍承认。有种观点认为，后现代社会是伴随着民族情感稀薄化和民族文化衰退产生的，因为，商品的流动和消费主义的吸引使得民族文化的边界日益模糊，文化的相似性开始超过了民族的差异性，民族文化越来越失去原有的力量，同质化的文化稀释了民族文化的差异。因此，像蒙古国这样强调民族文化独立性的小国在面对强势文化时必然抱有高度警惕。在这种情况下，中蒙文化交流与文化产业合作急需现实可行的抓手，本人认为两国加强旅游产业的合作能够为草原丝绸之路经济带建设提供强有力的支点。

旅游通常被认为是一种舒适的休闲活动，在一些研究者的讨论中，旅游被完全限制在刺激经济举措的范畴。然而就本质而言，旅游乃是对人异化劳动的某种解放，正是过度劳动，使公民的时间被生产所占据，而随着劳动生产率的提高、人权的改善、劳动者自由支配业余时间的增多，使得旅游逐渐向服务于人性的本质回归。尽管国外政治学界在 20 世纪 60 年代就提出了旅游政治学的概念，认为通过国际关系，旅游对政治发挥着重要而长期性的影响，但旅游毕竟偏重个体感受，而国际关系的主体主要是群体或虚拟化个体：国际组织、国家、非政府组织、政治人物等，因此，旅游对国际政治发挥影响往往是间接的，在所有产业中旅游产业的意识形态属性表面上看更为薄弱和模糊，更容易为人接受。随着国家间交往的频繁，旅游日益成为各国人民相互交往的重要方式。近年来，文化旅游已经成为时尚，所谓文化旅游泛指以鉴赏异国异地传统文化、追寻文化遗迹或参加当地举办的各种文化活动为目的的旅游。它更能够满足人了解和体验其他地区、国家和民族的文化生活、社会经济生活、风土人情及民族传统习惯的内在需求，更有助于加深两国之间的文化认同。

---

① ［英］雷蒙·威廉斯. 文化与社会［M］. 长春：吉林出版集团有限责任公司，2011.

二、中蒙旅游产业合作的基础

（一）旅游资源的互补性

蒙古国地域辽阔、人口稀少，许多地区还处于未开发状态，自然风景得以保持原貌，旅游资源比较丰富。著名的风景区如阿尔泰湖、盐湖、库布德四季雪山等对中国游客无疑具有吸引力。中国则不仅有桂林山水、四川九寨沟、五岳群山等秀丽的自然风光，还有万里长城、故宫等丰富的文化遗产。中蒙两国凭借着优良的旅游资源，每年都吸引着越来越多的游客。

中蒙两国都把旅游业作为支柱产业来发展，特别是中国，经过 30 多年的改革开放，旅游业获得了巨大的发展，拥有一批资力雄厚、管理严格、理念先进的大型旅游企业集团，并形成了国旅、青旅、中旅及包括康辉等后起之秀在内的几大旅游业巨头。中蒙开展旅游合作，可以说是局部的强强合作，双方合作具有坚实的基础。

（二）旅游业合作的协同性

协同效应是指合作各方具有一定的共性，相互组合产生叠加作用，提高整体价值和效益。互补效应是指合作方具有独特的难以替代的个性，组合在一起可以产生鲜明的特点。[①] 中蒙旅游业具备了共性与个性的特点。首先，蒙古国的旅游资源主要依靠“草原风光”与“自然景观”两张牌，蒙古人千百年来传承下来的奶茶、石头烤肉等饮食和摔跤、骑马、射箭等运动方式，对于中国城市中产阶级无疑具有吸引力。蒙古国充满诱惑的旅游胜地与中国特色的旅游整合，必然具有独特的效应。其次，双方在地缘、文化上又有较多的共通之处。地缘上，蒙古国与中国接壤，双方在旅游对接方面有极其便利的地缘优势，开展旅游合作空间距离小；文化上，我国内蒙古自治区主体民族与蒙古国同宗同族、语言相近，双方具有较强的认同感，文化差异小，合作障碍相对要小，合作成功的概率较高。

---

① 刘锋等. 珠三角旅游合作探究［EB/OL］. http：//travel.people.com.cn/GB/41636/41640/3609210.html，2005-08-11.

（三）草原丝绸之路建设为双方旅游合作提供广阔前景

2014 年 2 月，俄罗斯总统普京在索契表示，俄方积极响应中方建设“一带一路”的倡议，愿将俄方跨欧亚铁路与“一带一路”对接，创造出更大效益。时任蒙古国总理阿勒坦呼亚格提出要参加“丝绸之路经济带”建设，态度十分积极。2013 年 10 月中蒙两国签订《中蒙战略伙伴关系中长期发展纲要》，双方承诺将进一步加强旅游领域合作，鼓励两国人民通过旅游加强对两国经济、文化、自然风光、历史遗迹及民族传统的相互了解，支持两国旅游业界和旅游机构建立合作关系，为对方在本国进行旅游推广活动提供必要协助，推动双边人员往来。双方承诺鼓励两国旅游产业相互投资，并为两国间开展旅游投资合作提供政策支持和必要的便利。

从国内来看，广大内陆及沿海省区对内蒙古自治区建设“草原丝绸之路经济带”，加快融入亚欧大市场表现出了强烈兴趣，除了已经开通的“苏满欧”铁路专线以外，广州、郑州等地区纷纷表示要着手共建通过内蒙古自治区直达亚欧腹地的铁路专线。内蒙古自治区是“草原丝绸之路经济带”中国段的主体区域，内蒙古自治区希望通过构建“草原丝绸之路经济带”充分展示自身深厚的草原文化资源和丰富的人文资源条件，进一步扩大内蒙古自治区旅游目的地的知名度和影响力，把内蒙古打造成为“体现草原文化、独具北疆特色的旅游观光、休闲度假基地”。以旅游业的发展进一步带动经济发展，这不仅是内蒙古自治区发展的既定任务，也是发展的可行之路。旅游是服务贸易的优先发展领域，2013 年 6 月 19 日，中国内蒙古自治区旅游局与蒙古国文化体育旅游部旅游政策协调局边境旅游协调会议在蒙古国乌兰巴托市召开。这是内蒙古自治区与蒙古国边境旅游协调会议的第九次会议。会议就改善旅游发展环境，加强景点建设和安全保障，加大宣传促销力度，提高旅游服务质量等问题进行了深入讨论；针对延伸赴蒙第三国客人的旅游线路前来中国内蒙古自治区旅游，继续打造中蒙俄“茶叶之路”提出了建设性意见。2014 年 7 月，首趟赴蒙古国的“草原之星”旅游专列开通。种种迹象表明，中蒙旅游产业合作正在升温。

三、中蒙旅游产业的发展现状

（一）中蒙旅游产业发展概况

旅游业的产业关联度高、产业链条长，是整合资源、统筹各业的集成产业或动力产业，能产生较高的增加值和附加值。蒙古国地域辽阔、人口稀少，许多地区还处于未开发状态，自然风景得以保持原貌，旅游资源比较丰富。蒙古国旅游业体系的最初建立与新近的发展，与同日本、韩国、美国、西欧等国家和地区的合作密不可分。蒙古国与日本、韩国相互设立旅游代表处，对促进蒙古国旅游业的发展起到了重要作用。近几年，来蒙外国游客数量呈逐年递增的趋势。2000年，共有137374名外国游客来蒙旅游，创汇9490万美元，占当年国内生产总值的10%；2001年，蒙古国接待外国游客165899名，全行业产值达1.029亿美元，占当年国内生产总值的10.2%；2002年，全国共接待外国游客192087人，创产值约1.2亿美元，同比增长16%，占当年国内生产总值的比重也进一步上升，达10.9%；2011年，蒙古国接待游客62万人次，旅游收入2.83亿美元（如图3所示）。2013年接待游客41.78万人次，同比下降12.2%。

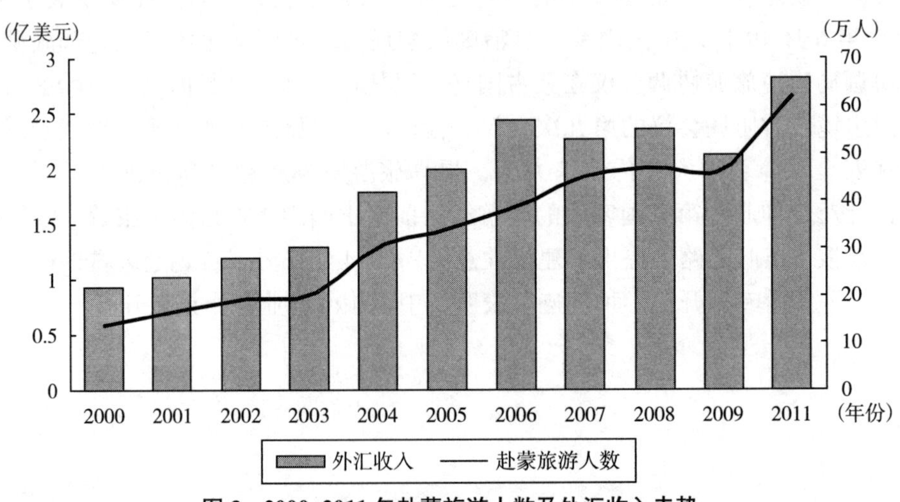

图3　2000~2011年赴蒙旅游人数及外汇收入走势

蒙古国发展旅游业具有很多优越条件。首先，蒙古国社会矛盾比较缓和，也没有和国际上的恐怖主义沾上边，加之该国大部分公民信奉佛教，待人比较友善。其次，蒙古国的旅游特色突出，民族风情、自然风光和原始特色是三大旅游主题，符合现代社会很多人希望重返自然、返璞归真的心态。最后，蒙古国经济发展落后，物价水平也相对较低，游客来蒙旅游费用较少，符合大多数发展中国家游客的消费心理和消费能力。从统计数字可以看出，俄、中两大邻国是游客的主要来源国，随着蒙古国航空业的不断发展，韩国、日本、德国等国家来蒙旅游的游客数量也将呈增长的态势。

2014 年中国旅游业发展总体向好，全年旅游总收入约 3.25 万亿元，旅游业在国民经济中发挥的作用也越来越大。据中国旅游研究院的数据信息显示，2014 年度中国出境旅游人数高达 1.17 亿人次，比 2013 年度的 9730 万人次增加了 20.25%。内地公民出境旅游花费约 1400 亿美元，同比增长 18.00%。数据显示，中国是世界第一大出境旅游客源市场与第一大出境旅游消费国的地位进一步巩固。中国旅游业已进入高速发展的阶段，尤其出境游板块已成为当下旅游市场最大的亮点。根据中国国家旅游局近日公布 2014 年 6 月主要客源市场情况，来自蒙古国的入境旅游人数同比增长 14.0%，而蒙古国自然环境和旅游部的统计显示，2014 年中国赴蒙古国旅游的人数同样大幅增加，带动蒙古国旅游收入同比增长 20.0%。中蒙两国在旅游发展中互为市场和互为目的地的增长势头为双方在今后的合作中搭建产业航母奠定了基础。

（二）中蒙旅游产业合作的初级阶段特征

近年来，蒙古国政府积极采取措施，改善接待条件，简化签证手续，加强对外宣传，力争最终形成由农牧业、矿产开发、加工业和旅游业四大支柱产业占主体地位的社会经济形态。中国巨大的旅游消费市场对蒙古国具有强烈的吸引力，应该说，蒙古国对于加强中蒙旅游产业合作抱有极大热情。相比之下，中国旅游企业对于蒙古国旅游市场反应平淡。2014 年中国出境游从选择旅游区域来看，仍以亚洲旅游圈为主，主要是韩国、日本、越南和新加坡等国家。一项主要以北京、上海、天津、石家庄、二连浩特等城市的居民为对象的调查报告显示，去过蒙古国的中国游客只占被访者的 8%，其中以工作为目的占 46%，学习的占 16%，见亲戚与朋友的占有 14%，只有 30% 的被访者是去旅游，另外 8%为其他目的。由此可见，去过蒙古国的中国人很少，尤其是以旅游为目的去蒙古国的中国人更少。而在没去过蒙古国的被访者中 26% 表示不了解蒙古国，15%表示没有兴趣，56%表示没有机会。而从中国游客的旅游意愿上看，意愿强度低于 50%

的占 32%，50%~60%的占 38%，60%~80%的占 18%，而只有 12%的被访者意愿强度为 80%~90%（如图 4 所示）。

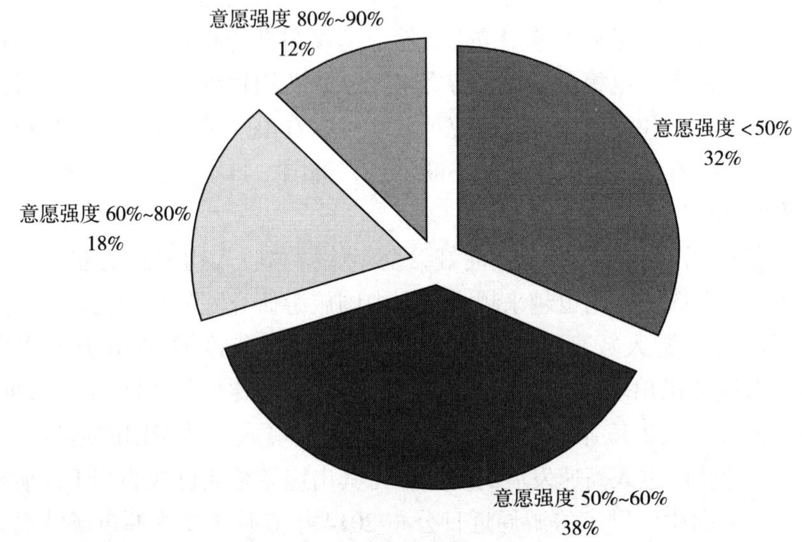

图 4　中国游客赴蒙旅游意向调查

注：意愿强度表示为 0~100%，数值越大表明越想去蒙古国旅游。

数据表明中国游客去蒙古国旅游的意愿强度不大。从内蒙古自治区和蒙古国的区别上看，20%的被访者表示区别很大，21%的表示区别很少，10%的被访者表示完全不一样，5%的表示完全一样，44%的被访者表示蒙古国和内蒙古自治区差不多。可见中国游客对两者的区别了解得不深入。[①] 中蒙旅游产业合作的初级阶段特征主要表现在以下几方面：

1. 国际旅游市场竞争力较弱

当前，世界旅游业的发展趋势是重心逐步东移，在 2012 年时，欧洲仍然是最大的入境旅游目的地，占全球的比重达到 51.6%。从长远来看，预测亚洲的旅游市场到 2020 年国际游客接待量比重会占全球的 30%，2030 年将超过 36%，而欧洲的比重将分别会降到 49%和 41%。但是面对如此巨大的市场体量和激烈的市场竞争，中蒙双方的旅游企业缺乏应对，在合作方面仍以较低层次的观光旅游合作为主。两国旅行社间的合作仍受旅游基础设施落后、旅游服务质量不高、旅游景点连接不够等因素的制约。在互联网迅速普及的今天，旅游电子商务建设尚处

---

① 赛纳. 蒙古国旅游业发展策略研究——基于中国游客到蒙古国旅游的意向调查［J］. 陕西农业科学，2011，4.

于起步阶段。

2. 缺乏新兴业态参与

从全世界范围来看，旅游业呈现出的新特点是融合发展的趋势明显，在经济全球化的带动下旅游跨国界、跨领域、跨行业、跨产业、跨部门融合发展的趋势日益明显。同时，旅游业成为产业投资的热点领域。旅游新业态不断涌现，出行方式也从传统地随着团队游、跟着导游走转化为组团游与自驾游、自助游并存的局面。激发人们旅游的动机要素越来越多，需要拓展新的旅游要素。未来中蒙旅游产业的合作必须从传统的“吃、住、行、游、购、娱”向新的旅游要素即“商、养、学、闲、情、奇”转化。

3. 旅游产业与文化创意融合度较低

品牌建设是旅游产业实现转型升级的必由之路和重要任务。在后工业化时期，文化品牌逐渐成为旅游经济、旅游消费、旅游吸引力和旅游竞争力的核心维度。文化创意为旅游品牌的塑造提供了一个全新的视角。文化资源通过创意转化、展示和演绎，能够以独特的文化元素、文化符号注入旅游产品、旅游空间、旅游活动、旅游环境，增加旅游产业的附加值，是助推旅游品牌建设的“加速器”。中蒙两国共同面临着伴随因草原经济发展方式的改变而出现的草原文化资源流失问题。文化创意因素的缺失意味着草原文化资源“解读能力”薄弱和面向市场转化资源的能力薄弱，因此无法在提质增效中塑造品牌。

四、中蒙旅游产业合作的主要内容

中蒙开展旅游产业合作的内容应该是全方位与多层次的，具体应包括以下内容：

（一）把旅游合作纳入“草原丝绸之路经济带”建设优先发展的领域

在政策上给予支持，最大限度地降低跨国旅游障碍，比如提供签证上的方便，是否可通过谈判达到类似粤港“144 小时免签”、“内地个人港澳自由行”等旅游政策上的方便，建立旅游无障碍或低障碍区，以促进双方人员的流动。如果在全国范围内建立中蒙旅游无障碍区还有困难，可考虑选取条件较成熟的省份（如内蒙古自治区）作为试点，待条件成熟再向全国铺开。

（二）开展多种形式的客源互送活动

中蒙旅游合作大有潜力可挖。中国近年来经济增长迅速，人均生产总值（GDP）不断增长，旅游需求乃至海外旅游需求日益旺盛。而旅游资源丰富、地理位置较近、费用相对低廉的蒙古国可以成为国人海外旅游的首选地之一。而蒙古国赴中国的游客数量也在逐年增加，据统计，2004 年，蒙古国赴中国游客人数为 55.4 万人次，占蒙古国出境旅游者总数的 76.5%。2005~2012 年，蒙古国赴中国旅游的人数继续保持稳定上升的态势。只要双方加强宣传，开展各种形式客源互送活动，双方的入境游客数量肯定还会有一定幅度的增长。

（三）合作开发旅游产品

中蒙旅游资源都很丰富，并有较强的互补性，且地域相近，合作开发旅游产品有很好的条件。通过整合双方的旅游资源，联合推出长线产品，无疑更具有吸引力。例如，可推出“中—蒙—俄”跨国线路，把中国秀丽河山、灿烂文化与浓郁的蒙古国风情结合在一起，对游客尤其是欧美一线游客有更强的诱惑力，加上良好、便捷的旅游一条龙服务可最大限度地为游客提供方便。通过游客旅游线路的拓展延伸，对中蒙双方都有很多好处，在联合开发旅游产品时，应注意双方都要拿出自己的拳头产品，“强强”联合，威力更大。同时还应争取与航空公司的配合，借助航空平台打造中蒙旅游的黄金线路。

（四）开展网络合作，构建中蒙旅游电子商务平台

在互联网迅速普及的今天，通过网络发展旅游业尤其是跨国旅游业很有意义。现在中国各省基本上都有自己的旅游网站来推广旅游产品，但绝大多数网站推介的仅是本国本地或是外国的旅游产品，通过网站推介中外跨国旅游产品的很少，而且静态照片推介居多，视频推介少。而国人对蒙古国旅游资源知之甚少，如果能把中蒙两国旅游组合产品制作成视频广告，放到网上推介，将起到很好的效果。开展跨国旅游电子商务，在技术上还应解决的是跨国异地支付结算问题、支付安全和认证系统等问题。这不仅需要两地旅游机构的合作，还需要金融等机构的配合，有一定难度，但只要双方精诚合作，反复磋商，这些问题都可以妥善解决。通过旅游电子商务，双方还能进一步提高旅游企业信息化水平、行业数据整合分析的水平以及完善的旅游服务，从而提高双方旅游业的竞争力。因此，应尽快把旅游电子商务建设纳入双方谈判的范围。

（五）建立中国—蒙古国国际旅游联合投诉中心

为保障游客合法权益，应联手打击坑客、甩客等严重扰乱旅游市场的行为，以提高区域内旅游质量的信誉度，建立旅游投诉机构很有必要。众所周知，跨国旅游投诉成本高，处理结果难以预料，由于没有方便的旅游投诉中心，游客遭到坑害行为往往有苦难言。如果能由政府出面，建立中国—蒙古国国际旅游投诉中心，形成联动机制，快速反应，及时妥善解决游客在旅游中出现的种种问题，无疑会大大提高游客消费的信心。这对双方旅游业都有好处。

五、中蒙旅游产业合作的路径选择

尽管中蒙旅游合作的前景看好，但由于历史或地缘政治等原因，目前双方对此仍持谨慎态度。本文认为，对中蒙旅游合作应采取循序渐进的方法，先易后难，合作的最终目标是形成世界旅游市场中的战略伙伴，在竞争激烈的世界旅游市场中发展壮大。

首先，从初级合作的层面上，双方可采取较为谨慎的如争取营销代理、授权经营、特许经营等经验风险较小的模式，如中青旅、国旅同蒙古国大旅国际旅行社签订营销代理协议，等到双方有了一定合作的基础与经验后，在政策允许下，可进入第二阶段。

其次，采取直接投资包括合资、独资、并购等方式进入更深层次的合作。这将成为今后对外直接投资的主要形式之一。国家旅游局局长邵琪伟在 2007 年 2 月召开的全国旅游工作会议上表示：国家将取消对内资旅行社设立分支机构的限制，并鼓励有实力的旅游企业“走出去”发展，鼓励有条件、有实力的国内旅游企业到中国公民出境旅游目的地的主要国家和地区，投资收购、建设、管理宾馆饭店和景区景点等旅游设施。[①] 针对蒙古国实力较雄厚的旅行社企业，我国可以采取合资或并购方式。通过“强强”合作，进一步整合已有资源，同时获取对方进行营销管理的经验，扩大原有的市场份额。对于蒙古国资金与技术、经验都较为缺乏的企业，可以考虑并购、独资、合资等方式进入，只要政策允许，并购或独资进入，可以开展一条龙的经营活动，最大限度地获取利润。

---

① 中国旅游年鉴（2011）[M]. 北京：中国旅游出版社，2012.

再次，针对特定区域展开旅游合作。如涉及中蒙俄大区域的旅游合作开发，这类合作涉及面广，需要政府、旅游局、旅游企业等参与合作。合作内容不仅有进入方式问题，还有交通（航运）、生态、环保及旅游业可持续发展的问题。中蒙双方既可以发展“中国内蒙古+蒙古国”、“俄罗斯+蒙古国”的联线游，也可以发挥欧亚大陆桥优势，设计连接中蒙俄三国的铁路沿线游。

复次，旅游促销合作一个可以借鉴的模式是：通过投资合拍大片的形式，把当地一些独特的旅游资源推向世界。虽然拍大片需要耗费较多资金，但观众多、效果好，例如电影《狼图腾》的拍摄对草原旅游就起到了显著效果。中蒙双方可以通过这种合拍片的方式把旅游资源推广的效果发挥到极致。

最后，目前中蒙旅游合作以边境区域旅游合作为主，已具备一定的合作基础。中蒙旅游业合作模式较高的阶段是通过高层次的合作，建立中国—蒙古国旅游的战略联盟，这包括旅游市场联盟与旅游技术联盟。通过政府、旅游管理机构、旅游企业、航空公司、旅游商务网站等多层次全方位的合作，形成中蒙旅游产业的战略合作伙伴。

中蒙旅游合作是一个自然生长的过程，其合作的产生和成长受到来自区域的地缘空间影响，主要包括地缘邻近性、交通便捷性、文化认同性以及旅游资源空间互补与差异性等，这些因素融合成推动区域旅游合作的重要动力。与此同时，该区域各类组织（如各级政府、国际组织、民间团体等）行为对旅游合作发挥着重要调控作用。以政府为例，政府行为大多通过对区域社会、经济、环境的影响而最终作用于跨国旅游合作，例如，各国政府合作意愿、政策法规等对旅游企业决策行为会产生深刻影响。这些因素形成了区域旅游合作演化的强大组织调控力。在某种程度上，这种调控力决定着区域旅游合作的进程与发展方向。在实践中，中蒙跨国旅游合作的形式是多样的。旅游合作区域各要素不断进行整合和创新，旅游市场不断成熟，空间的积聚和扩散效应将吸引周围更多区域加入协作关系，实现合作结构模式的更新，在新的地域空间上开展更高层次合作。某些具体合作领域，会因特殊的动力因素激发（如合作各方给予优先政策支持、外资强力注入等），呈现出跨越式发展。

参考文献

[1] 邹统钎. 区域旅游合作模式与机制研究［M］. 天津：南开大学出版社，2010.

[2] 国家旅游局旅游促进与国际合作司，中国旅游研究院. 中国入境旅游发展年度报告（2014）［M］. 北京：旅游教育出版社，2014.

[3]［美］赫斯蒙德夫. 文化产业［M］. 北京：中国人民大学出版社，2007.

[4]［英］雷蒙·威廉斯. 文化与社会［M］. 长春：吉林出版集团有限责任公司，2011.

“一带一路”背景下内蒙古自治区资源产业发展的思考

丁非白[①]

[摘　要] 国家提出“一带一路”发展战略，其核心就是要进一步深化沿线区域合作共赢、推动沿线地区共同繁荣发展。内蒙古自治区作为国家深入实施西部大开发战略的重要省区、向北开放的桥头堡和草原丝绸之路经济带节点省份，“一带一路”战略给内蒙古自治区带来了更多的机遇和挑战。本文一共分为四个部分：第一部分系统介绍了“一带一路”战略的内容和使命；第二部分阐述了内蒙古自治区资源产业的发展现状；第三部分分析了“一带一路”战略给内蒙古自治区资源产业带来的机遇与挑战；第四部分为在“一带一路”背景下如何更好地发展资源产业提出了建议。

[关键词] 一带一路；内蒙古自治区；资源产业

一、引言

内蒙古自治区地域辽阔，矿产资源丰富，这既是大力发展资源产业、建立大型能源化工和金属冶炼工业基地的基本条件，也是实施资源转化战略的重要物质基础。2013 年 9 月和 10 月，中国国家主席习近平分别提出建设“新丝绸之路经济带”和“21 世纪海上丝绸之路”的战略构想。这为内蒙古自治区资源产业提供了巨大的发展平台，通过建设“一带一路”，更好地发挥内蒙古独特的区位和资源优势，将会对内蒙古自治区经济社会持续健康发展产生积极而深远的影响。

---

① 丁非白（1991—），男，辽宁省沈阳人，内蒙古财经大学资源与环境经济学院硕士研究生，研究方向：资源环境与区域经济发展。

二、“一带一路”战略

（一）“一带一路”的内涵

“一带一路”是指“丝绸之路经济带”和“21 世纪海上丝绸之路”的简称。它将充分依靠中国与有关国家的双边、多边机制，借助既有的、行之有效的区域合作平台共同发展。

“一带一路”不是一个实体和机制，而是合作发展的理念和倡议，旨在借用古代“丝绸之路”的历史符号，高举和平发展的旗帜，主动地发展与沿线国家的经济合作伙伴关系，共同打造政治互信、经济融合、文化包容的利益共同体、命运共同体和责任共同体。

当今世界正在发生深刻复杂的变化，国际金融危机深层次影响继续显现，世界经济缓慢复苏、发展分化，国际投资贸易格局和多边投资贸易规则酝酿深刻调整，各国面临的发展问题依然严峻。共建“一带一路”是顺应世界多极化、经济全球化、文化多样化、社会信息化的潮流，秉持开放的区域合作精神，致力于维护全球自由贸易体系和开放型世界经济。共建“一带一路”旨在促进经济要素有序自由流动、资源高效配置和市场深度融合，推动沿线各国实现经济政策协调，开展更大范围、更高水平、更深层次的区域合作，共同打造开放、包容、均衡、普惠的区域经济合作架构。共建“一带一路”符合国际社会的根本利益，彰显人类社会共同的理想和美好追求，是国际合作以及全球治理新模式的积极探索，将为世界和平发展增添新的正能量。

当前，中国经济和世界经济高度关联。中国将一以贯之地坚持对外开放的基本国策，构建全方位开放新格局，深度融入世界经济体系。推进“一带一路”建设既是中国扩大和深化对外开放的需要，也是加强和亚欧非及世界各国互利合作的需要，中国愿意在力所能及的范围内承担更多责任与义务，为人类的和平发展作出更大的贡献。

（二）“一带一路”的三重使命

“一带一路”使中国与丝路沿途国家分享优质产能，内容包括道路联通、贸易畅通、货币流通、政策沟通、人心相通，其肩负着共商项目投资、共建基础设施、共享合作成果的三大使命。

1. 探寻经济增长之道

“一带一路”是在后金融危机时代，作为世界经济增长火车头的中国，将自身的产能优势、技术与资金优势、经验与模式优势转化为市场与合作优势，实行全方位开放的一大创新。通过“一带一路”建设共同分享中国改革发展红利、中国发展的经验和教训。中国将着力推动沿线国家间实现合作与对话，建立更加平等均衡的新型全球发展伙伴关系，夯实世界经济长期稳定发展的基础。

2. 实现全球化再平衡

传统全球化由海而起，由海而生，沿海地区、海洋国家先发展起来，陆上国家、内地则较落后，形成巨大的贫富差距。传统全球化由欧洲开辟，由美国发扬光大，形成国际秩序的“西方中心论”，导致东方从属于西方、陆地从属于海洋等一系列不平衡不合理效应。如今，“一带一路”正在推动全球再平衡。“一带一路”鼓励向西开放，带动西部开发以及中亚各国、蒙古国等内陆国家和地区的开发，在国际社会推行全球化的包容性发展理念；同时，“一带一路”使中国主动向西推广中国优质产能和比较优势产业，将使沿途、沿岸国家首先获益，也改变了历史上中亚等丝绸之路沿途地带只是作为东西方贸易、文化交流的过道而成为发展“洼地”的面貌。这就超越了欧洲人所开创的全球化造成的贫富差距、地区发展不平衡，推动建立持久和平、普遍安全、共同繁荣的和谐世界。

3. 开创地区新型合作

中国改革开放是当今世界最大的创新，“一带一路”作为全方位对外开放战略，正在以经济走廊理论、经济带理论、21 世纪的国际合作理论等创新经济发展理论、区域合作理论、全球化理论走向世界。“一带一路”强调共商、共建、共享原则，超越了马歇尔计划、对外援助以及“走出去”战略，给 21 世纪的国际合作带来新的理念。

（三）“一带一路”的框架思路

“一带一路”是促进共同发展、实现共同繁荣的合作共赢之路，是增进理解信任、加强全方位交流的和平友谊之路。中国政府倡议，秉持和平合作、开放包容、互学互鉴、互利共赢的理念，全方位推进务实合作，打造政治互信、经济融合、文化包容的利益共同体、命运共同体和责任共同体。

“一带一路”贯穿亚欧非大陆，一头是活跃的东亚经济圈，一头是发达的欧洲经济圈，中间广大腹地国家经济发展潜力巨大。丝绸之路经济带重点畅通中国经中亚、俄罗斯至欧洲（波罗的海）；中国经中亚、西亚至波斯湾、地中海；中国至东南亚、南亚、印度洋。21 世纪海上丝绸之路重点方向是从中国沿海港口过南海到印度洋，延伸至欧洲；从中国沿海港口过南海到南太平洋。

根据“一带一路”走向，陆上依托国际大通道，以沿线中心城市为支撑，以重点经贸产业园区为合作平台，共同打造新亚欧大陆桥、中蒙俄、中国—中亚—西亚、中国—中南半岛等国际经济合作走廊；海上以重点港口为节点，共同建设通畅安全高效的运输大通道。中巴、孟中印缅两个经济走廊与推进“一带一路”建设关联紧密，要进一步推动合作，取得更大进展。

三、内蒙古自治区资源产业的基本状况

资源产业是以资源开发利用为基础和依托的产业。在资源产业发展的生产要素构成中，自然资源占据主体核心地位。资源型产业体系和贸易体系甚至城镇发展都以资源开发利用为中心，由资源优势所决定的资源型经济循环体系成为其显著特征。根据相关产业对资源的依赖程度，资源型产业又分为资源依赖型产业、资源依附型产业、资源依从型产业。资源型产业是内蒙古自治区的主导产业，是内蒙古自治区经济高速增长的支柱，是内蒙古自治区工业利润的主要源泉，也是地区形象和影响力的支撑。

（一）自然资源状况

内蒙古自治区资源丰富，自然条件、矿产和可再生能源得天独厚，都为发展资源型产业提供了优厚的自然基础和优势。内蒙古自治区位于中华人民共和国的北部边疆，由东北向西南斜伸，呈狭长形。东、南、西依次与黑龙江、吉林、辽宁、河北、山西、陕西、宁夏和甘肃八省区毗邻，跨越三北（东北、华北、西北），靠近京津；北部同蒙古国和俄罗斯联邦接壤。内蒙古自治区地域辽阔，地层发育齐全，成矿条件好，矿产资源丰富。内蒙古自治区矿产资源富集，现已发现矿产 136 多种，占全国发现矿种的 80%。开发利用矿种 112 种，占全国矿产种数的 48%。其中有 42 种矿产储量居全国前 10 位，26 种列前三位，七种居全国之首，20 种矿产的人均占有量是全国的两倍以上。特别是煤炭储量极其丰富，现已探明含煤面积达 10 万平方公里以上，探明保有储量 7000 亿吨以上，远景储量 12000 亿吨；石油、天然气的蕴藏量也十分可观，已探明 13 个大油气田，预测石油总资源量为 20 亿~30 亿吨，天然气为 2700 亿~10000 亿立方米；有色金属

矿产探明储量居全国前五位的矿种为锌、铅、锡、铋，居第 7~第 10 位的是铜、钨、钼、铝土、镍、钴等。

内蒙古自治区各类矿产保有储量潜在总价值为 13.41 万亿元，居全国第三位，其中能源矿产为 11.52 万亿元，占总价值的 85%；金属矿产为 0.7 万亿元，占总价值的 5.2%；非金属矿产为 1.19 万亿元，占总价值的 8.8%。内蒙古自治区人均拥有矿产资源的潜在价值为 56.73 万元，居全国之首。以 2010 年为例，其各类资源储量如表 1 所示。

表 1　2010 年内蒙古自治区矿产资源储量

单位：亿吨

项目	储量
煤保有储量	3577.45
铁矿石保有储量	37.05
磷矿石保有储量	2.70
稀土氧化物保有储量	15998.00
铜保有储量	632.87
铅保有储量	983.04
锌保有储量	2047.17
盐保有储量	15904.13

资料来源：《内蒙古统计年鉴》(2011)。

内蒙古自治区是世界最大的“露天煤矿”之乡。中国五大露天煤矿内蒙古自治区有四个，分别为伊敏、霍林河、元宝山和准格尔露天煤矿。霍林河煤矿是我国建成最早的现代化露天煤矿。准格尔煤田是目前全国最大的露天开采煤矿。锡林浩特市北郊的胜利煤矿，是全国最大的、煤层最厚的褐煤矿。煤层一般厚度为 200 米以上，最厚处为 400 米。含有 11 个煤层，13 个煤组，煤矿长 45 公里，宽 15 公里，面积 675 平方公里，已探明储量 159.32 亿吨，保有储量 159.31 亿吨。阿拉善盟二道岭煤矿的太西煤，属低灰、低硫、低磷的优质无烟煤，平均灰分为 3.96%，挥发分为 6.83%，含硫 0.2%~0.32%，发热量为 7645~7711 大卡/千克，全国最高。国内煤质优良、储量丰富、开采条件好，但适合建设大型煤炭基地的整装煤矿比较少，适合大规模露天开采的煤矿更少。内蒙古自治区的煤炭资源在国内独具优势，20 世纪 80 年代以来，国家重点建设了五个大型露天煤矿，其中四个在内蒙古。国家规划到 2020 年露天煤矿的产量将占全国煤矿产量的 10%，内蒙古自治区的煤炭资源开发具有巨大的开发潜力。

内蒙古自治区包头的白云鄂博是我国稀土主要矿产地，稀土资源得天独厚，我国已探明稀土工业储量为4300万吨，其中白云鄂博矿藏3500万吨，资源潜力巨大，具有占领世界市场的潜力。此外内蒙古自治区有色金属、非金属矿产资源储量丰富、分布集中，具有规模开发条件。已查明铜、铅、锌、钨、锡、钼、镍、钴、铋、锑10种有色金属矿产，主要分布在呼伦贝尔市西部、大兴安岭中南段和狼山三个地区，占有色金属总量的95%以上，有利于外部建设，适宜整装开发形成大型的原材料基地；非金属矿产分布普遍，高岭土、湖盐、石膏、芒硝、天然碱等矿种优势明显，石膏、芒硝拥有世界级的特大型矿床，湖盐、天然碱和优质高效的高岭土全国闻名。锡林郭勒盟锗储量全国第一，储量为1600万吨，占全国已探明总储量的30%。内蒙古自治区萤石储量居亚洲第一，世界第四。乌兰察布市四子王旗查干敖包萤石矿属于特大型萤石矿床，原矿氟化钙平均品位达到熔剂富矿的工业要求。石墨的远景储量为3亿~5亿吨，居全国首位。在西起阿拉善右旗，东至乌兰察布市兴和县长1000公里的地带，成矿面积达3000平方公里，其中兴和县石墨矿的产品，鳞片大，柔韧性好，是我国三大石墨生产基地之一。通辽市是我国最大的铸造砂和玻璃生产用砂基地，天然硅砂储量约为550亿吨。呼伦贝尔市莫力达瓦达斡尔族自治旗的宝山玛瑙矿储量2775吨，居全国第一。鄂尔多斯市达拉特旗埋藏着世界罕见的超大型芒硝矿。锡林郭勒盟苏尼特右旗查干里门诺尔碱矿，是亚洲天然碱储量最大的碱矿。查干诺尔天然碱化工总厂是我国最大的天然碱开采及深加工联合企业。锡林郭勒盟锡矿储量居全国第一，保有储量4.67万吨以上。

（二）资源产业发展现状

从2002年内蒙古自治区生产总值（GDP）增速达到13.2%，居全国第一位，内蒙古自治区第一次领跑全国，此后的九年间，内蒙古自治区生产总值增速始终位列前茅。2002~2010年，内蒙古自治区生产总值年均增速23%，经济量从2001年的全国第24位，前移至2010年的第15位，进入全国中等行列。在工业当中，以煤炭资源为主的能源、冶金、化工这几大资源型产业被称为内蒙古自治区的六大主导产业之一，成为内蒙古自治区经济腾飞的引擎之一。资源型产业在重工业和工业中所占的比重越来越大，其与工业发展亦步亦趋，是工业增长的强劲拉动力量。以2010年为例，资源型产业的总产值为78385834万元，工业总产值为134061056.3万元，资源产业已经占到工业产值的58%。资源型产业立足于内蒙古丰厚的资源禀赋优势，经过长期发展和积累，已经占到内蒙古自治区工业的半壁江山，在内蒙古经济中的核心地位已不可动摇，是经济高速增长的直接推手和主导力量（如表2所示）。

表 2 2002~2010 年主要采矿业的产值变化和年增长速度

单位：万元

年份	煤炭开采和洗选业	石油和天然气开采	黑色金属矿采选	有色金属矿采选	非金属矿采选
2002	8335228	100013	31971	103860	61927
2003	1147314	136328	84336	145442	91450
2004	1966138	227560	257976	263637	141062
2005	3292123	405880	529339	440416	233421
2006	4906724	612683	880662	1037386	343519
2007	7401779	691933	1305750	1752356	579463
2008	13719886	827981	2160443	2159489	764519
2009	17857213	691933	2714172	2349882	944481
2010	25437351	865069	3502655	3501696	1521473
年平均增速	54%	34%	88%	59%	49%

资料来源：《内蒙古统计年鉴》（2002~2010）。

经过多年的努力，内蒙古自治区资源产业有了长足的发展，拥有最大的世界级整装气田——苏里格气田，探明储量为 8000 亿立方米，约占全国探明储量的 1/3 以上；拥有世界第一条煤直接液化生产线——神华煤直接液化为 108 万吨/年的成品油生产线；拥有世界规模最大的井工煤矿——神华布尔台煤矿；拥有世界规模最大的全生物降解塑料中试生产线——蒙西集团为 3000 吨/年的全降解塑料项目；拥有世界首家利用沙生灌木平茬生物进行直燃发电项目——毛乌素生物质热电厂；拥有世界规模最大的阿维菌素生产项目——新威远生物化工公司为 600 吨/年的阿维菌素项目；拥有国内第一条煤间接液化生产线——伊泰煤间接液化为 48 万吨/年的煤基合成油生产线；拥有国内最大的硅电联产项目——鄂绒集团为 100 万吨/年的铁合金生产项目；拥有国内最大的天然碱生产企业——伊化集团；拥有国内最大的循环经济项目——亿利资源集团为 100 万吨/年的 PVC 项目；拥有国内规模最大的天然气化工项目——博源联合化工公司为 100 万吨/年的天然气制甲醇项目；国内首条利用粉煤灰提取氧化铝生产线——蒙西集团为 40 万吨/年的煤灰提取氧化铝项目。

四、"一带一路"为内蒙古自治区资源产业带来的机遇与挑战

"一带一路"规划中明确提出，发挥内蒙古自治区联通俄蒙的区位优势，完善内蒙古自治区铁路通道和区域铁路网以及黑龙江、吉林、辽宁与俄远东地区陆海联运合作，推进构建北京—莫斯科欧亚高速运输走廊。内蒙古自治区横跨东北、华北、西北，毗邻八省区，与俄罗斯、蒙古国交界边境线长达4200多公里。独特的区位优势，决定了内蒙古自治区在"一带一路"的四条线路之一的中俄蒙经济带中的地位举足轻重、不可替代。俄、蒙两国与内蒙古自治区相邻地区资源丰富，尤其是矿产资源、土地资源、森林资源、农牧业生产资源丰富，但技术落后、开发程度低。这为加强双方合作开发提供了客观基础。利用内蒙古自治区矿产业、林业、农业、畜牧业生产和技术比较优势，加强与俄、蒙矿业、林业、农业、畜牧业的开发合作，前景广阔。

（一）"一带一路"战略带来的机遇

1."一带一路"为资源产业提速升级提供了机遇

"一带一路"战略的实施为内蒙古自治区资源产业的升级提供了广阔的平台和许多合作机遇。一是能电产业合作，通过加快跨境电力与输电通道建设，积极推动清洁、可再生能源合作；二是农牧业产业合作、水资源合作、生态保护、新一代信息技术、生物制药、蒙医药、新材料等新兴行业产业领域的深入合作；三是自由贸易区建设和通关条件改善方面的合作，通过这些合作推动产业和贸易双提速，让产业与贸易双引擎拉动内蒙古自治区经济持续稳步发展。

2."一带一路"为内蒙古自治区的对外贸易提供了机遇

近年来，我国与俄、蒙之间以资源产品为主的边境地区贸易合作呈现出发展势头好、增长快和潜力大等特点。但也存在一些困难亟待解决，其中基础设施互联互通不畅问题尤为突出，口岸通关功能和法律依据亟待完善对接。需要把中蒙俄经济走廊作为"一带一路"建设的重要规划，加快推进我国与俄、蒙毗邻地区跨境铁路、公路等基础设施互通互联建设步伐，进一步增强我国对俄、蒙毗邻区域"亲诚惠容"的影响，并按照"依次推进，先易后难，多方参与，主动让利"的原则，推进中俄、中蒙贸易投资便利化制度安排和边境自贸区建设。以满洲

里、二连浩特和策克、甘其毛都这四个口岸为基础，共同商建跨境自由贸易区或跨境经济合作区。

3.“一带一路”为全面更好地发挥联接俄蒙优势提供了机遇

共建“一带一路”的愿景与行动，不是我国自拉自唱的独角戏，也不是一直被外界误导的中国海外投资是非市场主导、资源攫取、单方获益、过剩产能转移等，而是共商、共建、共享的合奏大舞台，是需要国与国之间战略对接和耦合的务实行动，是“从市场机制的角度出发，由商业驱动，推动产业协调和培育，实现合作双方的互利互赢”，也是通过“一带一路”建设促进共同发展、实现共同繁荣，达到合作共赢的目的，更是增进理解信任，加强全方位交流，打造政治互信、经济融合、文化通融的利益共同体、命运共同体和责任共同体的愿景与行动。由此，世界经济新的增长中心将形成于“一带一路”，作为我国重要经济腹地的中西部地区也将伴随着“一带一路”的建设，迈向经济社会持续健康和民生福祉的发展进程，在这个过程中，内蒙古自治区可以凭借联接俄、蒙的优势，培育发展一批新兴战略性产业，建立发展一套与产业结构相适应的高端装备制造和现代服务业等配套支撑体系。

(二)“一带一路”战略带来的挑战

1. 科研能力较弱

目前内蒙古自治区科技进步综合指数排名全国第 21 名，还属于典型的科技弱省。具体来讲，科技创新能力低、科技领军人才缺乏、重大科技成果少，科技投入、科技政策环境等科技支撑经济发展的促进机制还很不健全，科技还难以有效支撑引领经济社会的持续快速发展。目前内蒙古自治区拥有普通高校 44 所，综合性大学 19 所，独立科研机构 154 家，企业开发机构 141 家，高等院校科研机构 68 家，国家级工程研究中心三个，自治区工程研究中心六个，政府属科研机构截至 2010 年仅有 93 个，自然科学与技术领域 70 个，社会与人文科学领域 11 个，科技信息与文献机构 12 个。主要分布在一些产业发展时间较长、规模较大的领域，如稀土、冶金、羊绒等产业。总体上来看，科研规模较小，各盟市科研力量分布不均，部分盟市科技研发力量相当薄弱，在科研投入上，总体投入不高。大部分盟市政府科研机构数量不多，投入不均，整体规模偏小。

2. 交通和物流薄弱

内蒙古自治区既有交通状况与全国交通总体发展水平、与区域经济发展需要相比较，在路网密度、技术等级、运输能力、运输通道的灵活性等方面均存在较大差距。截至 2010 年年底，内蒙古自治区全区铁路网密度比全国平均水平低 16

个百分点，全区公路网密度不到全国平均水平的1/3。如表3所示，2010年，内蒙古的铁路、公路、内河和民航各项运力，在全国均处于靠后行列。

表3　2010年内蒙古交通运输业基本情况

	运输线路长度（公里）
中央铁路营运里程	7801
地方铁路	1374
公路	157994
内河	3256
民航	3904050
货运量总计（万吨）	132205
铁路	47041
公路	85163
民营航空	3.11

资料来源：《内蒙古统计年鉴》(2011)。

从铁路上来看，内蒙古自治区虽然有多条过境的铁路干线，但货运能力低，物资运输压力大。境内铁路除京包、包兰线和滨州线部分为复线外，其余都是单线，仅有大准线一条电气化铁路，线路整体技术标准低，设备老化。京包线1922年建成，乌吉、郭查支线分别是1967年、1971年投入运营，海公支线和包兰、包白联络线分别于1987年和1984年投入运营，其余均为20世纪50年代建成投入使用的。线路质量问题突出，严重影响了正常的运输生产秩序和运输效率。同时，机车、车辆更新相对滞后，技术装备差，与全路先进水平存在一定差距。2009年刚开始采用电西煤东运的专线铁路大秦线和朔冀线运力已达到饱和。目前铁路外运能力严重不足，2010年全区煤炭产量达到七亿吨，铁路区内外煤炭运输总量在五亿吨左右，运能缺口两亿吨，未来缺口还会进一步扩大。由于铁路运力不足，一部分煤炭只能由公路外运，但公路等级偏低，高级和次高级路面仅占公路总里程的30%，较全国低8%。公路经常发生煤车拥堵，路面损毁严重，通过能力下降。建设相应的高速铁路和第二条高速公路，是实施对外开放的“东进”战略的客观要求。

此外内蒙古自治区的交通基础设施档次也较低，缺少高等级公路，这都加大了该地区的物流成本。以煤炭运输为例，内蒙古自治区作为国家“西煤东运”的重要基地，煤炭运输能力不足造成蒙西地区煤炭“以运定产”，限制了煤炭产量的进一步增加。京津地区是内蒙古自治区中西部向发达地区开放最近的区域，货物运输量增长很快，到内蒙古自治区旅游的人数越来越多，但通往这个地区的运输通道建设还不尽如人意，铁路运输时间长，公路客货车辆混行，距离安全快捷的要求还有相当大的距离。随着内蒙古自治区煤化工等产业的发展，大量液体产品需要安全快捷运输，对管道运输设施的建设将提出紧迫的要求。目前这一方面还有较大的差距。

内蒙古自治区现有物流管理体制按行业分部门进行管理，由于没有统一领导，没有统一政策，没有统一规划，也就很难形成真正意义上的大物流战略共识。从而，使得各种基础设施规划和建设缺乏必要的协调，导致大量重复建设和条块分割。物流企业虽然数量较多，但是实力雄厚、规模较大的企业却很少，能够提供综合物流服务功能的物流企业基本没有。几乎所有的物流企业都只是经营仓储、运输单个环节的传统服务项目，都只是提供运输、仓储和搬运等简单的传统物流业务，从事配送、包装、加工和信息咨询等物流延伸服务的物流企业寥寥无几。现有的物流企业大多是由运输公司或储运公司改名或改变部分业务发展而来，规模小，服务功能少，网络分散，管理方式落后，信息化水平低，营运场地面积不足，营运地点分布不合理，设备和配套的基础设施投入不足，缺少现代化的全方位、一体化的供应链管理和整体运行机制，与现代物流的社会化、多样化、一体化要求不相适应。因此内蒙古自治区亟须解决现存的交通发展相对滞后、运输负载重、物流体系不完备等问题。

3. 信息化水平低

信息化是工业化的重要推动力量，工业化与信息化相结合的新型工业化道路是我国在新阶段提出的新战略方针，是更好地实现工业化问题上的重大创新。信息化带动工业化是解决我国资源替代和产业升级的有效方式，也为高起点地推进工业化提供了可能。其发展水平与资源型产业的发展息息相关。而内蒙古自治区信息化水平较低，信息化的发展存在诸多问题，必将影响和制约工业化的快速推进和资源型产业的升级改造。这主要体现在如下几方面：

(1) 内蒙古自治区地处边远地区，经济文化相对落后，地域广，城市化程度低，信息封闭性强而开放性差，造成社会信息意识不强，信息作为一种重要的战略资源没有被社会认识和认可，因此，对推进信息化的战略性、全局性、紧迫性仍然缺乏足够的认识。

(2) 信息化与工业化结合力度不够，信息化应用水平低。在信息产业方面量上有规模，但质上没有飞跃，特别是技术创新的能力不足。产业领域信息技术应用的广度和深度不够，信息化与工业化的结合力度不足，应用信息技术改造传统产业的力度也不足，企业信息化总体水平还比较落后。中小型企业的信息化仅停留在生产管理的低水平层次，且大多数企业尚未开展电子商务工作。同时信息化建设投入不足，重建设轻维护，使企业信息化建设成本高，利用网络开展经营活动的企业甚少。

(3) 电子政务进展缓慢，信息资源开发利用滞后，共享程度低，成为信息化深入发展的瓶颈。目前，电子政务还在较低的建设阶段，各地区的发展不平衡，政府在信息公开、信息资源开发利用上对全社会的引导示范作用没有发挥出来，其表现在信息资源总量不足，深层次挖掘不够；网络建设自成体系，信息资源部门化，大量存在"信息割据"和"信息孤岛"现象，整合与共享存在较大障碍。另外，公共型、基础性信息数据库开发工作薄弱，社会化和公益型的信息资源开发应用工作还没有提上日程。信息资源开发利用是信息化推进的核心，这方面的滞后直接制约了信息化整体发展。

4. 环境生态压力大

内蒙古自治区生态环境脆弱，中度以上生态脆弱区域占全区国土面积的62.5%，其中重度和极重度脆弱的占36.7%。一些草原退化、森林破坏、河湖干涸、土壤侵蚀和水土流失严重，荒漠化、盐渍化加剧，荒漠化面积占全区国土面积的55.7%。生态系统功能减弱，呼伦湖蓄水量八年间减少60%。干旱、沙尘、风灾等灾害频发。荒漠化和土壤侵蚀现象严重，约2/3的耕地处于水土流失区域，大多数地区贫水，承载能力较差。以呼伦贝尔草原为例，呼伦贝尔草原土层厚度很浅，一般在10~50厘米，表土层一旦遭到破坏，沉积沙层就会裸露，造成土地沙化。由于呼伦贝尔草原矿产资源丰富，开矿和矿产勘探造成草原退化现象非常严重。现在，呼伦贝尔草原仍以每年2%的速度退化，而草原建设速度每年仅为0.2%。有关专家指出，长此以往，呼伦贝尔草原将可能会变成"呼伦贝尔沙漠"。

资源开采给区内带来生态破坏和环境污染严重。由于灾害及水土流失，造成水利设施报废、地表植被死亡、粮食减产，农林业基础变得更为脆弱。如大规模的煤炭开采造成严重的环境污染，表现突出的是煤矸石、矿井废水。煤矸石在堆积过程中发生自燃，会产生大量的有害气体。煤矸石经过雨淋渗透到水系，会污染水源，矿井废水对地下水系也有严重的影响，导致居民饮水困难。因此，恢复生态环境和治理环境污染面临着资金短缺和周期长的问题。伴随着矿业开发的迅速发展，全区矿山地质环境问题逐步显现。主要表现为：一是治理区域点多、面广。调查显示，全区需要治理的集中区域达88处，占用破坏土地79108.14公顷，涉及耕地7552.11公顷、林地3048.91公顷、草地34539.44公顷，面积庞大。二是危害严重，治理形势紧迫。全区矿山形成的采空区地面塌（沉）陷总面积达到226.21平方千米；形成的塌陷坑、塌陷群323处，已发生矿山地质灾害541处，造成的直接经济损失达到5.5575亿元，伤亡人数共计62人。三是污染严重，危及民生。全区矿山年产固体废弃物为2.86456亿吨，综合利用率仅为10.7%，累计积存量高达29.7774亿吨；全区矿山年产废水、废液3.1185亿吨，综合利用率仅为55.5%。矿山废弃物引起的淋滤、扬尘、自燃和渗漏，严重影响了周边的生态环境和居民的生产生活。

内蒙古自治区水资源与其丰富的自然资源相比储量偏小，且分布极不平衡。2010年全区水利资源为388.54亿立方米，人均拥有水量1500立方米，按照国际标准，人均2000立方米为严重缺水边缘，人均拥有水量1000立方米为最起码要求，内蒙古自治区处于严重缺水的边缘。部分地区经济社会发展超越水资源的承载能力，呼和浩特、包头市、鄂尔多斯市等城市不同程度地缺水，严重制约工业发展及城镇化建设。内蒙古自治区不仅水资源短缺，水环境质量也日益恶化。大量企业，特别是一些小型企业，设备落后，技术水平较低，没有甚至逃避添置废弃物处理的投入，任由工业废弃物自由排放，造成工业污染。2010年，主要污染物排放量继续增加，工业废水排放量为39535万吨，比2009年增加38%，工业废气排放总量为27488.34亿立方米，比2009年增加了10%，工业固体废弃物产生量为16996万吨，比2009年增加40%。宏观经济的阶段性偏热带来的对能源原材料的过度需求，价格的上涨，在进一步推动更多不具备排污条件的企业纷纷上马，部分政府和地区监管不力也增加了新的污染源和污染物排放的直线上升，这进一步加剧了环境和生态的恶化。从中国社会科学院公布的2009年全国各省区市生态文明排序看，内蒙古自治区被列入最低水平组。生态环境的脆弱性和生态文明的低水平，对经济布局和产业选择带来了明显的约束。

五、“一带一路”背景下如何发展资源产业

(一) 健全人才开发体系

建立和健全人才资源开发体系，造就一支高素质的人才队伍，是关系内蒙古区域创新体系建设成败的重要工作。区域创新人才资源开发体系表现为多层次、分阶段和多元手段的整合和逐步推进。科技人才和创业人才的培育和引进是区域人力资源开发体系的核心，其构成推进内蒙古自治区区域创新体系建设的主要动力。坚持以人为本，做好人才的引进、培养和使用工作，发展壮大科研开发、科技中介服务、科技企业家、科技管理等几支专业创新人才队伍。深化产权和分配

制度改革，积极推动知识产权人格化、人才资源资本化，加大技术、管理、资本等生产要素参与收益分配的力度。企业、科研机构要从项目开发新增盈利中提取一定比例奖励给项目带头人。落实骨干科技人员持股政策，可相应提高146持股比例，充分调动科技人员创新创业的积极性。建立政府宏观调控、单位自主用人、人才自主择业、社会提供服务、市场调节供求的人才资源配置机制。吸引海内外优秀人才到当地从事高新技术研究开发和创业，鼓励大学和科研院所科技人员创办高新技术企业或到企业从事科技成果转化工作。创造能吸引高层次科技人才和管理人才的生活环境和文化环境，形成能为科技人员创新、创业提供支持的保障机制。

（二）加快物流交通网建设

内蒙古自治区作为“草原丝绸之路经济带”的发起点和重要节点，必须加快完善通道功能。“草原丝绸之路经济带”的重要经济职能就是打造通道经济。

1. 加快哈密至额济纳铁路建设进度

哈密至额济纳铁路的建设，为内蒙古自治区融入“丝绸之路经济带”增加了新的重要通道。要争取早日竣工，使其与既有的临策铁路组成新疆维吾尔自治区与华北、东北地区的大通道，让进疆与出疆的物资更顺畅，让往来于“丝绸之路经济带”内的物资与人员交流更便捷。

2. 积极培育满洲里铁路集装箱专列大通道

苏满欧专列在中国版图内运行路线与传统欧亚大陆桥几乎重合，都是由国内最大陆路口岸满洲里口岸直通俄罗斯腹地，将对在新时期进一步激发传统大陆桥的活力，充分发挥其经济辐射带动作用具有重要意义。未来要全力争取开通“郑满欧”、“广满欧”专列，争取将“铁路新丝绸之路”（长三角、珠三角及内陆地区经满洲里口岸对接俄罗斯和欧洲市场的跨国贸易大通道）纳入国家“丝绸之路经济带”规划。

3. 加快推进“两山”铁路建设进度

内蒙古自治区要积极与周边省区，尤其是与吉林省的合作，要加快推进“两山”铁路前期工作。要尽快将修建“两山”铁路提升到中蒙两国国家合作重要载体的高度，协调国家有关部委，把“两山”铁路纳入两国政府会晤内容，与蒙古国开展多层次交流，选择具有较强实力的企业作为投资主体，做好项目前期考察、洽谈、设计等准备工作，争取尽早启动建设。

（三）加强周边协作

充分发挥区位优势，加强与周边地区在基础设施、产业协作、市场占有等多领域、多层次的合作对接。西部地区以呼包鄂为重点，着力促进形成呼包鄂榆重点经济区。东部地区主动推进与辽宁沿海经济带、沈阳经济区、哈大齐工业走廊、长吉图开放开发试验区的合作，共同推动满洲里—绥芬河沿边开放经济带建设上升为国家战略，加快在周边沿海省份建设临港园区。主动接受京津的辐射带动，融入大区域经济带之中，促进形成呼包银经济带、呼包鄂榆重点开发区、集宁—丰镇—大同—张家口—兴和经济圈。内蒙古自治区资源型产业的周边协作应进一步扩大对外开放，积极开展境外资源合作开发。按照实现“大通关”的要求，加强口岸及配套基础设施建设，积极实施口岸扩能改造工程，优化通关环境，简化进出境手续，改善口岸通关条件，大力发展口岸经济。加强与俄、蒙在资源开发方面的合作，鼓励有实力的企业利用独资、合营等方式优化进出口商品结构，鼓励高新技术产品、机电产品、农畜产品出口，扩大煤炭、有色金属、木材、石油等资源性产品进口，积极培育进口资源加工产业，提升进口资源落地加工水平。加快发展服务贸易。扩大利用外资规模，引进发达国家和地区的资本、技术投向高技术产业、高端制造和研发环节、现代服务业、节能环保产业。

参考文献

[1] 于士航. 努力实现“一带一路”建设良好开局［DB/OL］. http：//www.gov.cn/guowuyuan，2015-02-01.

[2] 陈颖. 内蒙古资源型产业转型与升级问题研究［D］. 北京：中央民族大学博士学位论文，2012.

[3] 杨臣华.“一带一路”建设中的内蒙古机遇［J］. 北方经济，2015，5：15.

西北丝绸之路区旅游业可持续发展的驱动机制及开发模式研究[①]

李文龙[②] 林海英[③]

[摘 要] 旅游动力机制是一个地区旅游可持续发展的核心，本文以经济学推—拉理论为基础，以西北丝绸之路区为研究样区，分析其旅游业发展的现状，探求其制约因素，找出驱动西北丝绸之路区旅游需求的内外部因素和动力因子及其社区居民和当地政府扶持供给旅游产品的动力因子，研究表明：①西北丝绸之路区旅游业可持续发展的动力机制包括需求、供给、营销、扶持四个系统，11个影响因子。②基于推—拉理论，需求系统和供给系统对西北丝绸之路区旅游业可持续发展起骨干作用，营销系统与扶持系统是需求系统、供给系统的纽带与保障。③旅游者、旅游企业、政府、社区等因素是西北丝绸之路地区旅游业可持续发展的主导者。

[关键词] 旅游可持续发展；驱动机制；西北丝绸之路区

一、引言

20 世纪 90 年代以来，西北丝绸之路区旅游业发展进入快速发展阶段。旅游业作为西北丝绸之路区的新兴产业，为西北丝绸之路区经济社会的发展起到了重要的推动作用。旅游动力机制是一个地区旅游可持续发展的核心构架，近年来，关于旅游驱动力的研究逐渐受到研究者的重视，但相关研究成果较少，多以城市

---

① 基金项目：国家社会科学基金项目“西部民族地区旅游业可持续发展问题研究”（项目编号：08XJY026）。

② 李文龙（1986—），男，硕士，内蒙古赤峰市人，内蒙古财经大学资源与环境经济学院讲师，中蒙俄经贸合作与草原丝绸之路经济带构建协同创新中心，研究方向：城市与区域发展研究。

③ 林海英，内蒙古财经大学商务学院，中蒙俄经贸合作与草原丝绸之路经济带构建协同创新中心。

旅游研究为主。王华（2002）以汕头市的旅游市场为研究对象，研究结果认为城市经济活动是城市旅游吸引力的重要因素。钟韵等（2003）以经济发达地区为研究对象，研究结果认为城市旅游吸引力三要素包括引力、支持力及中介。哀国宏（2004）以博弈论为理论基础对旅游活动中的各个矛盾进行研究，研究结果认为是矛盾促进了区域旅游业的发展。黄震方（2000）以旅游促进城市化为依据，对旅游城市化动力机制进行研究，最终认为旅游城市化支持系统包括城市的载体机制、旅游者选择旅游目的地行为系统等。杨俭波（2003）认为旅游目的地城市化是由于旅游地环境变化导致，而影响环境变化的是各种旅游流的作用。张朝枝（2003）以旅游市场为研究对象，研究结果认为旅游地的发展与衰退是因为旅游市场的变化而导致的。

综上所述，关于旅游动力机制的研究主要是以城市为对象，研究内容主要是旅游市场、旅游目的地吸引力、旅游环境变化以及旅游媒介，而从客源地视角对驱动机制研究较少。本文以经济学推—拉理论为基础，研究驱动西北丝绸之路区旅游需求的内外部原因和动力因子，建立西北丝绸之路区旅游开发模式。

二、研究区界定及区域旅游发展现状

（一）西北丝绸之路区界定

西北丝绸之路区，主要依托城市包括西安、天水、兰州、嘉峪关、敦煌、吐鲁番、乌鲁木齐、喀什、银川、西宁、格尔木等地区，这些地区多为少数民族集聚的区域。因此，本文认为西北丝绸之路区主要有陕西、新疆、宁夏、甘肃、青海五省份。

（二）旅游资源现状

西北丝绸之路区矿产资源丰富，由于是边疆少数民族聚居地区，特定的地理环境、历史文化和民族风情，形成了丰富独特的旅游资源，旅游资源呈现乡土性、差异性、生态性等特点，特别是在民族文化旅游资源方面有很多是世界级的，具有很高的旅游经济价值，其中在我国 74 种旅游资源分类中，西北丝绸之路区旅游资源具有 73 种，可以说西北丝绸之路区旅游资源种类丰富，优势明显（如表 1 所示）。

表 1 西北丝绸之路区旅游地分布

项目 省、区	全国重点文物保护单位（家）	优秀旅游城市（个）	历史文化名城（个）	国家重点风景名胜区（个）	国家级森林公园（个）	国家级自然保护区（个）	资源总数（个）	资源总数土地密度（个/平方千米）	资源总数人口密（个/万人）
陕西	77	11	1	1	26	23	139	1.1750	0.0578
新疆	58	13	1	4	13	9	98	0.5904	0.0468
甘肃	42	12	2	3	19	16	94	3.9831	0.0197
宁夏	17	1	1	1	4	6	30	5.7915	0.0492
青海	18	2	1	1	7	5	34	0.4707	0.0616

（三）旅游业发展现状

西北丝绸之路区旅游业的发展对该区域经济的快速发展具有重要意义，已经成为各省区支柱产业或主导产业。西北丝绸之路区旅游业发展呈现以下几个特点：

1. 旅游业开发晚，发展速度较快

与东部沿海地区相比，西北丝绸之路区的旅游业起步较晚，主要原因是西北丝绸之路地区经济社会发展落后，相关的基础设施不健全，与其他产业一样旅游产业也经历了一个缓慢发展过程，但该过程随着西北丝绸之路区经济社会的快速发展逐渐缩短，西北丝绸之路区旅游业的发展起步至今只用了 10 年的时间，但由于西北丝绸之路区经济社会水平逐渐提高，旅游基础设施逐渐完善，旅游产品开发深度加大，旅游市场逐渐成熟，景区景点的可入性大大加强，这些因素促使西北丝绸之路区旅游业的发展势头迅猛，特别是近几年旅游产业在各省区经济社会发展中作用越来越大，受到了各省区政府的高度重视，各省区市相继健全旅游管理机构，制定旅游业发展政策与规划，加强旅游产业化意识，规范旅游市场，增大地方旅游投资额，加快了西北丝绸之路区旅游业发展速度（如表 2 所示），而且这一趋势还在持续。

表 2 西北丝绸之路区 1995~2011 年国际旅游外汇收入增长情况

单位：美元

年份 省区	1995	1997	1998	1999	2000	2001	2002	2003	2004	2005	2007	2008	2009	2010	2011
陕西	91	107	126	120	126	137	149	138	253	352	545	577	558	602	670
新疆	74	71	82	86	95	99	99	49	91	100	162	136	137	185	465
甘肃	11	32	33	36	52	46	52	19	37	44	135	31	79	104	129
宁夏	1	1	1	2	3	3	2	1	2	2	3	3	4	6	6.2
青海	2	3	3	4	7	9	10	5	9	11	16	10	15	20	26.6

2. 旅游资源开发速度快，旅游开发呈现一定规模

随着西北丝绸之路区经济社会的快速发展，西北丝绸之路区旅游基础服务设施也逐渐完善，特别是旅游饭店数量增多，旅游景区的可进入性加强和旅游市场逐渐完善（如表 3、表 4 所示）。特别是以省会、首府为依托的旅游中心城市，航空和高速公路等重要的旅游内外部交通及通信设施的完善为西北丝绸之路区旅游业的发展奠定了重要的基础。

表 3　各省区主要旅游景区开发水平

省区＼项目	固定资产原值（万元）	营业收入（万元）	全员劳动生产率（万元/人）	从业人员（人）	企业数（家）	利润率（%）
陕西	132112.81	32125.65	4.18	7677	181	24.83
宁夏	88234.44	14327.00	4.79	2993	54	20.79
新疆	268845.56	78191.75	7.45	10497	179	11.63
青海	18484.48	4041.90	3.97	1017	48	30.73
甘肃	2420.00	383.00	5.47	70	2	42.3

表 4　西北丝绸之路区国家级旅游地分布

省区＼项目	全国重点文物保护单位（家）	优秀旅游城市（个）	历史文化名城（个）	国家重点风景名胜区（个）	国家级森林公园（个）	国家级自然保护区（个）	资源总数（个）	资源总数土地密度（个/平方千米）	资源总数人口密度（个/万人）
陕西	77	11	1	1	26	23	139	1.1750	0.0578
新疆	58	13	1	4	13	9	98	0.5904	0.0468
甘肃	35	1	3	1	7	9	56	0.4590	0.1972
宁夏	17	1	1	1	4	6	30	5.7915	0.0492
青海	18	2	1	1	7	5	34	0.4707	0.0616

3. 旅游业总体水平低，区内发展不平衡

我国旅游资源开发较多与旅游业发展水平较高的地区多处于经济发达、交通便利的东部沿海地区，呈现“东快西慢”的旅游发展格局。大部分的风景名胜区与旅游景点都集中在东部沿海地区，如上海、南京、无锡、杭州、广州、厦门、深圳等。虽然西北丝绸之路区旅游资源丰富，旅游资源特点突出，但旅游资源开发水平较低，旅游产品较少，旅游资源优势没有得到发挥，更没有转化成旅游经济优势，因此西北丝绸之路区旅游业发展水平远远低于东部地区及全国旅游业发展水平。

三、西北丝绸之路区旅游业发展的制约因素分析

西北丝绸之路区旅游业的发展优势就是旅游资源优势，由于区位条件等多种原因造成西北丝绸之路区自然环境、社会经济等条件较差，形成了旅游资源优势凸显、旅游产品开发较少、旅游市场不健全、旅游经济不发达、旅游业发展水平低，呈现“优势明显、劣势突出”的旅游发展局面。要寻求西北丝绸之路区旅游业发展的优势与劣势，探求其旅游业发展的机遇与挑战，从而将西北丝绸之路区的旅游资源优势转化为旅游经济优势，克服其旅游业发展的瓶颈，提出科学的应对措施。由于西北丝绸之路区的特殊性，因此制约这一地区旅游业发展的因素包括一般因素与特殊因素。

（一）一般因素

1. 基础设施不完善

西北丝绸之路区旅游基础设施不足，各省区对旅游业的发展重视不够，导致旅游基础设施投资力度小，特别是青海、宁夏等地投资最小。因此导致旅游资源开发水平较低，旅游基础设施不完善，特别是一部分宾馆、饭店设施陈旧，配套设施不完善，严重制约了旅游目的地的接待能力。目前西北丝绸之路区星级饭店数量与东部地区相比差距较大，不能满足游客的日益增长的旅游消费需求。西北丝绸之路区旅游内外部交通通达性较差，无论是道路种类还是道路密度都少，导致景区景点进入性差，从而成为西北丝绸之路区旅游业发展的重要瓶颈。

2. 资金匮乏，旅游开发滞后

西北丝绸之路区受地理区位条件等多种因素的影响，导致其经济社会发展速度较慢，多数地区经济不发达，资金匮乏，导致很多资源条件较好的地区由于没有足够的资金，不能够从宏观上统筹规划开发旅游资源，造成旅游资源重复开发，大量旅游资源受到破坏，恶性竞争态势加剧，还有的地区知名度较低。截至2013年年底，西北丝绸之路区旅游资源开发总量还不到其开发潜力的1/3。已经开发成形的旅游资源形成的旅游产品大多单一，多数的旅游活动只停留在观光旅游上，旅游资源优势没有转化成为旅游经济优势，在旅游资源开发利用上很难形成“集聚效应”。

3. 对外开放程度低

受区位条件的影响，西北丝绸之路区城市化进程慢，市场化程度低，这一因素直接制约着西北丝绸之路区旅游业的发展，如青海旅游资源丰富，旅游资源吸引力较强，但对外开放的地区较少，导致许多旅游资源不能够为地方旅游业发展做出贡献。

4. 旅游人才短缺，旅游整体管理水平较差

人才匮乏也是制约西北丝绸之路区旅游业发展的重要因素，截至2013年年末，西北丝绸之路区旅游从业人数仅占全国的20.1%，高端人才的数量更显得捉襟见肘。随着西北丝绸之路区旅游业的快速发展，人才匮乏现象越来越严重，旅游人才明显满足不了西北丝绸之路区旅游业发展的需要，具体表现为两个方面：一是旅游从业人才总数较少；二是旅游人才队伍素质普遍不高，缺乏经验，旅游企业内部管理混乱，服务意识较差。由此可见，西北丝绸之路区要实现旅游业持续健康的发展，需要建设一支高素质、数量大的旅游人才队伍。

5. 旅游促销乏力

西北丝绸之路区旅游业发展水平较低，旅游形象不突出，旅游知名度较低，造成该局面的主要原因除了旅游基础设施不完善、旅游市场不成熟、旅游经济不发达、旅游交通较差等硬件原因之外，还有就是旅游促销不成功。旅游促销对于一个地区旅游业的发展具有重要的作用，在我国通过旅游促销手段来促进地区旅游业发展的案例较多，例如乔家大院等。因此西北丝绸之路区应重视旅游促销方面的工作，但总体来说西北丝绸之路区旅游形象突出的地区较少，旅游知名度较高的地区数量有限，这是值得注意的问题。

6. 旅游法律法规建设滞后

与国外相比，我国旅游业起步较晚，发展速度较快，因此出现相关规定与条例跟不上旅游发展的需要，旅游相关法律从另一个角度来说是“倒逼”设立的，有的法律法规虽然已经颁布，但其执行力较差，停留在行政法规层次上，不能为地区旅游业的发展提供科学的保障。另外，旅游活动涉及内容较多，如“吃、住、行、游、购、娱”等，我国关于“吃、住、行”方面的法律法规较多，而对于“游、购、娱”方面的法律法规较少。而西北丝绸之路区的法律法规与东部经济发达的沿海地区法律法规相比而言，更显得不足，而且多数来西北丝绸之路区进行旅游的游客来自东部经济发达的沿海地区，造成法律法规信息不对称。

（二）特殊因素（双重生态约束机制）

随着西北丝绸之路区城镇化速度加快，人们对自然资源的开发也达到了前所未有的程度。在发展旅游业过程中，土地沙化、水土流失、气候异常、自然灾害频发、动植物资源减少等事件仍在持续，逐步瓦解着西北丝绸之路区旅游资源开发的基础，直接危及旅游资源的可持续开发，这些事件也成为西北丝绸之路区旅游业发展的瓶颈，也形成了西北丝绸之路区旅游可持续发展的双重生态约束机制。

1. 自然生态约束机制

自然生态环境是人类活动的场所，也是人类生存和发展的基本条件，西北丝绸之路区主要分布在高原、山区、沙漠戈壁及高寒地区，这里地形复杂，气候变化快，生态环境承载力较小，容易受到破坏。特别是近年来随着人为活动的增多，部分地区环境更加恶化。西北丝绸之路区作为全国的生态屏障，直接影响我国中部地区、东部地区经济社会的健康发展。因此，西北丝绸之路区旅游资源的开发要从宏观上进行规划，从微观上进行设计与营销。

2. 民族文化生态约束机制

文化是旅游的灵魂，旅游是文化消费的载体，因此旅游活动也是一种文化消费行为，其中旅游活动对地区经济生活的影响从两个方面进行：一是游客对旅游目的地文化的总体印象；二是当地居民对外来游客活动的接受程度。西北丝绸之路区旅游资源吸引力突出的原因有两个：一是区位条件造就的旅游资源表现出不同的类型；二是少数民族文化成为吸引外来游客的重要因素。民族文化是少数民族居民在特殊的历史背景和不同的地理条件下创造出来的精神财富与物质财富，由于历史背景与地理条件的不同所创造出来的民族文化也具有不同的内容，这些少数民族文化也成为了当地居民生产、生活的观念与准则，形成了民族文化生态系统。随着西北丝绸之路区旅游业的快速发展，游客的生活观念、经济活动形式及旅游行为，对当地的民族文化生态系统具有重大的冲击作用，外来文化与本土文化的碰撞一定程度改变着民族地区少数民族文化，而这种改变能否被当地居民接受，接受程度是多少，这对于当地旅游业的发展具有重要的作用，形成了西北丝绸之路区民族文化生态制约机制。

四、西北丝绸之路区旅游动力机制与系统结构分析

旅游活动的组成分为三部分：第一部分是旅游活动的主体，也就是旅游者；第二部分是旅游客体，包括旅游景区、旅游目的地等活动场所；第三部分是旅游媒介，旅游媒介是连接旅游主体与旅游客体的纽带，包括旅游交通、旅游信息等。它们具有密不可分的关系，也是旅游活动缺一不可的组成要素（如图 1 所示）。

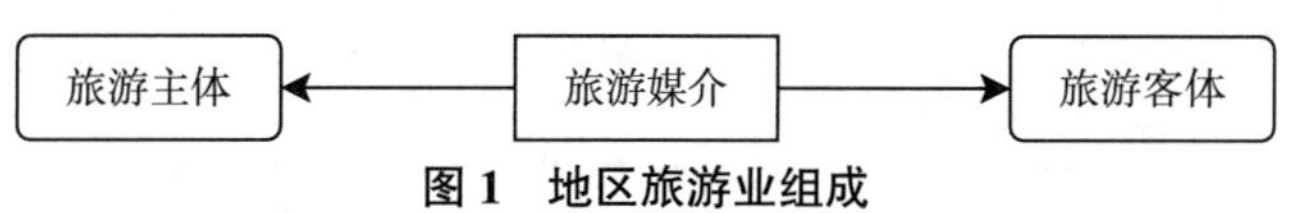

图 1　地区旅游业组成

西北丝绸之路区旅游业的发展要比一般地区旅游业的发展复杂得多，主要表现在西北地区特殊的地理、经济、社会环境与文化背景，导致其旅游业系统比较复杂，所以西北丝绸之路区动力系统也比较复杂。

西北丝绸之路区旅游驱动力系统是由旅游主体的需求系统和旅游客体的供给系统构成最基本的“推—拉”系统。旅游主体在客观环境的影响下，产生旅游动机或意愿，形成旅游活动的推力；而旅游客体为游客提供旅游活动的场所或消费品，对旅游主体具有较强的吸引力，形成了“拉力”。而在旅游主体与旅游客体之间进行“推力—拉力”传输的是旅游媒介，旅游媒介对于一个地区旅游业的发展具有重要的作用。特别是对旅游资源丰富的西北丝绸之路区显得尤为重要，因为西北丝绸之路区旅游媒介基础设施建设水平较差，往往成为该地区旅游业发展的瓶颈。由于西北丝绸之路区旅游的特殊性（人们的文化知识水平较低，经济基础差，信息不畅），还必须有政府部门的引导、扶持和调控。

因此，本文认为西北丝绸之路区旅游动力系统是由旅游需求、旅游供给、旅游营销、旅游扶持四个子系统构成的复杂系统（如图 2 所示）。在本系统中，旅游需求子系统是西北丝绸之路区旅游可持续发展动力系统的引擎，旅游需求对于地区旅游业的发展具有重要的作用，任何旅游活动都是在旅游需求基础之上才得以展开的，如果没有旅游需求，那么地区旅游业的发展将会停滞不前。旅游需求是一个地区旅游业发展驱动力系统的主动性因子，对其他驱动要素影响较大。它推动一个地区旅游业的发展和整个地区旅游活动系统的运转。供给子系统是一个

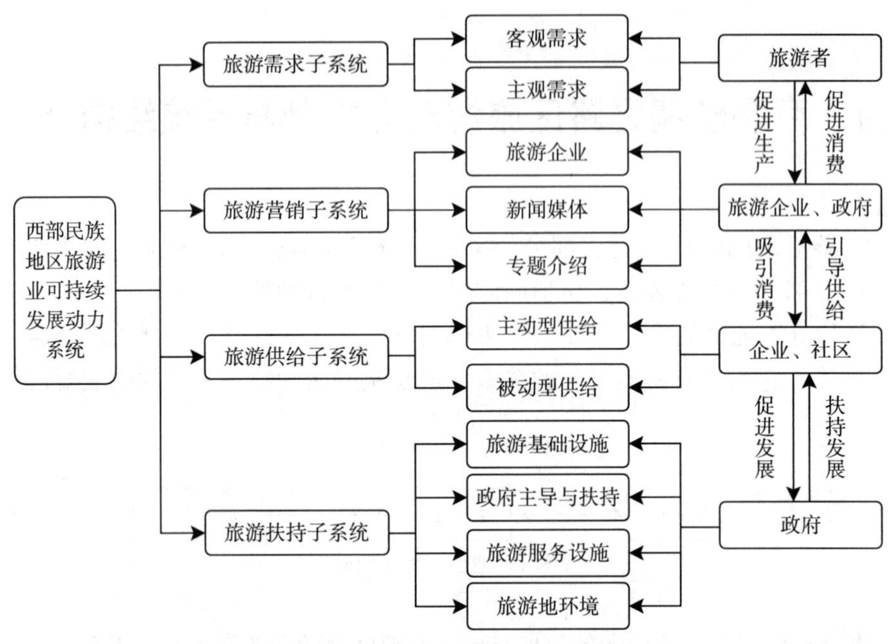

图 2　西北丝绸之路区旅游动力系统结构图

受需求系统影响的被动系统，往往是为了满足旅游客源地旅游者的需求而出现的系统。但旅游供给系统并不是完全被动的系统，它对旅游需求系统具有反作用。首先，供给系统的整体发展水平会影响游客的返游率。其次是供给系统的好坏会影响人们对其的印象，从而影响需求系统。旅游营销子系统是一个地区旅游宣传重要的平台和手段，它是旅游供给系统作用于旅游需求系统的媒介，对于西北丝绸之路区旅游形象的树立，旅游品牌的建设具有重要的意义，为西北丝绸之路区旅游动力系统的运行提供条件。旅游扶持子系统则是指从硬件和软件两个方面为地区旅游动力系统的运行提供有效的保证。

（一）西北丝绸之路区旅游需求子系统

西北丝绸之路区旅游需求动力是旅游推—拉理论中的推力。随着我国经济社会的快速发展，我国城镇化速度加快，人们的生活水平逐渐提高，但由于交通拥挤，环境质量下降，人们的幸福指数却没有得到很大的提升。究其原因是随着人们生活节奏的加快，工作压力过大，形成了人们返璞归真、追求田园生活的逃避心理，这是人们的主观需求，而西北丝绸之路区环境质量好，民族风情浓郁，人们生活节奏较慢，正为逃避城市生活的游客提供了旅游活动场所或旅游目的地。

因此，旅游者对西北丝绸之路区旅游需求是由旅游者的旅游主观需求推力驱动因子与西北丝绸之路区独特旅游资源吸引驱动因子作用产生的，而交通越来越便利，经济的快速发展使人们的生活水平日益提高，为旅游者提供了可以实现旅游活动的物质基础和保障（如图 3 所示）。

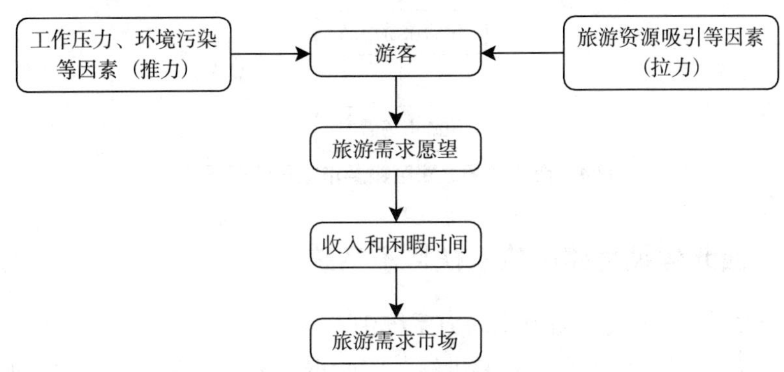

图 3　西北丝绸之路区旅游市场需求子系统

（二）西北丝绸之路区旅游供给子系统

西北丝绸之路区旅游市场需求动力系统对旅游供给系统具有积极的带动作用，从而推动整体旅游业系统向前发展，而西北丝绸之路区旅游供给系统是在地方经济社会发展基础上而出现的。西北丝绸之路区旅游市场供给与旅游市场需求，为西北丝绸之路区经济社会发展提供了发展机会。虽然近年来西北丝绸之路区经济社会发展取得了一定成绩，但也存在很多的问题，如产业结构不合理，经济发展缓慢。

西北丝绸之路区旅游发展成为该地区旅游业发展机遇，于是开始开发西北丝绸之路区旅游资源，面向全国乃至世界旅游市场提供旅游产品，从中获取经济效益，增加经济收入。由于地方产业结构的调整，使旅游就业岗位增多，为地区经济的快速发展提供重要的动力。因此，在西北丝绸之路区旅游市场机会出现以后，无论是旅游目的地或旅游地主动向旅游活动提供旅游产品，还是被动向旅游活动或市场提供旅游产品，都是推动旅游供给系统发展的根本动力（如图 4 所示）。当地居民在经济利益的驱动下，开始开发旅游资源，向旅游市场提供旅游产品，吸引游客到西北丝绸之路区旅游，获得经济效益。

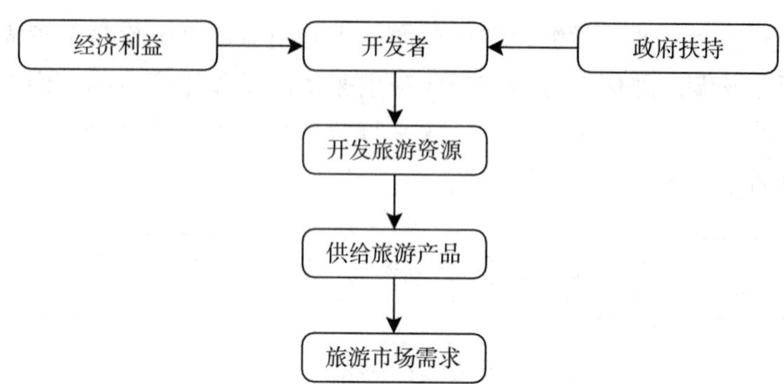

图 4　西北丝绸之路区旅游市场供给子系统

（三）西北丝绸之路区旅游扶持子系统

西北丝绸之路区旅游动力驱动力系统中，需求和供给是其主要的力量来源，假设没有旅游需求，就不会有旅游供给，因此也就不会存在旅游活动和地方旅游业的发展，但是如果一个地区旅游系统中只有旅游需求系统和旅游供给系统，也不可能促进地区旅游业的发展，因此为了保障旅游需求系统与旅游供给系统顺利连接，还必须需要旅游扶持系统支持。

1. 西北丝绸之路区旅游的基础设施系统

西北丝绸之路区旅游的基础设施系统包括道路系统、通信系统及水电供给系统，其中，交通是西北丝绸之路区旅游发展的瓶颈之一。道路交通条件差，不通畅，则游客的出行就存在问题，会出现进不来、出不去、行路难等情况，自然会把游客拒之门外。通信系统及水电供给系统是一个地区基础设施是否完善的重要标志，是西北丝绸之路区旅游业发展的重要影响因素。

2. 西北丝绸之路区旅游服务设施系统

西北丝绸之路区旅游服务设施系统主要包括安全环境、卫生环境、商业环境、社区态度等因子。安全环境是地区旅游业发展的首要条件，直接关系到对游客身心健康的影响，也关系旅游地的旅游形象；卫生条件是西北丝绸之路区旅游供给中的弱项，卫生条件提高对于西北丝绸之路区的旅游业发展具有重要的意义；商业环境是影响地区旅游业发展的重要因素，有的商家抛弃诚实守信的商业道德，给旅游者留下不好的印象，影响旅游地的信誉和口碑。

3. 政府相关规定与发展策略对西北丝绸之路区旅游业的发展具有引导与扶持作用

近 30 年来，各级政府及其相关部门逐渐认识到旅游业对当地经济发展的巨大促进作用，不仅可以增加地方政府财政收入，还对当地就业具有极大的促进作用，因此各地区把旅游业作为地区发展的主导产业，从政策与资金方面给予较大的支持。

（四）西北丝绸之路区旅游营销子系统

西北丝绸之路区旅游营销子系统是将旅游客源地旅游者需求与旅游目的地供给联系起来的纽带，对于西北丝绸之路区旅游业的发展具有重要的促进作用。旅游业的发展是通过旅游产品的消费而完成的，因此，旅游者需要获知旅游地的旅游资源、旅游市场、旅游基础设施的基本情况，从而做出是否进行旅游活动的决定。由于旅游者在进行旅游活动之前，无法直接对旅游目的地进行客观的认识，只能通过营销系统对其进行理解，并且货比三家。这就要求旅游目的地地区旅游行业及相关企业重视旅游营销工作，让其更加理解旅游目的地，而旅游目的地营销工作对于旅游目的地的形象塑造与旅游品牌建设具有重要的意义。

旅游营销系统主要包括旅行社营销、旅游运输企业营销、广告营销、专题新闻介绍等相关系统因素内容，特别是旅行社对于旅游目的地营销具有重要的作用。旅行社是架在旅游需求和旅游供给之间的桥梁和纽带，从而实现旅游者的旅游活动，促进地区旅游业发展。旅游运输业是旅游交通的重要保障措施，是便利旅游交通条件的前提，专题新闻介绍是可信度比较高的营销手段。

五、西北丝绸之路区旅游驱动机制模式构建

（一）旅游驱动机制模式构建

西北丝绸之路区旅游驱动力系统中子系统较多，但从以上分析不难看出主要的子系统有四个，分别是旅游需求子系统、旅游供给子系统、旅游扶持子系统和旅游营销子系统，这四个子系统构成了西北丝绸之路区旅游业发展的核心驱动力，四个系统相互作用，并且相互联系，构成了西北丝绸之路区旅游可持续发展的驱动力模式（如图 5 所示）。

（二）西北丝绸之路区旅游驱动机制模式分析

旅游需求子系统与旅游供给子系统是西北丝绸之路区旅游发展驱动力机制中最为核心的部分，在“推—拉”力的基础之上，维护着西北丝绸之路区旅游驱动

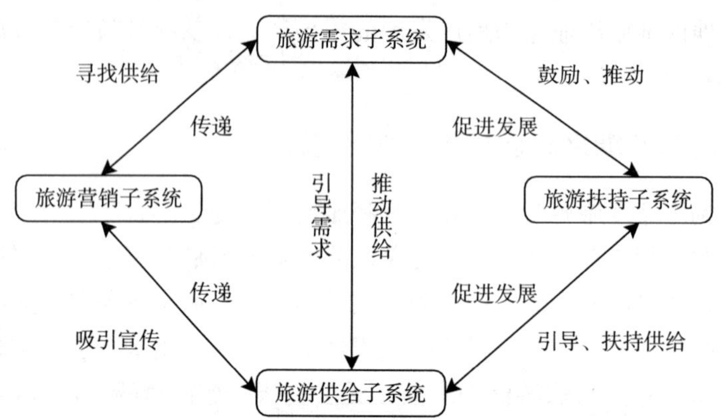

图 5　西北丝绸之路区旅游驱动机制模式构建

系统的良好运行。其中，旅游需求子系统是西北丝绸之路旅游发展驱动力机制的核心引擎，提供着系统运行的根本动力，但它会不断受到旅游供给子系统的影响而越来越强或越来越弱。旅游供给子系统也不断受旅游需求子系统的影响，主要表现为需求越旺盛，供给子系统越有活力，需求子系统的发展与供给子系统的发展呈正相关的发展关系。

西北丝绸之路区旅游驱动力系统仅有需求子系统和供给子系统还不能够正常运行，还需要扶持子系统对其帮助，如果没有扶持子系统进行帮助或者调节，那么旅游驱动力系统发展会走向极端，如旅游资源的过度开发，出现区域旅游恶性竞争比较激烈等问题。而旅游扶持子系统与旅游需求子系统和旅游供给子系统也存在着相互制约的关系。旅游需求子系统发展会直接影响旅游扶持子系统对其的扶持力度与扶持内容，而旅游扶持子系统扶持力度的大小都会影响旅游需求的大小；旅游供给子系统会影响旅游扶持子系统的扶持内容，而扶持子系统会影响旅游供给子系统的供给内容及供给是否充足。所以需求子系统、供给子系统、扶持子系统之间存在着难以割裂的关系，它们相互制约、相互作用。

西北丝绸之路区旅游营销子系统是将旅游需求子系统与旅游供给子系统联系在一起的纽带与桥梁。需求子系统与供给子系统之间旅游信息能否准确、顺畅地流通取决于旅游营销子系统，旅游营销子系统决定着旅游需求子系统与旅游供给子系统能否有效地对接。一方面，旅游营销子系统向旅游客源地市场传播旅游信息，使其旅游客源市场旅游需求增多；另一方面，旅游供给子系统通过旅游营销子系统来提高旅游目的地的旅游形象与旅游品牌，从而对旅游目的地旅游业的发展起到促进作用。而旅游需求子系统对旅游营销子系统也存在着一定的作用，例如，旅游者是否喜欢营销模式或者旅游相关信息，人们喜好与旅游动机，对旅游营销子系统的发展都具有很重要的作用，旅游供给子系统是旅游营销的对象，旅游供给的特点、特征对于旅游营销子系统起着决定性的作用。

因此，西北丝绸之路区旅游驱动力系统中四个子系统（旅游需求子系统、旅游供给子系统、旅游扶持子系统、旅游营销子系统）之间相互作用、相互制约，构成了西北丝绸之路区旅游业的发展引擎与发展动力机制，对西北丝绸之路区旅游业的发展具有重要的作用与意义。

六、结论与对策

本文基于推—拉理论，对西北丝绸之路区旅游业发展现状、发展瓶颈进行分析与总结，并以此为基础对西北丝绸之路区旅游业可持续发展驱动力机制进行研究，研究结果为：①西北丝绸之路区旅游业可持续发展的驱动力机制由旅游需求子系统、旅游供给子系统、旅游营销子系统、旅游扶持子系统四个系统、11 个因子构成。②基于推—拉理论的需求系统和供给系统对西北丝绸之路区旅游业可持续发展起骨干作用，营销系统与扶持系统是需求系统、供给系统的纽带与保障。③旅游者、旅游企业、政府、社区等因素是西北丝绸之路区旅游业可持续发展的主导者。

西北丝绸之路区旅游业可持续发展事关国家西部大开发等宏观战略的深度推行，是西北丝绸之路区繁荣稳定的重要保障。在西部民族旅游业发展中应坚持如下策略：

（一）加快对西北丝绸之路区旅游业发展进行规划

西北丝绸之路区要实现从旅游资源优势转化为旅游经济优势，必须对西北丝绸之路区旅游业的发展制定发展规划，从而克服西北丝绸之路区旅游业发展存在的一些问题。近年来，西北丝绸之路区正在利用“丝绸之路经济带”、“西部大开发”等优惠政策，重新对资源开发、形象塑造、市场完善、基础设施提高等方面进行规划与设计，但基本上以行政区划为界线，对资源互补等问题考虑较少，形成规划宏观性较差。

（二）加快基础设施建设，营造良好的旅游环境

西北丝绸之路区旅游基础设施建设对于西北丝绸之路区的旅游业发展具有重

要的作用与意义，而现在西北丝绸之路区的基础设施不完善，成为西北丝绸之路区旅游业发展的瓶颈，因此造成很多投资者想投资，但不具备条件投资。在基础设施中交通条件的改善是最重要的，如果没有便利的交通，其他基础设施再优越对于地区旅游业的发展也起不到促进作用，因此首先要解决的是交通问题。其次，在西北丝绸之路区旅游业快速发展的过程中，接待设施的完善也是影响地区旅游业发展的重要因素。最后是地区的旅游环境，旅游环境包括自然环境与人文环境两部分，这两部分对于西北丝绸之路区旅游业的发展来说缺一不可。

（三）环境保护优先原则

良好的生态环境不仅对地区旅游业的发展具有促进作用，对当地居民也具有重要的意义，西北丝绸之路区生态环境好坏直接影响其经济社会的建设与发展，但近年来由于人们盲目、过度开发旅游资源造成了一定程度的环境破坏，这种急功近利的发展方式是西北丝绸之路区旅游业良好发展最大的威胁。所以，在旅游资源开发中，必须把环境保护放在一个极其重要的位置上，在开发速度和环境二者的关系上应当是前者服从后者，绝不可以走先开发后治理的老路。

（四）开发精品旅游产品，设计精品旅游线路，打造精品旅游品牌

西北丝绸之路区旅游资源开发的盲目性与过度性造成该地区开发的景点整体水平较低，未能真正体现西北丝绸之路区浓厚的民族特色，未形成具有打入国际市场的旅游品牌与形象。因此西北丝绸之路区在进行旅游发展战略制定过程中应注意，西北丝绸之路区旅游资源的开发应该从实际出发，实施旅游精品战略，切忌一哄而上、盲目开发。在对西北丝绸之路区旅游资源进行开发过程中要综合考虑旅游业发展的影响因素，例如，资金、市场、基础设施等，不具备开发条件的旅游资源坚决不开发，已经开发的旅游产品向更高的档次迈进。

（五）提高服务质量，强化管理，走可持续发展的道路

旅游业的发展对地区形象的塑造具有重要的作用与意义，地区人文环境的好坏与自然环境的优劣，都会通过游客向其他地区传送。可以说旅游业就是一个地区与其他地区合作的窗口，旅游地环境的好坏、服务水平的高低，都会影响一个地区旅游形象的塑造与旅游知名度的降低与提高，影响这一个地区旅游业发展。因此要提高旅游地旅游业服务质量，强化地区旅游业的管理力度，将西北丝绸之路区旅游业的发展引领到法制化、规范化的发展道路上来，着手制定科学、可行的地方区域旅游业发展规划，加强对旅游景区的规划与管理，杜绝盲目开发、过

度开发的现象，借鉴一些成功旅游地的发展战略，避免走一些旅游地“先开发、后治理”的失败发展道路，建立“旅游开发、经济发展、社会建设、良好生态、优美环境”五位一体的可持续发展观念，努力实现经济效益、社会效益和生态效益在西北丝绸之路区旅游业发展过程中的高度统一，坚持在旅游业发展中人与自然生态协调的良性发展。

参考文献

[1] 王华. 汕头市旅游市场研究 [J]. 地理学与国土研究，2002，18 (2)：107–110.

[2] 钟韵，彭华，郑莘. 经济发达地区旅游发展动力系统初步研究：概念、结构、要素 [J]. 地理科学，2003，23 (1)：160–165.

[3] 哀国宏. 旅游业可持续发展的动力系统研究 [J]. 旅游科学，2004，18 (1)：17–21.

[4] 黄震方，吴江，侯国林. 关于旅游城市化问题的初步探讨 [J]. 长江流域资源与环境，2000，9 (2)：160–165.

[5] 杨俭波. 旅游地社会文化环境变迁机制试研究 [J]. 旅游学刊，2001，16 (1)：70–74.

[6] 张朝枝. 旅游地衰退与复苏的驱动力分析——以几个典型旅游景区为例 [J]. 地理科学，2003，23 (3)：72–78.

[7] 南宇. 西北丝绸之路区旅游中心城市合作开发网络模式研究 [J]. 经济地理，2010，30 (6)：1039–1042.

[8] 吕君，庄洪玉. 西北丝绸之路区国内旅游发展空间格局分析 [J]. 财经理论研究，2014 (1)：71–77.

[9] 潘顺安. 中国乡村旅游驱动机制与开发模式研究 [D]. 哈尔滨：东北师范大学博士学位论文，2007.

[10] 刘宇翔，向丹. 浅析西北丝绸之路区旅游资源开发存在的问题及对策 [J]. 基础理论研讨，2013 (4)：25–31.

[11] 刘丽梅，吕君. 基于价值链的文化旅游创意发展分析 [J]. 财经理论研究，2013 (6)：88–95.

[12] 林海英，李文龙等. 产业转移视角下西北丝绸之路地区农业用地集约利用研究 [J]. 财经理论研究，2014，5：75–82.

丝绸之路经济带物流业全要素生产率实证研究

薛　强[①]

［摘　要］利用物流业投入产出数据，运用数据包络分析方法，对丝绸之路经济带各省份物流业全要素生产率变化及其增长方式进行了实证分析。研究表明，2003~2013 年丝绸之路经济带各省份物流业平均技术效率仅为 71.3%，效率提升空间较大；全要素生产率年均增长 5%，增长动力主要来自技术进步。因此，在推进物流业技术进步的同时，要着力提高技术效率，促进技术进步与技术效率协调增长，以确保丝绸之路经济带物流业高效、协调、可持续发展。

［关键词］全要素生产率；物流业；丝绸之路经济带；Malmquist 指数

一、引言

“丝绸之路经济带”是在“古丝绸之路”概念基础上形成的一个新的经济发展区域，作为我国经济发展与外交事业的重要构想，丝绸之路经济带建设可通过政策沟通、道路联通、贸易畅通、货币流通以及民心相通几个步骤逐步启动，其中，“道路联通”既是实现丝绸之路经济带“贸易畅通”的基础保障，也是实现“民心相通”、“货币流通”和“政策沟通”并最终实现区域经济一体化和社会文化融合的助推器（李忠民、夏德水，2014），开辟交通和物流大通道成为丝绸之路经济带建设过程中重要措施之一。经过 30 多年的高速发展，我国物流业取得了巨大成就：产业地位不断提升、企业群体快速成长、物流园区渐成规模、行业监管走向规范，但我国物流业正处于转型升级的关键时期，依然面临一系列问题

---

① 薛强（1982—），男，内蒙古化德人，内蒙古财经大学金融学院讲师，博士，研究方向：农村金融、农牧业经济。

亟须解决，诸如，现代物流、供应链的理念滞后，科技信息技术推广应用能力不强；先进的运输组织方式发展缓慢，运输效率较低；社会化物流信息网络尚未形成，承托双方需求信息不对称；等等。因此，如何优化生产要素配置，推广并应用现代物流技术，以提升物流业技术效率，进而全面提升物流业发展水平等若干问题，逐渐成为学术研究的焦点和政府决策的重点。

围绕物流业全要素生产率问题，学术界已开展了相关研究，取得了富有价值的成果。田刚、李南（2009）利用随机前沿模型分析了我国各地区物流业全要素生产率增长情况，指出 1991~2007 年中国物流业全要素生产率（TFP）逐年增长，技术进步是全要素生产率增长的动力；杨沛（2010），王健、梁红艳（2013）等学者的研究亦得到类似结论。高秀丽、孟飞荣（2013）利用索洛残差法，测度了我国物流业全要素生产率，结果发现，1997~2010 年我国 31 个省份物流业全要素生产率年均增长率在 2.29%~11.28%，且基本上呈东部、中部、西部依次递减的格局。尽管如此，也有不同观点，王维国、马越越（2012）利用全要素（Malmquist-Luenberger，ML）生产率指数方法，对环境约束下我国 30 个省级地区物流业全要素生产率增长及其成分进行了重新估算，结果认为，环境约束下我国物流业全要素生产率指数年均增长率呈现下降趋势，其原因：一是技术效率偏低；二是技术进步动力不足。类似的结论如袁丹、雷宏振（2015），孙金刚、牛大山和周伟（2013）等学者提出相同的观点。

从已检索到的文献资料看，目前较多研究集中于讨论我国物流业全要素生产率，或者从微观的视角，对单个省份进行分析，而以某一特定经济发展区域为研究对象，探讨其物流业全要素生产率变化的文献不多；此外，综观已有研究成果，由于变量选取有差异、研究方法不同、数据时段也不一致，致使结论存在差异，尚未形成统一观点。基于此，本文将对丝绸之路经济带各省份物流业全要素生产率展开系统研究，以期为理论研究和政府决策提供参考。

二、研究方法与理论模型

（一）DEA 模型及其经济含义

分析生产效率常用的方法有两种，一种是随机前沿参数分析法（Stochastic Frontier Analysis，SFA），一种是数据包络分析法（Data Envelopment Analysis，

DEA），其中数据包络分析是查恩斯（A.Charens）、库伯（W.W. Cooper）和罗兹（E. Rhodes）等提出的用于综合评价相同类型的多指标投入和多指标产出部门效率的有效方法。作为一种非参数估计方法，数据包络分析不用事先确定输入指标和输出指标的权重，避免了指标的权重设置问题，具有更强的客观性，同时数据包络分析具有纯技术性分析的特点，使得决策单元（Decision Making Unit，DMU）的有效性评价结果与指标的量纲选取无关；此外，数据包络分析也不需要预先估计参数，既避免了主观因素的影响，也降低了复杂运算过程带来的误差，数据包络分析评价模型特别适用于具有多个输入变量和输出变量的复杂系统，对决策单元的规模有效性和技术有效性同时进行评价。

数据包络分析模型应用的基本思路是：假设评价系统中有 n 个决策单元，每个决策单元由 m 个输入指标和 t 个输出指标构成，其中第 $j(j=1, 2, \cdots, n)$ 个决策单元的输入向量和输出向量可分别表示为：$X_j=(x_{1j}, x_{2j}, \cdots, x_{mj})^T>0$，$Y_j=(y_{1j}, y_{2j}, \cdots, y_{tj})^T>0$，评价第 j_0 个决策单元带有非阿基米德无穷小量的 CCR 模型为：

$$\min\theta-\varepsilon\sum_{r=1}^{t}S_r^+-\varepsilon\sum_{i=1}^{m}S_i^-$$

$$\text{s.t. } x_{ij_0}\theta-S_i^--\sum_{j=1}^{n}x_{ij}\lambda_j=0 \quad i=1, \cdots, m$$

$$y_{rj_0}+S_r^+-\sum_{j=1}^{n}y_{rj}\lambda_j=0 \quad r=1, \cdots, t$$

$$\lambda_j, S_i^-, S_r^+\geqslant 0 \quad \forall j, r, i$$

式中，θ 为 DMU 的生产效率（投入相对于产出的有效利用程度），ε 为非阿基米德无穷小量，S_i^- 和 S_r^+ 分别为投入指标的松弛变量和产出指标的剩余变量，m 和 t 分别代表投入、产出指标个数，x_{ij_0} 和 y_{rj_0} 分别表示第 j_0 个决策单元的第 i 项投入和第 r 项产出向量，λ_j 表示决策单元的权重。

上述 CCR 模型中，当 $\theta^*=1$，$S_i^-=S_r^+=0$ 时，表示该决策单元为 DEA 有效，其经济含义是决策单元同时为技术有效和规模有效，投入和产出的组合达到最优，生产效率最佳；当 $\theta^*=1$，$S_i^-\neq 0$ 或 $S_r^+\neq 0$ 时，表示该决策单元为弱 DEA 有效，其经济含义是决策单元部分投入过剩或部分产出不足，意味着在 n 个决策单元组成的系统中，对于投入 x_{ij_0}，可减少 S_i^- 而保持原产出 y_{rj_0} 不变，或在投入 x_{ij_0} 不变的情况下，将产出提高 S_r^+；当 $\theta^*<1$ 时，表示该决策单元为非 DEA 有效，其经济含义是可通过组合将投入降至原投入 x_{ij_0} 的 θ^* 比例而保持原产出 y_{rj_0} 不变。

（二）基于 DEA 的 Malmquist 指数

Malmquist 指数由瑞典经济学家马姆奎斯特（Malmquist）于 1953 年提出，1982 年凯维斯（Caves）等学者将其作为生产率指数使用。作为一种测度全要素生产率（Total Factor Productivity，TFP）的非参数方法，Malmquist 指数不需要相关价格信息（孟令杰，2004），而且可以分解为综合效率和技术进步，便于进一步考察全要素生产率的增长方式。从 t 时期到 t + 1 时期测度 TFP 的 Malmquist 指数定义为：

$$M_{i,t+1}(x_i^t,\ y_i^t,\ x_i^{t+1},\ y_i^{t+1})=\left[\frac{D_i^t(x_i^{t+1},\ y_i^{t+1})}{D_i^t(x_i^t,\ y_i^t)}\frac{D_i^{t+1}(x_i^{t+1},\ y_i^{t+1})}{D_i^{t+1}(x_i^t,\ y_i^t)}\right]^{1/2}$$

式中，$x_i^t=(K_{it},\ L_{it})'$ 表示第 i 个地区在时期 t 包括资本 K 和劳动力 L 的投入向量；产出 Y 表示成 $y_i^t=(Y_{it})$；$D_i^t(x_i^t,\ y_i^t)$ 和 $D_i^t(x_i^{t+1},\ y_i^{t+1})$ 分别表示以时期 t 的技术 T^t 为参照的、时期 t 和时期 t + 1 生产点的距离函数。从时期 t 到时期 t + 1，以技术 T^t 为参照的 Malmquist 数量指数定义为：

$$M_i^t(x_i^t,\ y_i^t,\ x_i^{t+1},\ y_i^{t+1})=\frac{D_i^t(x_i^{t+1},\ y_i^{t+1})}{D_i^t(x_i^t,\ y_i^t)}$$

以时期 t + 1 技术 T^{t+1} 为参照的时期 t 到时期 t + 1 的 Malmquist 数量指数表示为：

$$M_i^{t+1}(x_i^t,\ y_i^t,\ x_i^{t+1},\ y_i^{t+1})=\frac{D_i^{t+1}(x_i^{t+1},\ y_i^{t+1})}{D_i^{t+1}(x_i^t,\ y_i^t)}$$

Malmquist 指数的经济含义为：当 Malmquist 指数大于 1，表示从 t 时期到 t + 1 时期全要素生产率是增长的；反之，全要素生产率下降；当 Malmquist 指数等于 1，全要素生产率不变。进一步地，可以将 Malmquist 指数做如下分解：

$$M_i^{t+1}(x_i^t,\ y_i^t,\ x_i^{t+1},\ y_i^{t+1})=\frac{D_i^t(x_i^{t+1},\ y_i^{t+1})}{D_i^t(x_i^t,\ y_i^t)}\left[\frac{D_i^t(x_i^{t+1},\ y_i^{t+1})}{D_i^t(x_i^t,\ y_i^t)}\frac{D_i^t(x_i^t,\ y_i^t)}{D_i^{t+1}(x_i^t,\ y_i^t)}\right]^{1/2}$$

式中，前一项为生产效率变化率，后一项为技术进步变化率，二者的变化分别揭示了全要素生产率增长率的来源。

三、变量选取与数据来源

（一）数据说明

按照《中国第三产业统计年鉴》的统计口径，物流业包括交通运输业、仓储业、邮政业、贸易业、流通加工与包装业，考虑到数据的连续性、可比性与可获得性，本文以 2003~2013 年交通运输业、仓储业和邮政业的相关数据代表物流业的情况。研究对象为丝绸之路经济带的各个省份，包括陕西、甘肃、青海、宁夏、新疆、重庆、四川、云南和广西九个省（直辖市、自治区），共 297 个样本点，基础数据来自 2004~2014 年《中国统计年鉴》。

（二）变量选择

物流业的产出指标可选择物流业增加值，也可选择货物周转量，DEA-Mlamquist 方法更适合于分析非价值量变量，此外，我国长期以来一直执行低廉和稳定的运价政策，运价严重背离运输价值，采用价值量指标衡量物流业产出，势必造成与实际偏离（田刚，2009），基于此，本文将货物周转量（亿吨公里）作为物流业产出指标。

资本的投入数量反映了物流业总产出增长中资本的贡献，由于“资本服务的流量”相关数据缺失，本文以“资本存量”代替“资本服务的流量”表示资本的投入数量，即将年末固定资产投资（亿元）作为测度物流业全要素生产率的投入指标，之后，利用永续盘存法进行折算，得到各期各省市物流业的资本存量。

劳动指生产过程中实际投入的劳动数量。严格来讲，应该用总劳动时间[①]来衡量劳动要素在总产出增长中的贡献（OECD，2010），但目前缺乏相关统计数据，因此本文使用劳动力人数代替标准劳动强度的劳动时间，即以物流业就业人数（人）作为各省份劳动力投入指标。各变量的描述性统计如表 1 所示。

① OECD 手册《生产率的度量》中认为，使用劳动时间可以将业余工作的效应有效地分离出来。

表 1　变量的描述性统计

Variable	Obs	min	max	Mean	Std.Dev.	CV
货物周转量	99	124.2	4110.64	1351.84	924.21	0.68
固定资产投资	99	31.88	2131.66	420.05	422.15	1
就业人数	99	25106	386487	3904	16.11	0.55

资料来源：2004~2014 年《中国统计年鉴》。

四、实证结果及分析

（一）丝绸之路经济带物流业技术效率测算

测算结果显示，丝绸之路经济带各省份物流业的平均技术效率为 73.1%（如表 2 所示），技术效率水平较低，继续提升的空间很大。此处使用了产出角度的 DEA 模型，因此，73.1%的平均技术效率表示九个省份在维持现有产出水平不变的情况下，物流业生产要素投入存在浪费现象，也就是说，同比例减少 26.9%的要素投入即可保持现有产出不变。

分省情况看，宁夏和甘肃物流业技术效率值为 100%，达到了技术有效，表明上述两省区物流业投入产出组合最优，要素配置最佳；纯技术效率与规模效率同时有效，技术的完全效率使其可以作为其他省份的参考集。

对于非 DEA 有效的省份，可以通过调整其纯技术效率或规模效率，实现 DEA 有效。纯技术效率改进以新疆为例，目前，新疆物流业的纯技术效率为 98.9%，存在效率损失，可改进程度为 1.1%（投影调整），按照产出导向的 DEA 模型，现有要素投入过剩，只要将各生产要素同比例缩减 1.1%，就可以保持现有产出不变。其他纯技术效率存在损失的省份改进策略与此类似，需要说明的是，青海和广西纯技术效率 DEA 有效，无须改进。规模效率的改进需要结合其规模报酬阶段确定。测算结果显示，非 DEA 有效的省份中，青海处于规模报酬递增阶段，因此同比例扩大现有生产规模，可以增加产出，提高规模效率；而处于规模报酬递减阶段的省份（新疆、陕西、云南、四川、重庆和广西），缩减要素投入，维持现有产出不变是最佳选择。

表 2　丝绸之路经济带物流业技术效率

地区	技术效率	纯技术效率	规模效率	评价结果	规模报酬	可改善程度
新疆	0.899	0.989	0.909	非 DEA 有效	drs	0.101
宁夏	1.000	1.000	1.000	DEA 有效	—	0.000
青海	0.571	1.000	0.571	非 DEA 有效	irs	0.429
甘肃	1.000	1.000	1.000	DEA 有效	—	0.000
陕西	0.656	0.983	0.667	非 DEA 有效	drs	0.344
云南	0.589	0.744	0.792	非 DEA 有效	drs	0.411
四川	0.535	0.890	0.602	非 DEA 有效	drs	0.465
重庆	0.454	0.476	0.956	非 DEA 有效	drs	0.546
广西	0.870	1.000	0.870	非 DEA 有效	drs	0.130
平均	0.731	0.898	0.818	非 DEA 有效	—	0.269

注：表中 irs 表示规模报酬递增，drs 表示规模报酬递减，—表示规模报酬不变。
资料来源：根据模型运算结果整理。

（二）丝绸之路经济带物流业全要素生产率分析

1. 物流业全要素生产率变化时序特征

对丝绸之路经济带物流业全要素生产率的测算结果显示，2003~2013 年物流业全要素生产率增长率在波动中有所下降，由 2003 年的 5.6%下降为 2013 年的−29.1%（如表 3 所示），下降了 34.7 个百分点，但样本期间，物流业全要素生产率平均增长率依然较高，年均增长 5%；技术进步除个别年份（2009 年、2013 年）外，总体呈上升趋势，年均增长率达到 7.5%，但样本期间，技术进步波动幅度较大，2008 年物流业技术进步增长率高达 73.6%，2009 年迅速跌落至−7.3%；技术效率年际间变化不大，比较平稳。

表 3　2003~2013 年丝绸之路经济带物流业全要素生产率及其分解

时间	全要素生产率	技术进步	技术效率	规模效率	纯技术效率
2003~2004 年	1.056	1.029	1.026	1.026	1.000
2004~2005 年	1.072	1.150	0.932	0.941	0.990
2005~2006 年	1.072	1.157	0.926	0.927	0.999
2006~2007 年	1.166	1.148	1.016	1.009	1.007
2007~2008 年	1.470	1.736	0.847	0.875	0.967
2008~2009 年	0.955	0.927	1.030	1.053	0.978
2009~2010 年	1.086	1.086	1.000	1.025	0.976
2010~2011 年	1.100	1.051	1.046	1.082	0.967
2011~2012 年	0.971	1.026	0.946	0.987	0.959

续表

时间	全要素生产率	技术进步	技术效率	规模效率	纯技术效率
2012~2013 年	0.709	0.693	1.023	1.073	0.954
2003~2013 年	1.050	1.075	0.977	0.998	0.980

资料来源：根据模型运算结果整理。

为了进一步考察丝绸之路经济带物流业全要素生产率的增长方式，本文对全要素生产率进行了分解。结果表明，2003~2013 年丝绸之路经济带物流业全要素生产率年均增长 5%，同期技术进步以年均 7.5%的速度上升，技术效率以年均 2.3%的速度下降，由于技术进步上升的幅度大于技术效率下降的幅度，因此全要素生产率增长率为正，也即全要素生产率增长的动力来自技术进步；通过对技术效率的分解发现，规模效率与纯技术效率分别以 0.2%和 2%的速度下降，最终使得技术效率以更大的幅度（-2.2%）下降。年际间物流业全要素生产率的变化显示，2005 年、2006 年、2008 年和 2010 年全要素生产率增长主要由技术进步推动，剩余年份技术进步和技术效率共同驱动全要素生产率增长。总体来看，2003~2013 年丝绸之路经济带各省份物流业全要素生产率增长主要靠技术进步的“单轮”驱动。

2. 物流业全要素生产率省域差异

从省域的角度对丝绸之路经济带物流业全要素生产率的测算发现，重庆物流业全要素生产率增速最快，2003~2013 年实现年均 8.2%的增长速度（如表 4 所示），高于丝绸之路经济带平均水平 3.2 个百分点；位于第二至第六位的省份分别是青海、宁夏、广西、陕西和云南，其全要素生产率增长率分别高于丝绸之路经济带平均水平 2.8%、1.4%、1.2%、0.8%和 0.7%；新疆和四川尽管其物流业全要素生产率低于样本省份平均水平，但也分别实现了年均 3.3%和 2.5%的增长；考察年份甘肃物流业全要素生产率为负，年均下降 0.3%。

表 4 丝绸之路经济带各省份物流业全要素生产率及其分解

地区	全要素生产率	技术进步	技术效率	规模效率	纯技术效率
新疆	1.033	1.081	0.956	0.992	0.964
宁夏	1.064	1.064	1.000	1.000	1.000
青海	1.078	1.105	0.975	1.055	0.924
甘肃	0.997	1.001	0.996	0.996	1.000
陕西	1.058	1.062	0.996	0.999	0.996
云南	1.057	1.105	0.956	1.009	0.948
四川	1.025	1.100	0.932	0.972	0.959

续表

地区	全要素生产率	技术进步	技术效率	规模效率	纯技术效率
重庆	1.082	1.094	0.989	0.961	1.029
广西	1.062	1.064	0.998	0.998	1.000
平均	1.050	1.075	0.977	0.998	0.980

资料来源：根据模型运算结果整理。

通过对丝绸之路经济带各省份物流业全要素生产率的分解看出，丝绸之路经济带八省份物流业全要素生产率增长均为技术进步推动型，技术效率低下阻碍了全要素生产率增长，甘肃全要素生产率下降归咎于考察年份技术效率下降。对技术效率的进一步分解发现，甘肃、重庆和广西三省份技术效率低的原因主要是规模效率不足；新疆、陕西和四川三省份技术效率低下主要是规模效率和纯技术效率双向下滑所致；青海和云南技术效率低归因于纯技术效率低下。

五、研究结论及政策启示

以2003~2013年面板数据为基础，利用数据包络分析方法，测算和分解了丝绸之路经济带各省份物流业全要素生产率Malmquist指数，考察了物流业全要素生产率的时空变化特征及全要素生产率的增长方式。研究认为，首先，丝绸之路经济带各省份物流业技术效率较低，2003~2013年样本省份平均技术效率仅为73.1%，效率提升的空间较大，尽管宁夏和甘肃物流业技术效率达到了DEA有效，但仍有七个省份物流业要素投入不合理，存在技术效率损失。其次，2003~2013年丝绸之路经济带各省份物流业全要素生产率增速较快，年均增长5%，技术进步年均增长率达到7.5%，技术效率增长率年均下降2.3个百分点，技术效率的下滑不足以抵消技术进步的增长，因此考察年份丝绸之路经济带各省份物流业全要素生产率增长的动力主要源于技术进步。最后，丝绸之路经济带各省份物流业全要素生产率增长方式在省域间差异不显著，2003~2013年各省份物流业全要素生产率实现增长的八个省份中，均表现为技术进步的强劲驱动，技术效率负增长阻碍了全要素生产率增长。

经济增长理论认为，只有靠技术进步与技术效率的“双轮驱动”，才能实现全要素生产率的持续稳定增长。因此，进一步提高物流业技术效率，使技术效率与技术进步成为物流业全要素生产率的双重驱动力，便成为全面提升丝绸之路经济带各省份物流业发展水平，推动传统货运向现代物流转型的重要保障。为此，提出如下政策建议：第一，既要广泛应用仓储保管、运输配送、装卸搬运、分拣包装、自动拣选等专用装备，又要推广条码技术、智能标签技术、配载配送和路径优化技术；既要注重叉车、托盘、货架、自动拣选、自动化装备等专用设备的更新换代，又要重视物联网、云计算在物流行业的应用，以提升物流业技术水平，推进物流业技术进步。第二，优化要素投入与产出结构，避免生产能力过剩和资源闲置，按照物流企业规模，确定资源配置状况，逐步提高物流业技术效率；建立物流信息系统和内部信息网络平台，并对现有技术进行标准化改造，逐步提升物流业的信息化水平与标准化程度。第三，丝绸之路经济带各省份间应加强物流技术的交流与合作，突破市场封锁和地方保护主义，提高生产要素在不同省份间流动的自由程度；充分发挥先进省份的传播和扩散作用，利用增长极的技术外溢效应，缩小省份差距，推动丝绸之路经济带一体化发展。

参考文献

[1] 李忠民，夏德水. 我国丝绸之路经济带物流设施效率分析——基于 DEA模型的 Malmquist 指数方法 [J]. 西安财经学院学报，2014，5：71–77.

[2] 田刚，李南. 中国物流业全要素生产率变动与地区差异——基于随机前沿模型的实证分析 [J]. 系统工程，2009，11：62–68.

[3] 杨沛. 我国物流业全要素生产率的测度研究 [J]. 华中农业大学学报（社会科学版），2010，3：99–103.

[4] 王健，梁红艳. 中国物流业全要素生产率的影响因素及其收敛性分析 [J]. 福州大学学报（哲学社会科学版），2013，3：16–24.

[5] 高秀丽，孟飞荣. 我国物流业全要素生产率及其影响因素分析 [J]. 技术经济，2013，2：51–58.

[6] 王维国，马越越. 环境约束下中国地区物流业全要素生产率重估及收敛性研究 [J]. 数学的实践与认识，2012，11：38–49.

[7] 袁丹，雷宏振. 丝绸之路经济带物流业效率及其影响因素 [J]. 中国流通经济，2015，2：14–20.

[8] 孙金刚，牛大山，周伟. 中国省级物流产业全要素生产率估算：一个随机前沿的分析方法 [J]. 物流技术，2013，2：148–150.

“一带一路”背景下民族地区文化产业发展与合作路径研究
——以内蒙古自治区为例

曹 荣①

[摘 要] 民族地区文化产业的发展与合作，既是中国与“一带一路”沿线国家经贸发展的重要组成部分，更有助于增强各国民间交流与互信，对于“一带一路”战略的实施具有基础作用和深远意义。以内蒙古自治区为例分析民族地区服务“一带一路”的定位和战略，分析当前民族地区文化产业发展合作现状，提出民族地区文化产业发展合作路径建议。

[关键词] 一带一路；民族地区；文化产业；路径

一、引言

“一带一路”战略自2013年提出，到2015年3月《推动共建丝绸之路经济带和21世纪海上丝绸之路的愿景与行动》发布，6月产业联通行动计划启动。“一带一路”战略涉及沿线65个国家、44亿人口、20万亿美元，涉及官方语言40余种。“一带一路”战略涉及中国18个省，改变了中国对外开放的格局，即由东部沿海，全面推进向西开放、沿边开放，将民族地区作为对外开放的关键枢纽和重要节点。这为民族地区发展开放型经济、参与区域合作、调整优化结构、推进新型城镇化、开辟中国全方位对外开放新格局带来重大机遇。

中国民族地区国土面积613万平方公里，占总国土面积的64%。全国共有五个自治区，155个民族自治地方。中国的陆地边界线约长2.2万公里，其中近1.9

---

① 曹荣（1981—），女，内蒙古财经大学商务学院，讲师，管理学博士在读，研究方向：商业管理。

万公里在民族地区，中国的边境县（区、市）有138个，其中109个在民族地区。民族地区具有古贸易路线的历史渊源优势，资源富集及沿边的区位优势，跨境的民族语言文化相通的优势以及广阔市场的优势。民族地区还是国家实现全面小康及确保国家长治久安的重点地区。西部大开发和兴边富民行动10余年为中国沿边开放、向西拓展提供了良好基础。西部地区与周边国家具有了相当规模的物流、资金流、信息流及人流。2014年12月国务院《关于加强和改进新形势下民族工作的意见》强调要支持民族地区新形势下的新发展。而发展民族地区文化产业与文化贸易，既是中国与“一带一路”沿线国家经贸发展的重要组成部分，更有助于增强各国民间交流与互信，对于“一带一路”战略的实施具有重要的基础性作用和深远意义。

二、民族地区服务“一带一路”的定位和战略

（一）明确民族地区自身的丝路定位

“一带一路”战略具有明确地包括大量民族地区在内的各省定位。2015年3月《推动共建丝绸之路经济带和21世纪海上丝绸之路的愿景与行动》（以下简称《愿景与行动》）最终圈定18省，包括新疆维吾尔自治区、陕西、甘肃、宁夏回族自治区、青海、内蒙古自治区等西北的六省，黑龙江等东北三省，广西等西南三省区，上海等五省（市）以及内陆的重庆。《愿景与行动》明确了各省（区）在“一带一路”中的定位及对外合作的重点方向。如新疆维吾尔自治区定位为丝绸之路经济带的核心区，面向中亚、南亚、西亚等深化交流与合作；云南定位为面向南亚、东南亚的辐射中心；东北三省定位为向北开放的重要窗口。此外还涉及多个节点城市的发展方向。而民族地区发展开放型经济，需要国家政策上的倾斜和发达地区的支持和帮助，更需要民族地区人民发挥自力更生、艰苦奋斗的精神，发挥自身积极性和创造性，充分利用民族地区的优势，明确自身的丝路定位，推进民族地区全方位发展。

中蒙俄经济走廊凸显内蒙古自治区优势。中蒙俄经济走廊自2014年9月提出，2015年7月中蒙俄元首签署经济走廊规划纲要谅解备忘录，确定的两个通道均经过内蒙古自治区，一是从华北京津冀到呼和浩特，再到蒙古国和俄罗斯；二是东北通道，沿着老中东铁路从大连、沈阳、长春、哈尔滨到满洲里和俄罗斯的赤

塔。中蒙俄经济走廊的两条通道互动互补，形成了一个新的开发、开放经济带。

内蒙古参与“一带一路”战略具有独特优势。第一，区位优势。内蒙古自治区横跨东北、华北、西北，外接俄蒙，内邻八个省区。与蒙古国、俄罗斯两国约4261公里的边境线，占全国陆地边境线的19.4%。第二，口岸优势。内蒙古自治区现已形成比较完备的对外开放口岸体系，现有17个陆路空港开放口岸，其中铁路口岸两个，分别是满洲里和二连浩特。公路口岸11个，分别是满洲里、二连浩特、甘其毛都、策克、珠恩嘎达布其、阿尔山、额布都格、阿日哈沙特、黑山头、室韦、满都拉。航空口岸四个，分别是呼和浩特、满洲里、呼伦贝尔（海拉尔）、二连浩特航空口岸。满洲里、二连浩特是中国对俄罗斯、蒙古国最大的陆路口岸，承载着中俄65%和中蒙95%的陆路货物运输任务。第三，经贸合作优势。如图1所示，中俄、中蒙贸易稳步发展，有合作基础。且蒙古国、俄罗斯远东及西伯利亚地区产业结构与内蒙古自治区有很强的互补性，且发展愿望强烈。第四，政策优势。内蒙古自治区参与“一带一路”战略的各级部门制定了相应政策，如2014年制定《创新同俄罗斯、蒙古国合作机制实施方案》等。在满洲里加快电子口岸建设，实现一次申报、一次查验、一次放行等。

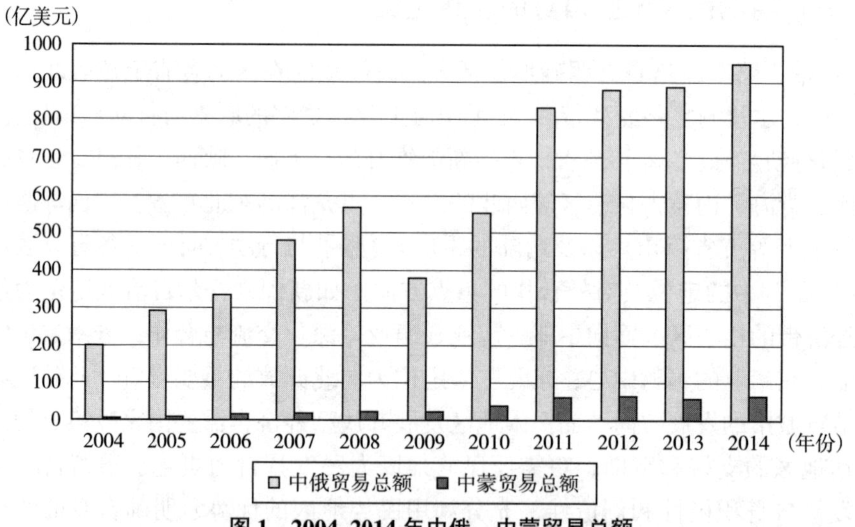

图1 2004~2014年中俄、中蒙贸易总额

资料来源：依据中华人民共和国商务部网站公布数据制定。

内蒙古自治区的丝路定位。基于内蒙古自治区在中蒙俄经济走廊的重要地位。内蒙古自治区政府研究室专家提出，内蒙古自治区应着力打造融开放之门、亚欧之路、集散之枢、先行之域于一体的中俄蒙经济走廊核心区。首先，依托沿边经济带 19 个口岸及两个国家重点开发、开放试验区，构建开放之门。其次，建设形成融陆港、空港、能源、光缆通道于一体，内连腹地、外接俄蒙、沟通欧洲的国际大通道，构建亚欧之路。再次，建设呼包鄂内陆开放型经济高地，提供联接俄蒙与内地的产品集散输出、加工、贸易、流通、中继和进出口服务，构建集散之枢。最后，依托国家对内蒙古自治区的特殊政策，大胆改革创新、先行先试，推进向北开放和中俄蒙经济走廊建设，构建先行之域。

（二）制定民族地区独特的丝路战略

民族地区应优化地方投资环境，积极扩大对内对外开放程度，并在明确本地区定位的基础上，制定行之有效、极具包容性的发展战略，有效衔接国家“一带一路”规划。内蒙古自治区制定了参与丝路建设、发展开放型经济、加强基础设施建设、促进产业结构优化升级的丝路发展战略，并逐步推进区域协调发展。第一，参与丝路建设，发展开放型经济。内蒙古自治区定位为中俄蒙经济走廊核心区，提出要积极开展中俄蒙跨境次区域经济合作。积极参与“中北亚经济圈”建设，在资源能源、基础设施、生态环保、产业合作、科技文化等方面谋求合作，发展外向型经济。第二，参与丝路建设，加强基础设施建设。内蒙古自治区推进“亚欧大陆桥”建设，畅通满洲里—俄罗斯—欧洲国际铁路大通道，满洲里—大连港—营口港的出海通道；畅通经二连浩特—乌兰巴托—莫斯科—欧洲的国际铁路大通道；畅通临河、哈密、阿拉山口至哈萨克斯坦、俄罗斯、白俄罗斯、波兰、德国等欧洲国家一线的国际铁路大通道；建设环渤海湾—新疆便捷高速通道。第三，参与丝路建设，促进产业结构优化升级。“一带一路”背景下内蒙古自治区积极升级 8337 发展思路提出的“五大基地”建设，即升级建设开放型的清洁能源输出基地；升级建设外向型的绿色农畜产品生产加工输出基地；升级建设国际型的旅游观光休闲度假基地；升级建设示范型的现代煤化工生产基地；升级建设跨越型的现代装备制造基地。

三、民族地区文化产业发展及合作现状

据中国商务部数据显示，2013 年中国文化产品进出口总额达 274.1 亿美元，其中出口 251.3 亿美元，是 2006 年的 2.6 倍。文化产品出口主要以视觉艺术品（工艺品等）、新型媒介（游戏机等）、印刷品、乐器为主。2013 年，中国文化服

务进出口额为95.6亿美元，其中出口51.3亿美元，是2006年的3.2倍，文化服务主要以广告宣传服务为主。当前民族地区文化产业发展及合作具有如下特点：

（一）国家不断加大政策支持力度

中国多项文化政策推进了文化产业发展及合作。2014年3月国务院发布《关于推进文化创意和设计服务与相关产业融合发展的若干意见》、《关于加快发展对外文化贸易的意见》，文化部、人民银行、财政部联合发布《关于深入推进文化金融合作的意见》。商务部提出加快发展对外文化贸易，一是搭建贸易促进平台。中国（北京）国际服务贸易交易会、中国（香港）国际服务贸易洽谈会、中国服务贸易指南网、自由贸易园（港）区和海关特殊监管区，为文化企业搭建文化产品和服务出口平台。二是加大对文化出口的支持力度，推动文化企业境外投资合作，给予政策支持，如《关于金融支持文化出口的指导意见》（2009）、《关于进一步推进国家文化出口重点企业和项目目录相关工作的指导意见》（2010）、《文化产品和服务出口指导目录》（2007）。2013~2014年度，366家中国文化出口重点企业及项目企业的123个项目开展。中国文化产业境外投资规模进一步拓展。

民族地区参与“一带一路”建设，获得了中国政府包括文化产业发展与合作在内的各方面支持。2014年12月22日，中共中央、国务院印发《关于加强和改进新形势下民族工作的意见》，提出完善差别化政策支持，在民族地区优先布局重大产业项目，在口岸建设、基础设施互联互通等方面，继续加大银行、证券、保险的支持力度。此外，民族地区应充分利用编制《国家“十三五”兴边富民行动规划》、《扶持人口较少民族规划》、《少数民族事业规划》、《少数民族特色村镇保护与发展规划》以及各民族省区《经济社会发展规划》的契机，将民族地区规划与国家布局紧密对接，发挥优势，提高民族地区自身发展动能，惠及各族人民。

（二）文化产业发展地区不平衡

文化产业区域发展呈现地区不平衡特征，即东部全面领先、中部紧紧追赶、西部大步快跑型的梯度发展。第一，东部全面领先。2013年东部10省市的资产规模平均为4502.25亿元。文化产业六大类别分地区分年度排序中，广东位居第一，江苏、山东、浙江、北京、上海在文化内容生产、文化传播渠道和生产性文化服务、文化装备制造和文化消费终端制造方面均发展迅速。第二，中部紧紧追赶。近五年来，中部六省与东部10省市的差距逐步缩小。2013年，中部地区湖南省、河南省和湖北省文化生产服务增加值仅低于广东和山东的规模。第三，西部大步快跑。西部个别省市发展迅速。西部12省区市与东部10省市的发展差距也在逐步缩小。尤其是四川省、重庆市成果卓著。

（三）产业发展与民族文化遗产保护并重

文化遗产保护是文化产业发展的基础和重点。民族文化遗产的多样性为文化创意产业提供取之不尽用之不竭的资源。因此，传承和保护历史文化，充实和丰富现代文化内容，提倡生产性保护，来推动文化产业项目和文化事业的发展，即积极发掘文化遗产的本质内涵，保护文化遗产的真实性、整体性和传承性，寻找其与现代文化发展的对接点。将非物质文化遗产及其资源转化为物质产品，有助于促进活态传承，激发内在活力，如传统技艺、传统美术和传统医药药物炮制技术等。一些文化遗产特别是非物质文化遗产做创意设计，新产品开发，结合现代产业，做衍生产品，建设品牌、开拓文化旅游业、涉足教育事业，逐渐形成完整的文化产业生态链。目前，中国两批国家级非遗生产性保护示范基地运行良好。部分省市创新生产性保护方式——“公司+农户”，成效显著。

（四）融资渠道有待拓展和完善

文化领域对外直接投资规模不断扩大，但融资渠道有待拓展和完善。商务部网站数据显示，中国文化、体育和娱乐业2013年对外直接投资达到1.8亿美元，境外投资文化重点项目增加，如数字电视的境外运营，在非洲进行项目运营的北京四达时代集团。电影公司的境外投资并购增加，如大连万达集团投资并购美国第二大院线公司——AMC影院公司，小马奔腾并购好莱坞电影特效公司——数字王国。互联网金融发展迅猛，其第三方支付、众筹模式在文化产业贸易领域的应用逐步渗透。政策、技术、行业准则等尚需进一步规范。

四、民族地区文化产业发展及合作路径建议

（一）建设跨境经贸文化产业合作区、产业园区

中国沿边各省积极探索拓展与周边国家经济合作的新形式，建设跨境经济合作区，即在两国边境附近划定特定区域加快发展，其包括实施特殊财政税收、投资贸易配套产业政策、跨境海关特殊监管、聚集各生产要素、辐射带动周边地区

共同发展等。如云南积极推进中越（河口—老街）、中缅（瑞丽—木姐）、中老（磨憨—磨丁）三个跨境经济合作区建设。广西建设中越（凭祥—同登）跨境经济合作区。2006 年中哈霍尔果斯国际边境合作中心由国务院批准设立。

2014 年 10 月中蒙达成共识，共同积极推进在蒙方和中国阿尔山市接壤一侧建立中蒙跨境经济合作区。阿尔山口岸“一关两检”全面入驻。跨境经济合作区建设主要涉及农畜产品生产加工、跨境旅游和商贸物流等方面。2014 年 6 月，二连浩特市被批准为国家重点开发、开放试验区。规划合作区占地 18 平方公里，中方的二连浩特和蒙方的扎门乌德各占九平方公里，“两国一区，封闭运行”，重点业务包括发展国际贸易、加工贸易、综合保税等。跨境文化贸易的发展应积极利用政府给予跨境经济合作区的各项优惠政策，建设跨境经贸文化产业合作区、产业园区，借助蒙古国在许多国家的免税及减税待遇，推动中国文化产品国际化。当然，建设跨境经济合作区、跨境经贸文化产业合作、产业园区还面临许多困境，如缺乏双方国家高层共同的积极推进，缺乏共识；缺乏运营模式和政策支持；缺乏可遵循的规则；缺乏准确的定位和可行性分析。这些问题的解决将直接关系到跨境经济合作区建设的成败。因此，国家高层应加强相互沟通，积极推进共同发展的政策、路径和准则。

（二）建设独具特色的文化特区

“一带一路”战略背景下，少数民族和少数民族地区应强化与沿线各国的务实有效合作。民族地区文化特区在“一带一路”战略中起到窗口、前沿和民心相通的关键作用。中国应有计划地在边境口岸城市，以当地特色为基础适当布局特色文化项目，打造文化聚集区，建设文化特区，如在满洲里建设中俄文化特区，在二连浩特建设中蒙文化特区。

内蒙古自治区应重点制定本地区文化特区建设基本蓝图和行动纲领，如《内蒙古文化特区建设发展规划纲要》上报国家发改委请求批复。在规划纲要中明确指导思想、战略定位、发展目标和重点任务。并在全面分析内蒙古自治区文化特区建设发展的内外部条件的基础上，从空间布局、基础建设、产业发展、保障措施、近期行动计划等方面对内蒙古自治区文化特区建设提出了具体工作安排。第一，发展目标可定为 5~10 年，提高内蒙古自治区文化产业增加值占地区生产总值比重，提高第三产业比重和第三产业从业人数比重。提高全省人均生产总值、城乡居民收入和生活质量以及综合生态环境质量等。第二，提出内蒙古自治区文化特区建设发展原则和“整体布局、系统扩展、滚动建设”等空间发展模式。第三，重点发展新闻出版发行服务、广播电视电影服务、文化艺术服务、文化信息传输服务、文化创意和设计服务、文化休闲娱乐服务、工艺美术品的生产、文化产品生产的辅助生产、文化用品的生产、文化专用设备的生产等。第四，综合发展文化相关的旅游业、文化体育产业、房地产业、金融保险业、商贸餐饮业、现代物流业、特色现代农业畜牧业、新型工业和高新技术产业等。如尝试推进中俄、中蒙文化影视基地建设，进而延伸发展旅游业、影视道具服饰加工制造、翻译、图书出版、语言培训等语言文化产业等，还包括定期举办中蒙俄文化博览会等国际会展与商贸洽谈会等。

（三）推进区域合作平衡发展

“一带一路”战略以推进区域合作为核心，主张平衡发展。对内开展东中西部合作，协调发展，逐步推进；对外开展区域和跨区域合作，也主张多地区经贸合作统筹发展。“一带一路”战略背景下，西部民族地区被推向对外开放的前沿地带，大大提升了发展开放型经济和文化贸易的水平。通过西部口岸开放，联结边疆、沿边地区与境外、与中国东中部地区，从而缩小地区差距。宁夏回族自治区成为中国向西开放的战略平台，成功举办中阿经贸论坛和中阿博览会；新疆维吾尔自治区是西部及亚欧大通道的核心，是东西方货币交汇点。简言之，“一带一路”背景下，文化产业地区发展趋势是东中西部地区一体化发展。因此，首先需要在顶层设计和制度安排上加强统一规划，明确国家设计已出台的各省定位，产业布局、跨省交通规划、政策支持和各地协调等。其次进行省级设计，主要解决不同城市功能、产业、物流等定位。应在 2015 年 3 月 《推动共建丝绸之路经济带和 21 世纪海上丝绸之路的愿景与行动》明确各省定位的基础上突出各个民族地区自身的特色。更应注意加强省际间政策协调和产业发展统筹协调，确定各个节点省区市的产业定位和功能布局，避免各地争抢资源、政策，重复建设以及同质化竞争。

在此基础上，内蒙古自治区提出着力打造融开放之门、亚欧之路、集散之枢、先行之域于一体的中俄蒙经济走廊核心区。区域和跨区域全方位开展合作，举办了中俄蒙国际装备制造业博览会（内蒙古），并在旅游、环保等方面积极开展洽谈合作。

（四）创新文化产业商业模式及投融资模式

探索新的盈利方式，创新商业模式是文化企业提升核心竞争力的关键。目前，可资借鉴的文化产业商业模式有全产业链的商业模式、文化旅游的商业模式、体育产业的商业模式、明星经纪的商业模式、数字内容产业的商业模式、动漫产业的商业模式、全媒体产业及其商业模式，且都可以做延伸产业和衍生产品。企业家主导在充分考虑国际国内环境的基础上，结合民族地区优势及特色，前瞻性地创新发展商业模式，如跨境电子商务模式兴起，即依靠互联网和国际物流，直接对接终端，满足客户需求，其具有低门槛、低成本、环节少、周期短等优势。据商务部统计数据显示，2013 年中国跨境电子商务交易额突破 3.1 万亿元。内蒙古自治区目前共有八家跨境电子商务平台，其中有五家在二连浩特，在通关便利化方面凸显优势。

文化产业的发展还需依靠金融资本力量。民族地区应积极探索文化产业投融资创新模式，开设民营金融机构，主动对接亚洲基础设施投资银行和丝路基金，改变资金不足现状，如发挥互联网推动“一带一路”沿线国家文化贸易合作的平台作用。互联网金融模式主要有第三方支付、P2P 网贷、众筹融资、大数据金融、信息化金融机构、互联网金融门户等。如文化产业的众筹融资，即包括筹资人、出资人和众筹平台（中介机构）组成的用团购加预购的形式，向网友募集项目资金的模式。创意企业、艺术家或个人向公众展示他们的创意及项目，争取公众的关注与支持，进而获得所需要的资金援助。众筹模式包括奖励制众筹、募捐制众筹、股权制众筹、借贷制众筹等。其中，股权制众筹在中国发展迅速，是中国文化企业互联网金融发展的重要模式之一，包括通过熟人介绍加入，不成为股东的凭证式众筹，投资并成为股东的会籍式众筹，有明确财务回报要求的天使众筹等。

参考文献

[1] Fisher，Josh. The Cultural and Political Intersection of Fair Trade and Justice：Managing a Global Industry [J]. Anthropological Quarterly，2015，881.

[2] 中国产业发展研究院. 2014 中国产业发展报告 [M]. 上海：上海财经大学出版社，2014.

[3] 高书生. 十年见证文化产业腾飞 [N]. 光明日报，2015-02-12（14）.

[4] 文风. 内蒙古参与中俄蒙经济走廊建设几个问题的研究 [J]. 北方经济，2015，5：17-18.

[5] 许海清. 加快中蒙边境口岸发展的对策探讨 [J]. 未来与发展，2013，4：94-98.

丝绸之路经济带国家能源合作路径、模式与前瞻[①]

祁小伟[②]

［摘　要］丝绸之路经济带国家在资源要素禀赋、产业结构、城镇发展现状等方面存在明显的差异性与互补性，中国与中亚能源合作是丝绸之路经济带的重中之重。自20世纪90年代能源合作序幕拉开以来，双方互惠互利发展良好，在石油天然气勘探开发、炼油化工、管道运输、销售贸易和工程技术服务等方面有巨大的合作潜力以及良好的合作条件，同时也面临着地缘政治环境以及投资环境等多方面的挑战。

［关键词］丝绸之路经济带；能源合作；区域协调；能源安全

2013年9月，习近平主席访问中亚时提出共同打造丝绸之路的战略构想，并得到中亚各国的积极响应。丝绸之路经济带是指涵盖中国西部和中亚五国，[③]并延伸至俄罗斯及中国中东部地区的特定经济区域。该区域东边牵着亚太经济圈，西边系着发达的欧洲经济圈，被认为是“世界上最长、最具有发展潜力的经济大走廊”。丝绸之路经济带国家在资源要素禀赋、产业结构、城镇发展现状等方面存在明显的差异性与互补性，彼此间互通有无，合作共赢成为沿线各国社会经济发展的普遍愿望。中国与中亚五国，相互接壤的边境线长达3700公里，[④]拥有得天独厚的谋求经济共同发展的地理位置，其中，能源合作是符合双方利益的最优先合作方向。

---

① 基金项目：国家社会科学基金西部项目（项目编号：13XMZ079）。

② 祁小伟（1963—），女，内蒙古赤峰人，内蒙古财经大学金融学院教授，博士，主要研究方向：区域经济理论、投融资研究。

③“中亚”概念是指哈萨克斯坦、吉尔吉斯斯坦、塔吉克斯坦、土库曼斯坦和乌兹别克斯坦五国。

④ 高世宪等. 丝绸之路经济带能源合作现状及潜力分析［J］. 中国能源，2014，4.

一、中国与中亚五国油气资源产消状况

（一）中国

进入21世纪以来，中国能源消费需求快速增长，能源利用效率显著提高，但能源结构的调整优化越来越成为紧迫而艰巨的任务。中国是一个煤炭储量丰富、油气资源短缺的国家，在化石能源中，燃煤占近70%，[①] 对大气、水、土壤环境造成严重污染；油气消费的对外依赖程度逐年提高，据中国石油经济技术研究院发布的报告称，2014年中国石油对外依存度接近60%（如图1所示），天然气对外依存度上升至32.2%（如图2所示）。中国油气资源生产与消费总量仍然存在着巨大的缺口。

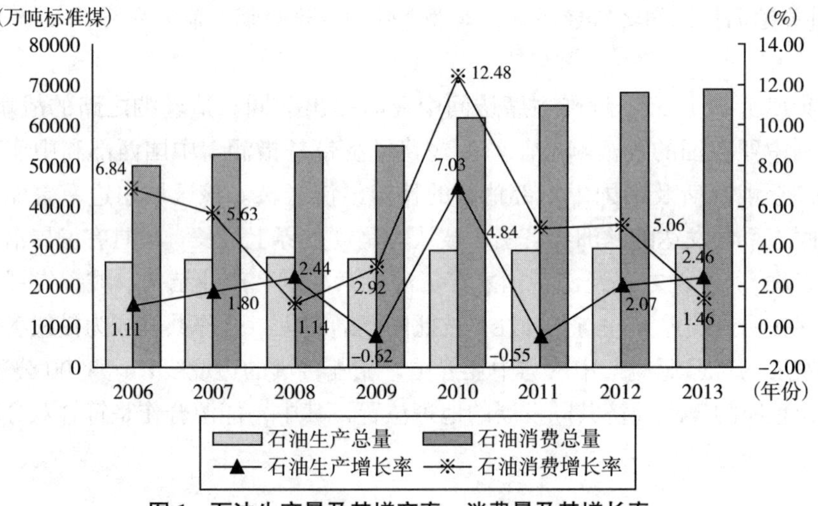

图1　石油生产量及其增产率、消费量及其增长率

① 路甬祥. 清洁、可再生能源利用的回顾与展望［J］. 新华文摘，2015，2.

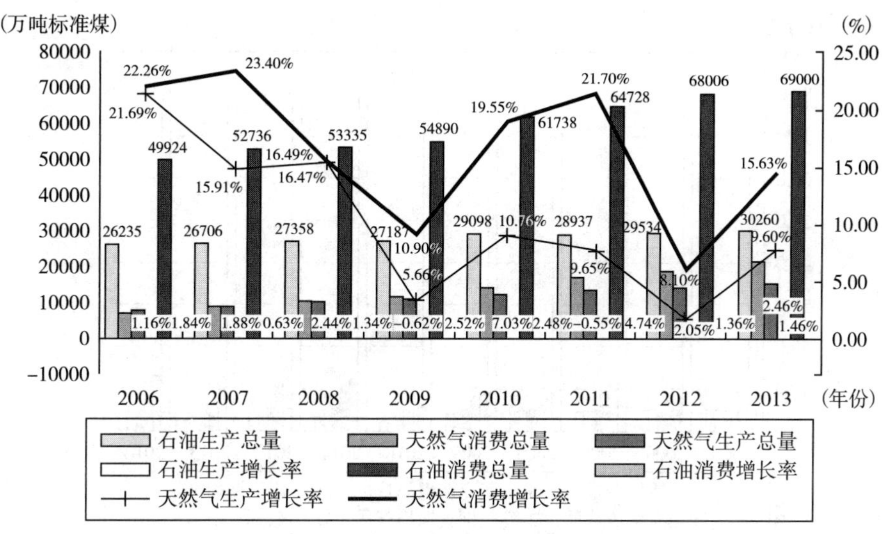

图 2 天然气生产产量及其增长率、消费量及其增长率

（二）中亚五国

据《BP 世界能源统计 2015》，中亚地区是世界上油气资源储藏量最丰富的地区之一，从该地区近 10 年来油气资源产消差额来看，该地区的油气出口潜力巨大。其中哈萨克斯坦是五国中最大的产油国，2010 年以来年产石油在 8000 万吨左右，石油产量的 80%以上用于出口；土库曼斯坦石油产量 1000 万吨以上，约 50%用于出口（如图 3 所示）。中亚最大的天然气生产国土库曼斯坦，2011 年以来天然气年产量达 5.5 千万吨油当量，其国内消费天然气不足 43%，大量天然气需要出口通道（如图 4 所示）。

中国与中亚五国是近邻，20 世纪 90 年代，中国与哈萨克斯坦、吉尔吉斯斯坦、塔吉克斯坦顺利解决边界问题后，建立了睦邻友好的地缘政治关系。2001 年，为了应对国际复杂、深刻、多变的政治经济形势，联合打击国际恐怖势力、民族分裂势力和宗教极端势力等“三股势力”，共同维护地区的和平安全与稳定，成立了“上海合作组织”，[①] 国家关系也由“睦邻友好合作”向“全面战略伙伴关系”发展。良好的地缘政治关系，推动了中国与中亚五国地缘经济的蓬勃发展，特别是能源合作成效显著。

① 上海合作组织成员国：中国、俄罗斯、哈萨克斯坦、吉尔吉斯斯坦、塔吉克斯坦和乌兹别克斯坦。

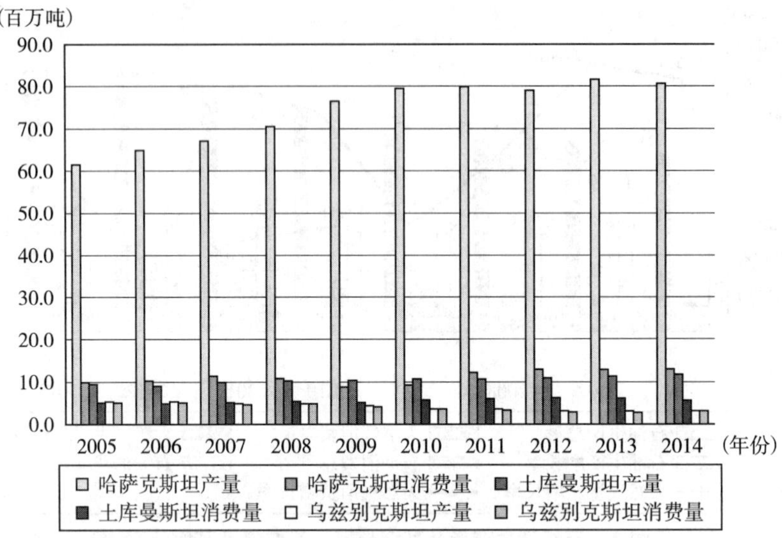

图 3 中亚主要国家石油产量及消费量

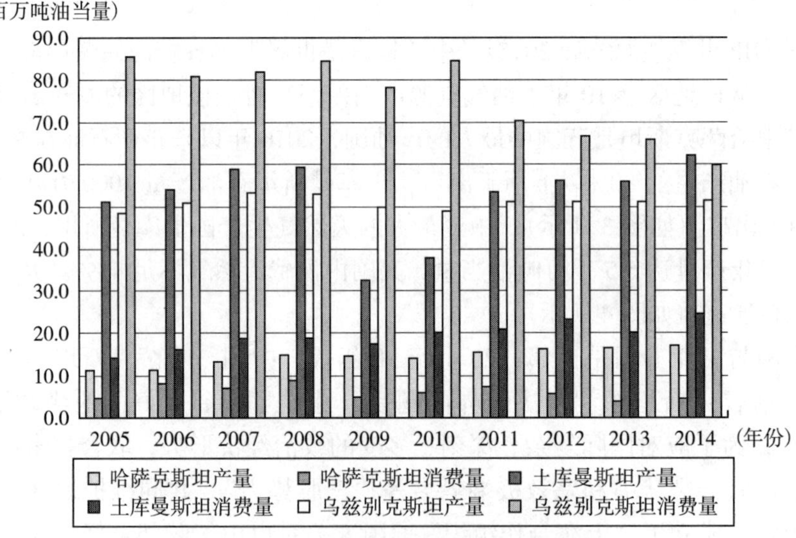

图 4 中亚主要国家天然气产量及消费量

二、中国与中亚国家能源合作历程及模式

（一）中国与中亚国家能源合作分两个阶段

1997~2005 年能源合作的创始阶段。这一时期中国与中亚能源合作项目发展零星而缓慢，最早的项目是 1997 年中石油签订购买哈萨克斯坦阿克纠宾斯克项目 60.3%的股权协议。同一时期中国油气资源进口的地区主要集中在中东和非洲；进口的油气资源品种主要是石油；进口的油气资源的运输方式更以海运为主。但由于中东、非洲地区的主要产油国局势长期动荡，加之海运通道的不安宁，中国能源安全受到极大威胁。

2006 年中国与中亚国家开启能源合作的快速发展阶段。经过近 10 年的发展，中国与中亚五国的能源合作具备了一定的规模和稳定性，加之国家实施能源进口“多元化战略”，即优化能源进口的地区、品种和运输方式等，中国与中亚五国的能源合作进入一个全新的阶段。尤其是 2006 年 5 月中哈原油管道的全线通油和随后的中国—中亚天然气管道的开工建设，为中国与中亚国家的油气运输、成本降低、风险规避等提供了深入合作下去的良好条件，也标志着中国境外陆路管道供油时代和陆上能源安全大通道时代的开启（如表 1 所示）。

表 1　中国—中亚主要油气资源合作项目一览表

合作时间	合作国家	合作内容
1997–06	哈萨克斯坦	中哈签订《阿克纠宾油气股份公司购股协议》购买阿克纠宾斯克油气公司 60.3%的股权，标志着中国正式进入中亚油气市场
2003–06	哈萨克斯坦	中石油再签阿克纠宾斯克购股协议，占阿克纠宾斯克油田股份达到 85.6%
2005–10	哈萨克斯坦	中石油再签阿克纠宾斯克购股协议，占阿克纠宾斯克油田股份达到 85.6%
2006–04	土库曼斯坦	签署了《中华人民共和国政府和土库曼斯坦政府关于实施中土天然气管道项目和土库曼斯坦向中国出售天然气的总协议》
2006–05	哈萨克斯坦	中哈原油管道一期工程开始建设，并于 2006 年 5 月全线通油
2007–08	土库曼斯坦	中国—中亚天然气管道土库曼斯坦段开工建设
2009–04	哈萨克斯坦	中哈签署了 100 亿美元的石油贷款协议
2012–10	土库曼斯坦、乌兹别克斯坦、哈萨克斯坦	中国—中亚天然气管道 A/B 线 300 亿立方米输气能力建设全部完成
2013–09	土库曼斯坦	中石油和土库曼斯坦天然气康采恩签署年增供 250 亿立方米天然气购销等协议
2013–09	土库曼斯坦	中国—中亚天然气管道 D 线建设启动，定于 2016 年建成通气

（二）中国与中亚国家能源合作模式

中国与中亚国家资源禀赋迥异，地缘上的近邻性与经济上的互补性决定了双方依据各自的比较优势，围绕油气开发、油气贸易等形式较早开展了能源合作，并实现了互利共赢。

1. 股权并购模式

资源需求方以协议方式或通过资本市场购买资源出口国目标公司股权，实现资源合作的战略。股权并购的优点是省去了矿业项目勘探、论证、设计、施工等高风险中间环节；缺点是并购方必须对目标公司的信息有足够的了解，这也增加了并购风险。1997 年 6 月，中哈签订的《阿克纠宾油气股份公司购股协议》，购买阿克纠宾斯克油气公司 60.3%的股权就属于股权并购模式。

2. 以技术换资源模式

风险勘探。因缺乏勘探技术，资源出口国可采取风险勘探模式与资源需求缺口大但矿业技术比较发达的国家展开合作。资源出口国通过与资源需求国相关企业签订协议的方式，以本国资源勘探权及其开采权和收益权为筹码，获得对方风险投资，从而实现跨国资源合作的目的。2006 年 12 月，中石油获得乌兹别克斯坦《油气勘探作业许可证》，可在三个盆地五个陆上勘探区块开展油气勘探作业。

3. 直接投资购买产能模式

购买产能模式指资源需求方通过对资源出口国大型矿业公司生产能力的投资，换取对方一定年限的矿产资源供应。资金和资源形成经济大国和资源出口国之间又一类型的互补性需求。资金充裕的经济大国可以采用购买产能模式，投资资源出口国矿业公司，并获得占其产能一定比例的资源购买权，确保本国资源供应的稳定性和价格方面的优先权，而资源国也能够获得发展经济所急需的建设资金。

4. 贷款换资源的模式

2008 年中国与俄罗斯签订能源合作协议，中国将向俄罗斯提供 250 亿美元贷款，以获得未来 20 年来自俄罗斯的三亿吨原油。针对中亚国家的资金需求，借鉴中俄“贷款换石油”经验，中国与中亚的合作短期内可以采取贷款换油气的模式，既保证了能源供应的总量，又进一步加强与中亚国家的能源合作关系。

三、中国与中亚国家能源合作前瞻

（一）强化上海合作组织的协调作用

上海合作组织成立以来，执行着双重职能：反恐与经济合作。从以往的实践来看，在上合组织框架内，各成员国之间加强了相互信任与睦邻友好，促进了各成员国在多领域里的有效合作。但经济合作的力度还需加强，尤其是在能源合作中面临着共同的安全问题。上海合作组织是唯一具有能力保护成员国能源体系和能源安全的有效机制。在成员国能源合作方面，需要上海合作组织就政府间的合作意愿、项目建设等诸多问题做大量细致的工作，协调成员国之间的意见和要求，推进能源合作效益的最大化。

（二）建立丝绸之路经济带国家能源合作委员会和能源金融机构①

建立“丝绸之路经济带国家能源合作委员会”，成员由各国负责资源管理的政府高级官员组成，定期探讨丝绸之路经济带国家之间互利共赢的资源合作问题，将取得的成果以签署联合声明的形式发布，并对各成员国具有一定的约束力，从而能够有力地促进丝绸之路经济带国家之间能源合作水平的提高；创建能源合作开发金融机构可以为资源开发涉及的跨国投资、技术引进、勘探权、开采权转让等提供融资平台，并为未来能源合作过程中可能出现的摩擦和纠纷提供解决方案。

（三）促进丝绸之路经济带国家能源合作的互利共赢

中国与中亚国家的能源合作将会形成一个更为广泛的消费大国与资源国家合作的有利格局，中国必须在多赢互利基础上，向资源国明确双方合作的战略意义，以实际行动承担消费国应尽的责任。丝绸之路经济带的大多数国家属于相对贫穷的发展中国家。由于国情不同，各国应努力改善投资环境，完善法律政策体系，制定税收保护协定，消除监管障碍，并积极推动和加强在资源、技术、装备、资金、信息及人才交流等领域的广泛合作。在“相互尊重、协商一致、循序

① 于会录等. 丝绸之路经济带资源格局与合作开发模式研究［J］. 资源科学，2014，12.

渐进、稳步发展、相互开放、共同繁荣"[①] 的原则基础之上，推进双边和多边能源合作，共同探讨合作方向、合作目标、合作模式，制定全面能源合作计划与实施战略。同时，鼓励中亚资源丰富国家，实施资源兴国和创新驱动战略，充分发挥本国资源优势，驱动本国经济快速崛起，走一条可持续发展之路。

参考文献

[1] 高世宪等. 丝绸之路经济带能源合作现状及潜力分析 [J]. 中国能源，2014，4.

[2] 于会录等. 丝绸之路经济带资源格局与合作开发模式研究 [J]. 资源科学，2014，12.

[3] 赵华胜. 美国新丝绸之路探析[J]. 新疆师范大学学报（哲学社会科学版），2012，6.

[4] 杨宇等. 能源地缘政治视角下中国与中亚—俄罗斯国际能源合作模式 [J]. 地理研究，2015，2.

[5] 李红强等. 中亚能源地缘政治格局演进：中国力量的变化、影响与对策 [J]. 资源科学，2009，10.

[6] 毛汉英. 中国与俄罗斯及中亚五国能源合作前景展望 [J]. 地理科学进展，2013，10.

[7] 马莉莉等. 丝绸之路经济带：一个文献综述 [J]. 西安财经学院学报，2014，7.

① 上海合作组织成员国贸易便利化原则。

中印信息产业技术创新政策效率比较研究①

章东明②

［摘　要］运用 DEA 效率方法比较中国和印度信息产业政策的实施效率。静态来看，中印两国信息产业政策的投入转化率整体较好，但两国规模效率在过去 11 年里基本呈递减状态，造成一定程度的资源浪费。动态来看，技术水平变化是全要素生产效率提高或衰退的最大原因，综合效率影响程度次之；中印两国纯技术效率不变，但规模效率变化经历短暂上升和短暂下降然后长期不变的过程。中印比较来看，中国存在财政政策投入冗余情况，并且软件和信息服务业的产出不足；印度投入转化效率较高，不存在投入冗余现象，但在硬件制造业方面产出不足。

［关键词］技术创新；政策；效率

一、引言

技术创新能力日益成为一国国际竞争力的体现，技术创新政策作为技术创新能力的推手角色，近年来逐渐引起各界的关注。2014 年 2 月 10 日，首届金砖国家科技和创新部长级会议中，各国代表均对本国创新政策及研究成果进行专门汇报。而且，金融危机爆发后，国际货币基金组织（IMF）数据显示金砖国家在 2009~2011 年期间，每年对世界经济增长的贡献率分别达到 40%、34%和 79%，

---

① 基金项目：高等学校博士学科点专项科研基金博导类资助课题“跨国研发中心嵌入与中国开放式 NIS 演化路径的理论与实证研究”（项目编号：20130016110003）；国家自然科学基金委面上项目“中国企业海外研发中心发展路径及其 NIS 效应”（项目编号：71573292）。

② 章东明（1989—），女，安徽省安庆人，博士研究生，中央财经大学商学院，研究方向：跨国公司管理和国家创新系统。

已然成为推动世界经济复苏的重要力量。中国和印度（下文简称“中印”）作为金砖国家中备受瞩目的人口大国，其经济技术迅速成为国内外各界关注的焦点。基于对未来创新发展的共同关注以及中印的技术创新能力发展，本文首先对中印的技术创新政策进行梳理，然后基于 2000~2010 年中印信息产业数据，应用数据包络分析（DEA）方法比较研究两国技术创新政策效率，最后根据结论得出中印信息产业技术创新政策实施过程中的相关建议。

二、中印信息产业政策概览

信息产业具有集聚创新资源与要素的特征，仍是当前全球创新最活跃、带动性最强、渗透性最广的领域。新一代信息技术正在步入加速成长期，带动产业格局变革。金融危机以来，中印已将发展信息产业提升到国家战略高度，抢占未来技术和产业竞争制高点，在国家技术创新政策布局中各国已经表现出对该产业的政策倾向。

（一）信息产业定义

随着信息经济的发展，信息技术渗透到越来越多的领域，导致信息产业范畴在不断变化。早期国外学者以及经济组织都对信息产业赋予了不同的定义，国内学者及政府也结合本国实际发展情况对信息产业的范畴进行了界定。

早期对信息产业的定义是从其主要类别及作用角度来解释的。马克卢普（F. Machlup，1962）最早提出了信息设备和信息服务的概念，都属于知识产业的五大类（其他三类是教育、研究与开发、通信媒介）。马克卢普把信息部门当作一个整体来处理，不管其组成部门是否发生市场交换。马克·波拉特（M. U. Porat，1977）认为信息产业的生产、处理、流通和服务渗透于国民经济的各个领域，并将从事信息活动的部门分成第一信息部门和第二信息部门。第一信息部门是指直接向市场提供信息产品和信息服务的部门；第二信息部门是指只把信息劳务和资本提供给内部消耗的，而不进入市场的信息服务部门。

随着信息产业逐渐成为学术研究的热点，越来越多的国际组织开始关注并尝试界定信息产业的范畴。日本科学技术与经济协会（1983）提出信息产业由两个产业群体构成：一是信息技术产业，它是指开发、制造并出售机器和软件的产业；二是信息商品化产业，这个产业群体是指使用信息机器进行信息的收集、加工、分配等提供信息服务的产业，培养适应高度知识化社会人才的产业以及提供高度专业信息甚至代理主体行动的产业等。美国商务部认为信息产业是生产、处理和传输信息产品和服务的产业，应该由硬件业、软件和服务业、通信设备制造业以及通信服务业四部分内容组成（如图 1 所示）。北美产业分类系统（NAICS，1997）发表了新的产业分类标准，将信息产业定义为将信息转变为商品的行业，包括三种类型：①生产和发行信息及文化产品的行业。②提供传递或发行这些产品以及数据或通信媒介的行业。③处理数据的行业。联合国国际标准产业分类（ISIC，2001）认为信息内容包括出版、广告、电影和音像、广播电视、新闻、图书馆和档案馆等活动。其他的如经合组织（OECD）的《信息和通信技术部门的测量》（1998）、欧盟的《欧洲报告 1995 年》、世贸组织（WTO）的《信息技术协议》（ITA，1997）都给出了信息产业的定义和范畴界定，但这些定义都限于信息技术产业和信息服务业范畴，只有经合组织和欧盟的定义似乎涉及信息内容产业。

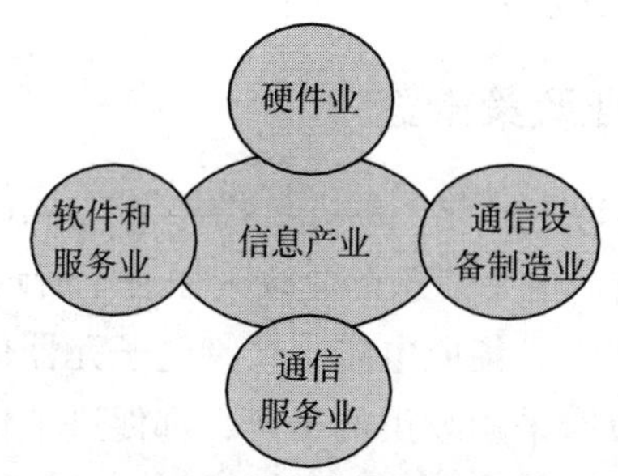

图 1　美国商务部的信息产业定义

资料来源：根据资料，笔者绘制。

国内对信息产业的研究较晚，基于已有研究并结合本国信息产业发展，对信息产业的定义都偏向广义，认为信息产业不仅限于信息技术和信息服务，还包括邮电、广电、图书、科研、教育、金融、保险等部门，部分研究甚至涵盖了类似波拉特第二信息部门的准信息部门（胡继武，1995；陈禹、谢康，1998；司有和，2001）。国家政府部门也对信息产业做了界定。2011 年颁布的最新国民经济行业分类（GB/T 4754-2011）中，将信息产业界定为信息传输、软件和信息技术服务业，包括电信、广播电视和卫星传输服务业，互联网和相关服务业，软件和信息技术服务业。具体二级行业如图 2 所示。

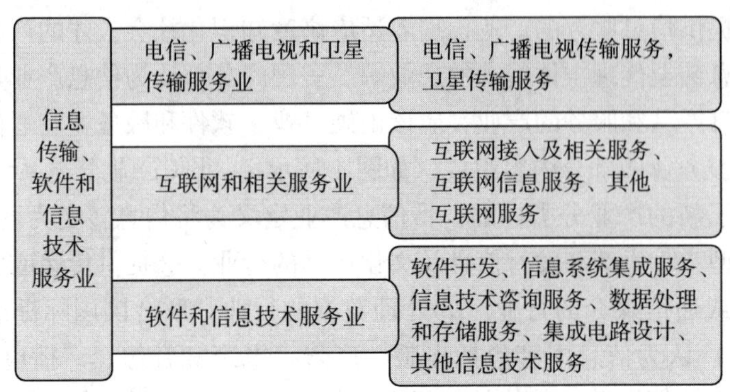

图 2　中国政府的信息产业定义

资料来源：根据资料，笔者绘制。

综上可知，随着信息经济社会的发展和信息技术的不断渗透，信息产业的定义逐渐从广义走向狭义、从信息技术产业为主导转向信息服务业为主导、信息内容产业与信息设备制造业逐步分离。

（二）中印信息产业政策概览

在"发展高科技，实现产业化"的方针指导下，中国国家政府采取了一系列振兴信息产业的政策措施，主要信息产业政策如表 1 所示。国家"十二五"将计算机、通信设备、数字视听、集成电路、关键电子元器件等作为重点发展产业。国家信息工程的实施和政府采购政策的落实，都促进了信息产业的发展，其中，软件业和集成电路产业较早受到政府的关注。2000 年，国务院颁布《进一步鼓励软件产业和集成电路产业发展若干政策》，文件中对集中电路产业重点从税收、进口设备、折旧等方面规定优惠政策，其后，信息产业部颁布了《鼓励软件产业和集成电路产业发展若干政策》等一系列实施办法和细则。2002 年，财政部与国家税务总局联合颁布《鼓励软件产业和集成电路产业发展税收政策的通知》，进一步扩大了增值税退税范围（对实际税负高于 3%的部分实行退税），扩大了所得税减免优惠，对集成电路加工、封装企业再投资实行所得税抵扣优惠等。另外，政府还单独颁布了对软件产业的支持政策，2001 年，国务院颁布《计算机软件保护条例》，文件中声明保护计算机软件著作权人的权益，调整计算机软件在开发、传播和使用中发生的利益关系，鼓励计算机软件的开发与应用，促进软件产业和国民经济信息化的发展。2004 年，科学技术部、国家发改委、商务部、信息产业部、国家标准化管理委员会颁布《关于进一步提高我国软件企业技术创新能力的实施意见》，文件提出加大对软件核心技术和关键技术研究开发的投入，加强标准制定、质量保证体系和中介机构的建设，继续加强软件产业基地建设，鼓励软件企业加大软件研发投入，鼓励软件企业在技术创新时广泛开展合作，支持各类软件企业设立研发机构等举措。2011 年，财政部与国家税务总局《关于软件产品增值税政策的通知》中也规定一般纳税人销售其自行开发生产的软件产品，按 17%税率征收增值税后，对其增值税实际税负超过 3%的部分实行即征即退政策；一般纳税人将进口软件产品进行本地化改造后对外销售，其销售的软件产品可享受本条第一款规定的增值税即征即退政策。国内信息产业享受到的主要政策支持措施是税收优惠政策，并且大部分优惠政策是来自针对企业制定的增值税转型、企业兼并重组、高新技术企业税收优惠、技术改造、技术开发等方面的税收政策，其他人才、资金、成果认定等方面的支持政策通常来自对国内科技企业制定的相关政策。总体上，中国信息产业方面的技术创新政策仍然尚未形成体系。

表 1　中国主要信息产业政策

颁布年份	政策名	颁布机构
1991	计算机软件保护条例	国务院
2001	关于印发进一步鼓励软件产业和集成电路产业发展若干政策的通知	国务院
2001	关于鼓励软件产业和集成电路产业发展有关税收政策问题的通知	财政部、国家税务总局、海关总署
2004	关于进一步提高我国软件企业技术创新能力的实施意见	科学技术部、国家发改委、商务部、信息产业部、国家标准化管理委员会
2008	关于嵌入式软件增值税政策的通知	财政部、国家税务总局
2011	关于软件产品增值税政策的通知	财政部、国家税务总局
2012	关于进一步扶持新型显示器件产业发展有关税收优惠政策的通知	财政部、海关总署、国家税务总局

印度被誉为当今世界第一信息产业大国，其信息产业在国家经济发展中占重要地位。在印度政府颁布的 91 条技术创新政策中，其中就有 32 条政策专门针对信息产业，占其政策总量的 36%，主要的政策如表 2 所示。印度中央政府积极发展信息产业，并且明确制定发展战略，1998 年颁布《信息技术行动计划》，授权信息技术、广播、通信、电子、财政等部门针对这一计划制定相应的法规和政策，从而形成印度的信息技术政策体系。在软件产业支持方面，印度政府在信息技术部设立了软件开发局和国家软件开发中心，追踪世界软件发展方向和前沿软件技术。另外，印度政府对国家信息产业尤其是软件产业的进口与出口实行免税，并设立了软件产业发展风险基金，实行经费政策倾斜。在通信产业支持方面，通信信息技术部以及司法部等部门近几年颁布了一系列促进信息产业发展的

政策，包括法律环境建设、搭建信息产业政策框架以及拟定发展计划等不同形式的激励，如早期印度太空部门颁布的《卫星通信政策框架》(1997)，21 世纪以来比较典型的政策有通信与信息技术部颁布的《电子信息技术产品法》(2002) 以及科技部颁布的《信息技术法》(2008) 等。在电子硬件制造业支持方面，政府颁布规范或激励性政策，如电子信息技术部颁布的《电子硬件制造政策》(2011)、《特殊奖励（修正）计划》(2012) 以及与通信信息技术部联合颁布的《国家电子系统设计制造行业政策》(2012) 等。印度对信息产业的其他措施主要还有：①设立信息与软件的研究机构，并在全国各地设立信息中心，同时允许各个部门独立建立信息与软件的开发研究机构，享受同样的优惠政策，如免除和降低进口设备关税、不用印度政府批准就可以到海外融资并用于海外收购等。②引导外资对印度高科技，特别是信息软件产业的投入。③建立软件科技园区，使班加罗尔成为印度的“硅谷”。④制定条件优厚的政策与措施，以吸引印度在国外的留学人才回国创业以及留住本国优秀人才从事信息和软件业的研究与开发。⑤鼓励国际合作，对国内信息与软件公司的国际合作以及国外拓展予以外汇方面的支持。⑥重视信息软件方面的人才培养，除了在高校开设信息专业外，还在全印度建立了四所专门培养高级信息人才的信息技术学院，印度青年大学毕业生受到世界各国信息电脑公司的青睐。

表 2　印度主要信息产业政策

颁布年份	政策名	颁布机构
1996	信息技术协议	印度世界贸易组织
1997	卫星通信政策框架	太空部门
2000	半导体集成电路布局设计法	法律司法以及公司事务部
2007	特殊激励计划通知	信息技术部
2011	电子硬件政策	Karnatak 政府
2012	电子系统设计法	通信信息技术部
2012	2012 国家电信政策	电子信息技术部
2012	科技园区特殊激励计划	电子信息技术部
2012	电子信息技术商品	通信信息技术部
2012	电子制造业集群	电子信息技术部
2012	对电子行业的特殊激励计划	通信信息技术部
2012	IT 投资政策	信息技术部
2012	电子与信息商品义务注册	通信信息技术部

综上可知，中印两国对信息产业均给予高度重视，予以多方面的政策支持。然而，这些政策实施产生的效果如何，即是否有较高的政策效率？这是笔者接下

来想要探索的问题。本文搜集中印两国信息产业的投入与产出，试图通过数据包络分析效率模型研究方法讨论中印信息产业政策的实施效率。

三、政策效率评价原理

（一）计量研究方法选择

研究整理了近年来实证研究政策效率中通常使用的方法（如表3所示），经济学中经常使用生产前沿分析方法来研究效率问题。方法应用中，根据是否已知生产函数的具体形式分为参数方法和非参数方法，前者以随机前沿分析（Stochastic Frontier Analysis，SFA）为代表，后者以数据包络分析（Data Envelopement Analysis，DEA）为代表。

表3　实证研究政策效率的文献总结

作者	研究对象	研究方法	投入指标	产出指标
冷志杰、唐焕文（2005）	中国农业财政政策（1978~2000年）	VAR模型、协整模型、VECM模型	财政用于农业的支出（包括总计、支援农村生产支出和农林水利气象等部门的事业费、农业基本建设支出以及农业科技四项费用）	GDP、最终消费、投资和净出口
王智强（2010）	中国财政政策和货币政策（1993~2009年）	随机前沿分析法	财政政策投入：政府预算支出的变动率；货币政策投入：货币供给M1的变动率	GDP衡量，通货膨胀率变量以消费品价格指数CPI的变动率衡量
乔晗、李自然（2010）	丹麦、挪威、瑞典、英国的碳税政策国际比较（2001~2005年）	碳税效率指标	碳税（或气候变化税的税收总额）	二氧化碳排放量
张淑杰、孙天华（2012）	中国农业补贴政策（2003年至今）	DEA + Tobit模型	政策支出	粮食安全系数
周知（2013）	中国区域规划政策（2000~2010年）	DEA	中央财政专项拨款、中央财政调入资金、中央补助收入、中央转移支付和税收返还	工业总产值、第三产业从业人数

随机前沿分析是随机前沿生产函数模型的研究，是基于截面数据的单一产出生产函数的效率，因此并不适用本文。

非参数方法数据包络分析由美国著名运筹学家查恩斯（A.Charnes）、库伯（W.W.Cooper）和罗兹（E.Rhodes）1978年创立，其评估过程以精确的数据为基础，无须对投入和产出变量之间的函数关系进行估计，而是运用线性规划的原理计算所有决策单元（DMU）的生产前沿，然后根据各个决策单元与生产前沿面的相对位置来判断各自的效率，位于生产前沿面上的决策单元就是有效率的，否则就是无效率的。根据经验法则，要求DMU的样本数至少是投入、产出指标项数之和的两倍以上。

DEA效率评价原理如图3所示，DMU_1、DMU_2、DMU_3、DMU_4分别表示决策单元，即目标研究对象。图中决策单元DMU_1、DMU_2、DMU_3的产出对应两种不同资源X_1和X_2的非等量投入，其中，DMU_1、DMU_2、B、DMU_3形成了有效生产前沿面（包络面）。DEA效率评价原理则根据决策单元是否处在生产前沿面上来判定，如决策单元DMU_1、DMU_2、DMU_3在有效生产前沿面上，则认为它们是有效的，而生产前沿面之外的DMU_4就是无效的。注意，虚线位置的M、N若是决策单元，虚线表明有非零的松弛变量，因此M、N也被认为是无效的。

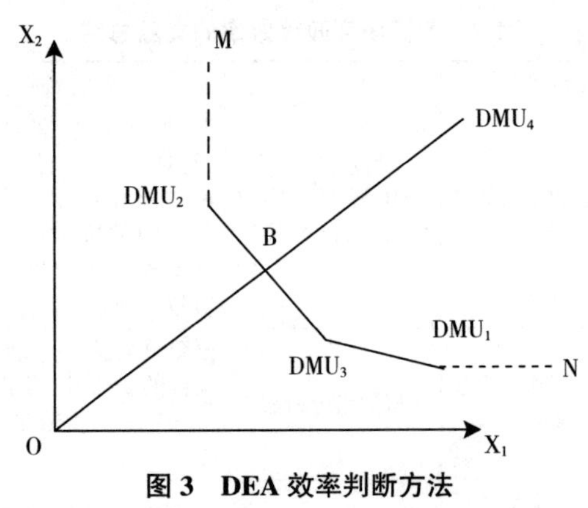

图3　DEA效率判断方法

本文选择DEA方法来讨论中印两国信息产业政策的效率，一方面由于随机前沿分析需要对效率进行一些分布假设，并且很大程度上都是先验性的假设，不能假设分布为负值的情况，一般要通过估计结果来检验假设是否正确；另一方面由于随机前沿分析无法将误差项分解为统计误差和代表非有效性的单边误差，因此，它不可能测度因技术不到位造成的效率低下的情况，还需要为无效率项指定一个分布形式，需要为生产函数（或者成本函数）指定一个函数形式。而数据包络分析方法可以直接计算获得效率值，不需对效率进行分布假设，也不需对生产函数进行假设，只需投入产出结果，不受输入、输出数据量纲的影响，适合处理多投入和多产出模型。因此，本文选择数据包络分析研究中印的信息产业政策效率。

（二）DEA 模型选择

经济学中讨论的效率问题主要有：①从资源投入的角度来看，能否以较小的投入获得同样的产出。②从产品产出的角度来看，能否在当前的投入水平下获得更大的产出。③能否以相对较小的投入得到较大的产出。④增加一定比例的投入得到更大比例的产出增加。⑤减少一定比例的资源消耗得到较小比例的产出降低。前三种情况指的是研究决策单元的技术有效性，即决策单元与有效生产前沿边界之间的距离；后两种情况指的是规模有效性，即在生产前沿边界上产出变化比例与输入变化比例的比较。这种前沿边界的局部特性称为生产规模报酬率或规模收益（Return to Scale，RTS）。技术效率和规模效率均可以通过 DEA 的 CCR 和 BCC 模型来解决。技术效率和规模效率均属静态分析，欲进一步讨论生产效率的变化情况，即对中印两国信息产业政策投入效果进行动态分析，还须借助 DEA 的 Malmquist 指数来测度。

1. 静态分析模型

静态效率分析需要测度技术效率和规模效率以及由它们共同决定的总体投入效率，这需要借助 DEA 方法中的 CCR 模型和 BCC 模型。查恩斯、库伯和罗兹（1978）提出了 DEA 的第一个模型——CCR 模型。CCR 模型是在夫瑞欧（Farrell）的技术效率概念上引申出来的对多元投入与多元产出的决策单元的效率衡量，它假定在规模报酬不变的基础上，即认为所有的决策单元在生产规模上都是有效的，将各项投入与产出分别加以线性组合，再以投入与产出这两组线性组合的比率来表示效率，得出的效率是相对整个集合的整体相对效率，是对决策单元的规模有效和技术有效同时进行评价。

CCR 模型的主要原理是：假设有 n 个决策单元（DMU）（$j=1, \cdots, n$），每个决策单元有相同的 m 项投入要素 x_{ij}（$i=1, \cdots, m$），相同的 s 项产出 y_{rj}（$r=1, \cdots, s$）（$x_{ij} \geqslant 0$，$y_{rj} \geqslant 0$），若用 v_i 表示第 i 项投入的权值，u_r 表示第 r 项产出的权值，则第 j 决策单元的投入产出比 h_j 的表达式及其约束条件如下（v_i，$u_r \geqslant 0$）：

$$\max h_j = \frac{\sum_{r=1}^{s} u_r y_{rj}}{\sum_{i-1}^{m} v_i x_{ij}} (j=1, \cdots, n)$$

$$\text{s.t.} \quad \frac{\sum_{r=1}^{s} u_r y_{rj}}{\sum_{i-1}^{m} v_i x_{ij}} \leqslant 1 \qquad (1)$$

引入松弛变量 s^+，剩余变量 s^- 及非阿基米德无穷小量 ε（比任何大于 0 的量都要小的量），式（1）可转化为其对偶形式，如式（2）和式（3）：

$$\min[\theta - \in (s^- + s^+)]$$

$$\sum_{i=1}^{n} \lambda_i x_{ij} + s^- = \theta x_{ir} \tag{2}$$

$$\sum_{i=1}^{n} \lambda_i y_{rj} - s^+ = y_{ir} \tag{3}$$

式中，$\lambda_i \geqslant 0$；$s^+ \geqslant 0$；$s^- \geqslant 0$，其中 u，v，θ，λ_i，s^-，s^+ 均为待估参数向量。

以上变量中，θ 是 CCR 的最优解，如果 θ 的最优值小于 1，则表明该决策单元为非 DEA 有效，能够以更少的投入获得更多的产出。当 θ = 1 时，表明被评价的决策单元弱 DEA 有效，当 θ = 1，$s^- = s^+ = 0$ 时，则认为该决策单元为 DEA 有效。

继 CCR 模型后，班尼克（Banker）、查恩斯和库伯（1984）提出了 BCC 模型，该模型将 CCR 模型中假定的规模报酬不变放宽为规模报酬可变，因此 BCC 模型又称为 VRS（Variable Returns to Scale）模型。在可变规模报酬的假设下，通过在式（2）的基础上增加一个凸性假设 $\sum_{i=1}^{n} \lambda_i = 1$，使得计算技术效率时可以去除规模效率的影响，得到纯技术效率（Pure Technical Efficiency，PTE）。通过 CRS 模型和 VRS 模型得到该决策单元的技术效率（Technical Efficiency，TE）和纯技术效率，反映到模型中分别以 CRSTE 和 VRSTE 来表示，二者之商（CRSTE/VRSTE）为该决策单元的规模效率（Scale Efficiency，SE），模型结果中以 Scale 表示。

以上两种模型可以测度出四种效率，分别是：政策总体投入效率 TPE、规模效率 SE、纯政策投入效率 PPE、政策投入效率 PE。政策总体投入效率 TPE 是衡量最小政策投入获得一定效果产出的能力，反映政策资源投入的整体转化效率，涵盖了规模效率 SE 和纯政策投入效率 PPE。测算其余三种效率是为了确定政策所处的规模报酬区间，进而找到与规模报酬区间对应的提高效率的方式。当规模效率 SE < 1 时，通过比较纯政策投入效率 PPE 和政策投入效率 PE 是否相等来判断政策所处的规模报酬区间。这四种效率之间的异同如表 4 所示。

表 4　四种效率之间的异同

序号	效率	含义	目的	测算模型
1	政策总体投入效率（TPE）	衡量国家以最小投入获得最优产出的能力	评价产业政策的资源投入整体转化效率	CRS 模型
2	规模效率（SE）	实现相同效果产出时，信息产业的实际规模与理想规模之间的差距		VRS 模型

续表

序号	效率	含义	目的	测算模型
3	纯政策投入效率（PPE）	实现相同产出时，决策单元的政策投入效率与政策总体投入效率最高决策单元之间的差距	确定产业所处的规模报酬区间，找到与之对应的提高效率的方法	VRS 模型
4	政策投入效率（PE）	包含产业规模递减假设，政策投入与效率最高国家投入的效率之差		NIRS 模型

2. 动态分析模型

为了动态分析政策效率，客观衡量技术效率变动、技术变动与全要素生产率之间的关系，本文使用法瑞（Fare）等（1992）定义的 Malmquist 生产率指数，也就是凯维斯（Caves）等（1982）所提出的第 t 期及第 t + 1 期的 Malmquist 生产率指数的几何平均数。其中，全要素生产率（Tfpch）的变化分解为综合效率变化（Effch）以及技术效率变化（Techch），综合效率变化又被分解为规模效率变化（Sech）和纯技术效率变化（Ptech）。这些效率遵循同一个评价标准：当效率值大于 1 时，表明相应的效率提高；反之则意味着效率降低。

（三）效率评价指标确定

1. 指标确定依据

信息产业政策效率考察政策投入和产出之间的关系，并且是多投入、多产出，因此首先须确定政策的投入和产出指标，这将存在两方面困难：①如何确定对信息产业政策敏感的产出指标。由于不可能将所有反映信息产业产出的指标数据全部搜集到，需要找到对信息产业政策较为敏感的指标，才更能反映由信息产业政策变动带来的变化。因此如何选取产出指标准确反映信息产业政策至关重要。②如何量化信息产业政策的投入。信息产业政策措施多样，包括金融措施、行政措施、税收措施、知识产权保护、财政投入等。由于统计及其他综合因素，一些政策措施如行政措施、金融措施等很难被量化，对信息产业政策投入指标的确定造成障碍。

针对以上困难，笔者借鉴前人类似研究的经验，并结合中印两国官方统计信息产业发展相关的数据时对其的界定，确定两国信息产业政策的投入指标和产出指标。

首先，对于信息产业政策产出指标的确定，由于政策作用于信息产业，因此政策产出可以理解为对信息产业重要领域关键指标的衡量，因此，有必要清楚中印两国在信息产业研究中普遍考察的领域。关于这方面，国内外学者对中印两国信息产业的相关研究（如表 5 所示）对本文的政策产出指标选取有重要参考价值。总体上，学者在考察印度信息产业发展或其政策时，重点研究信息产业的核心领域即软件业（吴永年，2001；邓常春，2003）；考察中国信息产业发展时，电子和通信设备制造业、邮电通信业、软件业成为信息产业的代表领域（张安，2006；Somesh K.Mathur，2006）。中印信息产业的比较研究中，主要考察硬件、软件以及信息服务业等重要信息产业领域（沈开艳、黄国华，2008；沈开艳，2010；杨姝琴、郑洪超，2010）。

表 5　国内外学者信息产业相关研究

学者	研究问题	信息产业衡量
吴永年（2001）	印度信息产业的发展背景与政策实施	软件出口量
邓常春（2003）	印度信息产业的发展对经济增长和社会变革的影响	软件出口量
张安（2006）	中国信息产业对经济的影响	电子和通信设备制造业、邮电通信业产值
Mathur S. K.（2006）	印度软件及信息服务出口的发展	软件及信息服务业
沈开艳、黄国华（2008）	中印信息产业发展比较	信息产业总值、软件收入、手机部数、微型计算机台数、集成电路、信息产业从业人数
沈开艳（2010）	中印信息产业发展的现状与潜力分析	硬件产业产值（销售量）、软件产业产值（销售量）
杨姝琴、郑洪超（2010）	信息技术产业与经济增长：中印比较研究	硬件、软件及信息服务业

此外，中印两国官方对其信息产业的统计工作也对本研究有很好的启发。2012 年中国信息产业统计公报对信息产业的数据统计主要是针对规模以上电子信息制造业和软件业两大类。印度主要针对五大领域进行信息产业的统计：①IT 服务业，指网站服务、通信服务、软件开发、系统整合、电子商务、客户应用开发、IT 咨询、IT 教育和培训等。②商业流程外包（BPO），指承接客户订单，提供数字服务，范围非常广泛，传统上指银行账单处理、通信业务结算、销售物流分析、媒体设计、人力资源管理等，现逐渐扩大到金融分析、制造设计、法律咨询、医疗诊断等高端领域。③打包软件，如操作系统软件、各种应用软件和服务分析软件等。④硬件，指 IT 领域的硬件产品。⑤研发与工程，指 IT 产业的研发投入和工程技术研究。值得指出的是，印度统计方法中，经常用 ITES-BPO 表示由 IT 带动的服务和商业流程外包，合放在一起，统称软件服务外包。①

其次，有关政策投入的衡量，最直接衡量政策投入的是财政支出及预算等，

① http：//news.sciencenet.cn/html/shownews.aspx？id=200017.

但不同的政策，其具体的政策投入衡量也不同。中央财政政策和货币政策研究，政府预算支出的变动率衡量财政政策，货币供给 M1 的变动率衡量货币政策（王智强，2010 年）；农业财政政策研究，财政用于农业的支出作为衡量农业财政政策的投入（冷志杰、唐焕文，2005；张淑杰，2012）；区域规划政策研究，中央财政拨款、调入资金及补助收入作为衡量规划政策的投入（周知，2013）。

2. 指标说明及数据来源

基于以上分析，本文选取了三个指标表示政策产出（下文简称“政策产出指标”）和两个指标表示政策投入（下文简称“政策投入指标”）来研究中印信息产业的政策效率。模型测算时，为了能求出每年政策的 DEA 效率，将中印两国 2000~2011 年各 11 年即共 22 年的指标数据作为样本量，符合 DEA 模型对样本量的数据要求（样本量 > 2 × 指标数量）。

（1）指标说明。政策产出指标分别是软件及信息服务业产值、硬件制造业产值以及信息产业产值。软件及信息服务业、硬件制造业代表了信息产业的核心领域，二者每年的产值直接反映了信息产业产出的能力。由于信息产业涉及领域广，因此还需要对全部信息产业产出的能力做出评价，故将信息产业产值作为本研究的第三个产出指标。

政策投入指标分别是信息和通信技术支出占国内生产总值的比例以及信息技术人员数量。信息和通信技术支出占国内生产总值的比例表示国家财政对信息和通信技术的支持，直接反映了国家对信息产业的财政支持。信息技术人员数量这一指标反映了国家对信息产业的人才支持政策，信息技术方面的人才数量一定程度上是人才政策投入规模大小的结果，一般情况下，投入越多，人才越多。具体指标如表 6 所示。

表 6 中印信息产业政策投入产出指标

指标	指标名称
投入指标	
X1	信息和通信技术支出占 GDP 比例（%）
X2	技术人员（人/每百万人）
产出指标	
Y1	软件及信息服务业（亿美元）
Y2	硬件制造业（亿美元）
Y3	信息产业（亿美元）

在模型计算前，为了使结果更具合理性，本研究对数据做了两方面的处理：①平减处理。产出指标中，为了剔除价格影响，更客观反映每年的实际产值，以2000年为基年，用消费价格指数（CPI）对各产值做平减处理。②取log对数。为了避免由于指标数据之间的较大差距引起结果不稳定现象，本研究对所有样本数据取以10为底的log对数。

（2）数据来源。以上指标中，信息和通信技术支出占国内生产总值的比例以及技术人员数量均来自世界银行世界发展数据库，软件及信息服务业产值、硬件制造业产值以及信息产业产值分别来自中国和印度国家统计局。

四、中印信息产业政策效率实证研究

利用Deap 2.1软件，基于规模不变的CCR模型以及规模可变的BCC模型可以测算出中印两国每年的政策总体投入效率和由此分解出的纯政策投入效率与规模效率（如表7所示），从而实现对每年政策投入的静态分析。Malmquist指数算法则可以将2000~2010年看做时间序列来动态分析中印两国的全要素生产效率（Tfpch）、纯技术效率（Ptech）和规模效率（Sech）变化效率。

表7　2000~2010年中印信息产业政策效率值

	中国				印度			
	TPE	PPE	SE	PE	TPE	PPE	SE	PE
2000	1.000	1.000	1.000	—	0.771	1.000	0.77	Irs
2001	0.877	0.980	0.895	Irs	0.847	1.000	0.847	Irs
2002	0.814	0.967	0.842	Irs	0.863	0.998	0.865	Irs
2003	0.797	0.972	0.820	Irs	0.899	1.000	0.899	Irs
2004	0.823	0.823	0.823	Irs	0.855	0.991	0.863	Irs
2005	0.859	0.984	0.873	Irs	0.853	1.000	0.853	Irs
2006	0.887	0.987	0.899	Irs	0.900	0.970	0.928	Irs
2007	0.916	0.990	0.925	Irs	0.897	0.949	0.945	Irs
2008	0.947	0.994	0.953	Irs	0.931	0.965	0.965	Irs
2009	0.978	0.997	0.981	Irs	0.960	0.978	0.982	Irs
2010	1.000	1.000	1.000	—	1.000	1.000	1.000	—
Mean	0.8998	0.9721	0.91		0.8887	0.9864	0.9015	

注：Irs表示规模收益递增，—表示规模收益不变。

（一）静态效率分析

静态效率分析时，逐年分析中印过去 11 年信息产业政策的政策总体投入效率、纯政策投入效率、规模效率以及政策投入效率。

1. 政策总体投入效率

政策总体投入效率用来衡量最小的政策投入能获得多大产出量的能力，其值大小反映了政策资源投入的整体转化效率的高低。观察表 7 可知，中印两国信息产业政策总体投入效率值绝大多数高于 0.8，但是 DEA 有效年份较少，中国仅在 2000 年和 2010 年达到 DEA 有效，剔除 DEA 有效年份，2001~2009 年间的信息产业政策效率呈上升趋势，最高值为 0.978。印度在过去 2000~2010 政策总体投入效率也逐渐提高，2010 年达到 DEA 有效。这些数据说明中印两国过去 11 年，信息产业政策得到了较好的市场回报。中印两国比较来看，中国在信息产业政策总体投入效率上较优于印度。

中印两国信息产业政策的政策总体投入在大多数年份里都是非 DEA 有效的，主要是由于规模效率和纯政策投入效率的不同影响所致，结合表 7 有以下四种情况：第一，完全由纯政策投入效率无效所致，如印度在 2000 年、2001 年、2003 年及 2005 年，其规模效率均已达到 DEA 有效，由于纯政策投入无效最终导致总体政策投入无效。第二，主要由规模效率所致，中国 2001~2009 年的规模效率全部低于纯政策投入效率（如图 4 所示），印度 2000 年、2002 年、2004 年、2006 年及 2007 年也属于此状况（如图 5 所示）。第三，主要由纯政策投入无效所致，印度 2009 年就属于这种情形。第四，由规模效率及纯政策投入效率共同所致，正如印度 2008 年的情况，规模效率和纯政策投入效率均为 0.965，非 DEA 有效。

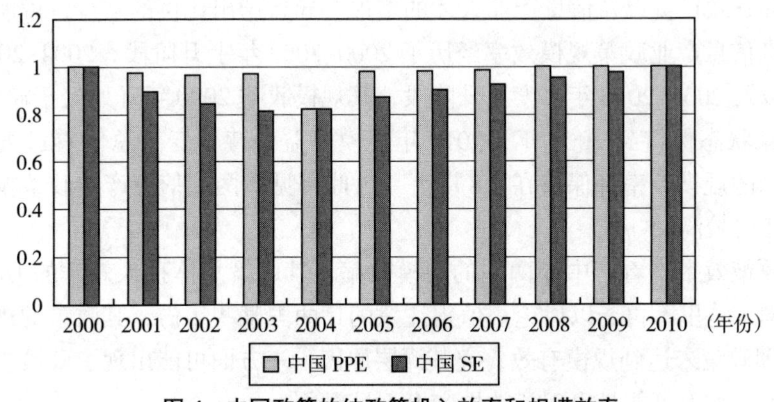

图 4　中国政策的纯政策投入效率和规模效率

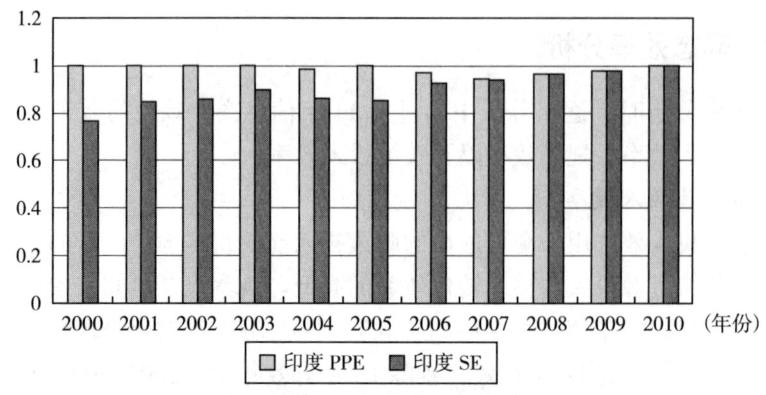

图 5　印度政策的规模效率和纯政策投入效率

2. 纯政策投入效率

纯政策投入效率 PPE 是衡量在实现相同产出时，信息产业政策的投入与效率最高年份的投入之间的差距，该值等于 1 时，说明政策投入就已经达到效率最高，差距为 0。中国在 2000 年和 2010 年纯政策投入效率均达到有效 DEA，处在 BCC 模型的生产前沿面上，印度分别在 2000 年、2001 年、2003 年、2005 年和 2010 年都达到了有效 DEA，两国纯政策的非 DEA 有效年份中，纯政策投入效率普遍高于 0.9，说明中印信息产业政策的财政投资及人才回报效率较高。

3. 规模效率

从总的变化趋势来看，中印两国信息产业政策的规模效率都经历了不同的波动阶段。中国 2000~2004 年，其信息产业政策的规模效率值从 1 逐渐下降到 0.823，2005 年以后，又逐渐回升，并在 2010 年回升至 DEA 有效状态。但是其规模收益只在 2000 年保持不变，即对信息产业的财政投资以及信息产业人才的增加不会引起信息产业产出的任何变化，2001 年以后直至 2010 年一直处于递减状态，即财政投资以及信息产业人才的增加会导致产出比例的减少，说明投入过剩。印度信息产业政策规模效率经历了 2000~2003 年上升阶段，2004~2005 年下降阶段以及 2006~2010 年再度上升阶段，其规模收益 2000 年开始处于递减状态，这种递减状态保持到 2009 年，2010 年规模收益保持不变。总体看过去 11 年，中印两国的规模效率都保持在 0.8 以上，由此可见，两国信息产业政策投入的规模效率相对较高。

从政策效率来看，中印两国的规模效率与其政策总体投入效率的 DEA 有效年份相同，这里不再予以讨论。值得注意的是两国某些年份，其政策的规模效率 SE<1，即政策未达到规模有效，究其深层原因，一方面可能出现了政策投入冗余现象，另一方面可能是出现了效果产出不足现象。

（1）政策投入冗余。政策投入冗余为政策投入指标的松弛变量 s^-的值，为了达到 DEA 有效，可以在保持效果产出不变时在原来基础上减少政策投入。由表 8 可知，为了使中国信息产业政策达到 BCC 模型所设定的效率前沿，从过去 11 年的平均水平来看，保持产出不变的前提下，信息和通信技术占国内生产总值的比例应减少 0.0263%。数据显示印度不存在政策投入冗余问题。

表 8 中印信息产业政策规模非 DEA 有效年份的松弛变量和剩余变量

单位：%

变量 年份	投入松弛变量		产出剩余变量		
中国	X1	X2	Y1	Y2	Y3
2001	0	0	0.345	0	0.166
2002	0	0	0.61	0	0.166
2003	0.051	0	0.521	0	0.25
2004	0.058	0	0.415	0	0.202
2005	0.049	0	0.279	0	0.155
2006	0.037	0	0.227	0	0.13
2007	0.026	0	0.186	0	0.095
2008	0.014	0	0.124	0	0.07
2009	0.002	0	0.062	0	0.035
Mean	0.0263	0	0.307	0	0.141
印度	X1	X2	Y1	Y2	Y3
2000	0	0	0	0	0
2001	0	0	0	0	0
2002	0	0	0	0.021	0.006
2003	0	0	0	0	0
2004	0	0	0	0.012	0.01
2005	0	0	0	0	0
2006	0	0	0	0.584	0.167
2007	0	0	0	0.588	0.174
2008	0	0	0	0.337	0.101
2009	0	0	0	0.187	0.056
Mean	0	0	0	0.1729	0.0514

（2）效果产出不足。效果产出不足量为政策产出指标的剩余变量 s^+ 的值。当信息产业未达到规模有效时，就会存在效果产出不足，为了达到 DEA 有效，可以保持政策投入不变时在原来基础上增加产出。要使中国信息产业达到产出导向 BCC 模型所设定的效率前沿，从过去 11 年的平均水平来看，中国软件及信息服务业产值还应该增加 0.307%，信息产业的总产值应该还可以增加 0.141%，印度的硬件制造业总产值应该还能增加 0.1729%，信息产业还能增值 0.0514%。这一方面说明中国和印度信息产业的产出仍然有增长的潜力空间；另一方面也说明现实状况下两国信息产业存在产出亏空的情况。

4. 投影分析

对于总体 22 个决策单元而言，中国 2000 年和 2010 年、印度 2010 年构成了 DEA 效率生产前沿面。这三个决策单元的 θ = 1，且投入松弛变量 s^- 和产出剩余变量 s^+ 也为 0。其他非 DEA 决策单元，DEAP 软件通过投影公式[①] 测算了政策投入应该减少的量以及政策产出可以增加的比例，从而对原有的政策投入和政策产出指标进行调整，这些经过调整后的点称为 DMU 有效。生产前沿面上的投影，原 DEA 有效决策单元的投影结果与原值相同。这些指标的投影结果能达到 DEA 有效（如表 9 所示）。

表 9　中印信息产业政策投入指标与政策产出指标投影结果

年份	中国					印度				
	投入指标投影结果		产出指标投影结果			投入指标投影结果		产出指标投影结果		
	X1	X2	Y1	Y2	Y3	X1	X2	Y1	Y2	Y3
2000	0.57	2.36	1.66	2.35	2.43	0.56	2.04	1.58	0.91	1.67
2001	0.676	2.322	2.135	2.41	2.666	0.56	2.07	1.75	0.99	1.82
2002	0.764	2.302	2.53	2.51	2.888	0.569	2.085	1.82	1.021	1.886
2003	0.795	2.323	2.671	2.67	3.03	0.58	2.11	1.93	1.07	1.99
2004	0.811	2.342	2.745	2.79	3.122	0.654	2.12	2.07	1.132	2.12
2005	0.827	2.362	2.819	2.91	3.215	0.72	2.13	2.2	1.19	2.24
2006	0.841	2.379	2.887	3.02	3.3	0.689	2.222	2.34	1.854	2.537
2007	0.856	2.397	2.956	3.13	3.385	0.712	2.287	2.46	1.968	2.664
2008	0.871	2.415	3.024	3.24	3.47	0.724	2.413	2.58	1.797	2.711
2009	0.885	2.432	3.092	3.35	3.555	0.743	2.522	2.71	1.734	2.796
2010	0.9	2.45	3.16	3.46	3.64	0.76	2.64	2.84	1.63	2.87

① $X' = \theta x - s^-$，$Y' = y + s^+$。

(二) 动态效率分析

以上分析是将中印两国2000~2010年共11个年份作为独立决策单元来分析，属于静态分析。与之不同的是，动态分析是对决策单元时间序列的分析，找到相关效率的变化规律及原因，从而为决策者提供更多的决策信息。DEA方法对决策单元相对有效性的动态分析是通过对Malmquist指数的分解而实现的。根据距离函数计算出全要素生产率，以及全要素生产率的分解状况（如表10所示）。

表10　2000~2010年中印两国信息产业政策效果的Malmquist指数

时间	中国					印度				
	Effch	Techch	Pech	Sech	Tfpch	Effch	Techch	Pech	Sech	Tfpch
2000~2001年	1	0.907	1	1	0.907	1	1.041	1	1	1.041
2001~2002年	0.959	1.076	1	0.959	1.032	1	1.12	1	1	1.12
2002~2003年	1.011	1.074	1	1.011	1.085	1	1.078	1	1	1.078
2003~2004年	1.002	1.07	1	1.002	1.072	1	1.077	1	1	1.077
2004~2005年	1.03	1.032	1	1.03	1.063	0.804	1.026	1	0.804	0.825
2005~2006年	1	0.549	1	1	0.549	1.244	0.885	1	1.244	1.102
2006~2007年	1	1.052	1	1	1.052	1	1.075	1	1	1.075
2007~2008年	1	1.018	1	1	1.018	1	1.052	1	1	1.052
2008~2009年	0.99	1.018	1	0.99	1.007	1	1.048	1	1	1.048
2009~2010年	0.987	1.057	1	0.987	1.043	1	1.071	1	1	1.071

注：Effch：技术效率变动（相对于不变规模报酬生产技术）；Techch：技术变动；Pech：纯技术效率变动（相对于变规模报酬生产技术）；Sech：规模效率变动；Tfpch：全要素生产率变动。

1. 全要素生产率变化（Tfpch）

纵向观察表10，中印两国全要素生产率指数在2000~2010年间的波动趋势基本相同，总体呈上升—下降—上升—下降—上升趋势。中国有八年全要素生产率指数大于1，但增幅并不是很大，2003年增幅最大为8.5%。印度有九年全要素生产率指数大于1，2006年增幅最大为10.2%。

横向观察表10，比较相同年份下的中印全要素生产率指数，2001~2004年和2006~2010年，中印两国全要素生产率指数同时大于1，再次说明中印信息产业政策效果均比较理想。

导致中印信息产业政策全要素生产率指数变动的原因比较复杂。由于Malmquist指数分解出综合效率变化指数（Effch）和技术变化指数（Techch），因此可从这两个指数入手来讨论中印信息产业政策的全要素生产率指数变化。

一方面，综合效率变化指数和技术变化指数造成全要素生产率变化指数下降，观察表 10，导致这种情况的发生有两种原因：①完全由技术变化指数下降所致的 Malmquist 指数下降，即综合效率变化指数为 1 或大于 1，而技术变化指数小于 1，如中国 2001 年和 2006 年就属于这种情形。②完全由综合效率变化指数下降所致的 Malmquist 指数下降，也就是技术变化指数为 1 或大于 1，而综合效率变化指数下降（小于 1），如中国 2009 年就属于这种情形。

另一方面，综合效率变化指数和技术变化指数造成全要素生产率变化指数改善，观察表 10，这种情况也有两种原因：①完全由技术变化指数改善所致的 Malmquist 指数改善，即综合效率变化指数为 1 或小于 1，但技术变化指数提高从而致使 Malmquist 指数改善，如中国 2002 年和 2007 年综合效率变化指数小于 1 或等于 1，但由于技术变化指数改善从而使其 Malmquist 指数改善（大于 1），印度 2001 年和 2002 年也属于这种情况。②由综合效率变化指数改善所致的 Malmquist 指数改善，这种情况分两种，一种是主要由综合效率变化指数改善形成的结果，如中国 2003 年综合效率变化指数和技术变化指数同时大于 1，但综合效率变化指数改善的影响大于技术变化指数改善对 Malmquist 指数的影响；另一种是完全由综合效率变化指数改善形成的结果，如印度 2006 年技术变化指数出现退化，但综合效率变化指数改善，因此 2006 年印度的 Malmquist 指数仍然处上升状态。

2. 纯技术效率（Pech）和规模效率（Sech）变动

综合效率变化指数是在规模收益不变（CRS）的条件下计算出来，而现实中经常面临规模收益可变（VRS）。因此，综合效率变化指数被分解为纯技术效率（Pech）的变化和规模效率（Sech）变化正是为了将二者区分出来，以便找到综合效率变化指数变化的具体因素，有利于决策者更有针对性地决策。表中数据显示，中印两国的综合效率变化指数变化均是由规模效率指数的变化而引起的，纯技术效率变化指数在过去 11 年一直没有发生变动，为 1。

（三）比较结论

针对中印两国过去 11 年的信息产业政策投入实施效率，本文采用 CCR、BCC 模型以及 Malmquist 指数分别对其进行静态和动态分析。研究结果显示：第一，静态来看，中印两国信息产业政策的投入转化率整体较好，但值得注意的是，两国规模效率在过去 11 年里基本呈递减状态，即增加一定比例的财政投资或人才带来的产出小于该投入的增加比例，这样很容易造成资源浪费，亟待改善。第二，动态来看，技术水平变化是全要素生产效率提高或衰退的最大原因，综合效率影响程度次之；中印两国纯技术效率不变，但规模效率变化经历短暂上升和短暂下降进而长期不变的过程。第三，中印比较来看，中国存在财政政策投入冗余情况，并且软件和信息服务业的产出不足；相比中国，印度投入转化效率较高，不存在投入冗余现象，但在硬件制造业方面产出不足。

五、对策建议

基于以上研究结论，为了进一步提高中印信息产业政策投入的转化率，保证其对信息产业技术创新的推动作用，本文提出如下建议：

第一，进一步扩大信息产业政策投入的规模经济水平。这涉及如何提高政策投入的规模效率，在每年逐渐扩大中央财政投入的同时，更应该注重控制投入的去向，避免投入浪费，追求合理配置，合理扩大财政投入及人才支持，这一点中国尤其需要注意。

第二，着力推动信息产业国家管理水平的提高。信息产业渗透的范围广，需要的支持资源庞大，尤其中国软件及信息服务业，对人才的要求更为苛刻，因此其在管理方面更应该注意，避免产出不足的情况。与之相似，印度则更应该注重在硬件制造业方面的管理。

第三，继续加强中印信息产业方面的技术创新能力。对于规模效率在短时间里难以明显提升的现实，应该继续加大政策在技术引进和技术开发方面的支持，同时还须注意消化吸收和技术改造。

参考文献

[1] Banker R. D., Charnes A., Cooper W. W. Some Models for Estimating Technical and Scale Inefficiencies in Data Envelopment Analysis [J]. Management Science, 1984, 30 (9): 1078-1092.

[2] Mathur S. K. Indian Information Technology Industry: Past, Present and Future & a Tool for National Development [J]. Journal of Theoretical and Applied Information Technology, 2006, 2 (2).

[3] 张燕飞，严红. 信息产业概论 [M]. 武汉：武汉大学出版社，2002.

[4] M.U.波拉特. 信息经济 [M]. 北京：中国展望出版社，1987.

[5] 胡继武. 信息科学与信息产业 [M]. 广东：中山大学出版社，1995.

[6] 陈禹，谢康. 知识经济的测度理论与方法 [M]. 北京：中国人民大学出版社，1998.

[7] 司有和. 信息产业学 [M]. 重庆：重庆出版社，2001.

[8] 赵正龙. 信息产业定义与范畴的新界定 [J]. 科学学研究，2003，12 (21)：51-59.

[9] 冷志杰，唐焕文. 农业财政政策效率实证分析 [J]. 农业技术经济，2005，2：33-39.

[10] 王智强. 中国财政政策和货币政策效率研究——基于随机前沿模型的实证分析 [J]. 经济学动态，2010，8：45-49.

[11] 乔晗，李自然. 碳税政策国际比较与效率分析 [J]. 管理评论，2010，22（6）：85-92.

[12] 张淑杰，孙天华. 农业补贴政策效率及其影响因素研究——基于河南省 360 户农户调研数据的实证分析 [J]. 农业技术经济，2012，12：68-74.

[13] 周知. 基于 DEA 的国家重大区域规划政策效率评价 [D]. 大连：大连理工大学硕士学位论文，2013.

[14] 吴永年. 印度信息产业的发展背景与政策实施 [J]. 国际观察，2001，3：52-54.

[15] 邓常春. 从印度信息产业的发展看印度中央政府、地方政府及产业协会的互动 [J]. 南亚研究季刊，2002，1：18-22.

[16] 张安. 信息产业对经济增长影响的实证研究 [J]. 信息技术，2006，7：140-144.

[17] 沈开艳，黄国华. 中印信息产业发展比较的经济学分析 [J]. 上海经济研究，2008，7：49-55.

[18] 沈开艳. 中印信息产业发展的现状与潜力分析 [J]. 东南亚南亚研究，2010，6：20-25.

[19] 杨姝琴，郑洪超. 信息技术产业与经济增长：中印比较研究 [J]. 探求，2010，3：49-54.

内蒙古自治区旅游业发展对蒙古国旅游业发展的启示

刘　祝[①]

[**摘　要**] 我国的“一带一路”发展战略势必使正处在草原丝绸之路的内蒙古自治区与蒙古国经贸的合作发展大幅度增长。在蒙古国经济发展建设中，除了资源和交通的合作以外，其随着经济高速发展势必也会带动旅游业的发展。本文通过对内蒙古自治区旅游业发展过程中出现的问题总结出一些成功经验，针对蒙古国旅游业发展的问题提出蒙古国旅游发展的建议。

[**关键词**] 内蒙古自治区；蒙古国；旅游业

我们国家现阶段提出“一带一路”发展战略，而内蒙古自治区也正处在草原丝绸之路上。2014 年习主席访问蒙古国，达成一系列的合作项目，与蒙古国经贸的合作发展势必大幅度增长。在蒙古国经济发展建设中，除了资源和交通的合作以外，经济高速发展势必会带动旅游业的发展。内蒙古自治区旅游业在我国改革开放 30 多年中得到了快速发展，尤其是近 10 年，经济快速发展带动了旅游业飞速发展。内蒙古自治区与蒙古国在地缘上、文化上有着密切的联系。内蒙古自治区在旅游业发展过程中经历了初期的起步阶段，快速发展的成长阶段，现在是转型升级的逐步成熟阶段。这些对于蒙古国现阶段旅游发展有着非常好的借鉴作用，使其减少探索阶段，避免和减少在发展旅游业过程中对生态环境的破坏。同时，也可以促进内蒙古自治区内旅游企业对蒙古国旅游市场的投资，带来两国经济发展的双赢。

① 刘祝，内蒙古财经大学，呼和浩特。

一、内蒙古自治区旅游发展概述

内蒙古自治区的旅游业经过多年的努力发展使旅游基础设施和旅游条件得到了完善，在旅游设施提高的同时，内蒙古自治区的大草原、广阔的沙漠、历史悠久的文化古迹吸引了众多海外游客前来参观欣赏。内蒙古自治区拥有丰富的草原文化、独特的精品旅游线路，让游客感受到内蒙古自治区的地域特色、民俗风情、自然美景，既是游客外出旅游的理想胜地，又是投资开发的首选区域。内蒙古自治区旅游业经过 20 多年的发展，已经取得了很大的成就，接待游客人数越来越多，旅游产业在政府和各级党委的帮助鼓励下形成了一定的规模，得到稳定快速的发展。2013 年内蒙古自治区旅游业总收入已达到 1403.64 亿元，由此可见内蒙古自治区旅游业正在健康快速地发展。地方经济和相关产业的发展壮大，也是依靠内蒙古自治区旅游业的不断繁荣来带动的，它同时还推动了社会进步的步伐，提高了人民生活水平，促进区域合作，给当地人民提供了就业机会。内蒙古自治区旅游行业不断发展的同时，从业人员队伍逐渐壮大，经营理念也在不断地创新，经营的环境和设施也不断提高，我国的旅游行业为我国扩大就业渠道、带动经济增长做出了贡献，是重要的服务行业之一。近一年来，内蒙古自治区旅游局对贯彻落实内蒙古自治区“8337”发展思路，推进建设体现草原文化、沙漠、森林、独具北疆特色旅游观光、休闲度假基地建设等一系列工作进行深入推进，致力于将优秀民族文化与旅游经济有机结合，走出一条促进旅游发展、弘扬民族文化的精彩之路。

二、蒙古国旅游业发展现状

蒙古国因其得天独厚的丰富天然旅游资源，“蓝天之国”的美誉从古至今一直都是实至名归的。世界贸易组织（WTO）曾在调查报告中称：蒙古国旅游业有很好的发展前景，国家政府应该重视加强规划和发展，尽力走出具有蒙古国特色的旅游产业发展模式。要面对和解决发展中出现的种种问题以及存在的瓶颈弊端，以期能缩小与发达国家旅游产业的差距，尽快跟上国际旅游产业的发展步伐，努力实现蒙古国“旅游兴国”的政策目标。目前依据旅游业发展的状况，蒙古国国内主要划分为14个主要的旅游景区，其最具代表性的旅游景点有特日勒吉国家森林公园和库苏古尔湖克日伦大草原（成吉思汗的故乡，也曾是成吉思汗蒙古帝国的首都），主要景区有哈勒和林遗址、博格达汗冬宫、甘丹寺、成吉思汗纪念堂等。

三、蒙古国旅游业发展出现的问题

从蒙古国旅游产业的发展现状来看，存在着产业结构不合理、企业间缺乏协调性、旅游设施建设不足、产品结构单一、旅游人才缺乏、旅游季节性明显等劣势，制约着蒙古国旅游产业长期的发展。

（一）产业结构不合理，企业间缺乏协调

蒙古国旅游产业发展起步较晚，在政府的大力支持下，旅游产业虽然已初具规模，但产业结构不合理，未形成完善的产业链。目前，蒙古国共有旅游企业600多家，形成具有各种旅游点、旅游购物和旅游娱乐等在内的产业体系，但是，产业整合能力不强，产业化程度不高，众多旅游企业基本上是各自为政，至今尚未形成经营业务覆盖全行业的集团化大企业或者网络化的战略联盟体，竞争力明显不足。另外，蒙古国的旅游企业之间缺乏协调，有些企业只考虑局部利益，不考虑整体利益。境内企业与境外的旅游企业也缺乏协调、合作。这在一定程度上也制约着蒙古国旅游产业的发展。

（二）旅游设施建设不足，服务质量不高

从基础设施看，蒙古国的旅游交通欠发达，交通是旅游产业发展中重要的基础设施，蒙古国的很多旅游景点道路建设滞后，可进入性差。交通不便利和交通工具相对落后已成为制约蒙古国旅游业发展的瓶颈。目前，中国和蒙古国之间只有铁路相连。中俄铁路纵贯蒙古国，是中蒙贸易的主要通道。中蒙之间有11个边境口岸，但目前只有二连浩特—扎门乌德口岸常年开放。从景区景点看，蒙古国旅游景区景点设施还有些不尽如人意。目前主要是景点的进入性较差，与景点配套的体育、文化、娱乐设施及各种服务达不到要求，吸引不了游客。从住宿设施看，蒙古国的首都乌兰巴托市仅有一家五星级饭店和四家四星级饭店。从服务

水平上看，专业技术人员偏少，行业服务质量不高。

（三）产品结构单一，缺乏特色

蒙古国虽然有丰富多样的旅游资源，但由于开发力度不够，资源的旅游价值未得到真正体现。蒙古国旅游产品种类单一，仍以观光旅游为主，会议旅游、度假旅游、商务旅游、文化旅游、生态旅游、健身旅游发展难以满足旅游市场的需求。观光旅游产品内容大多为草原观光和蒙古族民俗风情，较为单一，低档次重复开发严重，依托草原、沙漠、湖泊等开发的旅游产品均体现民族风情这一主题，但在开发中对蒙古族为代表的民族文化内涵的挖掘不够，表现在各旅游景区（点）民俗文化表现形式单一，低水平重复；普遍缺少展现蒙古族日常生活的内容或只注重形式而忽略内涵，体现民俗文化的方式过于程式化，参与性较低。产品大多缺乏深厚的文化底蕴和层次感，地域之间的差异也很小，而且以小型产品为主，没有形成产品的规模等级，造成游客逗留时间短。同时，蒙古国具有本土特色的旅游产品少，开发力度不够。

（四）旅游人才匮乏

目前蒙古国的旅游人才无论是从数量上，还是从质量方面来说都不能满足旅游产业发展的需要，大多数导游素质欠佳，他们中的多数人没有经过培训或正规的训练。随着入境游的快速发展，对外语导游的需求增加，外语水平较高的导游人才奇缺，精通英语的导游不多。旅游专门技术人员、企业管理人才也十分缺乏，旅游从业人员整体素质不高。

（五）气候条件的限制

蒙古国的气候特征是冬季长夏季短，冬季十分寒冷，游客很少，因此，蒙古国旅游旺季主要集中在一年中的6~9月份。蒙古国多数草原旅游目的地未能开发出相应的冬季旅游项目，这种旅游开发的季节性短缺严重制约着旅游业发展的综合效益，使得蒙古国旅游产业在旺季面临旅游接待设施和旅游人力资源短缺，而在淡季却出现大量旅游设施闲置，造成人力和物力资源的浪费。还有同质性文化的威胁。由于蒙古国和中国的内蒙古自治区在旅游资源上有许多相似性，且旅游发展的定位也大同小异，主要以草原、大漠风光来吸引游客。对于蒙古国的入境旅游市场来说，中国的内蒙古自治区有很大的替代性，因为中国是蒙古国的主要客源国，而中国旅游者出于时间、金钱、便利性等方面的考虑，可能更多地选择去内蒙古自治区旅游。另外，经过中国境内去蒙古国的游客也可能直接选择中国内蒙古自治区的旅游产品，而不再选择去蒙古国以节约时间和经济成本。

四、内蒙古自治区旅游业发展的成功经验对蒙古国旅游产业发展的借鉴

（一）“政府、市场、企业”联合作业

近十几年来，内蒙古自治区经济蓬勃发展，自治区政府的作用功不可没。稳步发展的经济保障了旅游业健康发展的大环境，但是中国旅游业也遭遇了一系列的危机，如非典、禽流感、金融危机等事件。尽管自治区政府在提升旅游业竞争力方面进行了大量的改革实践，但是旅游业作为综合性产业，只有充分发挥政府在规划调控、市场服务和企业指导政策上联合作业的职能优势，才能实现旅游产业的快速、健康发展。自治区政府进一步深化完善了旅游行业的市场竞争体系和企业准入机制。在健全宏观管理体制和机构的同时，打破行业垄断，对民间资本的进入给予积极的鼓励，彻底转换了旅游企业的经营机制。对于旅游产业的发展，政府适时适度地转变职能，开始重视市场和企业的自我调节能力，完善并加强了旅游产业“政府、市场、企业”的联合作业的新导向机制。让市场充分发挥资源的基础配置功能，让企业充分发挥市场经济活动主体的作用，更好地发展自治区的旅游产业。

（二）以“旅游体闲特色城市”为推手

从“城市品牌形象”设计出发，塑造一个符合城市自身的旅游休闲形象，鲜明的城市形象能够让人“未到其地，先闻其名”，形成强烈的心理趋向，如呼和浩特的“乳都”，乌兰浩特的“马都”，钢铁之城的包头，其浓郁的城市休闲文化氛围、怡人的旅游休闲景区、悠久的居民休闲文化传统以及独特的建筑设计，展示着城市的品位，彰显着城市的历史传承和城市精神，渗透在城市的每一个角落，让游客在每一个细节中都能感受到城市的独特气息。

（三）加强观念、体制、旅游产品等旅游资源的整合，做大旅游业

内蒙古自治区人民把旅游业当作一个产业对待，它能提高人们的生活水平。

统一认识到强烈的旅游强市意识和竞争导向意识树立的重要性，有助于旅游业稳定发展。强化宏观决策和宏观调控职能，组建一个高层次的旅游经济指挥部门。形成优势互补、资源共享、整体开发的新局势，对于内蒙古自治区旅游产业的稳定、高效的发展起到重要作用。内蒙古自治区采取有效措施，打破现有行政区划和管理体制的束缚，对区域旅游资源进行整合，中部历史与民俗文化都市圈旅游区：重点发展历史旅游、民俗文化旅游、都市观光旅游、休闲旅游、民族风情旅游和文化考古旅游等；东北部草原、森林和冰雪旅游区：重点发展草原民俗文化旅游、自然生态旅游、边贸与跨境旅游、温泉度假旅游、冰雪度假旅游；东部草原、民俗与辽文化旅游区：重点建设草原文化、历史文化、地质地貌观光、沙湖休闲、生态度假旅游等特色旅游区；西部沙漠和历史文化遗迹旅游区：重点发展沙漠探险旅游、宗教朝圣旅游、丝路访古游以及生态和航天科普游。旅游业是综合性行业，它不仅是在要求上要达到高水准服务的行业，还是受关联行业影响较大的行业。在交通、旅游商品开发、金融服务、旅游服务等旅游产业链上进行整合，不会出现某个后进产业影响整个旅游业的发展。

（四）突出特色，精心设计旅游产品

在最近几年里，内蒙古自治区加大对沙漠、湖泊、草原、森林、冰雪等自然景象紧密结合的力度，体现了民俗风情、历史文化和人文特色，逐渐改善产品的同时加大了开发的力度，丰富了旅游产品的历史文脉，展示了内蒙古自治区城市人文和自然景观结合的特色。结合内蒙古自治区旅游资源自身的条件、对未来旅游市场的研究分析和社会的实际情况，要重点开发内蒙古自治区旅游产品的新类型，包括历史文化和民俗风情、大漠古韵、冰雪景观、草原生态风光四大类旅游产品。

1. 民俗与历史文化旅游产品

内蒙古自治区不仅积淀着丰富的历史文化旅游资源，同时还具有丰富多彩的民俗风情。内蒙古自治区的民族民俗和历史文化遗址是突出内蒙古自治区旅游产业特色的最重要部分，是内蒙古自治区开发民俗与历史旅游产品的基础条件。蒙古族文化是历史文化旅游资源开发内容的选择。内蒙古自治区历史文化旅游资源包括依然保存的远古人类的遗存、鲜卑北魏文化和匈奴文化。

2. 草原生态旅游产品

内蒙古自治区拥有着大面积的草原，草原旅游资源有着丰富市场潜力和很大的开发价值，天然的大牧场众多，草原面积占全国草原总面积的 1/4。未来的开发中要以生态旅游理念为指导，发挥草原生态旅游资源优势，要以多种形式谋划

开发内蒙古自治区的草原生态旅游产品。呼伦贝尔草原、锡林郭勒草原、科尔沁草原等为代表的草原旅游区应重点开发草原休闲度假、草原科考旅游、草原动植物观赏、草原探险旅游等一系列草原旅游活动产品，使草原旅游在此基础上不断发展兴盛并取得一定的成绩。

3. 大漠古韵旅游产品

内蒙古自治区的沙地和沙漠分布面广，最著名的戈壁滩沙漠是自治区重要的旅游资源，如音德尔图沙山群、月亮湖、天鹅湖、马莲湖的旅游景点在巴丹吉林沙漠、腾格里沙漠、乌兰布和沙漠腹地上。在贺兰山深处有海森楚鲁和诺尔公怪石林等景观，雪岭子等贺兰山原始次生森林景观和广宗寺、福音寺等佛教圣地，雅布赖岩画和曼德拉山岩画，这些成为大漠戈壁难得的风景。沙漠探险、沙雕、滑沙等旅游观光产品深受旅游者喜爱，得到了重点开发。

4. 冰雪景观旅游产品

内蒙古自治区的旅游严重受季节的影响和限制，旅游业在冬季只能把冰雪旅游作为重点开发项目。雪是内蒙古自治区旅游资源的独特代表，深受国内外旅游者的喜爱。阿尔山滑雪场，根河市奥科里堆山滑雪场、呼伦贝尔呼伦湖冰雪运动训练基地是内蒙古自治区冬季重点开发和建设的旅游项目，它能将自身的资源优势转化成经济优势，弥补了冬季旅游项目的限制条件。冰雪观光、冰雪运动、冰雪艺术、冰雪娱乐旅游也广泛开发建设，力争将冬季旅游项目建成全国最好的高山滑雪和越野滑雪胜地。

五、蒙古国旅游产业发展的对策

蒙古国的旅游产业起步于20世纪80年代，之后在国家政策的大力支持和国际旅游产业蓬勃发展的双重环境促进下，不断探索发展，并在蒙古国的国民经济发展中起着越来越重要的作用。但是，在取得丰硕成果的情况下，我们不得不承认蒙古国的旅游产业发展以及研究仍只是处于较低级的发展阶段，不得不面对和解决发展中出现的种种瓶颈问题，但同时也要紧紧抓住发展机遇，以期能缩小与发达国家旅游产业的发展差距，尽快跟上国际旅游产业的发展步伐，努力实现蒙古国“旅游兴国”的政策目标。

（一）加速经济发展，加快基础设施建设，提高国民收入水平

众所周知，旅游是一种精神上的享受性消费，前提必须是拥有一定的物质基础，才可以促成精神层面的消费。所以，要加快蒙古国国内经济的发展，让蒙古国公民有更多的可支配收入，这样才可以为旅游活动的产生创造条件。从这个层面来说，加速经济发展对国内旅游客源及旅游市场起到促进作用。

旅游产业是一项综合性产业，它涵盖国民经济的方方面面，涉及国民经济的各个领域。而经济的发展，则是其他任何经济产业发展的基础和坚强后盾。只有经济发展了，才能保障旅游产业的长远发展。蒙古国旅游基础设施十分薄弱，尤其是旅游交通，这直接影响了蒙古国旅游产业的长远发展，而要发展交通需要政府的资金支持。由此可见，要促进蒙古国旅游产业的发展，首先必须大力发展蒙古的国民经济。经济是基础，只有经济发展了，政府才有财力支持旅游产业的发展，企业才能在良好的环境中运行，从而有力地支持和促进旅游产业发展。

（二）加大政府支持力度，增加相关旅游产品

国民经济中任何一个产业的发展，除了适应自身的市场机制调节外，都离不开政府的宏观调控。而旅游产业又因为其比较特殊的综合性和复杂性，决定了政府调控的重要性和必要性。从旅游产业发展迅速、良好的一些国家的成功经验来看，政府在旅游产业中的作用可以概括为以下两点：提供政策法规支持，构筑有效的行业管理体系。旅游资源要转化成旅游产品不仅需要很好的创意规划，也需要资金的投入，一个国家的经济发展水平，决定了该国旅游企业的发展能力，也就在一定程度上影响到旅游产品开发的资金。同时，旅游市场的开拓离不开宣传促销，经济发展可以为宣传促销提供更多的资金，从而更有利于旅游市场的开拓。因此，蒙古国要努力提高经济发展水平，增加旅游产品开发的投入，积极对外宣传促销，开拓旅游市场，为旅游产业发展打下坚实的基础。蒙古国政府应该明确旅游产业发展的重要性，把它作为国民经济发展的重要产业之一，并为其发展提供一个良好的体制环境。

（三）构筑有效的行业管理体系

旅游产业是一项综合性产业，它涵盖国民经济的方方面面，涉及国民经济的各个领域。所以，建立一个以政府为主导的旅游行业管理有效体系，保障旅游产业内各部门和产业间各部门的协调规范发展，对于促进旅游产业的良性发展有着不可忽视的重要性。首先，要不断完善相关的旅游规划的制定、实施和完善。其

次，对旅游规划的实施进行事前、事中、事后全方位的监管和反馈。再次，在旅游产业的发展和规划实施中，加强对其指导和管理，尽量保障旅游产业发展的合理化。复次，要建立健全旅游产业中的利益分配制度，保障旅游产业公平健康可持续发展。最后，应有旅游行业协会自律。要在蒙古国内成立比较正规、规范、权威的旅行社协会、酒店餐饮协会等行业组织协会，这些行业组织由旅游企业、旅游管理、教育、培训、研究咨询单位和专家组成，对政府下达的政策和法规制定详细的实施计划，并通过下属部门的意见收集和调查研究，及时向上总结反馈，支持并促进政府部门监管职能的进一步优化。

（四）加强旅游人才培养，加强与内蒙古自治区旅游高等院校的合作

建设旅游产业高校。高校是人才开发和培养的主要平台，加快蒙古国相关旅游产业的高校建设，加强旅游相关适应性和应用性人才的开发和培养，是当务之急。完善各层次人才培养，推进旅游师资队伍建设进程。加大高校的人才交流机制，和尽可能多的目的国签订留学交流协议。同时，加大对于留学的政策和财政支持，为蒙古国旅游产业的发展提供强有力的智力支持。提高并完善旅游从业人员资格认证体系，以提高进入门槛来保证旅游从业人员的素质。加强岗位培训，这是在从业人员进入该行业后的继续教育，包括岗前、岗中、轮岗等培训。

（五）重视国际交流，重视和内蒙古自治区旅游资源整合开发

跟邻国的旅游区域进行合作，增加国际港口数量，办研讨会，而且需要增加蒙古国的旅游经营者参加国际大会的机会，政府应该多组织旅游经营者参加国际的大型研讨会，多举办一些有关的活动。应打破现有国家行政区划和管理体制的束缚，对区域旅游资源进行整合。中部历史与民俗文化都市圈旅游区：重点发展成吉思汗历史旅游、蒙元文化、民俗文化旅游、都市观光旅游、休闲旅游、民族风情旅游和文化考古旅游等，满足内蒙古自治区内人民出国的体验。

综上所述，蒙古国的旅游业在发展过程中要逐渐形成规模大、波动大、反弹快、竞争激烈的鲜明特点，以适应国际旅游业发展趋势。需求与供给互相促进，互为条件，共同发展，在持续加速度的动态中追求旅游质量的提高是今后进一步发展的要求。

参考文献

［1］包阿优喜. 内蒙古草原文化与旅游业互动发展研究［D］. 呼和浩特：内蒙古师范大学硕士学位论文，2011.

[2] Ulziikhutag Enkhmend（恩和）. 蒙古国旅游产业发展研究［D］. 无锡：江南大学硕士学位论文，2013.

[3] 乌日尼乐图. 内蒙古民族特色旅游纪念品开发研究［D］. 呼和浩特：内蒙古师范大学硕士学位论文，2013.

[4] 闫义. 内蒙古旅游业发展探析［D］. 北京：中国政法大学硕士学位论文，2008.

[5] 奥都巴雅尔. 蒙古国旅游产业发展研究［D］. 呼和浩特：内蒙古师范大学硕士学位论文，2012.

[6] 杨秀云，毛舒怡，张宁. 机场发展对地区旅游业发展的贡献性分析［J］. 统计与信息论坛，2011，6.

“一带一路”视域下中蒙能源国际合作开发研究

杨启乐[①]

[摘　要] 能源合作是中蒙战略协作伙伴关系的主体内容，是推进双边经济、社会共同发展的重要途径，是增进两国人民福祉的基础，是习近平总书记提出“一带一路”战略的重要实践。中蒙双方的经济互补性强，双边在资源、商品、技术、市场和人才等方面互惠共存，拥有重要的共同战略利益。互利共赢的中蒙能源合作不仅造福于两地人民，而且也能促进东北亚地区乃至全球的经济增长。本文就中蒙能源国际合作开发的优势因素、法律原则进行了详细的分析，从而进一步提出了中蒙能源合作开发中的战略对策，以长远的、科学的、发展的眼光努力改善两国能源关系，坚持对话、平等协商、加强合作，使中蒙能源合作关系更加健康稳定地向前发展。

[关键词] 中国；蒙古国；“一带一路”；能源合作

2013年习近平总书记在纳扎尔巴耶夫大学发表了《共同建设丝绸之路经济带》的演讲，其中指出：“我们要大力加强务实合作，做互利共赢的好伙伴。中国和中亚国家都处在关键发展阶段，面对前所未有的机遇和挑战。我们都提出了符合本国国情的中长期发展目标。我们的战略目标是一致的，那就是确保经济长期稳定发展，实现国家繁荣富强和民族振兴。我们要全面加强务实合作，将政治关系优势、地缘毗邻优势、经济互补优势转化为务实合作优势、持续增长优势，打造互利共赢的利益共同体。”[②]

能源作为国民经济的命脉，一直以来均是世界各国关注的焦点。如何确保能源安全，已经成为各国的国家战略和实施国内外政策的核心内容。随着中国经济的快速发展，其对能源的需求也在持续增加，已成为世界能源消费大国和进口大

---

① 杨启乐，内蒙古财经大学法学院。

② 习近平. 谈治国理政［M］. 北京：外文出版社，2014.

国。近年来，中国为满足自身发展需求，积极寻求从海外进口能源，在这过程中和世界能源储藏大国的亚洲近邻蒙古国展开了一系列的合作。

一、中蒙能源国际合作开发的优势因素

中蒙贸易关系的迅速发展，既有宏观因素，也有微观因素；既有地缘因素，也有人为因素；既有政治因素，也有经济因素。系统梳理影响中蒙贸易关系发展的有利因素与不利因素，对促进两国贸易关系的发展具有非常重要的意义。

（一）地缘优势

地缘优势是我国与蒙古国实施能源合作的天然保障。蒙古国是一个没有出海口的内陆国家，缺乏出海口和本土的交通运输条件比较差严重制约了蒙古国发展及与西方国家的经济联系。而中国与蒙古国具有山水相连的地缘优势，不仅有着相对便利的运输条件，并且也有着相对较低的运输成本。与此同时，中国与蒙古国的边境线有 3100 多公里，占中蒙边境线的 68%。内蒙古自治区东部（五盟市）与亚欧大陆的蒙古国毗邻，其部分地质资源分布与蒙古国同属于一个矿产带，对蒙能源资源的开发具有良好的地缘优势。拥有的口岸物流通道是十分重要的优势条件，也是其他地区无法比拟的一项优势。

在蒙古国与中国内蒙古自治区接壤的边界地区，这些口岸在两国经贸合作特别是边贸合作中发挥着重要作用。2008 年 1 月 12 日，中蒙两国边境的珠恩嘎达布、毕其格图口岸由季节性口岸变为常年开放口岸，使两国的常年开放口岸增至五个。目前，中国的内蒙古自治区、新疆维吾尔自治区、宁夏回族自治区、河北省、吉林省同蒙古国的相关省份开展边贸合作。虽然国家没有口岸建设专项资金，但国家却以不同的方式和渠道对中蒙边境口岸建设给予了大力支持，用以改善口岸基础设施。[①] 特别是对一些比较大的、重要的口岸基础设施的建设取得了明显的效果。而且内蒙古自治区各级政府也先后投资十多亿元用于口岸基础设施建设，形成了铁路、公路、水运、航空为一体的口岸体系。

---

① 王正立. 蒙古的矿业投资环境［J］. 国土资源，2008，4.

（二）社会文化优势

社会文化优势也是中国加强与蒙古国能源合作过程中的一项得天独厚的优势条件。内蒙古与蒙古国有着天然的渊源，具有相同的语言文字，相同的风俗习惯，相同的宗教信仰，相同的历史文化传统。这种历经数千年积累的文化习俗增加了两地人民之间的粘连度，提供了先其他地区一步的族缘和人缘优势。为两地之间能源合作开发奠定了坚实的社会心理基础。蒙古国人民主要信奉喇嘛教，我国西藏、青海的藏传佛教，是促进我国与蒙古国之间宗教文化交流的重要资源。同时，随着中蒙双边关系的不断加强，中蒙两国的民间友好往来进一步增多。随着中国和蒙古国经济贸易、文化等领域的交流合作日益密切，每年都有数万名的蒙古国公民来到内蒙古自治区经商、求医、探亲。把民间交往和贸易结合起来，实现了与蒙古国境外旅游、购物、投资的一体化，这有利于进一步增进中蒙两国人民间的友好感情。

（三）经贸合作优势

新中国成立后，蒙古国是最早承认中华人民共和国的国家之一。1989 年中蒙两国政府就扩大经贸合作、完善合作方式与机制、避免双重征税、促进边贸发展等一系列问题达成协议，从而有力地推动了两国经贸合作关系的稳步发展。

截至 2014 年，中国累计对蒙古国投资已超过四亿美元，使蒙古国成为中国对外投资的最主要目的地之一。中蒙两国有着优良的贸易往来基础，更利于两国在能源领域内开展合作。首先，中国巨大的能源市场对蒙古国的能源企业有着较强的吸引力。其次，中国的高速经济增长和能源需求增长仍将持续比较长的一段时间，这是其他能源市场无法企及的，稳定的经济发展环境将为蒙古国带来稳定的能源输出。除了需要稳定的市场和有吸引力的价格，中国的能源出口也是实现蒙古国能源出口多元化的重要一环。①

（四）劳动力优势

近年来，蒙古国人口快速增长，2004~2007 年，人口年均增长率近 1.3%，2007 年人口总数为 263.5 万人。蒙古国人口分布极不平衡，全国人口密度较小，40%人口仍然维持着传统的游牧或半游牧生活方式，大约 60%的人口为城市人口，大多数居住在首都乌兰巴托市内及附近，还有较少一部分居住在额尔登特和

① 张秀杰. 蒙古国对外经贸战略及中蒙经贸合作［J］. 黑龙江社会科学，2006，3.

达尔汗乌勒等其他大城市。2005 年蒙古国统计数据显示的人口年龄结构为 16~64 岁。事实上，中蒙曾在 20 世纪 50 年代后期开展过广泛的劳务合作，中国向蒙古国输出万余名工人参加蒙古国生产建设，帮助 6000 多名蒙古国工人掌握了各种生产技术。[①] 由此可见，从长期来看，通过项目建设，加强中蒙劳务合作，向蒙古国输出相应的技术与管理人才以及具有一定矿产资源开发经验的劳动力资源，既有利于缓解蒙古国矿业发展中的劳动力不足问题，也能提高蒙古国矿产资源的开采能力，增加矿产品产量，帮助蒙古国国内就业者提高生产技能和生产率，进而为蒙古国创造更多的就业岗位。

改革开放以来，中国在与蒙古国多年的对外交流中，已经培养出一批懂边贸和熟悉蒙古国经济、社会、文化传统及风俗习惯的人才队伍。在资源勘探和开发业的发展过程中也培养出一批有丰富的勘探经验，具有矿产开发、加工、技术和环境保护知识的专业人才队伍。这些相关人才队伍为中蒙能源合作的开展利用提供了必要的人力资源。

（五）政策优势

蒙古国政治经济体制转轨过程中的一系列经济政策和中国改革开放的进一步深化，极大地推动了中蒙双边贸易的发展。特别是中蒙双方不断改善的投资贸易环境，为两国的贸易发展提供了更为良好的宏观条件。20 世纪 90 年代以来，蒙古国政府制定了通过引进外资、发展采矿业来振兴经济的战略，近年来蒙古国的投资贸易环境有了明显的改善，如政府高度重视、法律政策进一步完善、经济开始复苏和基础设施得到改善，特别是蒙古国现政府确立的对外政策方针，把发展同中国的睦邻友好关系作为蒙古国外交战略的首要目标，更为中蒙能源合作的快速发展提供了可能。2005 年 6 月中国国务院出台了《关于促进东北老工业基地进一步扩大对外开放的实施意见》，2007 年中国制定了《东北地区振兴规划》，与蒙古国相邻的呼伦贝尔市、兴安盟、通辽市、赤峰市和锡林郭勒盟等地区都是重点规划的区域，政策优势与区位优势为东北地区，乃至整个中国扩大对蒙古国的贸易提供了又一轮的契机。

---

① 王忠海. 内蒙古自治区对蒙古国边境贸易发展探讨［D］. 呼和浩特：内蒙古大学硕士学位论文，2007.

二、中蒙能源国际合作的法律原则

能源作为国家安全的命脉和国民经济发展的重要物质基础，在经济社会中的重要地位决定其必然对政治产生巨大的影响。在国际能源供需之间矛盾加重之时，能源已经成为中蒙两国处理国际关系的战略因素。因此，促进作为发展中国家大国的中国和蒙古国进行能源国际合作，同样需要国际法律秩序作为后盾。中蒙在进行能源国际合作时要遵循以下主要原则：

（一）能源主权原则

能源主权原则作为国际法基本原则之一，同时也是能源国际合作中的必然要求和反映。能源主权原则主要是指在能源国际合作中，各国基于对自然资源享有的永久主权，在能源事务方面拥有对内独立自主的处理和对外事务的最高权力。具体表现为，中国和蒙古国在能源国际合作中法律地位平等，双方均有义务尊重对方的国家人格，双方有权利自主选择在能源方面的发展道路，均有责任并充分秉持诚意履行其国际能源相关条约规定的义务。

对中国而言，尽管经济发展成效显著，但是未来对能源的需求主要是依赖进口，随着对外依存度的加大，要特别注重坚持能源主权的原则，从而更好地维护相关各国的利益。首先，中国在参与能源合作的过程中，既要加强自身能源法律制度建设，又要努力推动有利于中国国家能源安全的国际能源合作法律制度的出台。[①] 其次，中国在参与中蒙国际能源合作的过程中，既要坚持本国的能源主权，又要以发展的观点实现国家能源主权。国家能源主权的实现主要体现在国家所行使的各项具体能源权力，这些国家能源主权权力可以分为核心能源主权权力和可让与的能源主权权力。核心能源主权权力始终不渝地予以坚持，而对那些可以让与的能源主权权力则可以用发展的观点来对待，只要在符合中国及发展中国家权益的前提下也可适当开放。最后，中蒙在进行能源合作方面，应该增强能源法律制度意识和国家能源主权安全意识，认识到从法律制度上维护能源主权的重要性。

① 方华. 蒙古国与大国关系的变化［J］. 现代国际关系，2006，7.

（二）能源可持续发展原则

可持续利用能源是人类社会可持续发展的重要条件，当今世界，没有任何一个国家可以不利用国际能源而实现可持续发展的，中国也不例外。就中国而言，可持续发展原则为中国的能源立法规定了新的任务。中国既是能源消费大国又是能源进口大国，能源利用造成的环境污染问题比较严重。能源可持续发展原则要求中国进行国际能源合作，应该以“提高效率，保护环境，保障供给，持续发展”为基本法律依据。因此，中蒙能源合作法律制度要坚持新能源开发与能源节约并举，确立节能首要位置，提高能源利用效率。

在经济、能源、环境协调发展的目标下，要创新国际能源合作法律制度与规范，确保在市场经济的条件下，中蒙通过国际能源合作，遵守能源的可持续发展原则，合理利用和养护能源资源，保护生态平衡，与自然界和谐共存，达到维护两国共同利益的目的。

（三）能源安全原则

能源安全具体表现在能源储量、产量、国际能源市场、国际能源贸易、能源储运、能源勘探开采技术、国际能源合作等方面。随着能源市场全球化程度的加深，中国目前能源安全问题的根源是国内日益尖锐的能源资源需求与供给之间的矛盾，而不是外部价格和投资的冲击。国际能源合作与能源安全合作已成为中国外交日程上的显著议题。中蒙能源国际合作能够以良好的能源双边关系作为中国对外能源合作和战略的基础，同时也能推进国际能源合作法律规制的建立。

（四）平等合作、共同发展原则

各个国家的主权是完全平等的，因此能源的国际合作不应该附带任何有损于主权的条件，在中蒙能源国际合作中应当坚持平等合作、共同发展的基本原则。在诸如中蒙国际能源协议的制定等能源国际合作过程中，应该坚持平等地参与决策协商，确保形成合理的利益分配机制，从而使双方均能够从能源国际合作中获得利益，实现共同发展。

三、中蒙能源合作开发中的战略对策

国家主席习近平2009年9月11日在杜尚别同俄罗斯总统普京、蒙古国总统额勒贝格道尔吉举行中俄蒙元首会晤。习近平指出："中俄蒙三国发展战略高度契合。中方提出共建丝绸之路经济带倡议，获得俄方和蒙方积极响应。我们可以把丝绸之路经济带同俄罗斯跨欧亚大铁路、蒙古国草原之路倡议进行对接，打造中蒙俄经济走廊，加强铁路、公路等互联互通建设，推进通关和运输便利化，促进过境运输合作，研究三方跨境输电网建设，开展旅游、智库、媒体、环保、减灾救灾等领域务实合作。三方可以深化在上海合作组织框架内合作，共同维护地区安全，实现共同发展。三方还要加强国际合作，共同维护国际关系基本准则，共同倡导互信、互利、平等、协作的新安全观，共同推动以和平方式，通过对话谈判，政治解决国际争端和热点问题。中方支持蒙方积极参与地区事务。"①

开展政治、经济和文化等多层面的交流以加深中蒙双方的理解与互信。首先，加强政府间不同层级的双方互访。友好的睦邻关系是推进经贸合作的基础，也是企业合作的良好平台。其次，定期举办各种贸易洽谈会，完善经济合作的平台。东北亚地方首脑会议、中国吉林东北亚投资贸易博览会等为促进相互间的交流和经济活动起到了重要的推动作用。最后，定期举办各种学术交流会，并推动教育合作与交流，为中蒙贸易合作奠定更为广泛的基础。②

（一）加快中蒙基础设施建设合作

通过多种融资渠道，加快乔巴山至伊尔施铁路建设，并且改造阿尔山至白城铁路，提高中蒙东部铁路通道的运输能力，为扩大中国与蒙古国能源合作奠定基础。立足于口岸基地，抓好以资源就地转化为主的加工中心建设，围绕加工中心建设生产研发中心、物流配送中心、金融服务（包括离岸金融、出口核销）、中介服务等方面为主要支撑体系，逐步形成加工产品规模。同时，加大政策引导和扶持力度，逐步建成一批以骨干企业为龙头，以主导企业、主导产品为核心，以专业化协作（配套、产品延伸加工）为主要内容，产业配套相对集中的特色工业

---

① 中华人民共和国商务部网站，http：//www.mofcom.gov.cn/article/i/jyjl/j/201409/20140900728588.shtml.

② 李慧. 中蒙经贸合作现状及对策［J］. 商场现代化，2008，1：32.

园区，进而形成有效的产业集聚效应，推动整个产业的快速发展。提高口岸综合通关能力，保证物流的畅通。要充分利用东北地区对蒙的口岸优势，在原有基础上改善通关条件，增加通关能力。一是进一步简化中蒙边境贸易手续；二是延长通关时间，提高通关频率；三是加大对内蒙古自治区口岸基础设施投资力度，缓解资源运输瓶颈。[①]

（二）加强信息服务体系建设，改善投资环境

一是建立蒙古国能源资源信息网络。积极推进东北各省和地区在蒙古国设立办事处，负责其国内的资源信息收集，特别是针对资源国潜力和矿业投资环境、重要勘查开发项目、国际能源走势追踪、跨国能源公司动态分析、能源市场状况和能源市场等方面的信息。二是建立项目信息服务系统。依托外经贸部的信息网络，建立境外资源开发加工地区投资环境资料库、内外项目推介库、境外资源类投资开发目录以及市场信息资料库，对区内各类优势产业、企业、产品开展网上推介等。加强与中国驻外使领馆经商处、派出机构、驻外企业、国外行业中介和国际投资贸易促进机构的联系，广泛收集信息，建立信息交换机制，为企业开拓市场服务。三是扩大政府和民间信息交流。一方面增加政府间的互访和文化交流；另一方面发挥东北地区的人文优势，争取国家一些对蒙扶助教育上的政策，充分发挥教育资源优势。

（三）积极开展多渠道融资

首先，制定优惠政策，拓宽筹资渠道。制定优惠政策和资金使用管理办法，运用市场机制，按照谁受益、谁投资、谁经营的原则，创造条件，积极开辟投资渠道，保证利用资源建设项目投资的稳定性和连续性。主要通过以下渠道：一是对于符合国家政策及涉及国计民生的项目，可直接申请国家立项，争取国家低息贷款、国债资金、开发行贷款、世行贷款、亚行贷款；二是加大资本市场筹资力度，加快企业改制上市步伐，做好上市企业的增资扩股工作，努力扩大企业债券发行规模，争取建立产业投资基金，发展 BOT、TOT 等新型融资方式。其次，不断创新投融资机制，积极启动民间资本。在遵循市场经济规律的基础上，项目建设的运作机制要不断进行探索和创新，争取利用少量的启动性资金带动，发挥资金利用效益。协调好政府、企业、社会的投资关系，广泛运用现代国际机制，吸收引进外资，筹集社会资金，有效管理，合理利用。在政府补助和政府扶持的

---

① 张广翠，于潇. 东北振兴过程中的对外开放：中蒙合作［J］. 东北亚论坛，2007，5.

同时，逐步扩大集体和民营、个体成分，调动民间参与项目建设的积极性。最后，积极争取政策性金融支持。基础设施建设和口岸质量的提高需要的资金量巨大，因此，必须充分发挥政策性银行长期融资领域主力银行作用。

中蒙两国在能源上的合作是有利于两国共同发展的大事。我们应以一种理性的、辩证的态度去处理这些关乎国家生死存亡的重大问题，以长远的、科学的、发展的眼光努力改善两国能源关系，坚持对话、平等协商、加强合作，使中蒙能源合作关系更加健康稳定地向前发展。

参考文献

[1] 刘伟. 国外能源管理体制对我国能源管理的启示 [J]. 国土资源情报，2005，11.

[2] 岳树梅. 国际能源合作法律问题研究 [D]. 重庆：西南政法大学博士学位论文，2007.

[3] 李俊江，宋博. 中蒙经贸合作的现状与发展前景 [J]. 东北亚论坛，2008，2.

[4] 李慧. 中蒙经贸合作现状及对策 [J]. 商场现代化，2008，1.

[5] 李大军，张建平，王辛. 蒙古国“多支点”外交政策及其对我周边安全环境的影响 [J]. 东北亚论坛，2005，2.

[6] 娜琳. 中蒙经贸关系现状及前景 [J]. 东北亚论坛，2007，2.

[7] 江泽民. 对中国能源问题的思考 [J]. 上海交通大学学报，2008，3.

[8] 陈妙峰. 蒙古的地缘环境及外交战略选择 [C]. 国际关系评论集（第3集）. 南京：南京大学出版社，2003.

货币与投资

从拉丁美洲美元化看人民币区域化的经济效益分析[①]

徐慧贤[②]

[**摘　要**] 货币的区域化是一种权利与义务的国际化，无论是对于货币发行国还是货币替代国，都是一把“双刃剑”，在带来收益的同时必然也会产生相应的成本。本文首先阐述了货币区域化的成本——收益理论，接着通过分析美元化对拉丁美洲国家及美国的经济影响，深入比较人民币区域化后我国的成本与收益，得出我国应逐步稳妥推进人民币区域化，最终实现人民币国际化的结论。

[**关键词**] 人民币区域化；成本；收益

货币的区域化是一种权利与义务的国际化，无论是对于货币发行国还是货币替代国，都是一把“双刃剑”，在带来收益的同时必然也会产生相应的成本。人民币的区域化，既会对我国产生如增加铸币税收入、促进对外贸易等正向效应，也会带来如降低货币政策效力、外来冲击加大等不利影响。本文首先阐述了货币区域化的成本——收益理论，接着通过分析美元化对拉丁美洲国家及美国的经济影响，深入比较人民币区域化后我国的成本与收益，得出我国应逐步稳妥推进人民币区域化，最终实现人民币国际化的结论。

---

① 本文为中国人民银行呼和浩特中心支行 2008 年重大课题“人民币区域化研究——基于中蒙边境地区的考察分析”资助项目。

② 徐慧贤（1971—），女，内蒙古呼和浩特市人，内蒙古财经大学金融学院教授，博士，研究方向：国际金融。

一、货币区域化的成本——收益理论

(一) 货币区域化的成本

实行货币区域化的国家（或地区）会增加以下成本：

1. 增加转换成本

新币的铸造、印制、储存和发行，旧币的回收、销毁，有关机器设备的转换，银行计算机网络的修改都将耗费大量的成本，并可能对商业银行的正常盈利性业务带来一些负面的冲击，造成金融企业利润的损失及一些长期金融合约条款执行上的困难。

2. 丧失铸币税收入

铸币税是货币当局发行本币所具有的购买力减去铸币费用后的差额所形成的政府收入。在区域内实行单一货币后，一国政府原来依靠货币发行获得铸币税的收入便会失去。

3. 丧失调节本国（或本地区）经济的货币政策工具

货币区域化后，各国将失去执行本国货币政策的能力。一国难以通过利率的升降、货币供应量的调整和汇率变动等政策工具对国内经济施加有效的调节，抵御外部冲击。丧失货币自主权是加入货币区的主要成本，它迫使成员国为了达到外部均衡而放弃内部均衡。

4. 增加各成员国调整宏观经济的成本

一国在不同时期和不同的经济政治环境中，对通货膨胀和失业的偏好是不相同的。由于偏好不同，一些国家对通货膨胀的反感比另外一些国家要强，从而调整成本也不同。货币区域内的货币和汇率政策是成员国共同制定的，它可以被用于调整对称性的冲击，却不能调整不对称性冲击。联盟对货币政策施加的限制将使成员国付出调整成本，成本的大小主要取决于单个经济体所承受的不对称性冲击的大小、预期调整的速度、影响失衡的幅度和体制及契约的刚性。

(二) 货币区域化的收益

1. 减少外汇交易成本

实行货币区域化后，可以使货币兑换的成本与内部币种管理成本减少。货币兑换成本主要是金融机构提供兑换货币业务所收取的手续费或买卖差价中实际用于兑换货币业务成本开支、保持各种货币备付额的机会成本、防止外汇暴露所进行的套期保值成本、跨境支付时滞引致的机会成本。内部币种管理成本节约是指金融机构在国际业务中，由于币种简化所引致的金融机构储备管理、会计、国际金融业务等的全面简化；或是非金融性的厂商、个人在多种货币下的财产、会计管理简化；或是跨国企业管理、控制、利润与效率评估的简化等。

2. 节约外汇储备

一国为确保自身的金融安全，维持国际收支平衡，满足正常国际交易，需要保持一定的外汇储备。储备的适度水平与交易水平正相关，与持有外汇储备的机会成本负相关。由于货币区域内的国家无须持有外汇储备来维护内部的汇率波动，单一货币对第三国货币的稳定性更强，因而会减少持有储备的需要。

3. 降低汇率不确定性

汇率不确定性的降低，有利于产生贸易和投资创造效应。汇率的易变性和不确定性带来商品和劳务价格的不确定性，延缓人们对生产、投资、消费等的决策，减少企业对国外的投资。尽管短期的汇率不确定性能通过套期保值加以消除，但如果缺乏发育良好的远期外汇市场，长期的汇率不确定性难以通过市场加以消除，这会严重影响国际贸易和海外投资。实行货币区域化后，各国可以避免汇率波动对贸易和物价的不利影响，从而有助于商品的流通和物价的稳定，也有利于资金在区域内的自由流动，促进国际贸易和投资的扩大，从而带动各经济体的经济增长，最终带来生活水平和福利的提高。

4. 促进金融市场一体化

货币的区域化会推进金融市场的一体化，从而可以获得资源配置带来的收益：第一，直接投资管制的消除，将通过更具有理性的投资决策而加强配置收益。第二，市场有效规模的增加可促使规模经济的实现，从而节约融资中介过程及储蓄转化为投资的过程中所占用的各种资源。第三，金融市场一体化将提高融资过程中的资源配置效率，为借贷双方提供更广泛的金融工具，从而做出更有效的选择。从长远看，金融市场的扩大必然会使竞争范围扩大，各成员国的金融资源将逐步整合，脆弱的金融机构将会被淘汰，金融业的整体素质得到提高，这对区域内金融体系的稳定是有益处的。

二、美元化对拉丁美洲国家的影响

美元化是指美国以外的外国居民因对本币币值的稳定失去信心或本币资产收益率相对美元资产收益率较低时发生的大规模货币兑换，即美元在价值储藏、交易媒介和计价标准等货币职能方面部分或全部替代本币的现象。在拉丁美洲，美元化已经有很长历史了。巴拿马官方从1904年就开始实施美元化；特别当经济出现危机的时候，美元与本国货币常常同时被广泛地使用。20世纪末，在阿根廷、厄瓜多尔、尼加拉瓜、萨尔瓦多和秘鲁等拉美国家，美元化已经很明显。美元化问题不仅在小规模经济国家中受到广泛支持和重视，而且美洲大国如墨西哥、巴西、加拿大等国对此也表示出浓厚的兴趣。

（一）拉丁美洲国家美元化的成本

1. 损失铸币税收入

美元化后，许多国家将丧失铸币税收入。铸币税在世界各国的财政收入中占据相当大的比重，铸币税通常占一国国内生产总值（GDP）的0.2%（Krugman，1998）。美元化后，拉美国家的铸币税由本国中央银行转移至美国货币当局，主要国家的铸币税损失均占本国国内生产总值的2.3%。

2. 丧失货币政策和汇率政策独立性

许多实行美元化的国家不再设立中央银行，本国利率的高低取决于美国利率的高低，这就相当于把货币政策的决策权转让给了美国联邦储备委员会。美联储在制定货币政策时，只会考虑本国的利益，不会考虑外国的利益。因此，美元化国家丧失了调整本国宏观经济的利率政策工具。美元化国家也丧失了汇率政策工具，不可能再以货币贬值的方式对经济进行灵活的调整，而只能通过名义工资和物价的下调进行实际贬值。

3. 中央银行丧失“最后贷款人”的作用

在完全美元化之后，美元化国家的中央银行将自动放弃其货币发行者的角色，同时也放弃对本国金融体系的监督和管制，因而也就丧失了中央银行的权力。如果部分美元化，即使保留本国中央银行，但由于汇率与美元固定，其提供足够流动性支持的能力将受到限制。因此，中央银行失去了作为最终贷款人行使职能的灵活性，美元化国家的银行体系易遭到破坏。一旦在这些国家发生金融危机，如果美联储不承担“最后贷款人”的责任，那么其风险将会非常巨大。

4. 拉美国家的经济周期将受到美国的影响

一旦美国发生经济危机，美元化国家的经济也要受到影响。当美元化国家经济处于衰退而美国经济处于繁荣阶段时，美国为了抑制潜在的通货膨胀，会采取紧缩银根、提高利率等货币政策，这无疑会加剧美元化国家的经济衰退。

（二）拉丁美洲国家美元化的收益

1. 改善财政状况，促进经济长期稳定

由于美元化减少了货币风险和国家风险，因而会降低政府的外部借债成本，减少政府购买力的下降，改善拉美国家的财政状况。同时，实施美元化后，各国政府债券将以美元标价，其信用评级的差别与变化，将迫使政府接受更为“硬”的预算约束，强化国内的财政纪律，使其财政政策更加合理，为经济的长期稳定发展创造良好的政策条件。

2. 降低通货膨胀率，增强宏观经济政策有效性

美元化为本国居民提供了一种货币选择的机会，从而约束本国政府为了短期利益而滥发纸币进而引发恶性通货膨胀的行为。此外，美元化能够有效降低通货膨胀率和通货膨胀预期，从而抑制拉美国家国内利率的不正常上升。由于不必为了维系投资者信心而人为提高利率，拉美国家的实际利率水平将下降到接近美国的利率。国内金融市场的稳定，在一定程度上将提高货币政策的有效性，从而有利于提高投资水平和减轻外债负担，促使经济增长速度加快。此外，低通胀有利于提高对本国经济增长的信心，吸引更多的资本流入，推动经济进入良性发展轨道。

3. 节省外汇储备，降低交易成本，促进贸易和投资

拉美国家实行美元化后，本币贬值和货币危机的可能性不再存在，国际收支状况会有明显好转，因而不必维持高额的外汇储备。由于交易成本的降低，拉美国家同美国的贸易会获得较大的发展，同时也将促进拉美国家同世界上其他国家的贸易发展。此外，美元化除了能使拉美国家的银行业务国际化外，还有利于这些国家吸收外国直接投资和证券投资，从而有利于拉美国家融入区域经济和全球经济的潮流。

4. 推动美洲自由贸易区的建立和发展

实行美元化在一定程度上有助于推动拉美国家经济的发展，缩小它们与美国经济的巨大差距，推动美洲自由贸易区向着公正和谐的方向发展。此外，美元化会加强拉美国家与美国的金融、经济联系，尤其是在实行双边美元化的情况下，

拉美国家与美国在经济上会有更多的融合与协调，从而极大推动美洲自由贸易区的建设乃至美洲经济一体化的形成。

通过以上分析可以看出，对于一些美元替代程度较高，又经常发生恶性通货膨胀的拉美国家来说，美元化有利于稳定货币和抑制通货膨胀。此外，由于这些国家长期以来积累了较高的货币替代程度，货币政策的灵活性已经受到削弱，因此，实行美元化的损失也是最小的。

三、拉丁美洲国家美元化对美国的影响

拉丁美洲国家美元化后，美国获得的主要收益包括：其一，美元在境外流通，相当于向美元化国家借了一笔巨额的无息贷款，美国不仅不用支付利息，同时还可以得到数目不菲的铸币税收入；其二，美元作为国际货币，可以给美国带来权力和声誉，扩展美国银行和金融机构业务，降低美国借贷成本，增加出口；其三，美元化能促进国家间的地区经济整合，刺激美元化国家投资和经济增长，美国也能够从中受益；其四，对于任何货币主体，其流通边界的扩大能够内生化原来需要外部交易完成的信贷活动，从而减少对非预期冲击的调整成本；其五，美元化国家采用美元作为法定货币，美元的流通范围得以扩大，这样会增大美国宏观政策的弹性。

美国通过拉丁美洲国家美元化获得收益的同时也会付出一定的成本，主要包括：其一，美元化形成了美元化国家对美国货币政策的依赖性，美元化国家将有动机去影响美联储的决策，因而，美国在制定货币政策上会或多或少地受到美元化国家经济状况的影响，从而使美国货币政策的制定和协调难度加大；其二，美元化国家以美元为法定货币，中央银行自动放弃其货币发行者的角色，放弃对金融体系的监督与管制的职责，转而由美联储承担，因此，美元化国家要求本国银行在美联储有贴现窗口，要求美联储充当“最后贷款人”的角色；其三，美国对美元化国家出现金融危机后的经济和政治责任增大，一旦美元化国家出现经济危机，该国政府可能会将危机原因归结于美国的政策失误，美国会成为“替罪羊”和众矢之的，甚至可能出现美元化国家的反美浪潮，在这种情况下，拉美国家所爆发出来的复杂的政治、经济和外交政策问题，将会对美国造成强烈冲击。

四、人民币区域化的成本—收益分析

人民币区域化必须以其带来较小的经济成本为前提，必须不断地进行成本与收益比较，积极创造区域化有利条件，选择恰当时机和制度安排，逐步稳妥推进人民币区域化，最终实现人民币国际化。

（一）人民币区域化的成本

1. 金融风险加大

人民币区域化后，国内金融市场对外自由开放。由于货币壁垒的消失，相对于在管制条件下不可自由兑换时，其交易风险、会计风险和企业的经济风险随之增加。这就需要在人民币区域化后，我国的金融发展和金融机制相互协调。

2. 调控成本加大

人民币区域化后，中央银行在调控经济目标时一方面要考虑到国内宏观经济状况；另一方面要考虑世界经济的变化。这就需要内外政策目标的平衡与协调，在必要时为了国际经济目标就可能丧失国内经济某些方面的利益。由于加大了调控难度，中央银行与其他国家的中央银行在信息处理、货币合作、目标政策协调方面将更加密切，扩大了中央银行调控国民经济的成本。

3. 信心成本增加

信心成本主要表现为货币区域化过程中增强持有信心的“升值成本”和维持持有信心的“承诺成本”。一国在货币区域化过程中一般都伴随着一定程度的货币对外升值。对于货币发行国来说，持续地、大幅度地处于升值状态会带来诸多不利影响。首先是对外贸易收支潜伏着失衡的可能，同时货币区域化过程中和取得国际货币地位后要维持国外货币持有者对本国货币的信心，货币发行国必然要根据国际经济金融形势变化调整政策。货币发行国维持该货币国际信心的承诺成本亦可看成其承担国际责任约束而带来的成本。

4. 政策偏离成本

货币区域化使得国内和国外金融市场之间的联系日益紧密。在这种情况下，国内的溢出效应使一国国内的货币政策没有或者只有很小一部分作用于国内经济变量，货币政策达不到预定的最终目标；而国外的回馈效应又使国外政策波及国内。两种效应同时起作用，致使货币政策偏离预期目标甚至失败。

（二）人民币区域化的收益

1. 节约外汇储备

目前，我国外汇储备增长迅猛，这对稳定人民币汇率，体现中国对外清偿能力有很重要的作用，但相应储备成本也很高。人民币区域化后，我国的清偿能力可以用人民币去实现，外汇储备将会大幅减少。目前的高外汇储备一方面对基础货币投放构成压力；另一方面大量美元外汇储备用于购买美国政府公债，减少了我国商业银行和企业对外汇资源的持有和支配。

2. 增加铸币税收入

当一国货币国际化后，实际上相当于货币发行国具有了一种获得国际资源的手段，一种变相负债的权利，同时也对国际资源的配置有了相当的影响力。据推算，2002 年以后欧元流通的 8~10 年内，可能有 5000 亿~10000 亿美元的国际货币持有将从美元转换为欧元，这意味着美国将丧失如此大量的铸币税收入，仅此就相当于美国每年损失其国内生产总值的 1%~1.25%。如果人民币的国际购买力长期保持稳定，并且逐步推进人民币的区域化，那么到 2010 年人民币区域化带来的铸币税收入可能为 152.8 亿美元，2015 年约为 224.6 亿美元。①

3. 外债规模和结构优化

人民币的区域化进而国际化会大大增强我国的偿债能力和降低外债成本，优化外债结构。目前，我国的外债计价货币大都是美元和日元。由于美元和日元的剧烈波动使我国的外债负担不断加重，或者波动性加强，也不利于外债管理。人民币作为国际货币会提高偿债能力，化解外债风险。

4. 扩大贸易，降低风险

货币国际化可降低贸易的汇率风险，促进成员国之间贸易量增长以及国民收入增加，贸易与资本流动也会增加。人民币区域化后，相当部分贸易结算可以用人民币计价结算，或者部分用人民币结算，会大大降低结算风险，扩大国际贸易交易量，带动我国经济增长。

从人民币区域化的成本与收益分析看，收益明显大于成本。因此，积极推进人民币区域化对我国经济有很重要意义。人民币区域化以我国经济增长为基础，我国经济增长和国际地位提升又会推动人民币区域化进而国际化的进程。

---

① 钟伟. 略论人民币的国际化进程［J］. 世界经济，2002，3.

参考文献

[1] Peter B. Kenen. The Theory of Optimum Currency Area: An Elective View [M]. Monetary Problems of the International Economy. Chicago: University of Chicago Press, 1969.

[2] G. Harberler. The International Monetary System: Some Recent Developments and Discussions [C]. Approaches to Greater Flexibility of Exchange Rates, 1970.

[3] Fleming. On Exchange Rate Unification [J]. Economic Journal, 1971, 81: 467-488.

[4] 李晓，李俊久，丁一兵. 论人民币的亚洲化 [J]. 世界经济，2004，2.

[5] 刘力臻，徐奇渊. 人民币国际化探索 [M]. 北京：人民出版社，2006.

[6] 陶士贵. 人民币区域化的初步构想 [J]. 管理现代化，2002，5.

[7] 许宪春. 中国未来经济增长及其国际经济地位展望 [J]. 经济研究，2002，3.

[8] 赵庆明. 人民币资本项目可兑换及国际化研究 [M]. 北京：中国金融出版社，2005.

[9] 赵海宽. 人民币可能发展成为世界货币之一 [J]. 经济研究，2003，3.

[10] 钟伟. 略论人民币的国际化进程 [J]. 世界经济，2002，3.

中国对外直接投资逆向技术溢出效应及其行业差异分析

张楠楠[①]　程慧超[②]

[摘　要] 本文使用数据包络分析（DEA）的产出—投入比（Malmquist）生产率指数法计算全要素生产率并构造国际研究与发展（R&D）溢出模型验证中国对外直接投资逆向技术溢出效应，同时采用灰色关联法分析不同行业的逆向技术溢出效应差异。结果表明，中国对外直接投资存在显著的逆向技术溢出效应，不同行业的逆向技术溢出效果存在差异，其中制造业、科学研究与技术服务业等行业的逆向技术溢出与行业生产率的关联度较强。最后，根据本文的研究结果提出了相应的政策建议。

[关键词] 对外直接投资；逆向技术溢出效应；技术进步；行业差异

一、引言

近年来，随着中国经济水平的提高、综合国力等的不断增强以及“走出去”、“一带一路”等致力于带领中国企业走出国门的战略的逐步实施，中国的对外直接投资走上了快速崛起的道路。2014 年中国首次达成了对外商直接投资的超越，标志着中国历史上首次成为资本净输出国。由此，人们对于对外直接投资产生的母国经济效应表示关注，特别是逆向技术溢出效应。逆向技术溢出效应属于非物化技术溢出（Disembodied Spillovers），指优秀企业为获取国外的先进技术，对拥有先进技术的国家进行投资，以便接近东道国更为先进的人才、信息、技术等资

① 张楠楠（1990—），女，山东人，中央财经大学跨国公司管理专业硕士研究生，主要研究方向：中国对外直接投资与跨国公司经营。

② 程慧超（1989—），女，山东人，中央财经大学企业管理专业硕士研究生，主要研究方向：中国对外直接投资。

源，进而达到使东道国的先进技术实现从东道国到投资母国的转移和扩散。从国外学者所做的研究来看，对外直接投资所带来的逆向技术溢出已然成为促进投资母国经济增长的一个重要方式（Driffield Love，2003）。在我国的早期发展阶段，人们普遍认为外商直接投资是促进我国技术进步的一个重要手段，对对外直接投资（ODI）的关注较少，直到近年来随着“走出去”战略的成功实施，对外直接投资的逆向技术溢出效应才引起学者的关注。但相比西方国家的研究进程，我国的相关研究起步较晚，现阶段对外直接投资逆向技术溢出集中在宏观层面的溢出机制研究与区域差异研究。逆向技术溢出的行业分析更是少之又少。针对目前的溢出效应研究空缺，本文使用非参数包络分析（Data Envelopment Analysis）的产出—投入比指数方法计算各行业的全要素生产率，并使用灰色关联法分析行业间逆向技术溢出效应的差异。

二、文献综述

早期关于对外直接投资的研究焦点在对东道国的影响效应上。常和考特（Chang 和 Kogut，1991）在 1976~1987 年研究了 297 个日本企业在美投资时发现，投资多以研发密集型的产业为主，旨在获取东道国先进的技术力量，并提出“逆向技术溢出效应”。悌克（Teece，1992）研究 1981~1990 年在美国硅谷投资的日本企业，发现这些跨国企业除了共享相关产品市场获取经济利益外，还想利用对外投资获取东道国技术。之后，逆向技术溢出效应的研究纷至沓来，众多研究都证明了逆向技术溢出效应的存在（Fosfuri 和 Motta，1999；Braconier，2001；Dunning 1993；Yamawaki，1993）。帕德海尼和兴河（Pradhan 和Singh，2008）研究 1988~2008 年印度汽车产业的对外直接投资，结果分析显示印度汽车企业不论对发展中东道国还是东道国的对外直接投资，均获得显著的逆向技术溢出效应。德瑞费欧得等（Driffield，2009）使用 1978~1994 年英国制造业数据检验英国对外直接投资技术溢出效应，结果证明不论对技术水平高低的国家投资都能不同程度上技术溢出，同时指出溢出效应在研发密集的产业较为明显。考和海欧珀麦（Coe 和 Helpman，1995，简称 CH 模型）建立国际研发溢出模型（简称 C-H 模型），发现一国的全要素生产率不仅取决于国内的 R&D 存量，而且与贸易伙伴国的 R&D 存量存在密切关系。C-H 模型虽然关注的是国际贸易的技术溢出效应，但是为日后对外直接投资逆向技术溢出效应研究奠定基础。利切泰耐波瑞格

(Lichtenberg F.) 和 B.van Pottelsberghe de la Potterie (2001) 认为逆向技术溢出不仅存在于国际贸易中，同样与两国间双向投资相关。他们将对外直接投资作为技术溢出渠道引入 C-H 模型形成 L-P 模型，检验国际贸易、外商投资与对外直接投资溢出渠道对生产率的影响。波瑞耐斯迪特 (Branstetter, 2006) 表示使用全要素生产率的波动变化衡量技术外溢并不科学。他采用专利引用数量反映溢出效应，并验证其存在性。

国内学者对对外直接投资的技术溢出也进行了相关研究。赵伟、古广元等 (2006) 梳理了外向对外直接投资对母国技术进步效应的影响，提出外向对外直接投资促进母国技术进步的机理。姜瑾 (2007) 在研究影响跨国企业技术效应溢出时指出，法斯夫瑞和玛特塔 (Fosfuri 和 Motta, 1999) 的模型中，跨国公司通过在东道国建立子公司，可以从后者的溢出效应中获益。在逆向技术溢出效应影响因素研究方面，陈岩 (2011) 使用省际面板数据研究中国 2003~2008 年对外投资，发现各省对外投资确实存在逆向技术溢出效应，但是省与省之间差异较大。沙文兵 (2012) 使用专利引用数量代替全要素生产率衡量对外投资对母国创新能力的影响，证实了逆向技术溢出效应对以专利授予权数量为表征的国内创新能力产生了显著的正向效应，并且溢出效应存在明显的地区差异。东部地区投资的逆向技术溢出效应最显著，西部地区最不明显。技术溢出差异不仅体现在地区上，还表现在行业层面上。欧阳艳艳和俞美辞 (2011) 使用 DEC 模型计算对外投资各行业的平均生产率，并对各行业的研发溢出效应进行灰色关联分析，证实技术溢出的行业差异。郭飞、李冉 (2012) 使用相同方法验证了技术溢出的行业差异，证实第二产业逆向技术溢出效应较第三产业更加明显，这与中国对外直接投资中第二产业投资额占比大有关。

综观以上研究，尽管在对外直接投资的逆向技术溢出效应方面，我国的相关研究还不够成熟，发展也相对较为缓慢，可以说还处在成长发展的初期。国内逆向技术溢出研究多停留在宏观层面，集中研究逆向技术溢出存在机制、区域之间的差异，对技术溢出效应的行业研究涉猎较少，特别是其差异性分析存在空缺。本文在现有研究成果的基础上，使用非参数数据包络分析 Malmquist 指数法计算全要素生产率，在此基础上建立国际研发溢出模型，检验中国对外直接投资逆向技术溢出效应的存在，之后利用灰色关联法分析各行业对外直接投资逆向技术溢出效应的差异性。最后，针对研究结果提出相应的政策与建议。

三、模型建立及变量选取

（一）模型构建

考和海欧珀麦（1995）提出了国际 R&D 溢出模型：

$$\ln F_i = \alpha_i^0 + \alpha_i^d \ln S_i^d + \alpha_i^f \ln S_i^f$$

式中，F_i 表示全要素生产率，S_i^d 表示国内研发存量，S_i^f 表示一国通过进口这一渠道获得的国外研发存量。

C-H 模型成为学者们研究技术溢出的基础。根据 C-H 模型，一个开放的经济体，它的技术进步不仅取决于国内的研发投入，也取决于溢出到国内的国外研发投入。这一假定完全符合当今世界的现实情况，所以被国内外学者们广泛采纳。本文在此基础上借鉴 L-P 模型，加入对外直接投资作为溢出渠道，并建立模型进行实证分析：

$$\ln TFP_{it} = C + \alpha \ln S_i^d + \beta \ln S_i^f + \mu_{it}$$

式中，TFP 表示全要素生产率，S_i^d 表示国内研发资本存量，S_i^f 表示通过对外直接投资渠道获得的国外研发资本存量。

考虑到各个行业的进口数据没有直接的统计，计算起来较为复杂，本文借鉴 L-P 模型，建立模型如下：

$$\ln TFP_{it} = cons + \alpha \ln SODI_{it} + \beta \ln SFDI_{it} + \gamma RD_{it} + \delta HC_{it} + \varepsilon_{it}$$

式中，TFP_{it} 是各个行业在 t 时的全要素生产率，$SODI_{it}$ 是通过对外直接投资逆向溢出的国外的 R&D 投入，$SFDI_{it}$ 是通过外商直接投资溢出的国外的 R&D 投入，RD_{it} 是国内的 R&D 投入，HC_{it} 是各行业在 t 时的人力资本。

（二）变量选取及其计算

本文数据主要来自《中国统计年鉴》、《中国科技统计年鉴》、《中国劳动统计年鉴》、《中国对外直接投资统计公报》和世界银行数据库等。我国各行业对外直接投资数据统计始于 2004 年，而我国对外直接投资于 2005 年步入快速增长阶段，本文将样本期间确定为 2006~2012 年。综合考虑各个行业的对外直接投资的流量和存量情况，去除其中缺乏数据支持的部分，本文最终选取三大产业 11 个最有代表性的行业作为研究对象，其中包括：农林牧渔业（AGR）；采矿业（MIN）；

制造业（MAN）；电力、热力、燃气及水的生产和供应业（ELE）；建筑业（CON）；交通运输、仓储和邮政业（TRA）；信息运输、软件和信息技术服务业（INF）；金融业（FIN）；租赁和商务服务业（LEA）；科学研究和技术服务业（SCI）；居民服务、修理和其他服务业（SER）。

（三）全要素生产率 TFP

全要素生产率用来衡量一国技术进步的水平，本文采用数据包络分析法的产出—投入比生产率指数对 2006~2012 年度中国各行业的全要素生产率进行测算和分解。产出—投入比生产率变化指数可以被分解为相对技术效率的变化（TEC）和技术进步的变化（TC）。分解过程如下：

如果存在 k 个生产决策单位，每一个生产决策单位有 n 种投入 x 和 m 种产出 y，则在该时期一定技术条件下的生产可能集 P^t 表示为：

$P^t = \{(x,\ y) | x$ 在 t 期生产 $y\}$

用 $(y_t,\ x_t)$ 表示某一个决策单元在 t 时期的产出与投入，则 Malmquist 指数可以表示为：

$$M(y_{t+1},\ x_{t+1},\ y_t,\ x_t) = \left[\frac{D^t(x_{t+1},\ y_{t+1})}{D^t(x_t,\ y_t)} \times \frac{D^{t+1}(x_{t+1},\ y_{t+1})}{D^{t+1}(x_t,\ y_t)}\right]^{\frac{1}{2}}$$

式中，$D^t(x_t,\ y_t)$ 代表 t 时期的生产决策单位在 t 时的有效性，$D^t(x_{t+1},\ y_{t+1})$ 表示 t 时期的生产决策单位在 t + 1 时的有效性，$D^{t+1}(x_t,\ y_t)$ 是指 t + 1 时期的生产决策单位在 t 时的有效性，$D^{t+1}(x_{t+1},\ y_{t+1})$ 是指 t + 1 时期的生产决策单位在 t + 1 时的有效性。在此基础上进一步将生产率的变化进行了分解，将其变化分解为效率的变化（TEC）和技术的变化（TC）：

$$M(y_{t+1},\ x_{t+1},\ y_t,\ x_t) = \left[\frac{D^{t+1}(x_{t+1},\ y_{t+1})}{D^t(x_t,\ y_t)}\right] \times \left[\frac{D^t(x_{t+1},\ y_{t+1})}{D^{t+1}(x_{t+1},\ y_{t+1})} \times \frac{D^t(x_t,\ y_t)}{D^{t+1}(x_t,\ y_t)}\right]^{\frac{1}{2}}$$

技术效率的变化 TEC 表示生产决策单元在从 t 到 t + 1 时刻的过程中对生产前沿面的追赶情况，表示为：

$$TEC = \left[\frac{D^{t+1}(x_{t+1},\ y_{t+1})}{D^t(x_t,\ y_t)}\right]$$

技术进步的变化 TC 则表示的是从 t 到 t + 1 时期中生产决策单元的生产前沿面的移动，表明了技术的创新。表示为：

$$TC = \left[\frac{D^t(x_{t+1},\ y_{t+1})}{D^{t+1}(x_{t+1},\ y_{t+1})} \times \frac{D^t(x_t,\ y_t)}{D^{t+1}(x_t,\ y_t)}\right]^{\frac{1}{2}}$$

计算全要素生产率需要对投入变量和产出变量进行选择，本文选择行业增加值作为单一的产出变量，另外选择各个行业的人力投入和资本存量作为其投入变量，计算如下：

1. 产出

产出 Y：选取各个行业的增加值来代表其产出，并以国内生产总值（GDP）平减指数进行平减折算为以 2006 年为基期的不变价格。各个行业的增加值来自《中国统计年鉴》，国内生产总值平减指数来自世界银行数据库。

2. 人力投入

人力投入 L：对于人力投入本文选取各个行业的从业人数代表各个行业的人力投入，数据来自《中国统计年鉴》。

3. 资本存量

固定资本存量 K 选择永续盘存法来进行测算，公式如下：

$$K_{it} = (1-\delta)K_{i(t-1)} + G_{it}$$

式中，K_{it} 代表各个行业 t 时的资本存量，$K_{i(t-1)}$ 则是其 t－1 时期的资本存量，δ 为折旧率，本文选取 9.4%，而 G_{it} 则为其 t 时的固定资产投资的以 2006 年为基期的不变价格。

关于第一期的资本存量，采用以下公式计算：

$$K_0 = G_0/(\delta + g)$$

式中，G_0 为基期的固定资产投资，为了数据的准确，按此方法推到 2003 年，之后采用公式以此计算各年的资本存量。计算结果如表 1 所示。

表 1　各行业的资本存量

年份	2006	2007	2008	2009	2010	2011	2012
AGR	8613.18	11061.68	14472.93	19322.04	24382.73	29267.38	35428.78
MIN	18872.78	22718.48	27343.58	33052.54	39481.53	45396.40	51909.38
MAN	115193.12	146964.24	182937.54	229266.13	284607.10	342022.59	410819.70
ELE	46898.48	51507.41	56275.87	63933.82	71482.07	76775.71	83071.94
CON	4017.39	4885.00	5790.27	7037.22	8807.52	10730.61	12752.37
TRA	50259.48	59055.73	68423.02	84451.53	102594.46	116134.34	130703.67
INF	14153.62	14573.40	15084.45	15978.87	16587.29	16809.90	17411.63
FIN	267.25	393.26	585.68	855.36	1200.41	1610.96	2208.35
LEA	1731.88	2479.19	3438.77	4951.00	6825.92	8956.33	11924.09
SCI	1333.88	1744.74	2267.94	3136.70	4039.49	5036.30	6569.51
SER	1068.19	1383.98	1712.17	2273.36	3027.55	3925.68	5100.66

在获取了计算全要素生产率 TFP 所需的全部变量数据之后，通过 DEAP2.1 软件计算投入—产出比指数，如表 2 所示。

表 2 各行业平均全要素生产率 TFP

行业	平均 TFP	平均 TEC	平均 TC
农林牧渔业（AGR）	1.032	1.076	0.960
采矿业（MIN）	1.017	1.030	0.987
制造业（MAN）	1.060	1.050	1.009
电力、热力、燃气及水的生产和供应业（ELE）	0.985	1.106	0.891
建筑业（CON）	1.010	1.051	0.960
交通运输、仓储和邮政业（TRA）	1.050	1.106	0.950
信息运输、软件和信息技术服务业（INF）	0.994	1.075	0.924
金融业（FIN）	0.992	0.992	1.000
租赁和商务服务业（LEA）	1.021	1.012	1.009
科学研究和技术服务业（SCI）	1.053	1.031	1.021
居民服务、修理和其他服务业（SER）	1.000	1.006	0.995
平均	1.019	1.048	0.972

表 2 显示了 2006~2012 年中国各行业的全要素生产率增长均值。显然，制造业生产增长率最高，达到了 1.060。其次为科学研究与技术服务业，交通运输、仓储和邮政业。全要素生产率增长均值为 19%，大部分行业的生产率增长超过平均值，然而电力、热力、燃气及水的生产和供应业（ELE），信息运输、软件和信息技术服务业（INF）以及金融业（FIN）则相比之前的生产率有所下降，分别为 0.985、0.994 和 0.992。各行业生产率的分解情况由表 2 可知，大多数行业的技术效率变化大于技术进步水平的变化。这一情况表明对于中国的多数行业，技术效率是推动行业生产率增长的主要因素。而在金融业（FIN）技术进步水平变动要比技术效率变动剧烈。这可能与国家在金融行业的政策导向以及行业特征相关。

（四）国内各行业研发存量 R&D

国内各行业的研发投入使用永续盘存法进行计算，公式如下所示：

$$R\&D_{it} = (1-\delta)RD_{i(t-1)} + R_{it}$$

式中，$R\&D_{it}$ 为 i 行业 t 时的研发存量，$RD_{i(t-1)}$ 为 i 行业在 t－1 时的研发存量，R_{it} 为各行业 t 时的通过平减折算为 2006 年不变价格的 R&D 经费内部支出，其平减指数采用消费者物价指数。δ 为其折旧率，本文借鉴白洁（2008）的观点，根据我国技术通常的使用年限大多为 14 年，所以取其倒数 7.14%作为计算我国研发存量的折旧率。

各行业名义 R&D 内部支出从历年《中国科技统计年鉴》获得，而基期的研发存量使用如下公式计算：

$$R\&D_0 = R_0/(g + \delta)$$

为提高计算精度，将基期设为 2004 年，g 为 2004~2012 年间 R&D 经费内部支出的平均增长率。

（五）对外直接投资渠道溢出的国外研发存量 SODI

本文先按照 L–P（2001）给出的方法算出 t 时期我国总的通过对外直接投资渠道溢出的研发存量，公式如下：

$$SODI_t = \sum_j \frac{ODI_{jt}}{Y_{jt}} \times S_{jt}$$

式中，ODI_{jt} 是 t 时期我国对 j 国进行的对外直接投资，Y_{jt} 为其国内生产总值，S_{jt} 为 j 国在 t 时的国内研发存量。ODI_{jt} 数据取自《2012 年度中国对外直接投资统计公报》，Y_{jt} 来自世界银行数据库。

各国 t 时期研发存量的计算方式如下：首先从世界银行数据库中得到各国 R&D 支出占其国内生产总值的比重和各国的国内生产总值，计算各国历年的研发支出，并通过消费者指数平减折算为 2006 年不变价格的实际研发支出，最后参考我国国内研发存量进行计算可得。

技术导向型的对外直接投资大都发生在发达国家，综合考虑中国对各个国家的对外直接投资流量和对外直接投资存量数据，本文最终选取美国、加拿大、德国、法国、英国、意大利、韩国、日本、新加坡、新西兰和澳大利亚 11 个国家。

在计算出 t 时期我国通过对外直接投资渠道获得的总的研发存量后，根据各个行业的 t 时期对外直接投资流量占全国对外直接投资总流量的权重，计算出各个行业在 t 时所获得的国外研发逆向溢出，公式如下：

$$SODI_{it} = SODI_t \times \frac{ODI_{it}}{\sum_i ODI_{it}}$$

式中，$SODI_t$ 是前文所计算出的我国 t 时期所获得的总的逆向技术溢出。ODI_{it} 是 i 行业在 t 时期的对外直接投资流量。

（六）外商直接投资渠道溢出的国外研发 SFDI

和 SODI 的算法相同，首先计算出 t 时期通过外商直接投资渠道溢出的全部

国外研发存量 $SFDI_t$，再根据各个行业的 t 时期外商直接投资流量占全国外商直接投资总流量的权重，计算出各个行业在 t 时通过 FDI 所获得的国外研发溢出计算出每年溢出的研发，数据来源于《中国统计年鉴》。

（七）人力资本 HC

本文在测度各行业的人力资本时，选用国际上常用的度量方法，即为劳动力平均受教育年限法。参考国内的实际情况，本文在具体计算时，依次对小学毕业、初中毕业、高中毕业和接受过大专及以上教育的劳动者的受教育年限分别度量，由此得出各行业人力资本（HC）的具体计算公式为：

$HC_{it} = 小学比重_{it} \times 6 + 初中比重_{it} \times 9 + 高中比重_{it} \times 12 + 大专及以上比重_{it} \times 16$ （10）

式中，小学比重 $_{it}$ 为 i 行业在 t 时期时其从业人员中属于小学学历人数所占比例，其他比重以此类推，而各个时期各行业就业人员受教育程度数据来自各年度的《中国劳动统计年鉴》。

四、实证分析及检验

（一）逆向技术溢出效应的检验及分析

本文使用 Stata 12 进行数据处理，使用 Hausman 检验来确定固定效应模型和随机效应模型的选择。通过使用 Stata 12 进行 Hausman 检验的结果可以看出无法拒绝原假设，所以本文采用随机效应模型 GLS 进行估计，估计结果如表 3 所示，从回归结果可以看出，该模型具有较好的拟合优度和 Wald 值。

表 3　回归结果

变量	_cons	lnSODI	lnSFDI	lnRD	lnHC
	4.986833*** (17.50)	0.206373** (2.26)	0.001085 (0.01)	0.134259** (2.00)	−0.214607* (−1.95)
Prob > chi2	0.0034				
Wald chi2	15.75				
Hausman 检验	0.1895（选择随机效应模型）				

注：***、**、* 分别为在 1%，5%和 10%的水平下显著，括号内为 z 值。

对回归结果进行研究可以得出如下结论：

1. 中国对外直接投资渠道溢出到国内的国外研发存量能够显著地带动国内全要素生产率的进步

对外直接投资溢出的国外研发存量每增加 1%，能够给全要素生产率带来 0.206%的增长，这显然是十分可观的。

2. 对外直接投资产生了比国内研发存量更大的技术提升作用

国内的研发存量也在 5%的水平上显著促进了国内技术水平的提高，国内 R&D 存量每增加 1%，可以带动全要素生产率产生 0.134%的增长，相比对外直接投资而言较少。与之前的许多研究结论相左，这个差异来源与以下两点有关：一是国内企业在进行研发投入时着重于技术进步，忽视了技术效率的提升，且投资主体多为大中型企业或国有企业，这些企业自身的水平已接近技术前沿，由此造成了对资源不合理配置与浪费，表现出技术无效率；二是近几年来，中国对外直接投资量才刚刚超越外商投资，前人研究中对外直接投资所占比重远远低于国内研发存量，因此存在结论差异。

3. 外商直接投资并没有显著带动国内技术水平的提高

由回归结果显示，外商直接投资对全要素生产率影响不显著。表明外商投资的溢出效应被挤出效应所抵消。跨国企业进入国内后，凭借其产品技术优势争夺国内市场份额，挤占本土企业的行业空间，从而对本土企业的发展产生抑制作用。另外，跨国企业拥有雄厚的资本，以优厚的薪酬吸引国内高技能劳动力，造成了本土企业人才的流失，产生负的外部性。而且，随着企业的知识产权保护意识的不断增强，外资企业也愈加关注对其自有技术特别是高端技术的保护，其技术流出并对国内企业产生溢出效应的可能性越来越小。

（二）逆向技术溢出效应的行业差异性分析

因为中国对外直接投资的数据十分有限，不太符合传统计量分析的要求，因此采用灰色关联分析法来进行分析。灰色关联度分析的原理是根据序列之间变化的关系来度量其关联度。若序列之间具有类似的变化趋势则其具有一定的联系，变化趋势越相似，则序列之间就具有越密切的联系，即较大的关联度。本文选择使用灰色综合关联度方法来进行分析。灰色综合关联度的度量包括以下三个步骤：

1. 计算灰色绝对关联度

相关的参考数据列为 $X_i = [x_i(1), x_i(2), \cdots, x_i(n)]$，而比较的数据序列为 m 个 $Y_i = [y_i(1), y_i(2), \cdots, y_i(n)]$。

分别令 $X_i^0=[x_i^0(1),\ x_i^0(2),\ \cdots,\ x_i^0(n)]$ 和 $Y_i^0=[y_i^0(1),\ y_i^0(2),\ \cdots,\ y_i^0(n)]$ 为 X_i 和 Y_i 的始点化像，即 $x_i^0(k)=x_i(k)-x_i(1)$，$y_i^0(k)=y_i(k)-y_i(1)$，则：

$$|S_i|=\left|\sum_{k-2}^{m-1}y_i^0(k)+\frac{1}{2}y_i^0(n)\right|$$

$$|S_i-S_0|=\left|\sum_{k-2}^{n-1}\left[y_i^0(k)-x_i^0(k)+\frac{1}{2}y_i^0(n)-x_i^0(n)\right]\right|$$

式中，$i=1,\ 2,\ \cdots,\ m$；$k=1,\ 2,\ \cdots,\ n$

则绝对关联度为：

$$\varepsilon_{0i}=\frac{1+|S_0|+|S_i|}{1+|S_0|+|S_i|+|S_i-S_0|}$$

灰色绝对相关度只与两个序列的几何形状相关，与其相对位置无关。

2. 计算灰色相关关联度

令 $Y_i'(k)=\dfrac{y_i(k)}{y_i(1)}$，即 Y_i' 是 Y_i 的初值像，求得 $Y_i'(k)$ 的始点化像 $Y_i'^0(k)$，则

$$|S_i'|=\left|\sum_{k-2}^{n-1}Y_i'^0(k)+\frac{1}{2}y_i'^0(n)\right|$$

式中，$i=1,\ 2,\ \cdots,\ m$；$k=1,\ 2,\ \cdots,\ n$

最后相对关联度则为：

$$r_{0i}=\frac{1+|S_0'|+|S_i'|}{1+|S_0'|+|S_i'|+|S_i'-S_0'|}$$

相对关联度体现的序列相似性在于其变化速度之间的相似性。

3. 最后计算灰色综合关联度

综合关联度计算方法如下：

$\rho_{0i}=\theta\varepsilon_{0i}+(1-\theta)r_{0i}$，$\theta\in[0,\ 1]$

灰色综合关联度将绝对关联度和相关关联度结合起来，能够更为全面地表示序列之间相关关系的强弱。

利用上述的灰色关联分析法，通过灰色系统软件，我们以 2006~2012 年的各行业的研发溢出作为原始数据序列，以投入—产出比指数作为因素序列，测算出其间的灰色关联度。

计算结果如表 4 所示。

灰色系统理论认为，当关联强度属于 0~0.35 时，为弱关联；当关联强度大于 0.35 而小于 0.65 时，为中度关联；当关联强度大于 0.65 时，为强关联。

从关联度分析结果可得出，逆向技术溢出存在明显的行业差异。不仅不同行

表 4 各行业的灰色关联分析结果

行业	绝对关联度	相对关联度	综合关联度	排名
AGR	0.5818	0.6321	0.6069	6
MIN	0.5297	0.5622	0.5459	9
MAN	0.6415	0.8323	0.7369	1
ELE	0.5712	0.6475	0.6093	5
CON	0.5348	0.5341	0.5344	10
TRA	0.5750	0.6756	0.6253	4
INF	0.5186	0.5379	0.5282	11
FIN	0.5627	0.6910	0.6268	3
LEA	0.5451	0.6457	0.5954	7
SCI	0.6134	0.6741	0.6438	2
SER	0.5430	0.5954	0.5692	8

业之间技术溢出效应存在差异，同一行业之间技术溢出效应程度也不同。第二产业中的采矿业、制造业和建筑业呈现出不同的关联度。制造业的全要素生产率与对外直接投资关联度最强，达到强关联。采矿业和建筑业虽然都达到中度关联，但关联水平与制造业相比相差较大。第一、第三产业中各行业全部为中度关联。其中科学研究和技术服务业、金融业关联强度较大。

4. 产生以上结果的原因

产生以上结果的原因可能有以下几点：

（1）第二产业对外直接投资所占国外直接总投资的比重较大，产生的技术外部性也较大。特别是近年来，政府出台了各项相关政策促进中国制造业走出去，政策鼓励以及资金支持为制造业的逆向技术溢出创造了良好条件；对外投资的制造企业大多是国有企业或是大中型民营企业，自身拥有先进技术水平，对技术的学习能力和吸收能力较强，产生溢出效应，能够更容易地吸收东道国的先进技术。中国制造业和国外先进制造业之间存在较为合适的技术差距有利于逆向技术溢出效应的产生，它们之间有一定的距离，但中国制造业在几十年间的发展中也形成了一定的基础，有利于对先进技术的吸收；建筑业和采矿业的全要素生产率与其通过对外直接投资渠道溢出的国外研发投入之间的关联较弱，是因为建筑业和采矿业的对外直接投资具有明显的市场导向型和资源导向型的特征。

（2）第三产业中科学研究和技术服务业、金融业对外直接投资产生的逆向技术溢出效应与生产率提高关联度较大，一方面是由于中国对该行业的资本投资力度加大；另一方面随着中国经济的发展与科教兴国战略的实施，国内研发投资的加大，企业自身的技术吸收能力大幅提高。相反，交通运输、仓储与邮政行业对外直接投资总量虽超过金融行业，可能由于行业技术含量不高，技术溢出效应空间潜力不大，导致其关联程度不高。信息传输、软件和信息技术服务业的对外直接投资较少，在 2013 年年末显示，其行业的对外直接投资存量为 73.8 亿美元，仅占我国对外直接投资存量总额的 1.1%，另外对于像信息传输，软件和信息技术服务业这类技术含量较高的行业，东道国往往严格限制其核心技术的扩散，也是其逆向技术效应不显著的原因之一。

（3）第一产业中，以农、林、牧、渔为代表，关联度居第六位，属于中度关联。这得益于中国农业对外开放政策。2003~2013 年我国农业对外直接投资存量从 3.2 亿美元增长到 71.79 美元，10 年期间增长了 20 倍。农业属于规模经济，并且走出去的企业多数是大型民营企业，它们自身资本条件和吸收、消化能力为技术溢出奠定了基础。通过对外直接投资逆向技术溢出，特别是农业行业技术效率的提升极大地促进了我国全要素生产率的增长。

五、政策建议

本文采用数据包络分析的投入—产出比指数计算各行业的全要素生产率及其分解指数，建立国际研发模型研究逆向技术溢出效应，并使用灰色关联分析法分析国外研发溢出的行业差异。研究结果指出，中国对外投资确实存在逆向技术溢出，并且各行业的技术溢出效应存在差异。基于此，本文提出以下几点建议：

（一）重点扶持技术导向型对外直接投资

基于 2006~2012 年的行业面板数据实证研究，证明了我国对外直接投资产生了显著的逆向技术溢出效应，对外直接投资渠道溢出的国外研发存量能够促进国内全要素生产率，我国应继续大力发展对外直接投资。其中第二产业特别是制造业溢出效应最好，对生产率的促进作用更为明显应给予大力扶持。

（二）继续加大对国内研发的投入

尽管国内的 R&D 投入在促进国内技术进步方面仍发挥着显著作用，但与对外直接投资的溢出效应相比还存在差距。因此在 R&D 方面应加大投资。一方面，可以直接促进国内技术水平的提高；另一方面，国家技术水平进步体现在对新知识、新技术的吸收与消化能力的提升，从侧面加强对外直接投资逆向技术溢出效应，从而进一步提升国家全要素生产率与技术进步。

（三）注重引进外资的质量和其可能的影响

研究表明外商直接投资溢出效应并非总是对我国的全要素生产率产生正向效应。在引进外商直接投资时，应注重其质量和其对我国可能产生的影响，而不应当盲目追求引进外资的数量，这有违积极引入外资政策的初衷，即获取国外的先进技术促进国内的产业结构升级。政府有关部门在引进外资时不仅要保量更要保质。曾经引进的外商投资部分集中于技术含量较低的产业如低端的制造业，对于国内的技术提升并无益处，反而加剧外国企业与本土企业的市场竞争。因此在进行引入时应注重直接投资可能对我国技术、产业结构、就业等产生的影响。

（四）改善不同行业的投资结构

本文通过灰色关联分析检验了各个行业的逆向技术溢出效应，验证其行业差异性。针对各个行业逆向技术溢出效应的不同表现形式，政府应对其投资进行针对性的引导。对制造业这类逆向技术溢出效应非常显著的行业应继续着力鼓励其进行对外直接投资，信息运输、软件和信息服务业这类高科技企业其技术含量高，研究结论显示关联度并不高。2013 年中国对外直接投资流量显示，国家在这方面的投资并不多，仅为 14 亿美元。然而在信息产业方面中国与发达国家还存在较大的差距，国家应加大对外直接投资力度，通过对外直接投资溢出渠道获取信息技术，缩短技术差距。

参考文献

[1] Kogut B., Chang S. J.. Technology Capabilities and Japanese Foreign Direct Investment in the United States [J]. Review of Economics and Statistics, 1991, 41: 401-414.

[2] Teece D. J. Foreign Investment and Technological Development in Silicon Valley [J]. California Management Review, 1992, 34 (2): 89-102.

[3] Driffield N., Love J. H.. Foreign Direct Investment, Technology Sourcing and Reverse Spillovers [J]. The Manchester School, 2003, 71 (6): 659-672.

[4] Lichtenberg F., Pottelsberghe V.. Does Foreign Direct Investment Transfer Technology Across Borders? [J]. The Reviews of Economics and Statistics, 2001, 83 (3): 490-497.

[5] Branstetter L. Is Foreign Direct Investment a Channel of Knowledges Pillovers? Evidence from Japan's FDI in the United States [R]. NBKR Working Paper, 2006, 43 (1): 134-141.

[6] Cohen W., M., Levinthal D. A.. Absorptive Capacity: A New Perspective on Learning and Innovation [J]. Administrative Science Quarterly, 1990, 35 (1): 189-201.

[7] Borensztein E., De Gregorio J., Lee J. W.. How Does Foreign Direct Investment Affect Economic Growth? [J]. Journal of International Economics, 1998, 45 (1): 115-135.

[8] Fosfuri A., Motta M., Rønde T. Foreign Direct Investment and Spillovers through Workers' Mobility [J]. Journal of International Economics, 2001, 53 (1): 205-222.

[9] Yarnawaki H.. International Competitiveness and the Choice of Entry Mode: Japanese Multinationals in US and European Manuf-acturing Industries [R]. Oxford: A CEPR Workshop, 1993.

[10] Dunning J. H. Multinational Enterprises and the Globalization of Innovatory Capacity [J]. Research Policy, 1994, 23 (1): 67-88.

[11] Pradhan J. P., Singh N. Outward FDI and Knowledge Flows: A Study of the Indian Automotive Sector [J]. Institutions and Economies, 2008, 1 (1): 156-187.

[12] Braconier H., Ekholm K., Knarvik K. H. M. In Search of FDI-transmitted R&D Spillovers: A Study Based on Swedish Data [J]. Weltwirtschaftliches Archiv, 2001, 137 (4): 644-665.

[13] 赵伟，古广东，何元庆. 外向 FDI 与中国技术进步：机理分析与尝试性实证 [J]. 管理世界，2006，341 (6)：23-32.

[14] 陈岩. 中国对外投资逆向技术溢出效应实证研究：基于吸收能力的分析视角 [J]. 中国软科学，2011，245 (10)：24-34.

[15] 沙文兵. 对外直接投资，逆向技术溢出与国内创新能力——基于中国省际面板数据的实证研究 [J]. 世界经济研究，2012，3：69-74.

[16] 郭飞，李冉. 中国对外直接投资的逆向技术溢出效应——基于分行业面板数据的实证研究 [J]. 海派经济学，2012，10 (3)：59-67.

[17] 姜瑾. 国外 FDI 行业间溢出效应实证研究综述 [J]. 外国经济与管理，2006，28 (7)：59-64.

[18] 白洁. 对外直接投资的逆向技术溢出效应——对中国全要素生产率影响的经验检验 [J]. 世界经济研究，2009，299 (8)：21-34.

中国企业在蒙俄矿产资源项目投资风险评估探析

高岩芳[①]

[摘　要] 我国正处于工业化加快发展的阶段，对重要矿产资源的需求总量持续扩大，而国内供需矛盾日益突出，已经严重依赖进口；与我国相邻的蒙俄则是资源大国，且主要从事矿产品出口。我国的进口需求以及蒙俄的出口供给促成并推动了“中蒙俄经济走廊”的建设与发展。为使我国企业在蒙俄矿业项目投资获得持续高效进展，对投资项目进行风险评估尤为重要。本文针对矿产资源项目投资因风险评估缺失而产生的投资失误问题提出建议。

[关键词] 风险评估；矿业项目投资；蒙俄

矿产资源是现代工业社会的“粮食”和“血液”，是国家经济发展的命脉，从我国经济总量和大国地位来看，我国重要战略资源严重不足，用量大、品位高的矿产资源不能在国内得到满足。而我国正处在工业化加快发展的阶段，对重要矿产资源的需求总量持续扩大，供需矛盾日益突出，已经严重依赖进口。随着我国经济的持续快速发展，资源约束已逐渐成为影响我国国民经济可持续发展的一个重大因素，资源安全也成为关系到我国社会经济发展的一个重大问题，加快开发利用海外资源是我国的必然选择。与我国相邻的蒙俄两国均是资源大国，且主要从事矿产品出口，我国则在矿产资源开采加工上拥有蒙俄所缺少的资金和技术。因此，我国的进口需求以及蒙俄的出口供给共同拉动了中蒙俄贸易进一步发展。2014 年 9 月 11 日，习近平在出席中蒙俄三国元首会晤时提出共建丝绸之路经济带倡议，获得俄方和蒙方积极响应。11 月 11 日，习近平倡议启动亚太自贸区一体化建设，决定出资 400 亿美元成立丝路基金，为“中蒙俄经济走廊”建设提供了广阔的发展空间。

---

① 高岩芳（1972—），女，内蒙古赤峰人，内蒙古财经大学会计学院教授，硕士，研究方向：审计与风险管理的教学与研究。

然而根据中国矿业联合会的统计，中国企业海外矿业项目投资中的投资亏损和失败比例将近80%；麦肯锡咨询公司的统计数据也显示：中国企业海外矿业项目投资的成功率较低，有将近70%的投资是不成功的，且经济损失的数额巨大。尽管各机构的统计结果不尽相同，但均显示中国企业海外矿业项目投资失败和亏损的比例处于较高水平。因此，建立一套海外矿业投资项目风险管理评估指标体系来全面反映海外矿业投资项目所涉及的风险因素并对所有的潜在风险因素进行评估，以保障海外矿业投资项目资产安全和投资收益，显得十分必要。

一、中国企业在蒙俄矿产资源项目投资的方式

矿产资源项目投资是以资金、实物或其他形式，直接或间接地从事矿产资源的开发、经营管理等，且从中获得一定权益的行为。中国企业在蒙俄矿产资源项目投资就是中国企业在蒙俄通过投资方式从事当地矿产资源项目的开发利用，或者通过购买矿产资源勘探权、采矿权、产品分成以及权益份额收益，或者通过兼并收购方式实现对矿产资源的利用。在蒙俄矿产资源项目投资方式可以采取风险勘查方式、股权兼并收购方式、合资开发方式、合作开发方式等。

（一）风险勘查方式

风险勘查方式是指中国矿业公司直接向矿产资源所在国家申请探矿权进行风险勘查，勘查发现有经济价值的矿产资源项目后，可以申请采矿权进行自主开发，也可以通过矿业权市场将矿产资源项目转让给第三方，风险勘查方式投资相对较小，但风险较高，投资回报也可能较高。①

（二）股权兼并收购方式

股权兼并收购方式简称股权并购，是指通过资本市场或协议方式购买海外矿产资源项目业主公司的股权实现海外矿产资源的开发利用，股权并购是中国企业海外矿产资源项目投资普遍采用的方式。②

---

① 刘朝马，苏立熙. 中国企业境外矿业投资透视［J］. 世界有色金属，2012，9（1）：30-31.

② 帅文波，陈俊楠. 境外矿业投资风险及应对建议［J］. 中国国土资源经济，2013，5：47-48.

（三）合资开发方式

合资开发方式是指中国企业与矿产资源所在国家的企业或相关方通过共同出资，在矿产资源项目所在国家注册成立矿业公司，按照公司制的经营与运作规范，合作开发当地的矿产资源，这种方式比较适合缺乏海外矿产资源项目开发经验的企业，也是中国企业海外矿业项目投资的基本方式。[①]

（四）合作开发方式

合作开发方式是指中国企业与矿产资源所在国家的企业或相关方通过签订合作合同约定双方的合作条件、产品和收益的分配、亏损与风险的分担、经营管理模式等事项，合作开发当地的矿产资源项目，合作的方式包括合同制联营体合作方式、租赁经营方式、工程换资源方式、产能购买方式和战略联盟方式。[②]

二、中国企业在蒙俄矿产资源项目投资的动因

（一）蒙俄矿产资源概况

1. 俄罗斯矿产资源概况

俄罗斯主要矿藏有煤炭、石油、天然气、煤、铁、锰、铬、铜、铅、锌、镍、钨、金、铂族金属、金刚石等，主要矿产富集区有：科拉半岛（铜、镍、钴、铌、钽、稀有金属）、高加索（铜、铅、铝、钨）、西伯利亚（钨、金刚石、铜、铅、镍、铌、铂族金属、油气）、远东地区（金、银、铅、锡、钨、油气）和乌拉尔（铝土矿、铜、铅、镍、金刚石、油气）。

俄罗斯与中国虽然都是矿产资源大国，但两国矿产资源却各具特点：①俄罗斯矿产资源的自给程度高于中国，这是因为俄罗斯资源总量和经济总量方面的原因，总体上，其人均矿产资源占有量高出中国许多；而中国虽然资源总量较大，但人均矿产资源占有量在世界上排名靠后。②俄罗斯能源矿产优势明显，能源是战略性资源，俄罗斯的石油、燃气、煤炭和铀矿在世界上占有相当地位，尤其是

① 王舒层. 浅析中国资源型企业海外合作模式［J］. 财经界，2011，8：126-127.

② 李飞. 中央企业境外投资风险控制研究［D］. 北京：财政部财政科学研究所博士学位论文，2012.

石油和天然气在世界上排名靠前；而中国仅煤炭优势明显。③金属矿产虽两国总体相当，但俄罗斯贵金属矿产优势明显，中国则在稀有和分散金属矿产（特别是稀土矿产）较有优势。④非金属矿产方面，除钾盐外，中国方面优势明显，而俄罗斯则与中国相比有较大差距。

俄罗斯和中国的经济快速发展都与矿产资源密切相关。俄罗斯经济发展资源型特征明显，其国内生产总值增长率中有 2~3 个百分点来自资源的开发与出口，包括矿产资源在内的自然资源开发已成为俄罗斯大国地位复兴的主要支柱。而中国经济的长期快速发展正面临资源供应不足的严重制约，资源（特别是大宗矿产资源）的短缺正逐步成为中国大国地位崛起的瓶颈。俄罗斯要做实做强资源支柱产业必须寻找像中国这样的潜力巨大的资源消费市场，而中国要解决矿产资源瓶颈也正寻求资源供应市场。因此，从两国的复兴和崛起以及经济发展的互补双赢来看，两国在矿产资源利用领域的合作具有现实性和可行性。

2. 蒙古国矿产资源概况

蒙古国已探明有煤、铜、钨、萤石、金、银、铝、锡、铁、铅、锌、铀、锰、磷、盐、石油等 80 多种矿产和 3000 多个矿点。

根据中蒙两国的资源分布以及资源需求情况看，蒙古国矿产资源丰富，而蒙古国内需求量却相对不大，是供过于求的状态。而中国虽然国内矿产资源较为丰富，但因地广人多的原因，对矿产资源的需求量极大，单靠中国国内的矿产资源供应远远满足不了市场的需求。所以在两国的矿产发展战略上也呈现了截然不同的倾向。蒙古国利用本国丰富的矿产资源，在矿产品发展战略上提倡大量出口，以换取国内相对缺乏的工业资源、农业资源。而中国则因对矿产品资源的需求量极大，在国内矿产资源不足的情况下，大力提倡企业对外进行矿产的投资开发，同时对国外的矿产资源进口，以满足市场需求。

（二）中蒙俄政治经济合作迅速发展

20 世纪 90 年代初，蒙古国开始推行与世界各国进行互惠互益的贸易合作政策，在平等贸易的原则下将其经济转变为市场经济，同时也为蒙古国和中国的联系和合作创作了良好条件。1990 年蒙古国领导人举行的对中国的高级别访问为两国在政治和经济领域的合作创造了新的开始。在中蒙的多方面合作中，矿产资源领域的合作占有重要位置。中国对各种矿产资源需求的增加以及国内经济发展的需要，为两国在该领域的互惠合作创造了良好的条件。对于蒙古国的利益来说，将中国的集约发展作为其发展的因素显得十分重要。2011 年 6 月，蒙古国总理访问北京，双方在矿产资源发展、基础设施建设和资金合作方面达成一致，按“三位一体，统筹协调”原则加深合作。蒙方强调，积极支持中国企业在蒙古国进行煤炭、铜、铁、石油、铀和其他矿产的开采以及能源工程和其他基础设施建设。蒙古国表示已经准备修建连接两国的铁路、公路等，以加强同中国的合作。2012 年中国对蒙古国的投资达到 2.8 亿美元，占对蒙古国的总投资的 49.4%。近年来，蒙古国正面临外国投资下滑、通胀加剧、失业率增加等经济难题，渴望在运输、能源、采矿等投资领域与中国达成新的合作。2014 年 8 月习近平访问蒙古国，两国一致决定将中蒙关系提升为全面战略伙伴关系，对中蒙两国在军事、文化等领域广泛开展合作达成共识。

中俄两国经济的互补性和共生性是两国矿业合作的重要基础。2013 年两国贸易额为 890 亿美元，中国已成为俄罗斯最大的贸易伙伴、第四大主要投资来源国，投资额达到 320 亿美元。2013 年 10 月，中俄正式提议建立亚太地区安全与合作架构，“开启了政治磋商和构建的发展进程”。此外，中俄在多边组织建设方面积极合作。如金砖国家、上海合作组织、20 国集团以及不结盟国家运动等，尤其是两国积极推动了上合组织的发展，其中经济一体化已成为涵盖上合组织成员国与观察员国越来越重要的组成部分。

三、中国企业在蒙俄矿产资源项目投资面临的风险

海外矿产资源项目投资风险巨大，不确定因素多，并且风险因素纷繁复杂、矿产资源项目所在国家的政治、经济、社会、法律环境存在着诸多不确定性，政治风险、法律风险、经济风险、文化风险等风险因素都会影响到海外矿产资源投资项目的资产安全和权益。中国企业在蒙俄开展矿业投资，同样会面临上述风险，具体分析如下：

（一）宏观层面风险

1. 政治风险

政治风险是指矿产资源项目投资的东道国的政局变动、政策更改、社会文化冲突带来的风险。此类风险主要表现为投资目标国国家政策的不连续性、政治势力抵制、政局动荡、第三国干预以及海外媒体报道对投资影响的风险。中国矿业协会秘书长刘义康曾说：蒙古国政策多变，因此而造成项目投资前期被套牢的外资企业很多，这是在蒙古国投资最大的风险。俄罗斯在法律、法规以及政策的稳

定性、连续性和对外国投资者资产保护方面也存在较大缺陷和不足。美国知名投资专家乔治·索罗斯曾在达沃斯经济论坛演讲中警告投资者：俄罗斯经济改革未建立良好私有产权，在俄投资具有风险性。

2. 经济风险

经济风险主要是指在海外矿产项目投资中相关经济因素的不利影响导致的收益损失的风险，主要表现在市场竞争、价格波动、融资以及汇率变动等方面。如由于矿产品市场价格波动而导致价值未预料到的潜在损失的风险，再如在国际投资过程中由于外汇汇率变动而给投资方带来损失的可能性。

3. 法律风险

海外投资行为由于跨越了投资者所在国与投资行为所在国两个不同的国家地区，两种完全不同的法律制度可能会带来一定冲突，一旦对当地法律条文不熟悉、不遵循致使适用法律错误，可能会带来法律风险。

4. 文化风险

海外矿产资源项目投资首先面对的是文化的差异，它可以影响人们的观念及行为。投资国常会因为文化的差异而引起沟通失败、交流误解等问题，不仅降低工作效率还增加企业内部消耗，这种风险即为文化风险。近年来，海外矿产项目投资因文化差异、偏好习惯、价值观冲突以及制度差异引发摩擦甚至投资失败的案例已屡见不鲜。

（二）中观层面风险

1. 资源储量风险

资源储量风险主要是由资源规模及储量、资源品质两个方面的不确定性形成的风险。资源规模及储量是指拟定投资矿业项目的矿产资源资源量和储量情况是否具有工业开发价值，资源储量规模的大小，属于大型矿还是小型矿；资源品质是指拟定投资矿业项目的资源品位如何、伴生矿产资源的可采性及效益性如何以及有害成分含量的多寡。

2. 资源可靠度风险

资源可靠度风险主要是由资源勘察情况及储量可靠度和资源信息的开放性和可用性等方面的不确定性形成的风险。资源勘察情况是指拟定投资矿业项目经过勘察圈定的探明级储量和控制级储量情况；资源信息的开放性和可用性是指拟定投资矿业项目的矿产资源信息的真实性、准确性、全面性情况，资源评价标准与国际通用规则是否统一等。

3. 建设条件风险

建设条件风险主要包括自然环境风险和基础设施条件风险两个方面，其中自然环境风险主要指工程地质的不确定性、自然灾害发生的频率和级别，基础设施条件风险主要由电力与水利设施、交通运输与通信设施以及物资供给情况三个方面的不确定性构成。

（三）微观层面风险

1. 管理风险

管理风险是指在东道国进行矿产资源项目投资时，因为企业自身经营管理不当而引发投资收益及持续经营的不确定性。如果海外企业经营管理中存在组织结构不完善、财务管理不合理、缺乏有效激励约束制度等问题则会给企业的海外投资运营活动带来风险。

2. 技术风险

技术风险包括开采工艺技术风险和选冶工艺技术风险。

（1）开采工艺技术风险。开采工艺技术风险主要由矿床开采条件、采矿工艺方法的适应性以及矿床服务期等方面的不确定性而形成，其中矿床开采条件是指矿床的开采难易程度、开采成本是否可控、适合地下开采还是露天开采；采矿工艺技术是指拟定投资项目所开采的主要矿产资源对采矿技术的适应性，能否规模开采、开采技术的成熟度、有无无法克服的技术障碍以及采掘设备选型和采区巷道布置的合理性；矿床服务期是指拟定投资项目的矿床可供开采的时间（任杰，2014）。

（2）选冶工艺技术风险。选冶工艺技术风险主要由选矿工艺技术适应性、精矿品位和回收率、冶炼工艺技术等方面的不确定性而形成，其中选矿工艺技术适应性是指拟定投资矿业项目所开采矿石的选矿技术方法的适应性，选矿工艺技术的成熟度、有无无法克服的技术障碍以及选矿设施的规划设计是否可行、设计依据是否合理；精矿品位和回收率是指拟定投资矿业项目所开采出的矿石经过选矿工艺处理后所得到的精矿品位和金属回收率；冶炼工艺技术是指拟定投资项目所开采出的矿石经过选矿工艺处理后所得到的精矿在后期的金属冶炼过程中，冶炼技术工艺的适应性、冶炼工艺技术的成熟度、有无无法克服的技术障碍（任杰，2014）。

3. 筹资风险

筹资风险主要是指企业能否通过银行贷款、引进战略投资者、发行股票、企业债券和可转换债券的形式，筹集到投资所需要的资金以及企业因筹资而产生的丧失偿债能力的可能性和股东收益的可变性。

4. 商业信用风险

商业信用风险是指在以信用关系为纽带的交易过程中，因对合作方信用状况与合作方财务状况的不透彻了解而形成的，合作一方不能履行承诺而给另一方造成损失的可能性。合作方信用状况包括合作方资质、合作方产权结构和管理效率、合作方银行信用、合作模式四个方面；合作方财务状况则反映了海外矿业投资项目合作方的资产负债率、现金流、盈利能力等财务数据以及反映经营情况的市盈率及股价波动幅度等数据。

四、中国企业在蒙俄矿产资源项目投资风险评估的方法

如上所述，中国企业在蒙俄进行矿产资源项目投资面临的风险很多，而很多风险又具有较大的模糊性，很难运用定量分析来加以描述，故利用模糊综合评价模型对投资项目风险进行衡量具有较大的实用性和可操作性。

模糊综合评价是美国自动控制专家艾泽（L.Azadh）教授提出的，基本原理是：将评价目标看成由多种因素组成的模糊集合（即因素集U），再设定这些因素所能选取的评判等级组成评语的模糊集合（即评判集V），分别求出各单一因素对各个评判等级的归属程度（即模糊矩阵），然后根据各个因素在评价目标中的权重分配，通过计算模糊矩阵合成，求出评价的定量解值。

模糊综合评价的具体步骤如下：

第一步：建立模糊评价集。

根据风险因素的划分，建立不同层次的综合评价模型：

一级因子集 $U=\{U_1, U_2, \cdots\}$

二级因子集 $U_1=\{U_{11}, U_{12}, U_{13}, U_{14}, \cdots\}$

$$U_2=\{U_{21}, U_{22}, U_{23}, U_{24}, \cdots\}$$

$$\vdots$$

$$U_m=\{U_{m1}, U_{m2}, U_{m3}, U_{m4}, \cdots\}$$

风险评价评语集 $V=\{V_1, V_2, V_3, V_4, V_5\}$

其中，V_1，V_2，…，V_5分别表示指标的评语为“好”、“良”、“中”、“较差”、“差”，对应的投资风险程度分别为“较小”、“不大”、“一般”、“较大”、“很大”。

第二步：确定风险评价指标权重。

权重表示在评价过程中，对被评价对象不同侧面重要程度的定量分配。目前，确定权重的方法主要有两种：一种是通过数学方法计算得出；另一种是专家赋值法，即由具有权威性的专家通过打分方式对各指标的重要程度进行确定。

假设 a_{ij} 表示对 U_{ij} 的权重，A_i 表示 a_{ij} 组成的集合，a_i 表示对 U 的权重，A 表示 a_i 组成的集合。其中 i 和 j 分别代表维度层和因素层中含有的风险评价指标个数。

第三步：建立模糊评价隶属矩阵。

对照所制定的风险评价指标等级标准，得到 U_{ij} 对评语集 V 的隶属向量 r_{ij}，隶属矩阵为 $R_{i,}$，即：

$$R_i=\begin{pmatrix} r_{i1}\\ r_{i2}\\ \vdots\\ r_{i4}\end{pmatrix}=\begin{pmatrix} r_{i11} & r_{i12} & r_{i13} & r_{i14} & \cdots\\ r_{i21} & r_{i22} & r_{i23} & r_{i24} & \cdots\\ \vdots & \vdots & \vdots & \vdots & \vdots\\ r_{i41} & r_{i42} & r_{i43} & r_{i44} & \cdots\end{pmatrix}$$

其中，隶属矩阵各元素 r_{ijm} 确定为：$r_{ijm}=V_{ijm}/n$；n 是参与风险评价的专家人数；V_{ijm} 表示的是参与风险评价的专家中认为该项风险评价指标 U_{ij} 属于 V_m 这一等级的专家人数。

第四步：模糊综合评价。

一级模糊综合评价：

$$B_i=A_i\cdot R_i=(a_{i1},\ a_{i2},\ a_{i3},\ \cdots,\ a_{ij})\cdot\begin{pmatrix} r_{i11} & r_{i12} & r_{i13} & r_{i14} & \cdots\\ r_{i21} & r_{i22} & r_{i23} & r_{i24} & \cdots\\ \vdots & \vdots & \vdots & \vdots & \vdots\\ r_{i41} & r_{i42} & r_{i43} & r_{i44} & \cdots\end{pmatrix}$$

$$=(b_{i1},\ b_{i2},\ b_{i3},\ \cdots,\ b_{ij})$$

二级模糊综合评价：

$$R=\begin{pmatrix} B_1\\ B_2\\ \vdots\end{pmatrix}=\begin{pmatrix} b_{11} & b_{12} & b_{13} & b_{14} & b_{15}\\ b_{21} & b_{22} & b_{23} & b_{24} & b_{25}\\ \vdots & \vdots & \vdots & \vdots & \vdots\end{pmatrix}$$

模糊综合评价：

$$B=A\cdot R=(a_1,\ a_2,\ a_3,\ \cdots)\cdot\begin{pmatrix} b_{11} & b_{12} & b_{13} & b_{14} & b_{15}\\ b_{21} & b_{22} & b_{23} & b_{24} & b_{25}\\ \vdots & \vdots & \vdots & \vdots & \vdots\end{pmatrix}$$

$$=(b_1,\ b_2,\ b_3,\ b_4,\ \cdots)$$

B 为 R 对 V 的隶属向量，为总评价结果。在具体的评价案例中，需要对评语集 V 中风险程度进行量化，用 V=B 的值作为最终评价项目投资风险的大小。

五、模糊综合评价法的具体应用

为了说明模糊综合评价模型在矿产资源项目投资风险评估中的实际运用，本文以蒙古国为矿产资源项目投资国，结合该国宏观政治、经济以及铜金矿投资状况，评估我国企业向蒙古国投资矿石资源的风险值。假设该投资项目预计建设期为四年，投资额为五亿元人民币。现用模糊综合评价法，建立如表 1 所示的风险评估指标体系，采用五个模糊等级的评语集，邀请 10 位专家对评价因素进行评估，采用模糊综合评价模型步骤如下：

表 1　风险评估指标体系表

目标层	维度层	因素层
海外矿产投资风险 U	宏观层面风险 U_1	政治风险 U_{11} 经济风险 U_{12} 法律风险 U_{13} 文化风险 U_{14}
	中观层面风险 U_2	资源储量风险 U_{21} 资源可靠度风险 U_{22} 建设条件风险 U_{23}
	微观层面风险 U_3	管理风险 U_{31} 技术风险 U_{32} 筹资风险 U_{33} 商业信用风险 U_{34}

（一）建立模糊评价集

一级因子集 $U=\{U_1, U_2, U_3\}$

二级因子集 $U_1=\{U_{11}, U_{12}, U_{13}, U_{14}\}$

$U_2=\{U_{21}, U_{22}, U_{23}\}$

$U_3=\{U_{31}, U_{32}, U_{33}, U_{34}\}$

（二）确定权重

假定该公司采用专家赋值法确定评价指标权重。考虑到我国企业海外矿产项目投资面临的宏观层面的风险占比较大，尤其是政治风险；而微观层面的风险中，技术风险占比较大。因此，赋予宏观层面的风险较大比重，并且在具体风险因素权重中，对政治类风险因素和技术类风险因素的权重赋予相对较大值。

采用上述方法，确定的权重如下：

A =（0. 50，0.30，0.20）

A_1 =（0.40，0.25，0.15，0.20）

A_2 =（0.40，0.40，0.20）

A_3 =（0.30，0.35，0.15，0.20）

（三）确定评价隶属矩阵

10 位专家分别对该铜金矿投资项目的风险因素进行评价，以该投资项目中的政治风险为例，假定四位专家认为风险很大、两位专家认为风险较大、一位专家认为风险一般、两位专家认为风险不大，一位专家认为风险较小，则其对应的隶属度值分别为：0.4，0.2，0.1，0.2，0.1。以同样的方法可得出其他风险因素的隶属度值，则隶属度矩阵如表 2 所示。

表 2　评价隶属矩阵

目标层	权重	因素集	权重	评语集 V				
				风险很大	风险较大	风险一般	风险不大	风险较小
				10	8	6	4	2
宏观层面风险 U_1	0.50	政治风险 U_{11}	0.40	0.4	0.2	0.1	0.2	0.1
		经济风险 U_{12}	0.25	0.1	0.2	0.4	0.1	0.2
		法律风险 U_{13}	0.15	0.4	0.3	0.1	0.2	0
		文化风险 U_{14}	0.20	0.1	0.2	0.3	0.2	0.3
中观层面风险 U_2	0.30	资源储量风险 U_{21}	0.40	0.3	0.4	0.2	0.1	0
		资源可靠度风险 U_{22}	0.40	0.2	0.2	0.2	0.3	0.1
		建设条件风险 U_{23}	0.20	0.1	0.2	0.5	0.1	0.1
微观层面风险 U_3	0.20	管理风险 U_{31}	0.30	0.4	0.3	0.2	0.1	0
		技术风险 U_{32}	0.35	0.3	0.3	0.2	0.2	0
		筹资风险 U_{33}	0.15	0.1	0.1	0.1	0.6	0.1
		商业信用风险 U_{34}	0.20	0.1	0.3	0.2	0.2	0.2

$$R_1=\begin{pmatrix} r_{11}\\ r_{12}\\ r_{13}\\ r_{14}\end{pmatrix}=\begin{pmatrix} 0.4 & 0.2 & 0.1 & 0.2 & 0.1\\ 0.1 & 0.2 & 0.4 & 0.1 & 0.2\\ 0.4 & 0.3 & 0.1 & 0.2 & 0\\ 0.1 & 0.2 & 0.3 & 0.2 & 0.3\end{pmatrix}$$

$$R_2=\begin{pmatrix} r_{21}\\ r_{22}\\ r_{23}\end{pmatrix}=\begin{pmatrix} 0.3 & 0.4 & 0.2 & 0.1 & 0\\ 0.2 & 0.2 & 0.2 & 0.3 & 0.1\\ 0.1 & 0.2 & 0.5 & 0.1 & 0.1\end{pmatrix}$$

$$R_3=\begin{pmatrix} r_{31}\\ r_{32}\\ r_{33}\\ r_{34}\end{pmatrix}=\begin{pmatrix} 0.4 & 0.3 & 0.2 & 0.1 & 0\\ 0.3 & 0.3 & 0.2 & 0.2 & 0\\ 0.1 & 0.1 & 0.1 & 0.6 & 0.1\\ 0.1 & 0.3 & 0.2 & 0.2 & 0.2\end{pmatrix}$$

（四）模糊综合评价

$B_1=A_1\cdot R_1=(0.40,\ 0.25,\ 0.15,\ 0.20)\cdot R_1=(0.265,\ 0.215,\ 0.215,\ 0.175,\ 0.150)$

$B_2=A_2\cdot R_2=(0.40,\ 0.4,\ 0.2)\cdot R_2=(0.220,\ 0.280,\ 0.200,\ 0.180,\ 0.060)$

$B_3=A_1\cdot R_1=(0.30,\ 0.35,\ 0.15,\ 0.20)\cdot R_3=(0.260,\ 0.270,\ 0.185,\ 0.230,\ 0.055)$

$$B=A\cdot R=(0.50,\ 0.30,\ 0.20)\cdot\begin{pmatrix} 0.265, & 0.215, & 0.215, & 0.175, & 0.150\\ 0.220, & 0.280, & 0.200, & 0.180, & 0.060\\ 0.260, & 0.270, & 0.185, & 0.230, & 0.055\end{pmatrix}$$

$$=(0.2505,\ 0.2455,\ 0.2045,\ 0.1875,\ 0.1040)$$

（五）评价结果

规定评价集 V 中各元素的量化值为：$V_1=10$，即若该项风险评价因素是“风险很大”，则该项因素得 10 分；$V_2=8$，即该项风险评价因素为“风险较大”；$V_3=6$，即该项风险评价因素为“风险一般”；$V_4=4$，即该项风险评价因素为“风险不大”；$V_5=2$，即该项风险评价因素为“风险较小”。当最终评价结果的值介于 2~10，若越接近 10，投资风险则越高；越接近 2，说明投资风险越低。

在该实例中，$V=10\times0.2505+8\times0.2455+6\times0.2045+4\times0.1875+2\times0.1040=6.654$，依此进行各风险因素风险值的测算分别为：政治风险 7.2，经济风险 5.4，法律风险 7.8，文化风险 5.8；资源储量风险 7.8，资源可靠度风险 6.2，建设条件风险 6.2；管理风险 8，技术风险 7.4，筹资风险 5，商业信用风险 5.8。

上述风险值表明该铜金矿投资项目的投资风险总体来说处于风险一般的程度，该项目可以投资，但因管理风险数值较大，应注意所投资企业组织结构的完善性、财务管理的合理性以及激励约束制度的适当性等，以确保科学有效的经营管理。

在实际的项目投资过程当中，由于需要考虑的因素更多、更复杂，所建立的模型也会复杂得多，仅仅依靠建立投资风险评价的模糊评价模型仍显不够。虽然本文所建立的风险评估模型用于实际的投资风险评估还存在不足和需要改进完善的地方，但这可以为我国企业在蒙俄进行矿产资源投资前提供必要的信息，为企业预见未来可能出现的风险因素以及更好地开展项目工作提供了有价值的参考。

参考文献

[1] 刘朝马，苏立熙. 中国企业境外矿业投资透视 [J]. 世界有色金属，2012，9 (1)：30-31.

[2] 帅文波，陈俊楠. 境外矿业投资风险及应对建议 [J]. 中国国土资源经济，2013，5：47-48.

[3] 王舒层. 浅析中国资源型企业海外合作模式 [J]. 财经界，2011，8：126-127.

[4] 李飞. 中央企业境外投资风险控制研究 [D]. 北京：财政部财政科学研究所博士学位论文，2012.

[5] 任杰. 海外矿产资源项目投资风险评估与实物期权研究 [D]. 北京：中国地质大学博士学位论文，2014.

[6] 邱东. 多指标综合评价方法的系统分析 [M]. 北京：中国统计出版社，1991.

[7] 孙丽. 我国企业对外投资风险的模糊综合评价方法研究 [J]. 国际投资，2008，1：24-2.

[8] 赵鹏迪. 中蒙俄国际贸易与内蒙古沿边经济带建设研究 [D]. 呼和浩特：内蒙古大学硕士学位论文，2013.

[9] 于洪洋，欧德卡，巴殿君. 试论“中蒙俄经济走廊的基础与障碍”[J]. 东北亚论坛，2015，1：96-106.

货币国际化的经验及对人民币国际化的启示①

徐慧贤②

[摘　要] 随着全球金融危机的持续蔓延，国际货币体系正面临着自布雷顿森林体系瓦解以来最为严峻的挑战。尽管人民币已经逐渐在我国周边国家流通使用，但是从衡量货币国际化的标准来看，人民币还不是国际化的货币。我国目前的政治、经济、金融基础还不足以支撑人民币国际化，人民币真正走向国际化还需要相当长的时间。本文通过深入分析英镑、美元、日元、欧元国际化的历程及特点，总结了货币国际化的共性，提出了加快人民币国际化进程的具体措施。

[关键词] 货币国际化；人民币；区域化

目前，由美国次贷危机引发的全球性的金融危机仍在蔓延，国际货币体系面临着自布雷顿森林体系瓦解以来最为严峻的挑战。美元是世界主导货币，一旦国际市场和主要经济大国对美元失去信心，国际金融、贸易秩序就会陷入混乱无序状态。随着我国经济实力的日益强大，对外开放程度的不断加深，与世界其他国家的经贸和人员往来的不断紧密，人民币开始走出国门，逐渐在我国周边国家和地区流通使用起来。在新加坡、马来西亚、泰国等地，人民币同主权货币能自由兑换；在缅甸，人民币甚至全境通用；在蒙古国，人民币享有“第二美元”的美誉；甚至在美国、法国和德国等发达国家，也出现了人民币兑换点。尽管如此，从衡量货币国际化的标准来看，人民币还不是一种国际化货币，与世界主要的国际货币英镑、美元、日元和欧元相比，人民币区域化、国际化的程度还相当低。我国目前的政治、经济、金融基础还不足以支撑人民币的国际化，人民币真正走

① 本文为中国人民银行呼和浩特中心支行 2008 年重大课题“人民币区域化研究——基于中蒙边境地区的考察分析”资助项目。

② 徐慧贤（1971—），女，内蒙古呼和浩特市人，内蒙古财经大学金融学院教授，博士，研究方向：国际金融。

向区域化、国际化还需要相当长的时间。本文主要分析了英镑、美元、日元、欧元国际化的路径及其特点，总结了货币国际化的共性，提出了加快人民币国际化进程的具体措施。

一、英镑国际化的历程及特点

（一）英镑国际化的基础

随着工业革命首先在英国完成，生产力水平的迅速提高带来了产品的极大丰富。当国内市场无法销售时，英国资产阶级开始用商品和大炮寻找、开拓海外市场，并在全球范围内建立了“日不落帝国”，从而形成了统一的世界市场。随着经济的发展，国际贸易的规模不断扩大，英国在国际贸易中积累了巨额的财富。

（二）英镑国际化的历程

1821 年，英国以法律的形式在英国确立了金本位制。在实际的货币流通中，英镑在国际范围内成为黄金的替代物，国际金本位演变为黄金—英镑本位，英镑随之成为真正的纸质黄金；1914 年，第一次世界大战爆发，金本位被迫中断；1925 年，恢复了金本位，但由于黄金的不足，“一战”后恢复的金本位已是一种变形的金本位即金块本位制；1931 年，英格兰银行再也无法承诺英镑与黄金的兑换，遂宣布放弃金本位。1990 年，英国加入欧洲货币体系，但是未加入欧洲货币联盟；1992 年 9 月，英镑正式脱离欧洲货币体系。

（三）英镑国际化的特点

英镑的国际化与国际贸易有着紧密的联系，国际贸易是英镑走出国门的主要原因和推动力，同时也是英镑进一步在世界流通、不断提高国际化程度的一种重要媒介。同时在国际经济、政治秩序还不健全的时代，通过武力开拓势力范围，在其殖民地和附属国推行英镑的流通，强迫殖民地使用宗主国的货币也成为当时英镑国际化的一种途径，所以说英镑的国际化带有“武力”色彩，这也是其国际化的一大特点。英镑是历史上最早的国际化程度最高的纸币，它还具有的一个突出特点就是，在其国际化鼎盛阶段，英镑可以与黄金完全地自由兑换，而不受任何的限制，这一点是以后各种国际货币所不具备的，因此也只有英镑才可以称为是真正意义上的纸质黄金。

二、美元国际化的历程及特点

（一）美元国际化历程

1879 年，美国政府将货币的金银复本位制改为金本位制，美元初次登上了国际舞台。“一战”之后，美元成为了一种强势货币。战争摧毁了国际金本位制，“一战”后各国先后着手恢复金本位制。美国由于远离战场，本土经济未遭破坏，而且还发了一笔战争横财。为打击英镑，扶植和加强美元的国际地位，美国决定恢复战前实行的经典金本位制——金币本位制，以显示美国具有确保美元稳定的超强实力。美元与黄金保持稳定的兑换关系，得到了许多国家的青睐。“二战”彻底改变了世界经济政治格局，主要国家力量对比都发生了根本变化。德国、意大利、日本等国的经济遭到毁灭性打击；英国、法国的经济受到重创；而只有美国大发战争横财，拥有了大量资金和黄金，其经济实力在积累中不断跨越新的高度。1944 年 7 月，国际货币金融会议在美国新罕布什尔州的布雷顿森林举行，会议一致通过了《布雷顿森林协定》。《布雷顿森林协定》确立了“二战”后以美元为中心的国际货币体系的原则和运行机制，标志着掌管世界经济的霸权从衰落的英国正式转移给强盛的美国，同时为美元达到国际化的最高程度在法律和制度上开辟了道路。“二战”后各地的经济恢复又为美元国际化创造了更大的空间，随着美元国际化高潮的到来，美元显示出不可阻挡的强势。

（二）美元国际化的特点

美元是当今的国际货币，在国际经济、贸易、金融活动中被普遍使用。在两次世界大战中，美国通过向英法等国提供军火，积累了巨额的财富。1944 年布雷顿森林体系的建立，确立了以美元为中心的国际货币体系。布雷顿森林体系解体后，凭借美国强大的政治经济实力，美元继续充当国际货币。由于美国强大的经济实力和两次世界大战的契机，美元早在 1944 年以前就达到了较高的国际化水平，布雷顿森林体系只是对美元已有的国际地位进行法律上的追认，而美元对国际社会更深远的影响则是通过这之后以各种名义向全球进行的资本输出达到的，所以，以资本输出深化其国际化程度是美元国际化的一大特征。

三、日元国际化的历程及特点

（一）日元国际化的基础

1. 持续的贸易顺差

“二战”之后，日本的经济逐渐恢复正常。1950~1967年这段时期，日本的国际收支经受了巨大的考验。到1965年，贸易收支顺差未曾超过10亿美元，但此后，出口大幅增加，顺差幅度开始扩大。同时，资本输出明显增加，日本从此成了资本输出国，日元开始走向硬通货。日本经济力量的增强是日元坚挺的基础。

2. 自20世纪70年代以来，日本金融机构在国外金融活动中心的迅速扩张得到了日本政府的支持

在国际资本流动方面，70年代末以前，资本输出和输入一直受到严格的限制；1979年，经常项目出现巨额逆差，日元大幅度贬值，政府取消了对资本输入的一些限制。1980年年底，放开了外汇交易，长期资本输出迅速增加。在1981~1985年期间，日本长期资本净输出额大大超过经常项目的顺差，短期日元债券的利率同国外的欧洲日元利率之间的差距也日趋缩小。自1983年以来，东京的利率几乎同伦敦的利率完全一致。金融的自由化，使得国内金融市场与国际金融市场的联系越来越密切，国际上使用的日元也不断增加，这促进了日元的国际化发展。

（二）日元国际化的历程

“二战”后，日本的经济满目疮痍。1970年，日本的经济得到了快速发展，同时，日本政府对日元的管制也逐渐放松。1964年4月1日，日本宣布接受国际货币基金组织（IMF）协定第八条的承诺，实现了日元在经常项目下的自由兑换。从1965年开始，日本的贸易收支开始出现顺差，并且幅度越来越大，资本收支中资本输出明显增加。日本成了资本输出国，从此日元走上它的硬通货之路。20世纪80年代初期，日本开始真正推进日元的国际化。20世纪80年代中后期起，随着日元的大量外流，日元的使用范围也随之扩大，国际化程度逐步提

高。1986年年底，东京离岸金融市场正式建立，日元的国际化向纵深发展：日元在国际结算、国际储备、国际投资与信贷以及国际市场干预方面的作用全面提高，再加上日本对外直接投资数量的增加，日元的国际地位日渐增强。

（三）日元国际化的特点

日本是当今世界仅次于美国的第二大经济强国，但日元的国际地位相对较低。日元国际化的最初动因是20世纪70年代初日元的升值；为了规避汇率风险，在日本的进出口额中，按日元结算的比重逐步提高，1990年，其比重分别为37.5%和14.5%；在世界各国的外汇储备中，日元的比重也上升到8%。由此，开始出现了美元、日元、德国马克三分天下的趋势。之后，日元国际化步伐明显放缓。

日元的国际化是在升值中进行的，其升值时间之长、升值幅度之大在国际货币史上是罕见的；日元受到的巨大外部压力以及日元国际化的代价，都是其国际化过程的与众不同之处。

四、欧元国际化的历程及特点

（一）欧元国际化的历程

1950年，欧洲各国协商组建欧洲支付同盟（EPU），这是欧洲货币一体化的开端，欧洲货币合作就此拉开帷幕。1952年7月，德国、法国、意大利、荷兰、比利时和卢森堡在巴黎签署了欧洲煤钢共同体条约。1957年3月，西欧六国又在罗马签署《罗马条约》，确定建立欧洲共同市场的目标，促进欧洲繁荣和欧洲人民的团结。1968年7月实现关税同盟，取消成员国之间的贸易限制和关税，统一对外关税税率。1986年2月，签署《单一欧洲文件》，对《罗马条约》进行修改，明确提出最迟在1993年年初建立统一大市场，实现商品、服务、资本、人员自由流动。1979年1月1日，建立欧洲货币体系（EMS）。1991年12月，欧共体签署《马斯特里赫特条约》（简称《马约》），《马约》提出建立欧洲联盟的三大内容，并称欧洲联盟的三大支柱，即建立经济货币联盟、实行共同外交和安全政策、建立司法和内务合作机制。1997年6月，欧盟15国元首、政府首脑和外长在荷兰首都阿姆斯特丹举行会议，签订了《阿姆斯特丹条约》，自此，欧洲货币联盟的框架中加入了货币政策目标、财经纪律、法律保障等一系列重要内容，这为欧元的产生扫清了路障。1999 年 1 月 1 日，欧元正式启用。2002 年 7 月 1 日，欧元正式成为欧盟的单一货币。

（二）欧元国际化的特点

欧元的诞生、成长是源于欧洲的国际区域内的经贸合作。从“煤钢联营”、“欧洲共同体”、“关税同盟”、“欧洲货币体系”、“欧洲货币单位”、“统一大市场”到“欧元”的诞生，统一的经济环境形成了统一的市场，统一的市场需要统一的货币作为媒介，从而既方便交易又提高透明度。欧洲的经验证明：国际间的经贸合作必然导致国际间的货币合作，国际间的货币合作会走向区域货币的一体化。欧元的诞生标志着独立国家间的货币合作、货币一体化不仅是可行的，而且预示着国际货币制度未来的发展方向，国际货币制度因此进入了国际区域货币合作和新型国际区域货币诞生的时代。可以说，欧元从诞生之日起，它便直接获得了国际货币的角色，这是欧元国际化的最大特征。

五、货币国际化的共性分析

英镑、美元、日元和欧元，这四种货币的国际化路径虽然呈现出各自的特征，但也存在一些共性。

（一）强大的经济实力——货币国际化的基础

考察货币国际化历程可以发现，货币的国际化是以强大的经济体实力为支撑的。无论是英国还是美国，在其货币走出国门走向世界时，都曾是当时世界经济的枢纽，它们所积累的经济实力令当时其他任何一个国家或经济体都相形见绌，所以由它们支撑的货币也都曾称霸世界，成为国际货币舞台上的核心角色；相比之下，“二战”后迅猛发展的日本经济在 20 世纪五六十年代成为世界经济的亮点，大幅度的经济增长使得其经济实力迅速跻身于世界前列，由此其货币的国际地位也不断上升，成为世界经济中的主要国际货币；欧元是国际经贸合作带来的国际货币史上的新产物，它同以往的货币一样有着强大经济实体的支撑。

（二）发达的金融市场——货币国际化的支撑

当英镑称霸世界时，伦敦是世界贸易金融的中心；当美元崛起时，纽约的金融市场便与伦敦平分天下，直至独占鳌头；日元后来居上，称雄亚洲的东京金融市场功不可没；在欧元的诞生及成长过程中，欧洲央行的成立、欧洲银行业的重组，使欧洲的金融体系一体化程度不断加深，原已发达的金融市场前所未有地向纵深发展。可以说，在货币国际化过程中，发达的金融市场是不可或缺的支撑。

（三）逆格雷欣法则——信用纸币制度下货币竞争法则

在自由的国际经济环境中，在现代信用纸币条件下，优势的货币总是能够战胜劣势货币，取得最终的支配地位，即“良币驱逐劣币”——“逆格雷欣法则”。[①]这是因为：第一，国际货币必须拥有稳定的内在价值。对于现行的货币来说，1973年以后，黄金非货币化，各种货币不再具有含金量，由发行货币的国家依据其经济体所拥有的物质基础而赋予货币的信用和购买力成为货币的内在价值，所以实际上国际货币会要求货币拥有稳定的信用和购买力。“稳定”要求货币不仅在目前拥有稳定的币值，在未来也能保持持续的坚挺；不仅在国内由于本国物价稳定从而使货币拥有稳定的购买力，而且在国际外汇市场上的汇率也因其信誉良好而相对稳定。只有币值长期稳定、汇率长期稳定的货币才会使人们在国际交往中减少传递和获得信息的时间和费用，降低保持资产价值而付出的成本，减少货币持有者不必要的损失。第二，国际货币必须兑换性良好。在国与国之间的贸易活动中，能够充当流通手段和支付手段的国际货币，必须能够方便地与各国货币进行兑换，以确保交易的顺利完成。同时对于目前作为货币的信用纸币来说，人们持有的纸币实际上是持有了用一国政府信用作为保障的购买力。一旦该国家信用出现危机，良好的兑换性就使该种货币能够顺利地兑换成他国货币，以减少货币持有者损失，从而增加资产的安全度。所以在信用纸币制度下的国际自由经济氛围里，“良币驱逐劣币”才是货币竞争的准则。

① “劣币驱逐良币”是格雷欣爵士在16世纪提出的一个著名的通货原理，被后人称为“格雷欣法则”（Gresham's Law）。根据《新帕尔格雷夫经济学词典》的记载，对其陈述为：如有两种交换手段一起在市面流通，价值较大的一种将会消失。

六、加快推进人民币国际化进程

一国货币的国际化是该国总体经济实力在货币形态上的反映。一国经济实力越是强大，它对世界经济发生影响的范围和作用就越大，从而该国货币在国际上的影响和地位就越重要。要实现人民币国际化的长远目标，最重要的是要迅速发展我国的经济、贸易和金融，为人民币最终走向国际化提供坚实的物质基础。为此，一是要进一步扩大人民币在周边国家和地区的投资及双边贸易结算的范围；二是要充分利用中国香港和中国澳门与内地紧密的经贸关系，推动人民币区域化；三是要积极稳妥地推进区域货币合作，加快人民币资本金融项目下的自由兑换进程；四是要积极稳妥地推进中资金融机构的境外人民币业务；五是要进一步建立人民币跨境流动检测制度。

就目前情况看，在我国与越南、缅甸、蒙古国、朝鲜及其他周边国家和地区的贸易中，人民币已经成为了主要的支付手段和记账单位。尤其是在亚洲金融危机中，人民币坚持不贬值，保持了良好的信誉度和稳定的价值，增强了东南亚国家和地区的金融市场和各国各地区货币当局对人民币的信心。此外，人民币在我国周边国家和地区的储备资产中也已经占有了一席之地。随着我国对这些国家和地区的贸易和投资的增长，双边经济合作将会进入一个新的发展时期。可以预见，在保持人民币币值稳定的基础上，以我国总体经济实力的增强为基础，人民币必将在周边国家和地区实现局部的区域化，进而在亚洲成为区域性的国际货币，最终实现全球范围的国际化。

参考文献

[1] Mundell, R.. A Theory of Optimum Currency Area [J]. American Economics Review, 1961, 51: 657-665.

[2] McKinnon, Ronald I.. Optimum Currency Area [J]. American Economics Review, 1963, 53: 717-725.

[3] Peter B. Kenen. The Theory of Optimum Currency Area: An Elective View. Monetary Problems of the International Economy [M]. Chicago: University of Chicago Press, 1969.

[4] G. Harberler. The International Monetary System: Some Recent Developments and Discussions [C]. Approaches to Greater Flexibility of Exchange Rates, 1970.

[5] Fleming. On Exchange Rate Unification [J]. Economic Journal, 1971, 81: 467-488.

[6] 李晓，李俊久，丁一兵. 论人民币的亚洲化 [J]. 世界经济，2004，2.

[7] 刘力臻，徐奇渊. 人民币国际化探索 [M]. 北京：人民出版社，2006.

[8] 唐东宁，孙翌. 对人民币在周边国家和地区流通的建议 [J]. 中国外汇管理，2002，3.

[9] 陶士贵. 人民币区域化的初步构想 [J]. 管理现代化，2002，5.

[10] 徐明棋. 从日元国际化的经验教训看人民币国际化与区域化 [J]. 世界经济研究，2005，12.

[11] 许宪春. 中国未来经济增长及其国际经济地位展望 [J]. 经济研究，2002，3.

[12] 赵庆明. 人民币资本项目可兑换及国际化研究 [M]. 北京：中国金融出版社，2005.

[13] 赵海宽. 人民币可能发展成为世界货币之一 [J]. 经济研究，2003，3.

[14] 钟伟. 略论人民币的国际化进程 [J]. 世界经济，2002，3.